Desenreda el hilo

Cómo poner en práctica la antigua sabiduría del yoga para vivir una vida feliz

Rubén Vásquez

Desenreda el hilo

Desenreda el hilo

Derechos reservados de autor © 2021 Rubén Vásquez

Library of Congress Control Number: 2021915035

Todos los derechos reservados. Ninguna parte de este libro puede ser copiada, reproducida, distribuida, publicada, transmitida, difundida en cualquier modo sin la autorización previa por escrito del autor.

ISBN 978-1-7376482-1-5

Contacto: https://simple-yoga.org/

Simple Yoga Publications, Saint Petersburg, Florida

Impreso en Estados Unidos de América

El libro 'Desenreda el hilo' de Rubén Vásquez ofrece un excelente análisis e interpretación prácticos y realistas del Yoga Sutra de Patañjali. El estilo es coherente y fácil de leer. El Yoga Sutra es un libro generalmente difícil de leer y complicado de entender o usar. El autor ha creado un texto que es accesible al público general. Usando ejemplos modernos y cotidianos, el autor hace muy fácil que el lector entienda el tema y contenido. Si usted tiene algún tipo de interés en el yoga, le recomiendo este libro incondicionalmente.

Simon Borg-Olivier MSc BAppSc (Fisioterapia) APAM c-IAYT

Lo que encontrará en este hermoso libro de Rubén Vásquez es un mapa amigable, compasivo y alegre para establecer una práctica diaria y funcional que refleja la esencia del Yoga como fue codificado y comprendido en el antiguo texto del Yoga Sutra de Patañjali. Rubén ayuda a aclarar este antiguo documento y ofrece sugerencias para crear una práctica de vida definida en términos sencillos, realistas y que pueden implementarse con alegría. Su voz es amable, pragmática y evocativa.

Mantenga este libro junto a su cama. Le inspirará a levantarse por la mañana con curiosidad sobre cómo participar en su propia vida y deseando continuar el proceso de ser la mejor versión de usted mismo en este momento presente.

Peentz Dubble, Profesora Certificada Iyengar Yoga (CIYT) IYNAUS
Entrenadora de Profesores y Asesora, Terapista de Yoga acreditada IAYT

Desenreda el hilo

Rubén Vásquez se ha tomado el tiempo para hacer que el Yoga Sutra de Patañjali sea accesible para todos, sus ejemplos y el uso de preguntas prácticas para que el lector responda, lo hacen accesible para todos. ¡Recomiendo altamente este libro!

Bianca Machliss BSc BAppSc (Fisioterapia) YA-ERYT 500

Hoy es siempre, todavía.

Antonio Machado

TABLA DE CONTENIDOS

Prefacio	**10**
Cómo se desarrolló este libro	10
ESTE CAMINO NO ES PARA TI SI…	**14**
Agradecimientos	**15**
Introducción	**18**
Sobre el Yoga Sutra	18
Cómo usar este libro	22
Sección Uno: Descripción general	**25**
DESPERTAR, ILUMINACIÓN, LIBERACIÓN Y TRANSCENDENCIA.	**27**
Autonomía: Tú eliges	31
Presencia	**34**
Resumen en una palabra: Atha (अथ)	34
La vida es un experimento	37
Pautas para el viaje	42
Deseo: Participa sinceramente, solo tú puedes hacerlo	43
Ofrecerte el regalo del tiempo	48
Relajamiento	49
Distracciones	50
Sonreír	52
Resultados	54
Éxito	55
Pautas para la presencia	56

¿QUÉ ES EL YOGA? — 58
Yoga: Regular nuestras maneras de ser. — 58
Experimento, exploración y regulación — 63
El viaje hasta ahora — 73

¿Quién soy? — 76
Conectando con nuestra verdadera naturaleza — 76
Resumen en cuatro sutras — 76
El yoga es un estadio de ser — 88

FUNDAMENTOS DEL YOGA — 93
El yoga es un llamado a la acción — 93
Método para la presencia: Autoconsciencia, Auto indagación, Auto cuidado — 98
Activando el método — 107
Resumen — 122

SECCIÓN DOS: — 124
SIGUIENDO EL HILO — 124
RESUMEN DEL YOGA SUTRA — 126
Sinopsis — 126
Resumen del Yoga Sutra — 127

INTEGRACIÓN (*SAMADHI*) — 131
¿Qué es el yoga? — 131
Resumen del Capítulo Uno del Yoga Sutra — 227

PRÁCTICA (SADHANA) — 231
Resumen del Capítulo Dos del Yoga Sutra — 349

MAGNIFICENCIA (VIBHUTI) — 352
Sobre los poderes extraordinarios — 352

Resumen del Capítulo Tres del Yoga Sutra	444
EMANCIPACIÓN (*KAIVALYA*)	**447**
Resumen del Capítulo Cuatro del Yoga Sutra	493
TEJIENDO EL HILO DEL YOGA EN LA VIDA	**496**
Y.O.G.A.: Yo, Orgánicamente Ganando Atención	496
S.I.M.P.L.E.: Saber Investigarme para Modular Predilecciones y Lograr Evolucionar	498
Rango de acción	499
Pautas para la práctica del yoga	500
Tu Base	501
Las ramas del Yoga	502
Comprueba que tu práctica está funcionando	508
APÉNDICES	**510**
INTERPRETACIÓN CONTINUA DEL YOGA SUTRA	**511**
Capítulo Uno - Integración (Samadhi)	511
Capítulo Dos - Práctica (Sadhana)	514
Capítulo Tres - Magnificencia (Vibhuti)	518
Capítulo Cuatro - Emancipación (Kaivalya)	523
YOGA SUTRA COMO INDAGACIÓN	**527**
Capítulo Uno - Integración (Samadhi)	527
Capítulo Dos - Práctica (Sadhana)	530
Capítulo Tres - Magnificencia (Vibhuti)	533
Capítulo Cuatro - Emancipación (Kaivalya)	536
GLOSARIO	**539**
OTRAS LECTURAS	**547**
Libros (en inglés)	547

En línea	549
SOBRE EL AUTOR	**551**
BIBLIOGRAFÍA	**552**
NOTAS FINALES	**554**

Prefacio

Desde sus orígenes en la India hace miles de años, el yoga ahora se ha convertido en muchas cosas para muchas personas. Si bien muchas personas ven el yoga como estiramiento y ejercicio físico, otros encuentran en el yoga un remedio para el estrés y otras dolencias. Y un número creciente de practicantes concienzudos buscan en el yoga el sistema completo tradicional para una profunda transformación personal y libertad espiritual utilizado durante miles de años en la India. Eso puede explicar por qué el texto de yoga clásico, el Yoga Sutra de Patañjali, es ahora más popular que nunca (White xvi). En el último siglo, muchos estudiosos han continuado la tradición que comenzó alrededor del siglo V d.C. al ofrecer comentarios sobre los 196 aforismos de Patañjali. Como ha señalado el catedrático Edwin Bryant, el Yoga Sutra puede abordarse desde una perspectiva académica al enfatizar su contexto histórico. Alternativamente, el punto de vista de un practicante enfatiza en cambio la aplicación práctica del texto. Este libro adopta el enfoque del practicante mediante el uso del Yoga Sutra como una guía práctica para liberarnos de las limitaciones que nos impiden sentir la libertad interior, la paz mental y la consciencia de la profunda interconexión entre todo lo que existe.

Cómo se desarrolló este libro

En 1995, unos años después de mi introducción al yoga y la meditación Zen, comencé a practicar yoga todos los días. Desde entonces, he estado en un viaje de autodescubrimiento utilizando el yoga como guía para mi exploración. Sentir los beneficios del yoga en mi cuerpo, mente y emociones me motivó a aprender más sobre los fundamentos del yoga. Esto me llevó al Yoga Sutra. En

Prefacio

2003 comencé a estudiar el Yoga Sutra y hoy sigo sintiéndome agradecido por la amplitud y profundidad de la sabiduría de Patañjali.

Durante los últimos quince años he estudiado el Yoga Sutra para responder a una pregunta sencilla: *¿Cómo puedo utilizar los Yoga Sutra como marco para mi práctica de yoga y para mi vida?* Explorar el Yoga Sutra ha sido un viaje de aprendizaje y transformación. Como no soy un catedrático en sánscrito, he estudiado más de una docena de traducciones e interpretaciones del Yoga Sutra. También he estudiado cómo cantar el Yoga Sutra en sánscrito escuchando y cantando durante cientos de horas. También aprendí por mi cuenta el silabario devanagari para poder leer y copiar a mano el texto completo. Esto agregó una forma más de sentir el Yoga Sutra directamente. También me beneficié de un curso con el Dr. Rajan Narayanan donde estudiamos el Yoga Sutra un aforismo a la vez. Contemplar el significado del Yoga Sutra para su aplicación diaria ha sido motivador e inspirador. Me siento agradecido con Patañjali y con los muchos autores, catedráticos del yoga y profesores que han compartido sus conocimientos durante más de mil años.

Los principales criterios que he utilizado en mi interpretación del Yoga Sutra son:

- Honrar la sabiduría que Patañjali, sus predecesores y comentaristas han compartido generosamente durante siglos.

- Ofrecer una interpretación fácil de entender del Yoga Sutra centrada en la aplicación diaria en este momento de la historia.

- Utilizar explicaciones y sugerencias de sentido común que inviten a los lectores a explorar, cuestionar y, en última instancia, tomar sus propias decisiones inteligentes.

Reconozco que la interpretación de cualquier texto está profundamente influenciada por las perspectivas, actitudes e historia personal de la persona que lee ese texto. Ciertamente, ese es el caso de mis propias interpretaciones del Yoga Sutra, que han ido evolucionando durante los últimos quince años. Patañjali enumera en el Yoga Sutra varias formas de conocimiento, indicando que la principal fuente de conocimiento correcto es la experiencia directa (*pratyaksha*) [Yoga Sutra 1.6-1.7]. Como manual del practicante, este libro es una invitación a embarcarte en el viaje del autodescubrimiento para vivir con sabiduría y sin sufrimiento. El viaje requiere reflexión y aplicación.

En las siguientes páginas, presento formas simples, prácticas pero poderosas de integrar los diversos aspectos del yoga en la vida contemporánea, tu vida, a un ritmo gradual y sostenible. Te invito a que te acerques al Yoga Sutra como un conjunto de pautas para reflexionar y comprenderte mejor a ti misma y a los sistemas delicadamente interrelaciones que te conforman. Conocerte a ti mismo te permite elegir la mejor forma de poner en práctica estas ideas. Puedes probar si tu exploración está funcionando, notando si están creciendo tu armonía interior y tu sabiduría. Esta sabiduría te guiará a participar en tu vida con una mente y un corazón abiertos. Mi deseo es ayudarte a desenredar el hilo de las distracciones mundanas y, en cambio, a reconocer el hilo común de la presencia viva que todos compartimos de manera inherente.

Este viaje de exploración y aplicación comienza con el resumen más conciso de todo el Yoga Sutra, una sola palabra del texto original. Este manual, lleno de preguntas para guiarte a hacerte cargo de tu propia investigación personal, te invita a una inmersión gradual pero profunda en la fuente de la sabiduría que ofrece Patañjali. La verdadera sabiduría se prueba en su utilidad mediante la aplicación. Depende de ti decidir qué técnicas y prácticas mejorarán en última instancia tus acciones e interacciones.

Que tu camino esté lleno de alegría, salud y claridad.

Rubén

ESTE CAMINO NO ES PARA TI SI...

Estás completamente libre de obstrucciones, distracciones y sufrimientos.

Has saciado tu curiosidad sobre los grandes misterios de la vida.

Aceptas, perdonas y amas incondicionalmente.

Te conoces íntimamente en la mayor medida posible.

Sientes un entusiasmo cada vez mayor por estar vivo.

Sientes que tu vida es significativa, llena de abundancia y con una profunda conexión contigo mismo y con las personas que te rodean.

Agradecimientos

Ningún esfuerzo humano ha sido logrado por una sola persona; es nuestra capacidad para aprender y cooperar unos con otros lo que nos permite ampliar los límites de nuestro conocimiento específico y nuestras limitaciones individuales. Agradezco a Patañjali, así como a los muchos autores anónimos cuyo trabajo inspiró a Patañjali. Mi pasión por el mensaje del Yoga Sutra ha sido alimentada por los numerosos autores que han ofrecido explicaciones, comentarios e interpretaciones del trabajo de Patañjali a lo largo de los siglos. A menudo he pensado que escribir un libro sobre el Yoga Sutra de Patañjali requiere una combinación de ingenuidad y arrogancia: es arrogancia pensar que se puede agregar algo nuevo y significativo a una conversación de 1500 años, e ingenuidad pensar que habrá gente interesad y dispuesta a escuchar. Estoy en deuda con los muchos estudiantes que me han demostrado que existe un creciente interés en vivir la sabiduría del Yoga Sutra no solo en la práctica del yoga contemporáneo, sino también en la vida.

Aunque la mayor parte de mi exploración del Yoga Sutra ha sido un proceso de intentar dar sentido a los diferentes textos poniéndolos a prueba en mi propia práctica personal y en mi vida, he encontrado muchos maestros en el camino. Uno de los profesores que ha influido mucho en mi perspectiva y práctica es Erich Schiffmann. Erich me ha inspirado a hacer que mi propia práctica y enseñanza sea clara y eficaz. También estoy agradecido con Rajan Narayanan por su paciente guía a través de los Yoga Sutras, un aforismo a la vez. Mi comprensión del yoga también se ha enriquecido enormemente con las enseñanzas de Simon Borg-Olivier y Bianca Machliss, que combinan anatomía, fisiología y yoga en una práctica lógica, segura y muy eficaz. También aprecio el sentido común sobre la anatomía ofrecida por Amy Matthews y Leslie Kaminoff. Además, sería negligente si no mencionara cuánto me he beneficiado del trabajo de Gregor Maehle, Andrey Lappa, Michael Singer, Michael Brown, Adyashanti, Don Miguel Ruíz y Yogani, estoy agradecido de vivir en un tiempo cuando hay tanta sabiduría disponible.

Toda la vida es una oportunidad para aprender y crecer, y todo lo que encontramos ofrece innumerables lecciones. Mi más sincero agradecimiento a los muchos estudiantes que han asistido a mis talleres sobre los Yoga Sutras y a las sesiones de formación de profesores en las que he participado durante la última década: sus preguntas y comentarios me han ayudado a ampliar mi comprensión y me han guiado para intentar comunicar mi mensaje con eficacia. Un agradecimiento especial a Andrea, Christa, Carol, Candace, Diane, Jennifer Rose, Johanna, Kristal, Liz B, Liz G, Michele, Michelle, Sandy, Susan, Suzanne y Tachi por su dedicación e interés. Estoy profundamente agradecido por el aliento y el apoyo de mi amiga y colega Cindy Mastry, quien ha ofrecido comentarios sobre muchas versiones de este manuscrito y quien siempre está dispuesta a aprender sobre todo lo relacionado con el yoga y especialmente sobre la filosofía del yoga. Soy extremadamente afortunado de que estudiantes como Chris Chen y Chris Davis hayan brindado generosamente comentarios y sugerencias excelentes sobre un borrador anterior de este libro. También siento gratitud por mis queridos amigos como Sharen Lock y LeGrand Jones, que son compañeros exploradores en el camino del yoga. No hay suficientes palabras para agradecer a LeGrand por su amabilidad y generosidad al ofrecer comentarios detallados y profundos sobre el manuscrito completo. El grupo de estudio de Yoga Sutra ha sido un lugar maravilloso para explorar muchas perspectivas diferentes sobre el Yoga Sutra, así que gracias, Bill, Denise, Peentz, Tricia y todos los que han asistido. Estoy muy agradecido con Lisa Maier por su generosidad y apoyo y por guiarme en el proceso de hacer que mi mensaje sea más accesible. Estoy profundamente agradecido con mi amiga Enee, por su amabilidad, consideración y generosidad. Gracias también a Jim por ofrecer siempre ideas y sugerencias útiles sobre la escritura y la publicación. ¡Rusty, eres

Agradecimientos

increíble! Gracias por editar el libro con tanto cuidado, atención y claridad. Tengo la suerte de conocer amigos queridos como Amanda, CF, Doug, Julie, Michael y Yannick. Mi agradecimiento también a mi familia Rubén, Ladys, Claudia, Luz Victoria, Adolf, Adri, Carlos, Luca, Jitka y Zdenek por su amor, amabilidad y apoyo. Mi mayor fuente de inspiración, motivación y soporte es mi amada Camilla, quien me ha mostrado su inquebrantable amor incondicional y su apoyo todos los días de nuestra vida juntos: te amo y te agradezco con todo lo que soy.

Este libro representa lo mejor de mí en este momento. E incluso con todo el apoyo y la ayuda que he recibido, hay muchas cosas que puedo haber pasado por alto, lugares donde mi comprensión se ha quedado corta y donde mi mensaje podría mejorar. Todos los errores y equivocaciones son, por supuesto, míos.

Comencemos nuestro viaje, seres imperfectos experimentando el único momento perfecto, que es el ahora, juntos.

Introducción

En el respetado diccionario sánscrito-inglés, Monier-Williams, los significados de la palabra *sutra* incluyen: hilo, hebra, cuerda, cordón y cable. La palabra *sutra* está relacionada con la palabra sutura, en el sentido de puntos o una costura que mantiene algo unido. En la tradición india, un *sutra* es una compilación de textos condensados sobre un tema específico que incluye ritual, filosofía, gramática, etc. Además, la palabra *sutra* también significa cada una de las oraciones concisas que componen el texto completo. Hay *sutras* para algunos temas distintos del yoga, cada uno de ellos siguiendo una línea coherente de pensamiento sobre un tema específico. Dado que algunos de estos textos de *sutras* se memorizaron y/o se transmitieron de maestro a alumno directamente, los contenidos se redujeron al mínimo número de palabras posible para facilitar la memorización.

Tradicionalmente, en la India, estudiar un *sutra* era un diálogo entre maestro y alumno, donde el maestro explicaba el significado y la aplicación de cada sutra. Desde la perspectiva del maestro, la colección de aforismos es una ayuda didáctica que contiene el sistema completo de yoga. El maestro usa el *sutra* como punto de partida para la instrucción, que se complementa con el conocimiento que el maestro ha reunido a través de su experiencia directa. Desde la perspectiva del estudiante, el yoga *sutra* completo es una herramienta para contemplar las enseñanzas y su relevancia para la vida.

Sobre el Yoga Sutra

El Yoga Sutra de Patañjali ofrece el primer manual completo de teoría y práctica del yoga (Feuerstein, 2001, p. 214). Si bien existe consenso sobre la

Introducción

idea de que el Yoga Sutra es una recopilación de ideas y prácticas que ha existido durante muchos siglos, no existe un acuerdo unánime sobre la fecha en que los *sutras* realmente fueron compilados por Patañjali. Mientras que algunos estudiosos piensan que fue alrededor del 3100 a. C. (Narayanan, p. 1), otros indican que Patañjali probablemente vivió en el siglo II a. C. (Feuerstein, 2001, p. 214), mientras que otros catedráticos sugieren que el Yoga Sutra fue recolectado en algún momento entre el siglo I a. C. y el siglo IV d. C (White, 2014, p. x).

Patañjali, el compilador del Yoga Sutra es un completo misterio como persona. Aun hoy continúa el debate sobre su identidad. Algunas fuentes afirman que el mismo Patañjali que compiló el Yoga Sutra escribió un tratado sobre la gramática sánscrita, así como también un texto sobre el Ayurveda. Otras fuentes refutan estas afirmaciones. Lo que sabemos sobre el Yoga Sutra es que Patañjali ofreció un conjunto completo y coherente de ideas y prácticas que no es dogmático. Explícitamente el Yoga Sutra no se alinea con ninguna escuela filosófica ni con ninguna religión en particular. Sobre este tema también hay controversias. El Yoga Sutra es lo suficientemente abstracto como para permitir múltiples interpretaciones. Al mismo tiempo, el contenido es lo suficientemente específico como para ser utilizado como un manual para la práctica.

Organizado en cuatro capítulos (*pada*), el Yoga Sutra consta de 51 sutras en el Capítulo Uno, 55 en el Capítulo Dos, algunas fuentes incluyen 55, mientras que otras incluyen 56 aforismoss en el Capítulo Tres, y el Capítulo Cuatro contiene 34 sutras para un total de 195 o 196. El Capítulo Uno, Integración (*Samadhi*) incluye el significado de yoga, una clasificación de tendencias humanas, estrategias para crear ecuanimidad, pasos y caminos para aumentar la claridad, una lista de las distracciones, sus efectos y las formas de superarlas. El final del Capítulo Uno enumera los niveles más profundos de la meditación. La primera mitad del Capítulo Dos, Práctica (*Sadhana*), define la acción yóguica como una forma de eliminar las aflicciones y aumentar la paz interior; explica el ciclo del *karma*, la eliminación del sufrimiento y las causas del sufrimiento, y propone el discernimiento como una forma de evitar el sufrimiento futuro. La segunda mitad del Capítulo Dos presenta el camino de ocho ramas del yoga como una forma efectiva de disminuir las ineficiencias, aumentar la sabiduría y establecer el discernimiento de la verdadera naturaleza humana. El capítulo concluye con una explicación de las primeras cinco ramas del yoga. El Capítulo Tres, Magnificencia (*Vibhuti*) introduce las últimas tres ramas en el camino del yoga hacia la meditación profunda. Como resultado el practicante percibe todos los aspectos de los fenómenos internos y externos. Este capítulo enumera la variedad de posibles resultados de aplicar la meditación profunda a diferentes objetos y también ofrece una advertencia acerca de los peligros resultantes del uso indebido de estas técnicas avanzadas de meditación. El capítulo concluye señalando los efectos más altos de la meditación. El último capítulo del tratado, el Capítulo Cuatro, Emancipación (*Kaivalya*) explica la naturaleza de la existencia, incluida la relación entre la consciencia y la naturaleza, así como las interacciones entre experiencias, recuerdos y sus manifestaciones como tendencias y circunstancias específicas. La interacción entre todos estos elementos se convierte en el contexto para desarrollar un agudo sentido de discernimiento que conduce a una profunda sabiduría y una eventual liberación.

La concisión del Yoga Sutra, cada aforismo es similar a una taquigrafía cósmica, ha generado comentarios sistemáticos (*bhashya*) que ofrecen interpretaciones, explicaciones y ejemplos. Por siglos, algunos de estos comentarios se han vuelto casi indispensables para comprender el Yoga Sutra original. Por ejemplo, algunos ejemplos utilizados por los primeros comentaristas se han utilizado durante al menos mil años y continúan usándose en la actualidad. Por supuesto, cada comentario incorpora inevitablemente la perspectiva de su autor. Como David Gordon White ha demostrado con elocuencia en su libro sobre la historia del Yoga Sutra, las interpretaciones del trabajo de Patañjali constituyen en sí mismas una fascinante historia.

Claude Maréchal, profesor y antiguo alumno de T.K.V. Desikachar, ofrece una perspectiva del Yoga Sutra basada en el conocimiento transmitido por el legendario maestro del siglo XX, T. Krishnamacharya (el padre de Desikachar). Desde este punto de vista, cada capítulo del Yoga Sutra es un curso de estudio completo, diseñado para estudiantes en niveles específicos de aptitud y desarrollo. Maréchal sugiere que el Capítulo Uno, *Samadhi*, es para estudiantes avanzados (*Kritanjali*) lo suficientemente familiarizados con las técnicas de yoga que pueden usar estos métodos para superar muchos obstáculos en el camino hacia la integración. El capítulo dos, *Sadhana*, postula Maréchal, es para estudiantes que están dominados por el sufrimiento (*Baddhanjali*). Este camino está compuesto por el yoga de la acción y las primeras 5 ramas del yoga, también conocidas como prácticas externas (*Yamas, Niyamas, Asana, Pranayama y Pratyahara*). El capítulo tres, *Vibhuti*, lo considera destinado a estudiantes que han dominado sus mentes (*Mastakanjali*). Sus equilibradas y enfocadas mentes pueden participar en las prácticas internas, *Dharana, Dhyana y Samadhi* para permanecer en el camino correcto mientras descubren los misterios de la vida. El Capítulo Cuatro, *Kaivalya*, sugiere Maréchal como una guía para estudiantes consumados y plenos (*Purnanjali*) que han alcanzado el desapego completo y son capaces de comprender las complejidades de la naturaleza y la estructura de la vida.

En la India antigua, la fuente del yoga, y en la India contemporánea, vemos una amplia diversidad entre las prácticas consideradas como auténticas expresiones del yoga. A medida que el yoga se ha expandido por todo el mundo, su enseñanza y práctica, y la interpretación y aplicación del Yoga Sutra ha sido influenciada por la mentalidad y las necesidades de cada practicante. Se puede argumentar que estas adaptaciones locales en las prácticas contemporáneas son tan naturales y genuinas como el reflujo y el flujo de cualquier río, o tan entrelazadas como la urdimbre y la trama de una tela tejida a mano.

El Yoga Sutra de Patañjali ofrece un mapa conciso, completo pero complejo para los exploradores en el camino hacia el crecimiento espiritual, la transformación y la verdadera libertad. Esta carta de navegación es un manual técnico que solo se activa mediante la aplicación. Si bien el interés por este texto ha aumentado y disminuido durante milenios, se ha mantenido vivo (más allá del mero interés académico) debido a su utilidad como un enfoque sistemático para explorar la condición humana, independientemente del quién, el cuándo o el dónde de su estudio. La sabiduría que en él se ofrece debe ser probada por cada alumno que trate de ponerla en práctica con entusiasmo, inteligencia y humildad. El compromiso proporciona el combustible para embarcarse en este fascinante viaje de exploración; la consistencia determina sus ritmos. Cada estudiante posee de manera innata los recursos necesarios para emprender esta excursión hacia la iluminación. El éxito en este proceso se refleja en cómo la sabiduría cultivada se evidencia en las acciones e interacciones cotidianas.

Cómo usar este libro

Famosamente conciso y lleno de significado, el Yoga Sutra tiene la reputación de ser un desafío para leer, comprender y aplicar. **Desenreda el hilo** te invita a encontrar tus respuestas a la pregunta *¿Cómo se puede aplicar el Yoga Sutra hoy?* A medida que desenredas el significado del Yoga Sutra para ti para tu vida, descubres formas inteligentes, compasivas y amables de desatar los

Introducción

enredos, nudos y ataduras que restringen la expresión más plena de tu verdadera naturaleza.

Desenreda el hilo está organizado en dos secciones, la primera ofrece una descripción general del Yoga Sutra completo; el segundo explora el significado y la aplicación de cada uno de los 196 sutras en el texto original. Actividades de aplicación, sugerencias para practicar y preguntas para la reflexión acompañan a cada sección de este libro, proporcionando ejercicios prácticos para integrar filosofía/teoría con práctica/proceso.

Sección Uno: Descripción general

Juntos, exploramos el Despertar, la Iluminación, la Liberación, la Trascendencia y la Presencia, y abordamos las preguntas fundamentales ¿Qué es el Yoga? y ¿quién soy yo?

Sección Dos: Siguiendo el hilo

Cada uno de los capítulos seis al diez de **Desenreda el hilo**: Integración (*Samadhi*), Práctica (*Sadhana*), Magnificencia (*Vibhuti*) y Emancipación (*Kaivalya*), contiene un resumen que sintetiza los principales conceptos y temas en el capítulo seguido por la interpretación de cada sutra con recomendaciones específicas para su práctica.

El Capítulo Once, el último en este tomo, ofrece pautas específicas para continuar el camino de la aplicación del Yoga Sutra, incluidas sugerencias para la práctica de las ocho ramas del yoga: *Yamas* (amabilidad y compasión), *Niyamas* (pureza y sinceridad), *Asana* (postura y movimiento inteligente), *Pranayama* (modulación eficiente de la energía vital), *Pratyahara* (enfoque interno y sensibilidad), *Dharana* (concentración), *Dhyana* (meditación) y *Samadhi* (Integración). Aquí aprendemos a tejer el hilo del yoga en la vida.

Desenreda el hilo es un manual lógico y sincero para llevar la sabiduría del Yoga Sutra a tu vida diaria, comenzando con las formas más accesibles de practicar. A través de tu compromiso y tu coherencia, el Yoga Sutra se convertirá en una guía para vivir con sabiduría, consciencia y compasión.

Comencemos.

Sección Uno: Descripción general

अथ योग अनुशासनम्

atha yoga anuśāsanam

Ahora, la instrucción en yoga

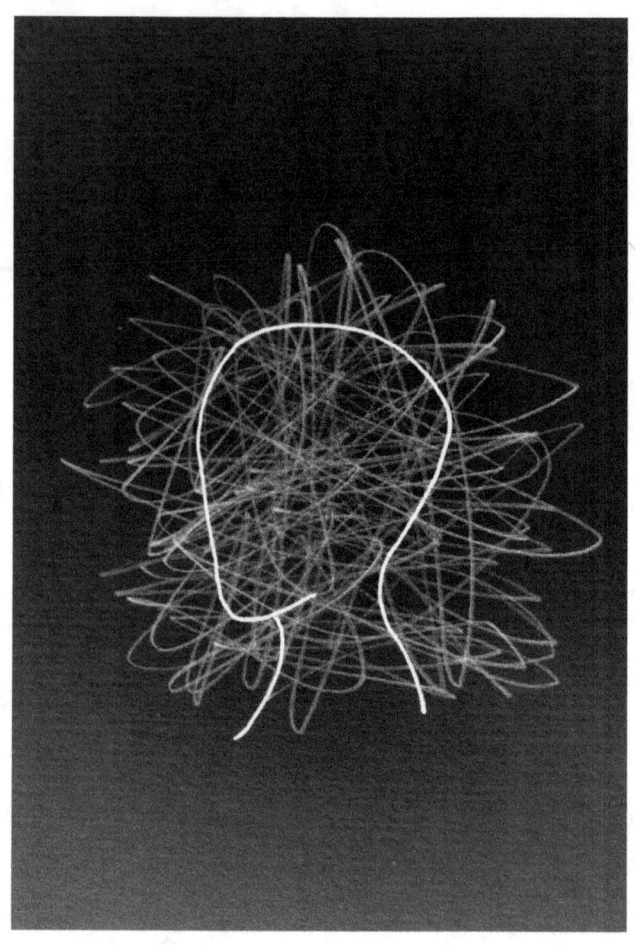

Cuando intentamos encontrarnos constantemente donde estamos y tal como estamos, notamos que frecuentemente estamos enredamos en nuestros hábitos, agobiados por nuestras historias y aferrándonos a nuestras preferencias y creencias. También podemos notar cuántas de nuestras decisiones resultan no ser realmente nuestras. Aunque todo esto puede sonar desalentador, este cambio de perspectiva conlleva la promesa de una transformación.

DESPERTAR, ILUMINACIÓN, LIBERACIÓN Y TRANSCENDENCIA.

Las palabras *despertar, iluminación, liberación* y *trascendencia* se utilizan con frecuencia en los círculos de yoga. Más que clichés, estos términos nos ayudan a enmarcar nuestras discusiones sobre el yoga y nos dan un lenguaje común para los importantes diálogos que surgen del estudio y la práctica del yoga.

Despertar es darse cuenta de que este momento es único, porque nunca ha sucedido antes y no se repetirá nunca más. Independientemente de cuánto quieras estar en un momento diferente, solo puedes estar en este momento, aquí y ahora. De hecho, este momento es la culminación de toda tu vida hasta ahora. Al mismo tiempo, este momento es el punto de partida para el resto de tu vida. *Al estar en este momento único, estás sintiendo los efectos de todas tus acciones anteriores y al mismo tiempo siembras las semillas para tu propio futuro.* Este momento es todo lo que tienes y es el único momento en el que puedes actuar. Despertar es reconocer que nunca has estado en el ayer ni en el mañana, y que siempre estás, solo en el hoy. Despertar a ese hecho simple e irrefutable puede ser toda la motivación que necesitas para participar y hacer lo mejor que puedas, en lugar de entretenerte en tu mente, con *el qué pasaría si, lo que solía ser* y *lo que podría haber sido*. Esta comprensión te insta a hacer que tu presencia en el mundo importe hoy. Lo opuesto al despertar es vivir vida como un sonámbulo. El despertar es el reconocimiento de que el momento presente es el momento más importante de tu vida. ¿Estás dispuesta a sentir directamente cómo se siente el despertar?

Cuando sigues repitiendo las mismas creencias y opiniones una y otra vez, eventualmente te convencerás de que esos pensamientos, sentimientos y puntos de vista son hechos, que tu punto de vista es en realidad, indiscutiblemente, *la* verdad. Actuar desde esa perspectiva puede llevarte a buscar solo a otros con opiniones similares, o impulsarte a ser hostil con aquellos que no comparten tus creencias. La historia está llena de ejemplos de ideologías dogmáticas que sirven como herramientas de opresión y violencia. En el yoga, la **liberación** es tu decisión consciente de renunciar a tus creencias y opiniones para vivir tu vida directamente, percibiendo lo que está sucediendo con la mayor claridad posible, sin la interferencia de tus ideas preconcebidas. La liberación también se refiere a liberarte de tus apegos y de tu constante comentario interno. La práctica del yoga proporciona formas de descubrir estos patrones inútiles que obstruyen tu camino. Una comprensión profunda del yoga te lleva a reconocer patrones en tu forma de pensar y te permite ver tendencias en tus emociones, con el objetivo final de eliminar estas ineficiencias y restricciones. A medida que te liberas de las maneras de ser que te agobian, notarás cambios en tu vida interior y en la forma en que participas en todo lo que haces.

La **iluminación** es aligerar tu actitud, lo que le permite interactuar con todo suavemente, con bondad y compasión. Alivias tu carga en la vida modulando tus maneras de ser para minimizar las restricciones, lo que lleva a una vida plena y consciente. Una encarnación simple de la noción de iluminación es experimentar haciendo que tus movimientos físicos diarios sean lo más elegantes posible, y luego notar cómo ese simple cambio físico conduce a una ligereza interior. Otra sugerencia: considera si te estás tomando a ti miso con demasiada seriedad. A menudo, solo traer una sonrisa a tu rostro y tu corazón puede tener un efecto de iluminación similar. Desde esta perspectiva, la iluminación significaría hacer de tu sonrisa tu modo de ser básico. La iluminación también puede entenderse como llenar el momento presente con la luz de tu consciencia pura. En lugar de tratar de predecir cómo se sentirá la

Despertar, Iluminación, Liberación y Transcendencia.

iluminación en ti, siéntela directamente en las maravillosas interacciones entre tu cuerpo, tu mente y tus emociones, así como en tus interacciones diarias con las personas y el mundo que te rodea.

Otra palabra que se suele escuchar en relación con el yoga y sus objetivos es **trascendencia**. Además de la definición común de trascendencia como "ir más allá de la experiencia material", también hay un aspecto muy práctico de la trascendencia: superar tus limitaciones actuales. El aprendizaje, por ejemplo, es un proceso de trascender tus niveles actuales de comprensión para que tu percepción se expanda más allá de tus límites actuales. Para superar tu nivel actual de conocimiento, es esencial poder tolerar la incomodidad de no saber. Sin reconocer lo que no sabes, es poco probable que siquiera consideres aventúrate fuera de los límites de lo que sabes. Ten curiosidad por descubrir lo que está más allá de tus niveles actuales de presencia, consciencia y comprensión. Para ello es vital aprender a discernir entre el malestar tolerable y el dolor. El dolor produce una respuesta protectora, esa sensación cuando tu cuerpo, respiración y mente se preparan para un impacto. Esta respuesta al dolor es útil y relevante y te alerta para evitar posibles lesiones. La incomodidad tolerable, sin embargo, es diferente al dolor; te altera, pero no tensa tus músculos ni restringe tu respiración. La incomodidad tolerable a menudo surge cuando vas en contra de la costumbre o te sales de lo que te es familiar. Es posible que confundas lo inusual con dolor, cuando lo que estás sintiendo es en realidad es la incomodidad de no saber. A medida que avanzas en tu estudio y práctica de yoga, desarrollarás una mayor sensibilidad para distinguir claramente entre la incomodidad tolerable y el dolor. Esta es la clave para trascender más allá de tus maneras de ser actuales, no solo en el yoga, sino en todos los aspectos de la vida.

El yoga no es intrínsecamente bueno o malo, perjudicial o beneficioso. La práctica del yoga contiene técnicas para expandir tu capacidad de participar en tu vida con integridad, gracia y entusiasmo. Es por eso por lo que una mente y un corazón abiertos son útiles: te permiten asistir a tu vida libre de ideas preconcebidas. El yoga puede servir como un vehículo para liberarte de las maneras de ser físicas, mentales y emocionales que restringen tu experiencia de vida. Puedes escoger el yoga como un camino para optimizar tu participación en la vida con gracia y amabilidad. Claro que el yoga no te libra de tu responsabilidad por tus decisiones y acciones.

Puede resultar tentador ver el yoga como una forma de alejarse de la vida y aislarse del mundo; sin embargo, el yoga es una invitación a establecer relaciones claras, coherentes y armoniosas entre tu cuerpo, respiración, mente y emociones. El yoga es ser testigo de la simbiosis natural de todos tus sistemas trabajando al unísono. Además, no hay ningún momento en el que estés absolutamente sola y aislada de todo lo demás. La creencia de que eres solo lo que está confinado por los límites de tu piel niega el hecho de que existe una profunda interconexión entre tú y todo lo que existe. Como sugiere Lawrence Krauss (Atom: An Odyssey from the Big Bang to Life on Earth...and Beyond), *cada vez que respiras estás conectado con casi toda la vida en la Tierra hoy, en el pasado y quizás incluso en el futuro.* Debido a la interconexión de todo, tu vida es una danza constante entre tú y tus circunstancias. La forma en que elijas participar en este baile resuena directa o indirectamente con todo lo que existe. El yoga te proporciona un sistema para guiar tus elecciones y caminar por la vida con consciencia y amabilidad.

Despertar, Iluminación, Liberación y Transcendencia.

Autonomía: Tú eliges

A medida que te sumerjas más profundamente en el Yoga Sutra, reconocerás que Patañjali te ofrece un marco, pero no toma decisiones por ti. Este respeto por tu propio juicio impregna el Yoga Sutra y puede ser uno de sus aspectos más útiles y fortalecedores. También puede ser uno de los más desafiantes, porque requiere que seas un agente activo en tu vida, que seas responsable, que elijas tus intenciones, decisiones y acciones de manera consciente y deliberada. De esta manera, el Yoga Sutra puede verse como un manual que te ofrece opciones para la autorregulación. Será la calidad de tu vida la que confirme o niegue tu nivel de comprensión yóguica. Solamente tú puedes escoger tu propia autonomía.

Es importante enfatizar que en ninguna parte del Yoga Sutra se te pide que renuncies a tu capacidad de decidir por ti misma. Por el contrario, se te anima a cultivar continuamente tu capacidad de discernimiento, de modo que tu propia claridad y paz internas puedan informar tus acciones e interacciones en todos los entornos y circunstancias. Estás a cargo de tu vida y tus decisiones, e independientemente de las decisiones que tomes, tendrá que vivir con sus consecuencias, incluidos sus éxitos y sus errores. El yoga proporciona contexto y te guía a establecer la verdad a través de la exploración. Al vivir tu vida, has estado realizando un experimento; este marco yóguico te ofrece un camino viable para continuar tu experimento de manera sistemática con inteligencia y compasión. Vale la pena repetir que tu estudio y práctica **no te privan de tu capacidad para elegir**; permaneces comprometida a tomar tus propias decisiones lo mejor que puedas. Dado que nadie más puede conocer completamente tu experiencia, ¿por qué dejarías que alguien más eligiera lo mejor para ti? Tomar tus propias decisiones y enfrentar sus consecuencias es, posiblemente, tu principal responsabilidad en la vida.

Estos conceptos de autonomía (tomar decisiones), despertar (vivir en la inmediatez), iluminación (ser con ligereza), liberación (dejarse que la vida fluye) y trascendencia (superar limitaciones) comprenden un proceso más que un destino. Este proceso comienza cuando eliges participar en su vida conscientemente y prosigue cuando comienzas a notar que tus pensamientos, palabras y acciones generan retroalimentación. La retroalimentación que recibes puede desencadenar una reacción: una incomodidad tolerable que indica que tus perspectivas, actitudes y hábitos anteriores ya no se ajustan a quién eres en el momento presente. Elegir ignorar dicha retroalimentación es una manera fácil de lidiar con esa incomodidad, pero pasa por alto el hecho de que la información que recibes está exquisitamente calibrada a tu situación actual. Ignorar la retroalimentación (continuar viviendo tu vida como lo has estado haciendo hasta este momento) da como resultado que se genere una retroalimentación más poderosa. Cuanto más te esfuerces por mantenerte en tus antiguas maneras habituales de ser, más incomodidad sentirás. El mensaje se vuelve más fuerte cada vez que te niegas a cambiar, para asegurar que sea recibido. Así se reconfigura la identidad. Toda cultura tradicional tiene ritos de iniciación que marcan estas transiciones de vida como una transformación, a menudo una muerte simbólica de las viejas maneras de ser. Aunque a veces es un proceso contundente, también ocurre de manera gradual y menos dramática todos los días cuando aprendes algo nuevo. Recuerda, este es un proceso de por vida para aumentar la consciencia. Confía en que el proceso ocurre al ritmo que tú puedes manejar.

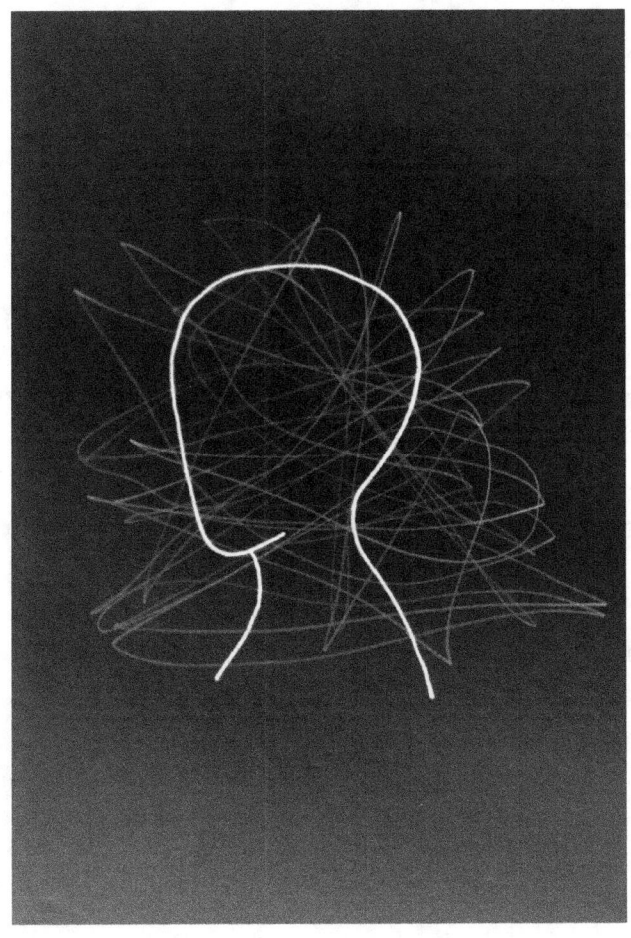

No hay nada tan vital, esencial y enriquecedor como la presencia. Presencia de mente y corazón comunican vitalidad a tus intenciones, acciones e interacciones y, por lo tanto, llenan tu vida con sentido, inspiración y responsabilidad duraderas.

Presencia

Resumen en una palabra: Atha (अथ)

Muchos textos en la tradición del yoga comienzan con la palabra sánscrita "*atha*" (अथ) que se pronuncia como at-ja. *Atha* puede definirse como "ahora" y como una exclamación utilizada para llamar la atención. Desde el punto de vista más simple, todas las técnicas de yoga ofrecen formas de llevar tu completa atención al momento en que te encuentras. Las palabras "consciencia" y "plena atención" apuntan a esta calidad de participar en el momento en el que estás sin distracciones. La palabra "*atha*" es tanto un recordatorio para embarcarte en el viaje como un indicador del destino: la Presencia. Un comentarista contemporáneo sobre el Yoga Sutra, Deshpande, sugiere que "*atha*" puede interpretarse como "y ahora", que actúa como un recordatorio en este momento y como una sugerencia de que la vida consiste en el paso imperceptible de este ahora hacia el siguiente ahora. De hecho, ver "*atha*" como "y ahora" también nos recuerda que, incluso cuando intentamos estar presentes, continuaremos distrayéndonos de este momento específico y único. La mayor parte de la práctica consiste en regresar continuamente al momento en el que te encuentras.

ESTAR PRESENTE ES TANTO LA ESENCIA COMO EL OBJETIVO DE LA PRÁCTICA

El yoga se trata de estar presente. En otras palabras, el yoga se trata de participar en tu vida con la intención sincera de hacer lo mejor que puedes. Obviamente, la presencia solo puede ser experimentada directamente. Por lo tanto, hablar de presencia no es presencia en sí, pero puede ayudar a aclarar el sendero que nos llevará a dicho destino.

Yoga = Presencia = Consciencia = Estar con lo que es

Ilustración 1. El yoga es presencia

La presencia, el yoga, es estar con lo que es. Cuando atiendes a lo que está sucediendo, observas que el momento presente, "lo que es", es dinámico. Así que encuentras una paradoja, porque siempre estás solo en este momento, aquí y ahora, pero este momento presente sigue transformándose en un momento nuevo e irrepetible. La paradoja es que el presente es un instante fugaz en eterna transformación. Es al mismo tiempo un punto único en el tiempo, así como también todos los momentos diferentes en los que has estado, y todos los momentos potenciales en los que llegarás a estar. Toma un momento para cerrar los ojos y captar esto.

La vida es un precioso regalo entregado como el presente, un momento siempre nuevo. Somos libres de hacer con ese regalo lo que sea que queramos. Por ejemplo, podemos optar por ignorar este momento porque pensamos que un momento anterior fue/es el momento más importante de la vida. Entonces, podemos optar por invertir atención, energía y dinero tratando de volver a ese momento anterior. También podemos optar por ignorar este momento proyectando una idea, pensamiento, emoción o experiencia hacia el futuro. Independientemente de la ruta escapista que elijamos, y muchos de nosotros estamos tratando de estar en el pasado y el futuro al mismo tiempo, seguimos eligiendo ignorar, en lugar de estar en, *este* momento.

¿No es sorprendente que puedas elegir el enfoque que prefieres para participar en tu vida? Todo el tiempo estás eligiendo lo que haces con este precioso regalo de la vida. Para los yoguis, el destino es estar en el eterno momento presente. Si te encuentras pensando constantemente en otros tiempos y lugares como más deseables o más importantes que el momento en el que estás, o siempre planificando el futuro o proyectando los resultados de los momentos futuros, recuerda tres cosas sobre el presente: primero, este momento es la culminación de cada momento de tu vida hasta ahora; segundo, el momento en el que te encuentras es el único momento en el que puedes actuar; y tercero, este momento es el punto de partida para el resto de tu vida. Las acciones que realices aquí y ahora influirán en el resto de tu vida. Reflexiona sobre estas tres características de este mismo momento. ¿Reconoces la invitación a participar plenamente, a estar totalmente presente, a vivir cada momento cuando está ocurriendo?

> **Presencia, Estar presente, Estar con lo que es, Atención plena, Consciencia**
>
> Piensa en todas estas palabras como si se centraran únicamente en la tarea en cuestión; concentrarte en una sola actividad; prestando mucha atención a tus acciones; actuar consciente y deliberadamente; hacer lo que estás haciendo; estar aquí ahora; permanecer enfocada en lo que realmente está sucediendo justo donde te encuentras.

Si ya estás presente todo el tiempo, o la mayor parte del tiempo, es posible que ya estés en el estado de yoga y hayas descubierto algunas formas efectivas de permanecer presente. Sin embargo, muchos de nosotros notamos con frecuencia que seguimos distrayéndonos del momento presente. Me distraigo la mayor parte del tiempo. De hecho, esa es la razón principal por la que practico yoga con regularidad.

La vida es un experimento

Confieso que soy optimista e idealista. Entonces, hasta hace no mucho, solía suponer que todas las personas que me parecían exitosas habían descubierto las respuestas a al menos algunos de los misterios de la vida. Al observar y escuchar más atentamente a las personas y al eliminar mis suposiciones, fue evidente que cada persona está realizando un experimento con su propia vida. Por ejemplo, incluso cuando tienes una receta para un plato que te gusta y que has preparado muchas veces, cada vez que lo preparas, a pesar de seguir las instrucciones al pie de la letra, la vida en su novedad y singularidad crea variaciones, grandes o pequeñas, que influyen en como resulta el plato. Por supuesto, esa es la esencia de la vida: la novedad en transformación constante.

Todos nosotros estamos llevando a cabo un experimento con nuestras vidas. Como dijo Samuel Butler, "la vida es como tocar un violín en público mientras uno va aprendiendo". Algunas personas tienen más o menos éxito para lidiar con la incertidumbre de no saber realmente cómo saldrá el experimento, mientras que otras cultivan la capacidad de pretender que lo tienen todo claro y resuelto. En realidad, como nadie ha estado en este momento antes, *toda persona en el mundo está improvisando constantemente.* Tu vida es tu experimento, lo que significa que puedes decidir cómo quieres hacerlo. Un par de ideas pueden ayudar a navegar el experimento de tu vida: *Marco de referencia* y *Actitud*. Un marco de referencia es un sistema que proporciona una estructura sólida para tu experimento, y la actitud es la forma en que eliges llevarlo a cabo.

Marco de referencia yóguico

El marco yóguico simplemente te pide que actúes consciente y deliberadamente. También es posible ver a este marco como al método científico. Algunas pautas para aplicarlo:

- Mantén tu mente abierta. Elige no asumir o predecir.
- Observa tus prejuicios y tendencias y mantenlos bajo control.
- Usa tu experiencia directa para establecer lo que es.
- Ten en cuenta que las actividades internas, como comentar, narrar, describir y quejarse no son *lo que es*. Son solo tus *reacciones* a lo que es.
- Descarta cualquier cosa que te aleje de lo que es.

Actitud

La actitud que eliges influye en lo que haces y lo que sientes. Por ejemplo, puedes elegir la actitud de un buscador. En ese caso, estás buscando algo. El desafío es que para buscar algo, ya necesitas saber lo que vas a encontrar. Por ejemplo, cuando pierdo mis llaves, si no sé cómo se ven, no podré encontrarlas. Cuando abandonas las ideas preconcebidas, las predicciones y las suposiciones, puedes darte cuenta de lo que realmente está sucediendo en lugar de dedicar energía a tratar de averiguar por qué las cosas son diferentes de lo que tu esperabas. En otras palabras, puedes sentir directamente lo que está sucediendo. Cuando ya crees que sabes, es más probable que centres tu percepción en estar en lo correcto y en ver lo que piensas que "debes" ver. Por lo tanto, para este viaje es útil adoptar la actitud de un explorador, científico o artista, tal como se refleja en las palabras de Pablo Picasso: "No busco. Encuentro".

Otra actitud clave es la curiosidad. La curiosidad es un deseo genuino de entender que llena tus acciones con la energía del descubrimiento. La curiosidad tiende a ser más fructífera para apoyar tu participación plena en tu propia vida. Recuerda, cada persona está improvisando. Como la vida cambia todo el tiempo, nadie sabe lo que sucederá. Nadie ha estado en este momento antes. ¡Todos estamos improvisando! ¿Qué sucede cuando cambias tu actitud de predecir a tener curiosidad acerca de lo que está sucediendo en el momento y lugar dónde estás?

Por último, dado que tu vida es tu propio proyecto, es esencial que tomes tus propias decisiones en lugar de dejar que otros decidan por ti. Esto es particularmente útil cuando recuerdas que tú serás quien tendrá que lidiar con las consecuencias de tus propias decisiones y acciones. Por supuesto, tener un marco y una actitud es útil solo si tienen sentido para ti y, si los pones en práctica.

En este libro, los ejercicios de aplicación son invitaciones para que explores tu propio entorno interno. Ten en cuenta que estos ejercicios no te dicen lo que debes sentir o encontrar. En otras palabras, en lugar de intentar obtener una respuesta o experiencia específica, estos ejercicios crean oportunidades para que sientas la presencia directamente en tu vida. Porque eres único y tu vida también es única, la experiencia de ser tú es individual. Por lo tanto, puedes encontrar algunos de estos ejercicios y técnicas útiles, mientras que otros pueden no tener sentido para ti. Cada vez, tú decides si deseas que esta técnica sea parte de tu repertorio.

PONIENDO EN PRÁCTICA: ¿ESTOY PRESENTE?

Tómate unos 15 minutos para completar este ejercicio.
PAUSAR & SENTIR

Encuentra una posición donde puedas estar cómodamente alerta durante tres a cinco minutos. Considera usar un temporizador. Cierra los ojos y nota lo que pasa. Cuando se acabe el tiempo, abre los ojos.

ACLARAR

Ahora, toma unos minutos para escribir las respuestas a las siguientes preguntas. Usa utiliza las preguntas a continuación para comprender y digerir la experiencia. Como encontrarás con los ejercicios en este libro, no estás buscando una respuesta específica; simplemente responde.

- ¿Qué sentiste?

- ¿Cómo describirías la experiencia que acabas de tener?

- ¿Captó tu atención alguna sensación específica?

- ¿Tu atención permaneció en el momento o se dirigió a otros momentos y lugares, como algo que sucedió recientemente, tu lista de tareas pendientes, algún proyecto en el que estás trabajando o?

- ¿Cuál fue tu actitud general?

- En general, ¿cómo te sentiste?

Puedes encontrar este ejercicio relajante, frustrante, molesto, placentero o una combinación de estos, y posiblemente otros sentimientos. Incluso puedes notar algo que no habías notado antes, como un dolor o molestia, o alguna preocupación subyacente. Muchos de nosotros tenemos la sensación de que nuestro mundo interno está lleno de actividad. Es posible que hayas descubierto una voz interna que habla, describe, ofrece opiniones, narra, y pregunta si ya pasó el tiempo y es hora de parar. Para muchos de nosotros, el ejercicio puede ayudarnos a ver que nuestra experiencia del momento presente parece fragmentada y que nuestra mente se mantiene corriendo entre el pasado, el futuro y el presente. Si ese fue tu caso, bienvenido a la experiencia de ser un ser humano en el siglo XXI. A pesar de todas estas actividades internas, permíteme asegurarte que no hay nada fundamentalmente equivocado o incorrecto contigo.

Pautas para el viaje

La esencia de tu práctica es elegir estar aquí. Prestas atención a lo que sea que sientas aquí y ahora. Eliges sentir lo que está sucediendo, en lugar de entablar un diálogo interno. No es necesario comparar este momento con otros tiempos y lugares, porque esta experiencia es única. Esta experiencia es válida, aunque solo sea porque la estás teniendo ahora mismo: lo que sea que esté sucediendo es lo que es tu vida en este mismo momento. La consciencia plena nos enseña que lo que sentimos cambia de un momento a otro. Tu experimento puede incluir la exploración de cómo tu actitud, postura, respiración, pensamiento y sentimientos influyen en tu percepción de lo que está sucediendo. (Más sobre eso más adelante). Las sugerencias que ofrezco aquí te invitan a estudiar y practicar yoga como el enfoque para llevar a cabo tu experimento de vida, utilizando herramientas yóguicas para vivir una vida consciente y deliberada que es y se siente plena, llena de vitalidad y felicidad.

Deseo: Participa sinceramente, solo tú puedes hacerlo

Ver la palabra deseo ya puede generar conflicto con algunas ideas tradicionales en el yoga y el budismo, que dicen que todo sufrimiento es resultado del deseo. En la larga historia de la filosofía en el sur de Asia, ha habido innumerables debates sobre la cuestión del deseo, incluida la siguiente pregunta: ¿es posible no tener ningún deseo? De hecho, una de las antiguas críticas del budismo sostenía que querer llegar a la iluminación es en sí mismo un deseo. Para la persona promedio que vive en el mundo, no tener ningún deseo en absoluto podría resultar en no querer levantarse de su cama en la mañana o en no hacer nada en absoluto. Aun si fuera posible, vivir sin deseos es bastante impráctico para la mayoría de nosotros. Sin deseo es muy difícil motivarse para hacer algo.

Todos los días, consciente e inconscientemente, tomas decisiones, grandes y pequeñas, sobre lo que haces, lo que comes, lo que usas, etc. A lo largo de tu exploración del Yoga Sutra, tendrás que tomar algunas decisiones, y esas decisiones probablemente serán influenciadas por lo que quieres lograr. En este contexto, el deseo es una aspiración sincera que tiene un significado profundo para ti y que trae consigo una chispa de energía que te impele a avanzar hacia lo que te inspira y es significativo para ti. Despertar al hecho innegable de que este momento es tu vida, que tu vida no sucede en ningún otro momento o lugar, sino aquí y ahora puede ser un impactante recordatorio que encienda tu interés y compromiso para participar en tu vida. ¡Nadie más puede hacerlo por ti!

Cualquier cosa que hayas logrado en tu vida sucedió porque fue lo suficientemente importante para que dedicaras tu tiempo y energía a hacerla realidad. El yoga es un compromiso que te lleva a participar plenamente en tu vida y a estar dispuesto a dar lo mejor de ti. ¿Puedes pensar en una manera mejor de aprovechar la fuente de toda creatividad, tu vida misma? De hecho, estar presente en tu vida es tu derecho y tu responsabilidad inalienable.

PONERLO EN PRÁCTICA: ¿QUÉ QUIERES?

Tómate unos 10 minutos para completar este ejercicio.
En una posición cómoda, cierra tus ojos. Tómate unos minutos para suavizar la tensión de los ojos, la boca y la mandíbula, el cuello y la garganta, los hombros y los brazos, la zona abdominal y la zona lumbar, las caderas y las piernas. Invítate a sondear tus deseos preguntándote:

- ¿Qué quiero?

- ¿Qué me motiva a levantarme cada mañana?

- ¿Qué es significativo para mí?

- ¿Cómo estoy ofreciendo lo que me hace singular al mundo?

Tus respuestas a estas preguntas pueden cambiar con el tiempo, o puedes descubrir respuestas que permanecen constantes en tu vida. Nota si hay algo en las respuestas que has escrito que te hace sentir vital, con atención y energía. Considera escoger las respuestas que te llena de vitalidad y conviértelas en afirmaciones para recordar lo que es realmente importante para ti. Estas afirmaciones pueden ser algo así como "Participo plenamente en mi vida", "Estoy presente y lleno de compasión", "Ofrezco apoyo e inspiración a los demás y a mí misma" o "Estoy contribuyendo a hacer del mundo un lugar mejor al ...". La afirmación más poderosa es una que tenga mucho significado para ti porque refleja tus propios objetivos y valores personales.

ACTITUD: MENTE Y CORAZÓN ABIERTOS

"Vemos el mundo, no como es, sino como somos". Anónimo

En el contexto de abordar cada momento tal y como es, nuestra actitud juega un papel decisivo. Por ejemplo, hace unos años, mi esposa y yo acordamos en encontrarnos con una amiga en una ciudad que nunca habíamos visitado antes. Escogimos el mismo alojamiento cerca del centro de la ciudad. Llegamos primero, nos registramos y nos maravillamos de cuan encantador era el hotel. Al regresar de un corto paseo por el centro de la ciudad, encontramos que nuestra amiga ya había arribado. Si bien nos gustó mucho nuestro lugar, nuestra amiga continuamente señalaba cosas que, en su opinión, eran inadecuadas o deficientes. Me llamó la atención cómo el mismo lugar, durante el mismo día, podía ser visto de formas tan diferentes por diferentes personas. Este encuentro demostró claramente cómo nuestras actitudes individuales influyen en cómo nos sentimos, así como también qué vemos y cómo lo percibimos.

Reconoce que este es un momento único, un momento en el que nunca has estado antes y un momento en el que nunca volverás a estar. Esta mentalidad es lo que a veces se conoce como "mente de principiante". Es como visitar un lugar nuevo: nuestros sentidos se agudizan, prestamos mucha atención a lo que está sucediendo y vemos el momento en su singularidad. Es una invitación a apreciarlo genuinamente. Piensa en la primera vez que viajaste a una nueva ciudad y en cómo todo captó tu atención, desde la calidad de la luz, la arquitectura y el color local, pasando por comidas y aromas desconocidos. **La novedad invita a la consciencia.**

Por otro lado, si viajas al mismo lugar una y otra vez, o si te mudas a ese lugar, algunas de las características que eran nuevas se vuelven familiares con el tiempo y, por lo tanto, fáciles de ignorar, en parte porque crees que ya conoces el sitio. De manera similar, aunque solo tienes una oportunidad de estar en cada día, puedes asumir, porque has visto tantos otros martes que ya sabes lo que sucederá o cómo se sentirás este martes. Predecir lo que sucederá (proyectar lo conocido sobre lo desconocido) es una forma de eliminar la ansiedad provocada por la incertidumbre. Tratar de predecir también es una forma de vivir en el pasado, porque las predicciones generalmente se basan en experiencias previas y en lo que crees saber. Dado que la vida siempre cambia de manera impredecible, es imposible para la mayoría de nosotros predecir con precisión lo que sucederá en solo 48 o 72 horas. Tener la mente abierta te permite llegar a cada momento apreciando que nunca has estado en este momento antes, así puedas abordar este momento con curiosidad y consciencia.

El complemento de una mente abierta es un corazón abierto. ¿Has notado cómo las discusiones con nuestros seres queridos y amigos a menudo son el resultado de alguien que se aferra con fuerza a su forma de pensar y sentir? Es difícil ser receptivo mientras te sientes a la defensiva. Invitar a la mente a abrirse es también una invitación para que el corazón se abra, liberando la tendencia a decidir de antemano cómo "debes" sentirte. Creer que el mundo es un lugar hostil cierra tu corazón y filtra todo lo que ves a través del miedo y la ansiedad. Ver el mundo como un lugar de cooperación y conexión crea posibilidades de comunicación y comunidad.

Tómate un momento para reflexionar sobre cómo ves el mundo. ¿Es un lugar hostil o amigable? ¿La vida requiere que seas agresivo y competitivo, o te pide que seas útil y cooperativo? ¿Qué evidencia directa ha informado tus puntos de vista actuales? ¿Cómo influyen tus ideas en tu actitud, percepciones, emociones e interacciones?

Para descubrir algunas de las formas inconscientes de pensar y sentir que influyen en tu actitud, considere también estas preguntas. ¿Hay obstáculos que te impiden presentarte a cada momento con la mente y el corazón abiertos? ¿Qué suposiciones colorean tu mente y qué predisposiciones colorean tus emociones? ¿Qué haría falta para que te invitara a ti mismo a participar en tu vida con gentil curiosidad, gratitud, y disfrute? ¿Qué pasa si ves que este día nunca volverá? ¿Qué sucede si actúas como si tuviera un tiempo infinito para lo que estás haciendo?

Ofrecerte el regalo del tiempo

Darte tiempo es una habilidad esencial para participar en proyectos significativos y para establecer relaciones significativas contigo mismo, con los demás y con el mundo que te rodea. En la vida contemporánea, tendemos a tratar el tiempo como una mercancía, un lujo que no todo el mundo tiene. Parece inusual, ciertamente para los habitantes de las ciudades, encontrar personas que tengan mucho tiempo. Al contrario, una gran mayoría de personas se siente presionada por el tiempo. A pesar de contar cada vez con más herramientas tecnológicas que nos ayudan a "administrar nuestro tiempo" y aumentar nuestra productividad, el tiempo sigue siendo escaso. Creer que "el tiempo es dinero" nos impulsa a dejar de perder tiempo, a ahorrar tiempo y a ganar tiempo, como si el tiempo mismo fuera una moneda tangible o un cupón. La existencia del "horario de verano", cuando avanzamos o retrocedemos las manecillas de los relojes, nos recuerda que el tiempo es solo una convención, una herramienta que creamos para nuestra conveniencia.

El autor Joe Marshalla señala que el tiempo es solo una forma de medir el paso del ahora. Independientemente del día de la semana o la hora del día, **siempre estás solamente aquí y ahora.** Aquí y ahora es el momento más importante de la vida, porque solo puedes actuar en el momento presente; las acciones que ocurrieron antes o que pueden ocurrir en el futuro son apenas recuerdos y nociones mentales, que carecen de efecto en el mundo. Aceptar que este momento es único y precioso puede ser suficiente para ofrecernos el regalo del tiempo; sin embargo, sentirnos ocupados a menudo nos da un sentido de importancia personal, un sentido de ser necesitados en otros tiempos y lugares. Entonces, debes preguntarte: ¿Qué necesitas para darte permiso para estar completamente presente? ¿Continuará la vida en otro lugar su movimiento sin fin incluso cuando tú no estés allí? ¿Puede el mundo sobrevivir sin ti? ¿Has considerado que hay decenas de miles de circunstancias diferentes que tuvieron que suceder para que el momento en el que te encuentras sea exactamente como es? Reflexionar sobre estas complejas preguntas puede crear una oportunidad única para que participes consciente y deliberadamente en este momento, invitándote a participar en la vida de la única manera que puedes: siendo tú mismo.

Aprender que tu propia vida merece toda tu atención es vital. De lo contrario, es muy poco probable que puedas estar presente. Eres importante. Tienes algo único para contribuir al mundo, algo que nadie más puede dar. Ofrecerte el regalo del tiempo te permite dedicar tu atención y energía a lo que realmente importa.

Relajamiento

Saber que puedes actuar con eficacia *solamente en el lugar donde te encuentras* te permite dejar de lado otros momentos y lugares. Considera con qué frecuencia te tomas el tiempo para simplemente ser. Cuando intentamos estar quietos y tranquilos, muchos de nosotros notamos un flujo constante de pensamientos y opiniones inundando nuestras mentes. Muchos, si no todos, estos pensamientos están relacionados con el pasado o el futuro y aparecen en forma de arrepentimientos, preocupaciones, planes, sueños y temores. Una forma de redirigir tu atención y energía es preguntarte si hay algo incorrecto (que tú puedes cambiar) justo donde te encuentras. Si hay algo que necesita ser arreglado y, puedes arreglarlo allí mismo, hazlo. De lo contrario, si lo que necesita ser cambiado está fuera de tu alcance, simplemente suéltalo. Déjalo ir. Como resultado, puedes usar tu energía eficientemente al dejar de desperdiciarla en crear tensión, estrés y preocupaciones.

Estar relajado no es lo mismo que sentirse cansado o adormecido. En realidad, redirigir la energía de la tensión mental, emocional y muscular a estar en el momento presente, tiene el doble efecto de ayudarte a sentirte al mismo tiempo relajada y con vitalidad porque esa energía que estabas invirtiendo en crear tensión, de repente está disponible para estar presente. Intenta esto por unos minutos. Redirige tu energía de la planificación, el recuerdo o la preocupación preguntando esto: ¿Hay algo que esté mal, aquí y ahora, que yo pueda cambiar en este momento? Luego, si hay algo que arreglar, cámbialo. Si no hay nada que arreglar, entonces sonríe y disfruta de estar en un momento y lugar donde no hay nada que corregir. Observa cómo te sientes después.

Distracciones

Es una señal de tu humanidad, no una indicación de insuficiencia, que te distraigas. Las distracciones ocurrirán, tarde o temprano, algunas veces o innumerables veces. Las distracciones pueden ser externas o internas. Vienen en muchas formas, como recuerdos y emociones. Algunas distracciones pueden resultar tentadoras, mientras que otras pueden no ser del todo bienvenidas.

Independientemente de cuál sea la distracción, en la medida que te sea posible, déjala a un lado. Puede ser útil recordar que este es el único momento que tienes y, por lo tanto, ningún otro momento puede ser más importante que este. Deja ir la distracción y **regresa a este momento insustituible sin ningún forzar, forcejear o autocrítica**. Esta actitud puede ser la habilidad más importante que puedes cultivar. Nota que te distrajiste y simplemente vuelve al ahora, sin agitación, sin quejas, sin autocrítica. Incluso sugeriría que de esto se trata la práctica del yoga: dejar ir lo que no está aquí y elegir con calma estar en el único lugar donde podemos actuar y hacer una diferencia. Forzar, forcejear y auto juzgarte son completamente lo opuesto a estar con lo que es. En yoga practicamos la presencia.

PONIENDO EN PRÁCTICA: ATHA

Recuerda que *atha* es un llamado a la atención. En sánscrito, uno de los significados de la palabra *mantra* es "instrumento del pensamiento". Un *mantra* es un recordatorio, una palabra que se usa para captar la atención y concentrar la mente. Puedes usar cualquier palabra como tu mantra. *Atha* puede ser el simple recordatorio de regresar de la mente distraída a la presencia. La práctica es simple: cada vez que notas que estás distraído, ya sea pensando en otros momentos o lugares o escuchando una de tus "emisoras" internas, di *atha* en voz alta o mentalmente. Una vez que regreses a estar con lo que es, suelta el mantra. Puedes elegir combinar el ejercicio anterior, "¿Estoy presente?" con este y notar si es útil para volver a la presencia. Ten en cuenta que no se trata de contar cuántas veces te distraes. Lo único que importa es seguir volviendo a la presencia. A veces, puedes pensar que debes usar el *mantra* todo el tiempo. Sin embargo, al igual que sales del tren o te bajas del autobús, una vez que llegas a tu destino, puedes dejar de lado el *mantra* una vez que haya cumplido su propósito, traerte nuevamente a la presencia. Por supuesto, si te distraes de nuevo, puedes usar el *mantra* nuevamente, tantas veces como te distraigas.

Sonreír

Cuando estaba pequeño mi padre a menudo me recordaba que era importante sonreír. Sus sugerencias tardaron un poco en afianzarse, pero ahora estoy agradecido por su consejo. Durante mi tiempo viviendo en Tailandia, me inspiraron las bellas, reconfortantes y genuinas sonrisas de los tailandeses. Tenía mucho sentido para mí que a menudo se llame a Tailandia "la tierra de las sonrisas". A menudo, durante mi día, todavía me invito a mí mismo a sonreír con mi cara, mis ojos y mi corazón. Todavía me resulta sorprendente sentir lo simple y efectiva que puede ser una sonrisa. Cuando estás caminando, ¿qué sucede cuando miras a alguien y sonríes con suavidad? ¿Cómo te sientes? ¿En qué medida cambian tu actitud y experiencia cuando sonríes?

Poniendo en práctica: ¿Cómo se siente una sonrisa?

Tómate unos 5 minutos para explorar este ejercicio.

Encuentra un lugar donde puedas relajarte en una posición cómoda. Puedes mantener los ojos abiertos o cerrados, sin embargo, recuerda que tu nervio óptico es una de las principales fuentes de estímulos para tu cerebro. Intenta sentir lo mejor que puedas lo que se siente ser tú ahora mismo. Luego trae una sonrisa suave a tu cara y presta mucha atención a cualquier cambio en tu entorno interno. ¿Notas algún cambio mental, físico, emocional o todos los anteriores? Si los cambios son benéficos de alguna manera, ¿considerarías hacer que una sonrisa sea parte de tu modo de ser normal? Es sencillo, no cuesta nada y, a menudo, es útil, no solo internamente sino también en tus interacciones con los demás. Relájate. Nota el clima en tu ambiente interno. Sonríe. ¿Qué pasa? ¿Cómo te sientes? ¿Tendría sentido para ti crear el hábito de sonreír?

PONIENDO EN PRÁCTICA: ESTOY AQUÍ AHORA

Tómate 5 minutos o más para completar este ejercicio.

Otro *mantra* que podemos usar es decirnos a nosotros mismos "Estoy aquí ahora".

Encuentra una posición cómoda donde puedas relajarte y poner atención. Cierra tus ojos. Invita a tu cuerpo a relajarse y a tu mente a prestar atención a las sensaciones que estás sintiendo en este momento. Observa tu cuerpo respirando a su propio ritmo natural. Cuando notas que tu cuerpo inhala puedes decirte a ti mismo "YO". En la exhalación dices "ESTOY". Cuando comienza la siguiente inhalación, dices mentalmente "AQUÍ". Y cuando exhalas la siguiente vez, dices: "AHORA". Permanece con el *mantra* mientras dure el ejercicio. Recuerda, lo más probable es que te distraigas. Cuando te das cuenta de que te distrajiste, vuelves a repetir el *mantra* con el ritmo de tu respiración natural. Después de varios minutos suelta el *mantra* y tómate unos minutos para notar los efectos.

Esta sencilla técnica te da la oportunidad de sintonizarte con la presencia. Esto sucede cuando sientes tu respiración natural y cuando das a tu mente una tarea muy simple de poner atención a tu respiración natural, algo que está sucediendo justo aquí y ahora. El significado de las palabras refuerza tu intención de mantenerte en este momento.

Resultados

Al igual que con cualquier otra actividad, es esencial poder saber si tu práctica está funcionando. Cuando defines el yoga como presencia, tu práctica de yoga consiste en elegir participar en tu propia vida, todos los días y en todos los momentos. Es un ciclo que se refuerza a sí mismo. Comienza con tu decisión de participar consciente y deliberadamente en tu propia vida. Aumentar la calidad de tu participación en tus actividades diarias tiene una influencia directa en la calidad de tu vida. Sabes que tu práctica de yoga está funcionando porque tu experiencia de vida mejora: te sientes más saludable, más feliz y con más energía.

Si, por el contrario, cualquier aspecto de tu práctica genera más agitación, baja autoestima, dolor y quejas, entonces las técnicas que estás utilizando, o el enfoque que estás siguiendo, posiblemente no son las más apropiadas para ti en este momento. En tal caso, puedes regresar a la noción de que el yoga es tanto una práctica como un estado. Para iniciar el ciclo, elige estar presente. Segundo, nota las distracciones que te alejan de este momento. A continuación, elige soltar las distracciones. Con una actitud amistosa, regresa al único momento en que puedes actuar, el momento en el que te encuentras. Saber que las decisiones que tomas en este momento tienen ramificaciones que influirán en el próximo momento (y en el resto de tu vida) puede ser suficiente motivación para tomar decisiones inteligentes justo donde estás. Siempre sabes que es tu responsabilidad participar en tu propia vida, porque es tu vida, y nadie más puede decidir por ti qué es lo mejor o qué debes hacer. Toma decisiones conscientes y deliberadas, aunque solo sea porque tú eres quien tendrá que vivir con las consecuencias de tus acciones. Una pregunta que puede dirigir tu exploración es: ¿Estoy notando una tendencia a participar más activamente en mi vida en lugar de entretenerme infinitamente con mis opiniones y mi diálogo interno?

$$Yoga \rightarrow +Calidad\ de\ Vida$$

Ilustración 2. El yoga incrementa la calidad de vida

Éxito

El éxito puede definirse como lograr nuestros objetivos. Como un ser vivo, mantenerte con vida es tu principal objetivo. El hecho de que estés vivo, respirando y leyendo esto, significa que has navegado con éxito todos los momentos anteriores de tu vida. De hecho, cada momento en tu vida, cada decisión y acción, incluidos los triunfos, los errores y todo lo demás, te han traído a este momento. Este momento es la culminación de toda tu vida. En otras palabras, este momento es el momento más importante de toda tu vida.

ESTE ES EL MOMENTO MÁS IMPORTANTE
DE TU VIDA

Desenreda el hilo

No hay otro momento. Solamente en este momento puedes actuar y participar en tu vida. Cómo atiendes a este momento es una elección (consciente o inconsciente) que solamente tú puedes hacer. Tus decisiones y acciones influirán cada momento después de este. Por supuesto, ya que es tu vida, eres libre de elegir lo que quieras hacer. Estar completamente presente en este momento es esencial.

La otra definición de éxito es seguir intentando. Como ser humano normal te distraerás muchas veces. Simplemente sigue regresando a este momento con una actitud amable y cultiva todo lo que sea propicio para vivir una existencia vibrante, feliz y con sentido. A medida que continúes explorando opciones para vivir conscientemente, recuerda que eres un éxito. Recuerda también que la presencia puede ser invitada pero no puede ser forzada.

En este camino, considera llevar un diario de tus exploraciones como un espacio para reflexionar. Esto puede darte ideas sobre cómo va tu viaje.

Pautas para la presencia

- Establece una intención que tiene sentido para ti
- Participa con mente y corazón abiertos
- Date tiempo
- Relájate y cultiva estar con lo que es
- Ten en cuenta que te distraerás
- Sigue regresando a este momento
- Deja de forzar, forcejear y auto juzgarte
- Sonríe
- Siente los efectos

Conócete a ti mismo a fondo para que puedas tomar decisiones conscientes en lugar de estar a merced de tus opiniones, hábitos y tendencias.

¿QUÉ ES EL YOGA?

Yoga: Regular nuestras maneras de ser.

El yoga es presencia. Sin embargo, cuando intentamos estar totalmente presentes en la vida diaria, la mayoría de nosotros descubrimos que nos distraemos. Si encuentras que muchas distracciones alejan tu atención de la presencia, puedes intentar el resumen en cuatro palabras ofrecido por Patañjali en el Capítulo Uno del Yoga Sutra, en el sutra número dos:

योगश्चित्तवृत्तिनिरोधः [1.2] yogaścittavṛttinirodhaḥ

Cuando esta oración se separa en palabras individuales y luego se transliteran del alfabeto devanagari (los caracteres utilizados para escribir el idioma sánscrito) al alfabeto romano, el texto anterior se convierte en: *yoga citta vrtti nirodha*. Las diferentes traducciones del Yoga Sutra ofrecen varias interpretaciones de estas cuatro palabras, que incluyen:

- El yoga es la unión de la consciencia en el corazón (Nischala Joy Devi)
- El yoga es el control de las ondas de pensamiento en la mente (Swami Prabhavananda y Christopher Isherwood)
- El yoga es la restricción (*nirodha*) de las fluctuaciones de la consciencia (*citta*) (Georg Feuerstein)
- El yoga es la capacidad de dirigir la mente exclusivamente hacia un objeto y mantener esa dirección sin distracciones (T.K.V. Desikachar)
- El yoga es el cese de los giros del pensamiento (Barbara Stoler Miller)
- La restricción de las modificaciones de la mente es el yoga (Swami Satchidananda)

¿Qué es el yoga?

- El yoga es calmar los estados cambiantes de la mente (Edwin Bryant)
- El yoga es acallar los patrones de la consciencia (Chip Hartranft)
- El yoga es la supresión de las modificaciones de la mente (Swami Hariharananda Aranya)

En el diccionario las definiciones de las cuatro palabras en el Yoga Sutra agregan perspectivas adicionales a estas cuatro palabras aparentemente simples. En sánscrito, cada una de estas palabras tiene varios significados. La palabra *"yoga"* es la palabra con el mayor número de significados diferentes. Algunos de los significados de estas palabras incluyen:

- *Yoga*: unir, juntar, atar, amarrar, enlazar, aprovechar, utilizar, remedio, cura, modo, manera, método, forma, dispositivo, medios sobrenaturales, encantamiento.
- *Citta*: (pronunciado *chit-ta*) intención, objetivo, asistir, observar, pensar, reflexionar, desear, corazón, mente, memoria, inteligencia, razón.
- *Vrtti*: (pronunciado *vrt-ti*) modo de comportarse, curso de acción, tendencia, naturaleza, comentario, explicación, mantenimiento, actividad, modo de ser, carácter, disposición
- *Nirodha*: (pronunciado *nirod-ja*) Prevenir, controlar, destruir, restringir, suprimir

No solo *cada palabra* tiene varios significados, *las combinaciones de estas cuatro palabras* se pueden interpretar de diversas formas. Si creamos una interpretación que lo abarque todo basada en lo anterior, podemos decir:

El yoga es un método para alinear intenciones, objetivos y acciones al nivel del corazón, la mente, la inteligencia y la memoria, a través de monitorear y regular nuestras tendencias, carácter y comportamiento.

Desenreda el hilo

Aunque esa definición, posiblemente, se puede poner en práctica, una interpretación más simple puede ser mejor, ya que la complejidad invita a la ambigüedad (que en sí misma invita a la distracción). Examinemos una interpretación más condensada,

Yoga es atender e integrar nuestro corazón, mente,
memoria e inteligencia.

O, aún más sucintamente,

Yoga es regular nuestras maneras de ser

Al practicar algunos de los ejercicios anteriores ("¿Estoy presente?", "Atha" y "Estoy aquí ahora") es posible que hayas notado que algunas distracciones desvían constantemente tu atención del momento en el que estás. Por ejemplo, puedes haber descubierto que la postura que originalmente creías que era bastante cómoda no es muy cómoda cuando estás en ella durante varios minutos. O es posible que hayas descubierto que hay algunas "estaciones" internas transmitiendo dentro de tu cabeza, como la "estación de planeación", que trata de recordar todas las cosas que debes hacer hoy. O tal vez hayas encontrado la "estación preocupación", que ofrece razones para preocuparte, o la "estación de quejas", que parece ser muy buena para encontrar fallas en todo. Tal vez tu radio interna esté sintonizada en la estación "el melodrama diario", donde cada día trae una nueva razón para estar disgustada. Si eres como yo, puede parecer que hay una cacofonía de estaciones compitiendo por tu atención la mayor parte del tiempo. Con la práctica regular, notas que algunas de estas distracciones siguen regresando, tal vez la incomodidad en sus hombros o cuello sea un tema recurrente. Sentirte cansado, triste o preocupado puede ser otra.

¿Qué es el yoga?

Todas estas actividades internas están abarcadas por las palabras sánscritas *citta vrtti*. Para ampliar la pequeña muestra de traducciones del sutra 1.2 presentadas anteriormente, *citta vrtti*, pueden interpretarse como consciencia, ondas de pensamiento en la mente, fluctuaciones de la consciencia, distracciones de la mente, giros del pensamiento, estados cambiantes de la mente, patrones de la consciencia, y modificaciones de la mente. Traducir *citta vrtti* como "maneras de ser" sintetiza todas las formas en que participamos en nuestra vida. Las maneras de ser incluyen las ideas relacionadas con *citta* mencionadas anteriormente, así como los conceptos relacionados con *vrtti*. Al definir *citta vrtti* como "maneras ser" en lugar de actividades o fluctuaciones de la mente, la ventaja es ir más allá de la dicotomía mente-cuerpo y, a cambio, facilita una comprensión más holística de nosotros mismos como seres completos. Nuestras maneras de ser incluyen nuestras intenciones y pensamientos, así como nuestras actitudes y acciones, y también incluyen cómo respiramos y como nos movemos.

> **Maneras de ser (*citta vrtti*)**
> Inclinaciones, tendencias y hábitos que se manifiestan en el cuerpo, mente y emociones. Estas tendencias influyen en la forma en que percibes y respondes a eventos internos y externos. Muchas de estas tendencias son inconscientes. Las técnicas efectivas de yoga tienen un doble propósito. Primero, te hacen conscientes de estas inclinaciones y preferencias. Segundo, las técnicas de yoga ayudan a regular estos hábitos para aumentar tu armonía interna y externa. Si bien algunas tendencias pueden ser benéficas, eventualmente, todas las tendencias serán eliminadas.

La mayoría de las personas que intentan estar presentes notan invariablemente que todas estas actividades internas se manifiestan a todos los niveles: físico, mental y emocional. El yoga, de acuerdo con esta definición simplificada, es aprender a regular estas actividades, para que puedas estar con lo que es. En otras palabras, el yoga es un sistema para crear armonía interna y externa. Para fomentar la armonía, el yoga te lleva a investigar tu propia naturaleza. Como no existes en el vacío, esta investigación, necesariamente, también te llevará a explorar la naturaleza de la realidad y de la vida misma, como explicaremos en otros capítulos.

El proceso yóguico comienza prestando atención. Cuando prestas atención, notas tu clima interno. También notas algunas actitudes, opiniones y tendencias que influyen en cómo percibes tus experiencias. A veces esas opiniones y actitudes son útiles. Otras veces son obstáculos. La consciencia es fundamental para discernir si una tendencia es útil en este momento o no. Tu consciencia también puede revelar cómo tus decisiones están influenciadas por tus propias historias, creencias y preferencias. El resultado es que aumentan las posibilidades de que tomes decisiones inteligentes justo donde tú estás. El principal ingrediente es la consciencia. Esto es lo que facilita que elijas tus acciones inteligentemente.

El yoga es regular tus maneras de ser para mejorar la calidad de tu participación en tu propia vida. Sin embargo, habrá muchas ocasiones en que las distracciones te impedirán elegir conscientemente. Aquí es donde ayuda el perfeccionar la habilidad más importante en el yoga. Esa habilidad es tu capacidad para regresar a la presencia sin forzar, sin forcejear, sin auto juzgarte y con una sonrisa amable. Mejorar esta habilidad crea una notable diferencia en cuan efectiva y agradable es tu práctica. Con el tiempo, aumenta tu capacidad para orquestar la danza entre tus dos modos, ser y hacer, de modo que coexistan en una armonía integrada.

¿Qué es el yoga?

Experimento, exploración y regulación

En el capítulo anterior, reflexionamos sobre el hecho de que cada persona está llevando a cabo un experimento con su propia vida. Para algunos de nosotros, este es un experimento inconsciente, mientras que, para otros, puede ser una investigación más deliberada. El Yoga Sutra de Patañjali te ofrece un manual completo para llevar a cabo tu experimento de vida. El yoga es un sistema completo para explorar tu cuerpo, tu respiración, tu mente, tus emociones y tus relaciones. Dado que no eres una máquina compuesta de partes separadas, sino un organismo que se desarrolló a partir de una semilla, estos aspectos diferentes en ti están interconectados y pueden influirse entre sí. Al mismo tiempo, estás en conexión con todo lo que existe. Nunca hay un momento en el que no estés interactuando, consciente o inconscientemente, con el mundo que te rodea.

La perspectiva del yoga te pide que te fijes en lo que estás haciendo para aclarar qué contribuye a la presencia y qué no. Conocer la distinción entre los dos es una habilidad fundamental para tomar decisiones que afirmen tu compromiso con tu propia vida, y que, al mismo tiempo, minimicen las maneras de ser que no son útiles o que ya no tienen un propósito.

Un ejemplo práctico: la mayoría de nosotros presta atención al clima, aunque solo sea mirando por una ventana, para poder tomar decisiones inteligentes, como llevar un paraguas si parece que va a llover. Ese simple evento meteorológico, la lluvia, puede generar dos reacciones distintas en la misma persona. Por ejemplo, si he estado trabajando en mi jardín plantando semillas, puede que me ponga feliz cuando caigan las primeras gotas de lluvia. Pero si tengo planes de reunirme con amigos para hacer un picnic, es posible que me sienta frustrado o molesto por tener que cambiar o cancelar mis planes debido a la lluvia. Misma persona, mismo evento meteorológico, dos reacciones bastante diferentes.

Cuando el clima exterior se alinea con nuestras preferencias, nos sentimos felices, o al menos de buen humor. (¡Por supuesto! Es fácil sentirse feliz cuando todo va de acuerdo con nuestro gusto.) Cuando cambia el clima, ¿debe cambiar también nuestro estado de ánimo? ¿Es la persona que encuentra encantador el clima de hoy la misma persona que se queja mañana porque hace mucho calor, es demasiado frío, el viento sopla muy fuerte ventoso o hay mucha humedad? ¿Cómo reaccionas al clima exterior? Una tendencia puede ser el deseo de controlar el clima. Otra sería intentar predecir todo lo que podría suceder con el clima. Si bien el primer enfoque puede causar frustración porque no podemos controlar lo que sucede fuera de nosotros, la segunda opción tiende a generar ansiedad por tratar constantemente de pensar en todos los resultados posibles. La autorregulación requiere que distingamos entre lo que está dentro y lo que está fuera de nuestro control, porque preocuparnos por lo que está fuera de nuestro control es, simplemente, un desperdicio de nuestra energía vital.

Las herramientas del yoga pueden ayudarnos a dirigir nuestra atención a lo que está bajo nuestro control. Al practicar las sabias pautas de comportamiento conocidas como *yamas* y *niyamas*, podemos encontrar que es un desafío actuar con bondad y contento todo el tiempo. Practicar posturas y movimientos (*asana* y *vinyasa*) puede mostrarnos que tenemos un control limitado sobre nuestro cuerpo. La práctica de las técnicas de regulación de la respiración (*pranayama*) puede indicarnos los límites de nuestra capacidad para controlar nuestros procesos respiratorios. Intentar practicar la sensibilidad interior (*pratyahara*) puede demostrar nuestras deficiencias en el dominio de nuestros sentidos. La práctica de la concentración (*dharana*) y la meditación (*dhyana*) probablemente nos mostrará que es bastante difícil mantener nuestra atención en un lugar durante solo tres o cuatro minutos. Todas estas herramientas del yoga están dirigidas a eliminar ineficiencias. De hecho, cada técnica de yoga descubre ineficiencias y obstáculos al mismo tiempo que facilita su eliminación. Al identificar y eliminar esos obstáculos, es probable que también aprendamos a ser humildes.

A medida que aprendemos a cambiar nuestra atención de tratar de controlar el mundo exterior a dirigir nuestra energía hacia donde puede ser eficaz, nuestro entorno interno, comenzamos a notar cuántos eventos externos más allá de nuestro control influyen en cómo nos sentimos y pensamos. Dejar que nuestra actitud y nuestra perspectiva estén a merced de los fenómenos externos es una receta para estar constantemente en una montaña rusa emocional. Ver el yoga como un sistema para regular nuestras maneras de ser significa que la práctica del yoga mejora nuestra capacidad para responder de manera congruente a la vida. Así la práctica del yoga te capacita a ser responsable de tu propio clima interno. Para empezar a movernos en esa dirección, primero debemos tomar consciencia de nuestras maneras de ser.

PONIENDO EN PRÁCTICA: MIS MANERAS DE SER

Parte 1
Durante los próximos tres días, en diferentes momentos a lo largo del día, haz una breve pausa
En estos tres días, mantén tu diario a mano, presta atención y observa tus maneras de ser notando cómo:

- Te sientas, te paras, te mueves, caminas, comes, hablas
- Trabajas, descansas, te relajas

- Manejas cosas y situaciones

Trata de tomar nota con tanta objetividad como te sea posible, describiendo lo que percibes, como si estuvieras observando a una persona que nunca has conocido.

Parte 2
Toma entre 10 y 20 minutos para esta sección.
Al final de los tres días, revisa tus notas e intenta recordar lo mejor posible tus actividades durante los últimos tres días. Luego escribe las respuestas a las siguientes preguntas:
• ¿Qué notaste?

• ¿A qué le prestaste atención?

• ¿Cómo fue tu actitud en los últimos 3 días?

¿Qué es el yoga?

• ¿Cómo describirías tu actitud y acciones a alguien más?

• ¿Cuáles son algunas de las palabras que usaste con más frecuencia durante los últimos 3 días?

• ¿Hablas contigo mismo (en voz alta o mentalmente) cuando no hay nadie a tu alrededor?

• ¿Qué aprendiste sobre tus maneras de ser?

Desenreda el hilo

- ¿Fueron tus maneras habituales de ser influenciadas por el hecho de que estabas observándote?

Este ejercicio te ofrece una visión de tu vida y de cómo la vives. Si el yoga es regular nuestras maneras de ser, el primer paso es darnos cuenta de ellas. La consciencia es el elemento clave en el yoga. Solo sucede en el momento presente. Así, cuando traes consciencia a tus acciones, estás orientándote hacia el momento presente. Encontrarás a lo largo de tu viaje que las herramientas del yoga sirven tanto para estar presente como para evaluar tus acciones. Es posible que, durante el tercer día de este ejercicio, hayas encontrado algunos patrones en tus maneras de moverte, pensar, respirar, sentir e interactuar con los demás. Es posible que también hayas descubierto otros hábitos de los que no estabas al tanto. Notar tus acciones puede haberte hecho sentir incómoda a veces, especialmente si algunas de tus acciones contradecían algunas de las ideas que tienes sobre ti misma. En realidad, es posible que descubras que una parte de ti siente cierta agitación o frustración al notar algo que no te gustó. Si este es el caso, recuerda la sugerencia de cultivar la actitud de regresar a este momento insustituible sin forzar, sin forcejear, sin auto juzgarte y con una leve sonrisa. Aquí es donde esa habilidad es útil, ya que será clave para regular mejor tu clima interno. La agitación y la frustración interfieren con tu capacidad para elegir conscientemente tus acciones.

Notar tus maneras de ser te proporciona información sobre ti mismo. Este es un recurso para la consciencia. No es un ejercicio para hacerte sentir bien o mal contigo mismo. Sentirte bien o mal es una decisión que tomas. En lugar de sentirte bien o mal, es mejor determinar qué maneras de ser son útiles y cuáles no. Basándote en esa información, puedes tomar decisiones inteligentes, como aplicar una manera de ser cuando sea útil o restarle importancia a otra forma de ser que no es tan útil en este momento. Por ejemplo, ser capaz de proyectar tu voz puede ser muy útil cuando hablas a un grupo de personas en un espacio grande. Sin embargo, proyectar tu voz con energía puede no ser tan deseable cuando estás hablando con la persona que amas. El yoga es la autorregulación: conocernos bien y elegir conscientemente la manera de ser más apropiada para un momento y lugar específicos, de modo que puedas contribuir a crear armonía en tu vida y en el mundo.

PONIENDO EN PRÁCTICA: QUEJAS

Considera practicar por 1 día o más

Establece tu intención de observar y toma nota de qué te quejas. Al final del tiempo que asignaste para esta práctica, observa tus tendencias;

- ¿Te quejas?

- ¿De qué te quejas?

- ¿Cuándo te quejas?

- ¿Notaste una tendencia a expresar tus quejas en forma velada?

- ¿Cómo te sientes cuando te quejas?

- ¿Cuál es el propósito de tus quejas?

- ¿Qué parte de ti es la que se queja?

¿Qué es el yoga?

- ¿Indican tus quejas tus suposiciones o expectativas de cómo "deberían" ser las cosas?

Reflexiona sobre la cantidad de tiempo y energía que inviertes en quejarte y en cómo las quejas contribuyen a la calidad de tu vida. Si una queja no es necesariamente útil para ti, ¿puedes encontrar una manera de ser que redirija tu energía hacia algo más útil? La siguiente práctica puede ser una alternativa viable.

PONIENDO EN PRÁCTICA: GRATITUD

Destina entre 5 a 10 minutos a esta práctica. Considera hacerla una práctica diaria a largo plazo.

Siéntate en una posición cómoda, si es posible con la columna vertebral erguida pero no rígida. Cierra tus ojos. Date permiso para ofrecerte toda tu atención. Permite que tu respiración fluya a su propio ritmo. Tómate un tiempo para sentir, escuchar y saborear tu propia respiración durante varias rondas de inhalaciones y exhalaciones. Deja de lado todas las prisas. Con cada exhalación suelta lo que no sea parte de este momento. Si notas alguna tensión o agarrotamiento en tu cuerpo, por ejemplo, en tus hombros, quijada o en cualquier otro lugar, simplemente suéltalo al exhalar. Cuando te sientas listo, pregúntate si hay algo en tu vida por lo que estar agradecido. No necesitas pensar demasiado o concentrarte demasiado. En cambio, deja que la pregunta resuene por todo tu ser. Puedes encontrar que algunas razones comienzan a emerger en tu consciencia sin esfuerzo. En caso de que no se te ocurra nada, fíjate si hay algo en tu vida que aprecies, como la capacidad de respirar, dormir, sonreír, sentir, saborear, reír y amar. Siente las sensaciones asociadas con la gratitud y permanece consciente. Sigue favoreciendo esta actitud de agradecimiento y observa cómo te hace sentir.

A medida que continúas encontrando razones para sentirte agradecida, recuerda también dar gracias por los obstáculos, desafíos y dificultades, porque te brindan oportunidades para aprender sobre ti misma y sobre los demás, y porque también te ayudan a crecer más allá de las limitaciones actuales en tus conocimientos y comprensión. Cada vez que des gracias, dibuja una suave sonrisa en tu rostro. Invita tu gratitud a expandirse gradualmente más allá de tu cuerpo físico y hacia todo el universo. ¿Puedes disfrutar de cómo se siente ser tú ahora mismo? Durante los últimos momentos, sumérgete completamente en la sensación de gratitud.

Pon atención a cómo te sientes. Puedes sentirte relajado, renovado y más en contacto contigo mismo y con el mundo que te rodea. Por otra parte, puedes notar que es realmente difícil encontrar razones para dar gracias. Esto, en sí mismo, puede ser un interesante camino para explorar y para descubrir cuáles son los obstáculos que te impiden dar gracias.

Si es posible, prueba practicar durante 2 semanas, solo unos minutos cada día, y notar sus efectos a lo largo del día. También puede tomar breves "descansos de gratitud" durante tu día, haciendo una pausa por unos momentos para expresar tu gratitud como te parezca más apropiado.

¿Qué es el yoga?

Considera: ¿Existe una diferencia entre tu actitud normal y tu actitud durante esta meditación? Si encuentras diferencias, puedes plantearte esta pregunta:

¿Qué pasaría si mi actitud habitual fuera una actitud de gratitud?

Esta pregunta es una invitación a encontrar la respuesta a través de tu propia experiencia directa.

El viaje hasta ahora

Hasta este punto, definimos yoga como presencia, como el simple acto de estar con lo que es. Tenemos unos ejercicios que nos invitan a estar presentes. Reconociendo que a muchos de nosotros nos resulta difícil permanecer presentes, ahora tenemos una definición complementaria de yoga como el sistema que nos ayuda a estar presentes a través de la regulación de nuestras maneras de ser. Como solo podemos regular aquello de lo que estamos conscientes, es fundamental desarrollar el hábito de observar con atención y sin juzgar para establecer esta práctica. También probamos un par de técnicas para ayudarnos a aclarar la forma en que participamos en nuestras propias vidas. Algunas sugerencias para que explores en tu práctica:

- ¿Cuáles son tus maneras de ser?
- ¿Qué tendencias tienes en tus maneras de moverte y en tu postura?
- ¿Cuáles son tus tendencias cuando respiras?
- ¿Cuáles son las historias que estás más dispuesto a creer?
- ¿Cómo influyen esas historias en tu percepción y tus decisiones?
- ¿Hay algunas tendencias en tus estados emocionales?

- ¿Hasta qué punto te es posible regular algunas de estas tendencias e inclinaciones?
- Cuando te distraes, ¿puedes tratar de regresar a lo que sea que estés haciendo sin forzar, sin forcejear, sin auto juzgarte y con una sonrisa amable?

Ahora es el momento de ampliar nuestra comprensión y práctica, explorando el yoga y su relación con quienes somos.

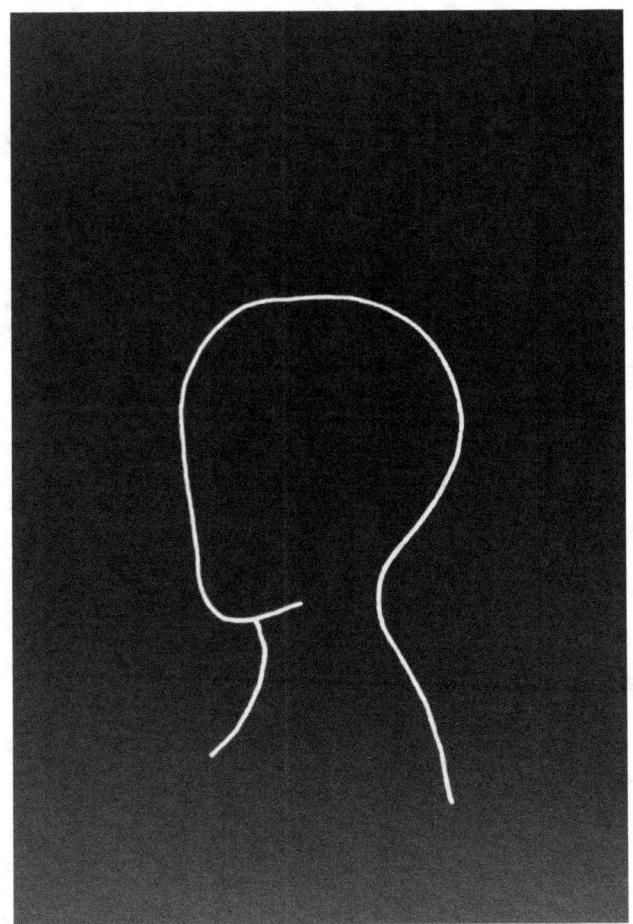

"¿Quién soy yo?" Si te miras en el espejo, es muy difícil negar los cambios por los que está pasando tu cuerpo constantemente. A menudo, nos enredamos en nuestras reacciones a estos cambios superficiales. Sin embargo, cuando te observas a ti mismo sin juzgarte se hace evidente que hay algo dentro de ti que se ha mantenido sin cambios a través del tiempo. Esto plantea la pregunta, "¿Quién soy yo?" Explorar esta pregunta con paciencia y persistencia gradualmente revela la diferencia fundamental entre quién eres y quién crees que eres. Discernir la diferencia es la esencia misma del yoga.

¿Quién soy?

Conectando con nuestra verdadera naturaleza

El yoga es una práctica con una larga historia, tal vez porque todo el yoga se relaciona con una de las preguntas fundamentales sobre las que todo ser humano reflexiona, tarde o temprano: "¿quién soy yo?" Practicar yoga es una forma empírica de explorar esta pregunta, a través de nuestras maneras de movernos, respirar, pensar, sentir e interactuar.

En este capítulo, continuamos nuestra progresión gradual a través del Yoga Sutra usando los primeros cuatro sutras en el Capítulo Uno del Yoga Sutra como un resumen completo de la esencia del yoga.

Resumen en cuatro sutras

Ahora, la práctica yoga. [1.1]

El yoga es regular mis maneras de ser. [1.2]

Como resultado, soy consciencia personificada, presencia. [1.3]

De lo contrario, creo que soy mis maneras de ser. [1.4]

Estos cuatro sutras ofrecen la base para todas las prácticas de yoga.

El primer aforismo te pide estar presente en tu vida. Como exploramos en el capítulo anterior, el yoga se trata de hacer del momento presente el momento más importante de tu vida. Al hacerlo, llegarás a cada momento alerta y listo para participar con la mente y el corazón abiertos. El segundo sutra define al yoga como un proceso de autorregulación. Insinúa la condición humana, especialmente nuestra tendencia común a enredarnos en nuestros hábitos. El tercer sutra presenta los resultados del yoga, la presencia. Para estar completamente presente, debes tomar consciencia de tus hábitos, de modo que puedas monitorearlos y modularlos. Y el cuarto aforismo señala lo que sucede cuando tus maneras de ser no están moduladas. Sin modulación, los hábitos pueden alejarte de participar activa y deliberadamente en tu vida. Al estar presente, puedes responder al fluir de la vida con armonía y gracia. De lo contrario, podrías terminar creyendo las historias que constantemente estás inventando sobre ti mismo y sobre el mundo, pensando que *eres* tus maneras de ser.

> **Encarnar, personificar, encarnación**
> La experiencia directa de la vida tal como se manifiesta a través de tu cuerpo. La totalidad de tu ser, que no se compone de partes diferentes. La indescriptible interconexión entre todos tus aspectos físicos y toda tu vida interior. La vitalidad que compartes con toda la vida y con todo el Universo.

En estos cuatro aforismos sencillos, Patañjali presenta un marco para todo el proyecto de vida (tu camino) del yoga. Por un lado, está la vida, los fenómenos siempre en curso que cambian de un momento al siguiente. Por otro lado, está la consciencia, lo que nos hace conscientes. Ni la vida ni la consciencia se pueden capturar, aislar o sintetizar de ninguna manera. La vida se manifiesta como *todas las experiencias cambiantes que están sucediendo*, independientemente de que las notemos o no. La atención es la manifestación de la consciencia como *la luz que nos permite darnos cuenta de que somos conscientes*, y que nos permite sentir sensaciones corporales, emociones y pensamientos.

Imagina una vieja sala de cine. La usaremos como metáfora para aclarar estas dos ideas. El proyector de películas y la película que pasa por el son los elementos necesarios para que una película se proyecte en la pantalla. El proyector de películas y la película representan la vida. El proyector de películas incluye una bombilla cuya luz se concentra mediante una lente y pasa a través de cada fotograma de la película. Luego, la luz se amplía con una segunda lente para proyectar esa imagen en la pantalla. La **consciencia** es como la electricidad que alimenta el proyector. Sin electricidad (consciencia), la película no pasará por el proyector y no se verá ninguna película. La presencia es la expresión de la consciencia: la luz fluyendo a través de la bombilla. Si se aplica a esta metáfora, el cuarto sutra dice que la bombilla puede terminar creyendo, erróneamente, que es la electricidad. Sin embargo, sin electricidad, la bombilla seguirá en el proyector, pero la película no se proyectará en la pantalla. La vida incluye los fenómenos cambiantes, la pantalla, el proyector y la película que se proyecta en la pantalla. La vida también abarca todo lo demás que compone el teatro. Mientras miras la película, es tu propia consciencia la que te permite percibir las imágenes, la banda sonora y el diálogo, así como los estímulos sensoriales en tu cuerpo, los sonidos y ruidos en el cine, la textura de la ropa que llevas puesta y la firmeza del asiento. La vida también incluye tus emociones y pensamientos mientras ves la película. El yoga te ayuda a modular tus actividades internas y tu reactividad para que, incluso mientras observas cómo se desarrolla la historia en la pantalla, recuerdes que no eres las emociones y pensamientos temporales que pasan por ti, porque cuando se disuelven todavía estás aquí, y sigues siendo tú.

Nuestro organismo y todo el universo que lo rodea es el sitio donde se lleva a cabo la danza continua entre la vida y la consciencia. En estos cuatro sutras, el Yoga Sutra afirma que *nuestra verdadera naturaleza es la consciencia*. La consciencia nos permite reconocer que estamos vivos. Sin embargo, tendemos a pensar que somos las sensaciones, los pensamientos y las opiniones fluctuantes que sentimos; en lugar de reconocer que es nuestra consciencia la que hace posible que percibamos estos fenómenos temporales.

Estos primeros cuatro sutras nos ofrecen una sugerencia simple y potente para la práctica y la vida: Descubre quién eres. Dado que algunos de tus elementos, como tu cuerpo, tus ideas, opiniones y emociones cambian constantemente, indagar sobre estas facetas cambiantes de tu ser, hace del yoga un viaje de autodescubrimiento que dura toda la vida.

PONIENDO EN PRÁCTICA: ¿QUIÉN TE CREES QUE ERES?

Asigna unos 10-15 minutos para completar este ejercicio.
Toma un momento para escribir las palabras que usas para describirte. Escribe libremente, sin editar, sin pensar mucho y sin censurar. Simplemente escribe lo que se te ocurra.

Desenreda el hilo

Ahora, revisa la lista de palabras que escribiste y pregúntate:

- ¿Cuánto tiempo ha sido cada palabra un descriptor preciso de quién soy?

- ¿Siempre he usado cada una de estas palabras para describirme?

- ¿Cuándo empecé a usar algunas de estas palabras para describirme?

- ¿Cuánto tiempo me describirán con precisión cada una de estas palabras?

¿Quién soy?

- ¿Puedes pensar en etiquetas similares que usaste en el pasado pero que ya no usas?

- ¿Cuántas de estas palabras son esenciales? En otras palabras, ¿cuántas de estas etiquetas capturan la esencia completa de quién eres?

- ¿Hay alguna etiqueta que **siempre** te ha descrito con precisión absoluta?

Desenreda el hilo

A medida que indagas, puedes contemplar las diferentes ideas con las que te identificas. Probablemente verás cómo algunas de esas ideas han cambiado con el tiempo. Algunas de ellas pueden ser más recientes que otras, y puede haber otras que ya no te describen adecuadamente. Puedes reflexionar sobre estas ideas preguntándote:

- ¿En qué medida estas etiquetas definen o influyen en lo que creo que puedo y no puedo hacer?

- ¿Están estas etiquetas a mi servicio o estoy al servicio de estas etiquetas?

- ¿Estas etiquetas, mejoran la calidad de mi vida, de mi energía y consciencia?

Reflexionar sobre estas preguntas puede ayudar a iluminar el concepto principal presentado en el aforismo 1.4, que es la tendencia humana a

¿Quién soy?

identificarnos con nuestras maneras de ser, como nuestra educación, edad, y origen, así como también con nuestro dolor, preocupaciones, ansiedades, logros, creencias y circunstancias. Muchos de nosotros tendemos a identificarnos con nuestras pertenencias, nuestra cuenta bancaria, nuestro título o profesión. Al contemplar estas ideas, muchos de nosotros no podemos dejar de escuchar un par de preguntas en nuestras cabezas: ¿Intentas decirme que todas esas cosas por las que he trabajado tan duro (como mis títulos, posición, y pertenencias) no soy quién soy? Y, si no soy todas esas cosas, entonces, ¿quién soy yo?

A menudo, al final de un programa de estudios, o después de hacer algo que habíamos estado planeando durante mucho tiempo, o después de finalmente obtener algo que queríamos durante mucho tiempo, toda la experiencia se siente de alguna manera decepcionante. La realidad de la experiencia parece decepcionante porque la estábamos idealizando tanto en nuestra cabeza que esas expectativas no se cumplieron. De hecho, incluso cuando alcanzamos nuestras expectativas, podemos sentir que la experiencia podría haber sido aún más especial, emocionante y gratificante. Además, debido a que las ideas en nuestra cabeza son solo ideas, las cambiamos constantemente. Nuestras experiencias y nuestras ideas sobre nuestras experiencias pertenecen a dos planos de existencia diferentes, uno nunca entra al otro. Recuerda, *las experiencias no pueden ser abarcadas completamente por otra cosa que no sea la experiencia misma.* Las palabras son formas de intentar expresar nuestros pensamientos sobre la experiencia. Sin embargo, no importa cuán exactos o precisos sean nuestros pensamientos y palabras, tanto las palabras como los pensamientos son simplemente artefactos que apuntan a algo que sucedió en el pasado, ya sea inmediato o distante. Las experiencias pertenecen al reino de la presencia, mientras que las palabras y los pensamientos son formas de intentar comprender lo que se ha experimentado.

Vivimos en un mundo en el que nos bombardean constantemente con mensajes que venden algo, ya sean productos, experiencias o ideas. A menudo, estos mensajes nos dicen directa o indirectamente que hay algo que falta o es deficiente en nosotros o en nuestras vidas, y que podemos ser "más, mejores, plenos, renovados" si tan solo compráramos lo que nos ofrecen. Cuando escuchamos este mensaje repetidamente, lo internalizamos y llegamos a creer que adquirir más cosas, experiencias o etiquetas nos hará seres humanos más íntegros y completos. El aforismo 1.3 ofrece un antídoto para ese mensaje tóxico e inexacto:

Como resultado de regular mis maneras de ser, soy consciencia personificada, presencia.

Ser consciencia encarnada es una forma de decir *estoy completamente presente y en paz con lo que es, exactamente como es, y conmigo mismo tal como soy*. Este sutra también se traduce como "Como resultado, el vidente permanece en su propia naturaleza verdadera". Lo que nos lleva a nuestra próxima pregunta: *¿Cuál es tu verdadera naturaleza?*

PONIENDO EN PRÁCTICA: ¿CUÁL ES MI VERDADERA NATURALEZA?

Toma 10-15 minutos para completar este ejercicio.

Encuentra un espacio tranquilo y una posición muy cómoda. Siéntate, recuéstate o acuéstate. Cierra tus ojos y date permiso para desconectarte del mundo por completo recordando que no hay ningún lugar en el que puedas actuar. Elige estar aquí. A continuación, pregúntate: *¿cuál es mi verdadera naturaleza?* Con calma y curiosidad pon atención a la respuesta. Invítate a relajarte tanto como sea posible. Nota los sonidos y ruidos que vienen del exterior, a lo lejos. Después de un par de minutos, notarás los sonidos y ruidos que están más cerca del edificio en el que te encuentras. Fíjate sin tener que identificar ni describir, solo escucha el sonido y su propia estructura interna. Presta atención a los sonidos más cercanos a ti, en la habitación. No describas ni narres, solo escucha, tomando consciencia del paisaje sonoro de múltiples capas que te envuelve. Invítate a explorar tu propio entorno interno. Empieza por escuchar atentamente los sonidos dentro de ti. Escucha sin juzgar ni narrar. Observa con curiosidad lo que está sucediendo dentro de ti sin intentar editar o censurar lo que notas. ¿Qué actividades internas notas? Estas actividades internas pueden ser sensaciones en tu cuerpo, pensamientos o emociones. Si parece que hay palabras en tu entorno interior, ¿puedes elegir dejarlas fluir sin intentar controlarlas? Dirige tu atención a la forma en que tu cuerpo está respirando, sintiendo cada inhalación y exhalación desde el momento en que notas que el aire comienza a fluir hacia tu cuerpo, hasta la transición entre tu inhalación y su exhalación. Sigue las sensaciones que te hacen saber que estás exhalando hasta que sientas que las últimas moléculas de aire salen de tu nariz. No es necesario controlar nada. Solo concéntrate en el ritmo natural de tu respiración. De vez en cuando, es posible que tu mente se desvíe hacia algún diálogo interno o descripción. Quizás tu mente comience a planificar el resto de tu día o semana, o quizás estés recordando algo que sucedió recientemente. Sea lo que sea, déjalo ir y elige atender a tu respiración con la curiosidad de quien sabe que cada respiración es única e insustituible. Permanece tan relajada como sea posible, como si estuvieras a punto de quedarte dormida. Si te quedas dormido o te distraes, suavemente, sin forzar, sin forcejear y sin auto juzgarte, vuelve a saborear este momento, cuando no hay nada más que hacer ni otro lugar donde estar. Una vez que te sientas lista para terminar, estírate gradualmente, respira más profundamente y abre tus ojos.

Desenreda el hilo

Incluso cuando tomas tiempo para no hacer nada más que relajarte e intentas estar muy en calma, notarás cómo tus maneras de ser, como tu tendencia a quejarte, planificar, comentar o narrar, te sacarán de solo estar con lo que es, y te llevarán a la compleja ideología que has estado construyendo en tu cabeza durante toda tu vida. La mayoría de la gente titubea entre ser y hacer. En el modo de hacer, la mente está ocupada tratando de encontrarle sentido a lo que está notando. Sin embargo, en el modo de ser, la mente se tranquiliza y observa sin reactividad. Las actividades internas que notaste en el ejercicio anterior, tus maneras de ser, van cambiando, yendo y viniendo a lo largo del día. Para poderte dormir, dejas de lado todas esas maneras de ser. Pero muy poco después de que te despiertas por la mañana, parece que vuelven a empezar por sí mismas. De hecho, con bastante frecuencia, parece que esas maneras de ser se encargan de dirigir tu vida. Puedes ampliar tu indagación preguntándote:

- Si hay maneras de ser que se pueden activar y desactivar, ¿son acaso esenciales?

- ¿Son estas maneras de ser fundamentales en mi ser?

¿Quién soy?

- Dado que algunas de estas maneras de ser no siempre han sido parte de mi entorno interno, ¿significa eso que no son necesarias?

- ¿Qué queda cuando esas maneras de ser están apagadas? ¿Acaso pasa esto alguna vez?

- ¿Dónde se manifiestan todas esas maneras de ser?

Al igual que con otros ejercicios en este viaje de descubrimiento, la única forma de averiguar si esta línea de investigación es útil para ti, es explorarla.

Al final del día, cuando estés listo para dormirte, es posible que encuentres algunos pensamientos persistentes, tal vez algunos planes sobre lo que va a hacer mañana, o tal vez algunos pensamientos relacionados con cómo fue el día, o tal vez algunos arrepentimientos sobre las cosas que podrían haberse hecho de otra manera. Al final, todos, para poder dormirnos, tenemos que dejar de lado todas esas actividades internas. Cuando finalmente sucede, el cuerpo, la mente y las emociones se rinden y se relajan por completo. Ese es el momento en que nos dormimos. Dormir profundamente permite que tu cuerpo cambie su enfoque del mundo exterior a la experiencia interna. Esto le permite invertir recursos en curar, restaurar y reponer. El proceso inverso ocurre todas las mañanas cuando, justo antes de abrir los ojos, te das cuenta de que "ya me desperté". Muy pronto, tu espacio interno se llena con una avalancha de ideas, tareas, pensamientos, planes y cosas por hacer, y la carrera diaria comienza de nuevo. Sugiero que todas esas actividades internas que ocupan tu espacio interior son temporales y no esenciales para tu ser. Si fueran esenciales, no sería posible soltarlas.

El yoga es un estadio de ser

El yoga es el estadio del ser cuando consciente y deliberadamente dejas de lado todas las actividades no esenciales y llegas a ser simplemente, habitando la calma sin límites y la paz interior donde tienen lugar todas esas actividades temporales. La mayoría de las personas, en un momento dado, de forma regular o muy esporádica, han experimentado ese simple estado de ser, y lo reconocen como algo que ha estado con ellos toda su vida. A menudo se siente como la sensación de regresar a casa. Incluso me atrevería a afirmar que uno de los objetivos principales de la vida es establecer una conexión íntima con ese estado. Porque, aunque todos hayamos experimentado ese estado y, de hecho, aunque estemos cerca de experimentar ese estado inconscientemente todas las noches cuando dormimos profundamente sin soñar, la mayoría de nosotros descubrimos que nuestros pensamientos, ideas, emociones, sentimientos, arrepentimientos, preocupaciones, ansiedades y planes atraen nuestra atención con tanta fuerza que tendemos a olvidar que debajo de todos esos diálogos y opiniones internas, hay una profunda paz y tranquilidad. Ese estado de profunda tranquilidad se vuelve tan difícil de alcanzar que nos inclinamos a ver todas estas actividades que realizamos como si fueran nuestra vida y nuestra esencia. Esto es lo que dice Patañjali en el sutra 1.4:

De lo contrario (cuando no soy consciencia personificada), creo que soy mis maneras de ser.

Incluso cuando hay una identificación profunda con nuestras maneras temporales de ser, tarde o temprano seguimos sintiendo que falta algo. Lo que falta es la conexión con la base de nuestro ser. *Si esa conexión con nuestra verdadera naturaleza no está ahí, todo se vuelve insatisfactorio.*

Piensa en tu verdadera naturaleza como el cielo: espacioso, abierto e ilimitado. El cielo siempre está ahí, incluso si a veces hay tantas nubes que no puedes verlo en absoluto. Si las nubes cubren el cielo día tras día durante varias semanas, es posible que incluso empieces a pensar que no hay cielo. Sin embargo, el cielo sigue ahí. La consciencia es como el cielo: espaciosa, abierta e ilimitada. La consciencia también te permite notar la energía que te anima a ti y a tus maneras de ser. Tus maneras de ser son como nubes en el cielo y, a veces, estas nubes oscurecen tu percepción, llevándote a identificarte con las nubes (tu trabajo, tus títulos, tus historias y tus opiniones). Puedes tener la seguridad de que las nubes van y vienen, pero el cielo permanece. A lo largo del Yoga Sutra, Patañjali afirma que confundir tu verdadera naturaleza (el cielo) con los fenómenos temporales que experimentas (nubes y eventos meteorológicos) es la causa fundamental del sufrimiento. Quizás la mayoría, si no todas, **las causas del sufrimiento surgen de la brecha entre quién eres y quién crees que eres**.

Quién eres es la experiencia directa y sin diluir que está sucediendo justo donde estás; la experiencia trae consigo sensaciones, emociones y pensamientos. La presencia (el estado de yoga) es sentirte a ti mismo plenamente tal como eres. Tu experiencia no es necesariamente buena o mala, simplemente existe. La consciencia encarnada del sutra 1.3 a veces se denomina el estado natural. En contraste, el estado opuesto o estado "artificial" es pensar acerca de lo que estás experimentando, saliendo de la consciencia encarnada que fluye de un momento al siguiente y tratar de dar "sentido" a lo que es. Ese es el espacio de quién crees que eres, e incluye quién crees que deberías ser y quién crees que otras personas esperan que seas o piensan que eres.

Al preguntarte "¿Quién soy yo?" es posible que notes una brecha entre quién eres y quién crees que eres. Las respuestas a estas preguntas pueden ayudarte a explorar esa posible brecha:

- ¿Son tus deseos, elecciones y acciones el resultado de quién eres o de quién cree que eres?
- ¿Cuáles son las diferencias notables entre los dos?
- ¿Dónde inviertes tu energía?
- ¿Es la consciencia el espacio subyacente donde tienen lugar todas tus actividades internas?

¿Quién soy?

Los primeros cuatro sutras presentan los cimientos del yoga. Son una invitación a participar en tu vida desde un lugar de paz y equilibrio, para que puedas fluir de todo corazón e inteligentemente con la siempre cambiante novedad de la vida. Este enfoque del yoga requiere un cambio de mentalidad de verse a sí mismo como incompleto y defectuoso a reconocer que eres completa y plena. En otras palabras, sabes con certeza que *no hay nada fundamentalmente erróneo en ti.*

La práctica del yoga puede ser el simple acto de ver más allá de tus maneras de ser y recordar quién eres, y dirigir tu consciencia clara a presenciar las exquisitas interconexiones entre todos tus sistemas y la intrincada interrelación de tu vida, y toda la vida, en todo el universo.

Equipados con la base proporcionada por los primeros cuatro aforismos y las ideas de los ejercicios que hemos probado hasta ahora, continuemos explorando más profundamente en este viaje hacia el núcleo de nuestro ser.

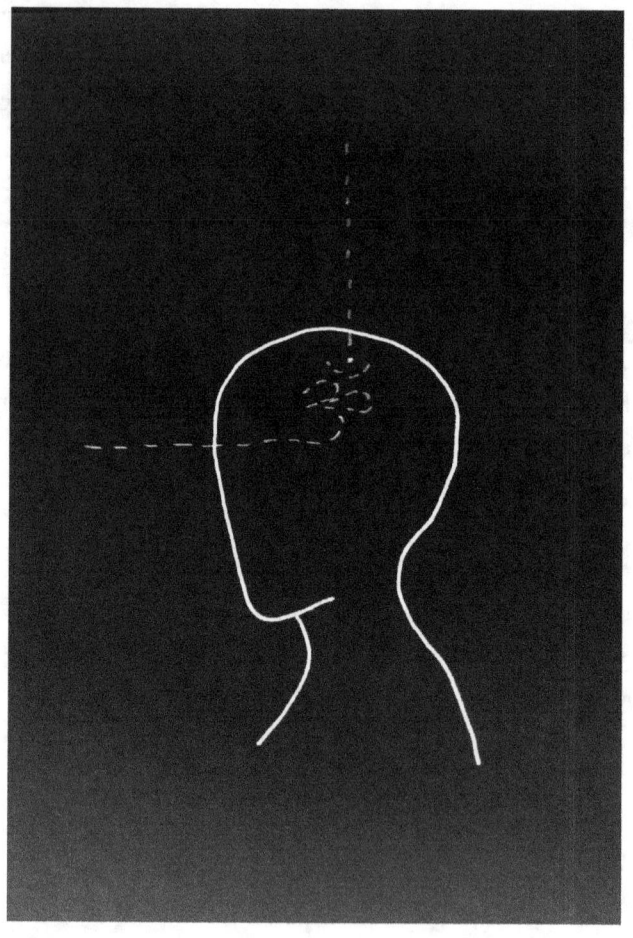

La práctica sincera de yoga nos pide mirarnos desnudos frente a un espejo de cuerpo entero. Al observarnos honestamente, ya no será posible ignorar los aspectos de nosotros mismos que no nos gustan, de los que no nos enorgullecemos o que nos avergüenzan. Esta es la razón por la cual los maestros de yoga por milenios solo han trabajado con estudiantes que tienen un compromiso fuerte. Esta es también una razón importante para cultivar la bondad y la compasión.

FUNDAMENTOS DEL YOGA

El yoga es un llamado a la acción

Cualquier cosa que practiques se afianzará. Cada vez que practicas, ya sea consciente o inconscientemente, fortaleces las tendencias que estás cultivando. El yoga es presencia, y la presencia se puede practicar, así que cuanto más practiques estar presente, más presente estarás.

Mientras intentamos participar plenamente en la vida, las distracciones llaman nuestra atención hacia otras partes. Estas distracciones a menudo surgen de nuestras opiniones y creencias. Las opiniones se manifiestan como objeciones a lo que está sucediendo, y las creencias surgen como condiciones que imponemos para aceptarnos a nosotros mismos como somos a fin de aceptar la vida exactamente como es. Aceptar *lo que es* no es lo mismo que una resignación o un llamado a la inacción. Por el contrario, aceptar *lo que es* el requisito previo para tener la claridad necesaria para actuar con sabiduría.

Las acciones yóguicas exigen participar en cada momento único con entusiasmo, inteligencia y sabiduría. Como resultado, las distracciones y las limitaciones disminuyen y se optimizan el movimiento, la respiración, el pensamiento y los sentimientos. La vida consciente y de todo corazón despierta el reconocimiento de la magnificencia de la vida dentro de ti, a tu alrededor y en todas partes. A través de la práctica de la consciencia, el yoga hace evidentes las tendencias que has cultivado, consciente e inconscientemente, en tus actitudes, pensamientos, emociones, respiración y movimientos. Conocer tus hábitos y tendencias te permite elegir las opciones más propicias para mantener tu corazón y tu mente abiertos y expandidos en consciencia, amor y compasión.

Liberarte de las limitaciones impuestas por tus creencias te permite fluir en armonía con el milagro de la vida.

YOGA es CONSCIENCIA

Ilustración 3. YOGA ES CONSCIENCIA

Recordemos que la filosofía del yoga que estamos explorando es el arte de vivir con sabiduría, y vivir con sabiduría se basa en vivir con consciencia. El Yoga Sutra nos invita a llegar a todos y cada uno de los momentos de la vida, sabiendo que cada uno de nosotros es el único que puede comprometerse a vivir su vida con consciencia. La consciencia comienza con la exploración de lo que está más cerca de nosotros, por lo tanto, el yoga es la consciencia del cuerpo, la respiración, la mente, las emociones y sus interdependencias. Debido a que todos los seres humanos tenemos la tendencia a desarrollar hábitos, una de las habilidades más universales e importantes por cultivar es conocer nuestras propias tendencias. Ser conscientes de nuestras tendencias nos permite evaluar si una tendencia particular que se manifiesta en este momento es útil o inútil. Por ejemplo, ser meticuloso es muy útil cuando se prepara una declaración de impuestos, pero no tanto cuando se hace una lluvia de ideas o se improvisa al bailar.

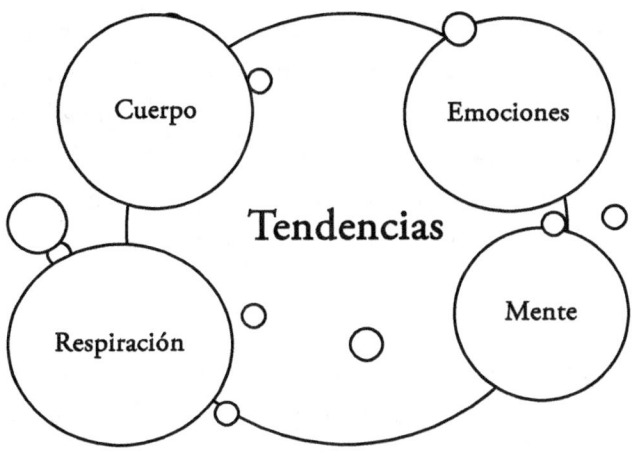

Ilustración 4. YOGA ES ESTAR CONSCIENTE DE TUS TENDENCIAS

A medida que somos más conscientes de nuestras tendencias, es inevitable que nuestras deficiencias se hagan más evidentes para nosotros. De hecho, a medida que la consciencia se expande, nos resulta cada vez más difícil seguir ignorando las actitudes y acciones que son perjudiciales para nuestro bienestar físico, mental y emocional. Lejos de ser un sistema para torturarnos a nosotros mismos al exponer defectos personales inflexibles, el yoga nos proporciona una forma de encontrarnos a nosotros mismos, con defectos y todo, con amabilidad y comprensión. Cada persona en la tierra es una obra en progreso; todos estamos tratando de aprender y tratando de hacer lo mejor que podemos. Todas y cada una de nuestras acciones tienen efectos, algunos positivos y otros negativos. Los efectos de nuestras acciones proporcionan retroalimentación precisa a todo lo que hacemos, incluso cuando actuamos inconscientemente. Cuando sentimos malestar y agitación, podemos optar por reaccionar exasperándonos o pensando que el mundo es injusto. Otra opción es ver nuestro malestar y agitación como maestros que ofrecen un comentario adecuado y perfectamente calibrado a nuestras acciones. De hecho, *todo lo que sucede a nuestro alrededor brinda una evaluación constante para afinar nuestras actitudes, intenciones y acciones.* El yoga nos invita a actuar con entusiasmo, sabiduría y humildad para resolver cada situación que encontramos, incluso aquellas situaciones que provocan malestar y agitación, con consciencia y gracia.

La consciencia de tus tendencias te lleva naturalmente a notar cómo uno de tus sistemas influye en otro. Por ejemplo, preocuparte por algo probablemente tendrá algunos efectos en tu postura física, así como en tu respiración y emociones. De manera similar, cambiar el ritmo de tus inhalaciones y exhalaciones puede ayudarte a sentirse con energía, agitado o relajado en cuerpo y mente. Presta atención a cómo te sientes a todo nivel cuando tienes inspiración y esperanza y compara con cómo te sientes si estás triste o con mucha negatividad. El yoga es un sistema para convertirte en un conocedor de las exquisitas interacciones entre todos sus sistemas, de modo que puedas regularlas de manera experta, de acuerdo con las circunstancias cambiantes de cada momento único.

Convertirte en una experta en cómo funciona tu organismo te ayudará a optimizar tus acciones. Ten en cuenta que ser una autoridad sobre cómo interactúan y se interrelacionan tus sistemas no es un ejercicio en narcisismo. El yoga no se trata de desarrollar un interés excesivo o admiración por uno mismo. Por el contrario, el yoga consiste en verte con bastante claridad, incluyendo ser consciente de lo que no sabes. Conocerte bien te ayuda a ver la diferencia entre quién *eres* y *las historias que crees sobre quién eres.* Cuanto menor sea tu investidura en esas historias, más claramente podrás verte y conocerte. Separar tu autoconsciencia de las historias y creencias que inhiben tu visión te permite ser, sin tener que estar en lo correcto o equivocado, ni ser mejor ni peor que nadie. Cuanto más te conoces, más ves las similitudes entre tú y todo lo que te rodea. ¡Reconoces que nunca has estado verdaderamente aislado de nada a tu alrededor! El yoga es un sistema para limpiar tu percepción y aclarar las formas en que interpretas lo que sientes. El yoga te permite explorarte y explorar tu vida sin nociones preconcebidas y sin expectativas. Dado que es imposible saber qué sucederá a continuación, enciendes la chispa de la curiosidad para que te guíe a saludar cada nuevo momento con claridad, entusiasmo y paz.

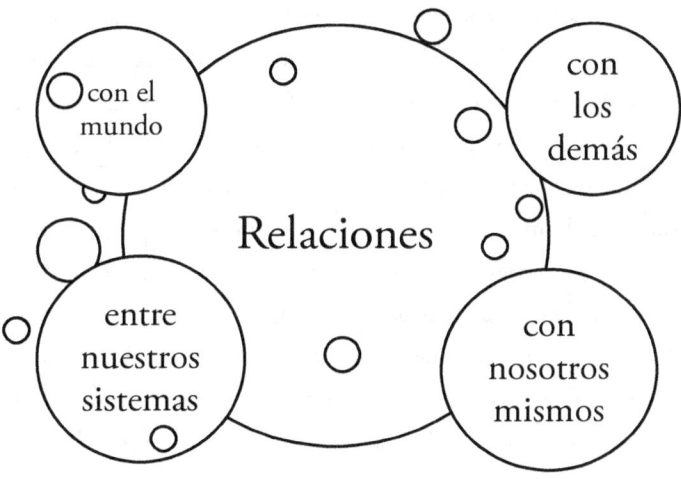

ILUSTRACIÓN 5. YOGA ES LA CONSCIENCIA DE TUS RELACIONES.

Al abstenerte de colorear tus percepciones con historias y predicciones, tu propia conexión interna resalta tu interconexión con todo lo que existe. Esto te lleva a verte a ti misma no como un individuo aislado sino en términos de relaciones. Atender deliberadamente a tus relaciones te lleva a ser más consciente de tus relaciones contigo mismo, con los demás y con el universo que te rodea. *Yoga es darte cuenta de la unidad entre todo lo que existe.* Esta creciente consciencia de estar profundamente arraigado en la red de la vida en su constante cambio sugiere una pregunta para guiar tu vida: ¿Cómo puedo ser útil?

Método para la presencia: Autoconsciencia, Auto indagación, Auto cuidado

Parece paradójico encontrar un "método" para algo tan "simple" como estar *presente*. Debería ser fácil. Sin embargo, a la mayoría de las personas que tratan de estar atentas y conscientes en cada momento de cada día les resulta difícil *permanecer* presentes, porque algunas de sus tendencias y hábitos continuamente crean distracciones. Cuando alguien te señala que estás encorvando los hombros, tienes una reacción inmediata de soltar la tensión y relajar tus hombros. Sencillo y fácil. Si tu tendencia es encorvar los hombros, incluso cuando notas la tensión y la relajas, tus hombros probablemente volverán a tensionarse en unos momentos. Puede suceder lo mismo cuando intentamos estar presentes: si nuestra tendencia es distraernos, es posible que nos frustremos no tanto por las distracciones reales, sino por el hecho de que nos damos cuenta de que nos estamos distrayendo. En esos momentos, la habilidad de **regresar a este momento insustituible sin forzar, sin forcejear y sin autocrítica** es invaluable. Una forma de pulir esa habilidad es Pausar-Notar-Responder.

Al hacer algo, cualquier cosa, puedes elegir hacer una pausa breve e invitar a la consciencia de ti mismo, creando un espacio para la consciencia entre el flujo constante de tus pensamientos, opiniones e historias internas. Entonces **te das cuenta**. ¿Cómo se siente estar justo donde estás, haciendo lo que estás haciendo? ¿Lo que estás haciendo mejora la calidad de tu participación en este momento único e insustituible? Luego, dependiendo de lo que notes, puede elegir la **respuesta** más apropiada, una decisión consciente y deliberada de continuar haciendo lo que estabas haciendo o de ajustar tu actitud o acciones según sea necesario. Estos tres pasos se alinean con tres aspectos centrales del sistema de yoga, a saber: autoconsciencia, auto indagación y auto cuidado. La autoconsciencia es alinearte con la presencia y sentir directamente la verdad fundamental de que eres pura consciencia encarnada inmersa completamente en la interminable interacción entre la vida y la consciencia. La auto indagación es la investigación de tu naturaleza y la comprensión de las diferencias entre quién eres y quién crees que eres. El auto cuidado abarca las acciones que tomas para mejorar la calidad de tu participación en el devenir de la vida. El yoga es un ciclo continuo de autorregulación que te lleva a una mayor presencia y consciencia y a un sentimiento de interconexión más profunda contigo mismo y con todo lo que te rodea.

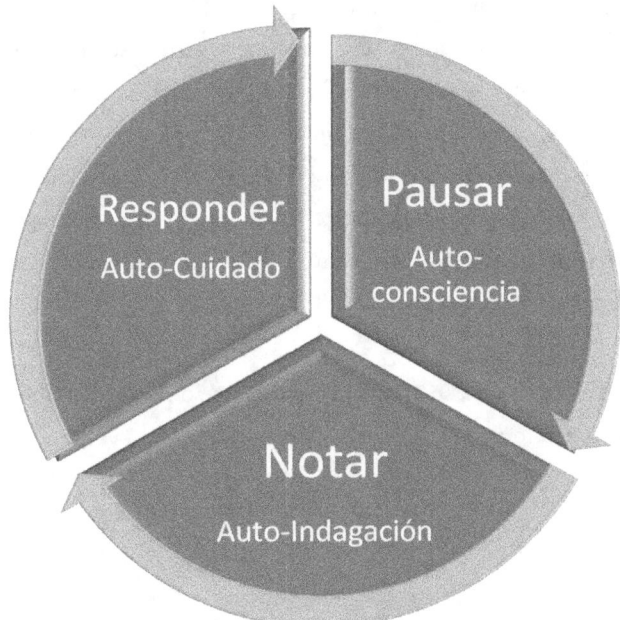

Ilustración 6. PROCESO DE CONSCIENCIA

Desenreda el hilo

En el proceso de llegar a la presencia, es casi seguro que encontrarás distracciones que alejan tu atención de la vida que está manifestándose justo enfrente tuyo. Estas distracciones a menudo surgen de las historias, creencias y opiniones que llevas contigo todo el tiempo. Las distracciones pueden ser una forma de evitar la situación en la que te encuentras. Sin embargo, intentar escapar del momento en el que estás te sumerge más profundamente en una compleja maraña de historias, opiniones y preferencias en tu propia mente. De hecho, todas las ideas sobre otros momentos, incluso las proyecciones hacia el futuro se basan en la información que tienes a tu disposición, todas provenientes del pasado. Desde esa perspectiva, incluso cuando estás pensando en el futuro, todos esos pensamientos se basan realmente en tu memoria, que es solo una posible interpretación, no necesariamente acertada, de los eventos pasados. Por lo tanto, las distracciones te llevan a ignorar, consciente o inconscientemente, el momento único en el que te encuentras. Esta falta de atención al momento presente genera una retroalimentación que frecuentemente aparece como una sugerencia sutil. Esta retroalimentación intenta ofrecerte información específica para que corrijas tu rumbo. Mientras más ignoras la retroalimentación más se incrementa su intensidad pues claramente no estás recibiendo el importante mensaje que te ofrece: *Participa conscientemente en este momento, pues es el momento más importante de tu vida.* La retroalimentación que recibes es un mensaje compasivo guiándote a fluir armónicamente con el discurrir de la vida.

Para hacer más fácil su aplicación, este proceso puede describirse en pasos más concretos:

- Pausar
- Notar
- Sentir
    - Validar

- o   Aclarar
- o   Escoger
- Responder

Si no hay distracciones, no hay necesidad de hacer nada: simplemente permaneces presente durante la transición casi imperceptible de un momento a otro. Cuando surjan distracciones, aclara si necesitas actuar. A continuación, una breve explicación de los pasos y luego podemos intentar ponerlos en práctica.

PAUSAR

"Quien ya no puede hacer una pausa para asombrarse y sentirse conmovido, está como muerto; sus ojos están cerrados ". Albert Einstein

Muchos de nosotros sentimos que es difícil tomarnos tiempo para nosotros mismos porque tenemos mucho que hacer y no podemos esperar. Es posible que sentirnos ocupados nos dé la sensación de que somos importantes y necesarios, pero el mero hecho de que estemos vivos es una confirmación suficiente de que de hecho somos importantes y necesarios. Hacer una pausa es una forma de crear un espacio para la presencia, porque es nuestra presencia lo que se necesita en nuestras vidas y en el mundo. Sin presencia, es muy poco probable que puedas participar conscientemente en tu vida. Invita a la consciencia al momento en el que te encuentras.

Sentir

"Sal de tu mente y siente". Alan Watts

Una vez que haces una pausa, te conectas a la experiencia directa del momento presente sintiendo lo que está sucediendo. Cuando haces una pausa y sientes, es probable que notes tu voz interior narrando u ofreciendo opiniones sobre lo que estás haciendo, así como sobre lo que estás sintiendo. Claramente ya estás sintiendo este momento, así que no hay necesidad de narrarlo. Este paso te recuerda que debes pasar de pensar en lo que estás sintiendo (y en lugar de crear una historia sobre lo que estás sintiendo) **a atender al flujo constante de sensaciones cambiantes**. O sea que pasas de hacer y pensar a ser y sentir. Enfocarte en las sensaciones es una forma directa de volver a la presencia.

Validar

"Sé tú mismos; todos los demás ya están tomados". Oscar Wilde

A menudo, cuando haces una pausa y sientes, parece que no puedes escapar de tus opiniones sobre lo que estás sintiendo o sobre la experiencia que estás teniendo. Validar es una forma de recordar que nadie más puede tener la experiencia que tú estás teniendo, porque cada uno de nosotros es un ser único. Del mismo modo, no puedes tener la misma experiencia que cualquier otra persona, no importa cuánto lo intentes. Incluso si estás en el mismo espacio con otra persona, tu punto de vista físico es diferente y los filtros a través de los cuales percibes cada momento, como tu historia personal, también son únicos. Este paso en el método, después de pausar y sentir, te ayuda a reconocer que **la** experiencia que estás teniendo es válida simplemente porque está sucediendo. Este es un recordatorio de que tú eres válida, que el hecho de estar viva confirma sin lugar a dudas que existe una razón para su existencia, incluso cuando no estás segura de cuál puede ser esa razón. Valida reconociendo que eres único y que tienes algo único que ofrecer al mundo.

Ver este momento como válido no significa que deba gustarte. En realidad, al ver este momento como una experiencia válida, eliges no forcejear con lo que está sucediendo. Puedes reconocer que estás forcejeando con este momento cuando te das cuenta de que estás pensando cosas como: "Esto no es lo que esperaba", "Esto no debería estar pasando" o "¿Por qué me está pasando esto a mí?" Validar es tomar una decisión consciente de reconocer que tu experiencia es válida, incluso si lo que estás sintiendo es ansiedad, miedo o felicidad.

Validar tu experiencia también es una forma de dejar de lado la autocrítica. Básicamente, estás llegando a este momento, cualquiera que sea el momento, **eligiendo estar con tu vida tal como es y estar contigo misma tal como eres**. En este momento, eres testigo de lo que está sucediendo con la mayor claridad posible.

Aclarar

"Para mí, la mayor belleza siempre reside en la mayor claridad". Gotthold Ephraim Lessing

Cada uno de nosotros invierte mucho tiempo y energía en crear una historia coherente acerca de nuestras vidas y de quiénes somos. Tiene sentido que cualquier inconsistencia entre nuestra historia y nuestra experiencia real pueda crear una disrupción, una arruga en el tejido de nuestra historia. Por lo tanto, muchos de nosotros estamos continuamente editando nuestra historia en nuestra mente para mantener un sentido de coherencia. Escribir y reescribir nuestra historia de vida es una manera de crear cohesión en nuestras vidas. Sin embargo, cuando atiendes más a la historia en tu mente que al momento en que se desarrolla tu vida, no estás realmente presente. Aclarar es asegurarte que, en lugar de vivir la historia en tu mente, estás participando en tu vida lo mejor que puedes. En otras palabras, en este paso confirmas si existe una brecha entre lo que estás haciendo y lo que crees que estás haciendo. Un par de preguntas útiles para aclarar son: **¿Por qué estoy haciendo lo que estoy haciendo?** y **¿Estoy haciendo lo que creo que estoy haciendo?**

Escoger

"Somos nuestras decisiones". Jean-Paul Sartre

A medida que se participas en tu vida, es vital que ejerzas tu libre albedrío. Constantemente estás tomando decisiones, incluso cuando eliges *no elegir,* ¡has tomado una decisión! Asegúrate de tomar decisiones que sean significativas para ti, aunque solo sea porque tendrás que lidiar con las consecuencias de tus decisiones. Has invitado a la consciencia al momento en el que te encuentras; es hora de decidir si es necesario actuar. Por ejemplo, si notas que tu intención y tus acciones están alineadas, simplemente continúas por el mismo sendero. Si, por el contrario, tu intención y tus acciones no están alineadas, puedes decidir alinearlas, ya sea cambiando tus acciones o tu intención. Además, incluso cuando sus acciones e intención estén alineadas, puedes optar por cambiar de rumbo si descubres que los resultados no son los que anticipaste originalmente. Una pregunta simple para ayudar en esta parte del proceso es: **¿Cómo contribuye esta acción a mejorar la calidad de mi vida?**

Además, es importante notar la actitud que estás eligiendo al participar en este momento. ¿Estás resistiendo? ¿Eres entusiasta? ¿Estás sobreexcitado? ¿Crees que ya lo sabes todo? ¿O estás eligiendo una actitud de curiosidad y admiración?

Responder

"La felicidad es cuando lo que piensas, lo que dices y lo que haces están en armonía". Mahatma Gandhi

Responder es tomar una acción consciente y deliberada. Más que tus pensamientos, son tus acciones las que te hacen quién eres; tus acciones (e interacciones) revelan con precisión quién eres y qué es importante para ti. Así es como participas en la vida. Actuar deliberadamente y observar tus acciones puede enseñarte mucho acerca de ti misma. La forma en que respondes a los eventos en tu vida tiene que ver con la responsabilidad. La responsabilidad significa actuar con base en decisiones conscientes. Prestar atención a lo que te motiva a actuar y notar los efectos de tus acciones te permite discernir si lo que estás haciendo es útil o no. Evalúa si hay una diferencia entre cómo te sentiste antes de actuar y como te sientes después.

La vida es un ciclo de retroalimentación continua donde tus acciones generan retroalimentación interna y externa. Esta retroalimentación ofrecida por tu cuerpo, mente y emociones, así como por tu entorno, te proporciona información útil para tomar decisiones inteligentes y sinceras. Tus acciones mejoran la calidad de tu vida si contribuyen a que seas más consciente. Y al mismo tiempo, dado que no gastas tu energía vital en agitación y reactividad, terminas con tranquilidad y energía.

La consciencia (Yoga) es un proceso cíclico para indagar sobre lo que está sucediendo justo donde estás. Si seguir este proceso de consciencia te muestra que nada está mal o que no es necesario cambiar nada, quédate donde estás, haciendo lo que estás haciendo. El siguiente diagrama resume el proceso.

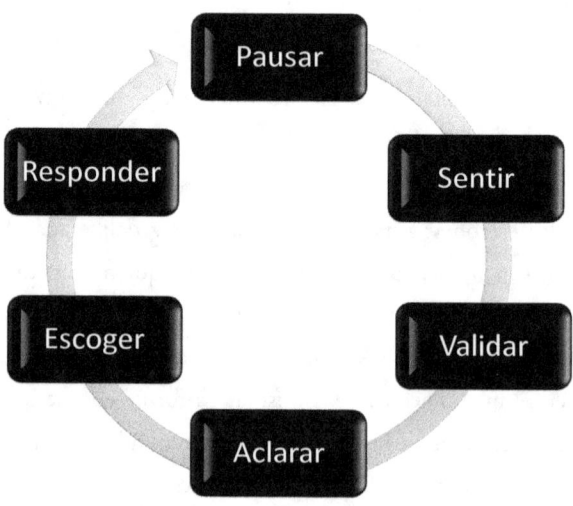

Ilustración 7. PROCESO DE CONSCIENCIA COMPLETO, AMPLIADO

Activando el método

La forma más efectiva de aprender este proceso es usarlo. Así puedes probar qué tan efectivo es para ti. Al igual que sucede con cualquier otra cosa, es necesario practicar para desarrollar esta nueva manera de ser hasta que se convierta en una forma natural de participar en cada momento. Mientras intentas cultivar esta útil manera de ser, tus acciones se alimentan de tu deseo de participar en tu vida con una mente abierta, un corazón abierto y una actitud de curiosidad.

- Pausa - ¿Estoy aquí?
- Sentir - ¿Qué sensaciones, pensamientos y emociones forman parte de esta experiencia?
- Validar - Todo lo que siento es válido
- Aclarar - ¿Por qué estoy haciendo lo que estoy haciendo? ¿Estoy haciendo lo que creo que estoy haciendo?
- Elegir - ¿Es esto útil o no?
- Responder - Actúa conscientemente y pregunta: "¿Cómo me siento ahora?"

Ahora puedes aplicar este método a todos los ejercicios en este libro. Los siguientes ejercicios están diseñados para demostrar los diferentes elementos del método. Implícito en cada ejercicio es el paso de notar. Como de costumbre, tú estás a cargo de notar los efectos para que puedas elegir si el ejercicio te es útil. Una directriz en este proceso es participar en una investigación sincera que te lleve a la presencia, tomando parte en cada momento con la mente y el corazón abiertos.

PONIENDO EN PRÁCTICA: PAUSA

Este ejercicio toma solo 5 minutos. Considera practicarlo 4 veces al día.

Cuando tengas oportunidad, tómate un momento para hacer una pausa y disfrutar de la experiencia en la que estás participando. Siente lo que está sucediendo, incluido lo que está sucediendo dentro y fuera de ti. Observa brevemente tu actitud y tómate unos minutos para reflexionar:

- ¿Qué sucede cuando eliges hacer una pausa?

- ¿Qué observas?

- Cuando haces este ejercicio con cierta consistencia, ¿encuentras algún patrón en tus maneras de ser? (Recuerda que tus maneras de ser surgen en tu postura, movimientos, respiración, pensamientos, emociones y actitud).

- ¿Tiene la pausa algún efecto en ti o en la experiencia que estás teniendo?

Observa los efectos de esta breve pausa y luego reanuda tus actividades. Ten en cuenta que es muy posible que, aunque tengas la mejor intención de realizar este ejercicio cuatro veces al día, solo lo recuerdes una vez o incluso lo olvides por algunos días. Si eso sucede, recuerda que no hay necesidad de forzar, forcejear o auto juzgarte y, en cambio, simplemente haz una pausa cada vez que puedas. Usa tu propia experiencia directa para decidir si deseas agregar este ejercicio a tu repertorio de técnicas para la presencia.

PONIENDO EN PRÁCTICA: SENTIR

Destina unos 5 minutos para completar este ejercicio.

Siempre que tenga sentido para ti, elige hacer una pausa y luego centra tu atención en las sensaciones que están sucediendo en tu cuerpo. Tus manos, dedos, pies y dedos de los pies, cejas, ojos, mandíbula y labios son lugares productivos para enfocar tu atención debido a la cantidad de receptores sensoriales en esas áreas. Al hacer una pausa y sentir, puede ser bueno recordar que no estás tratando de describir o comentar sobre las sensaciones. Todo lo que estás haciendo es sentir. Es muy probable que encuentres que las sensaciones cambian de un momento a otro, y que esto te invite a permanecer interesado, lo que facilita permanecer concentrado.

Tómate unos momentos para digerir la experiencia:

- ¿Qué observaste?

- ¿Cambia algo en tu entorno interno cuando haces una pausa y sientes?

- ¿Es este ejercicio útil o no?

- ¿Tendría sentido que intentes esto con cierta consistencia durante la próxima semana o dos?

PONIENDO EN PRÁCTICA: VALIDAR

Tómate unos 10-15 minutos para completar este ejercicio.

En un lugar sin distracciones, encuentra una posición cómoda donde puedas cerrar los ojos y relajarte. Tómate tu tiempo para sentirte realmente a gusto. Date permiso para dirigir toda tu atención hacia tu ser. Trae a tu mente el recuerdo de un evento reciente que te causó una pequeña frustración o incomodidad, tal vez un momento que fue vergonzoso para ti. Recuerda el evento con la mayor claridad posible y trata de enfocarte en lo que estás sintiendo en lugar de tratar de explicar lo que sucedió. Tal vez intenta localizar las sensaciones que este recuerdo provoca en tu cuerpo. ¿Puedes quedarte con lo que está sucediendo ahora mismo y ver lo que sientes como válido? Recuerda que no es necesario que expliques, apruebes o te guste lo que sucedió. ¿Qué se necesita para que consideres lo que está sucediendo en tu entorno interno como un conjunto válido de pensamientos y emociones? Tómate unos momentos para realmente contemplar esta idea. Déjala expandirse por todo tu mundo interior y nota que sucede. ¿Puedes contener la tendencia a comentar y simplemente sentir? ¿Qué pasa cuando te quedas con las sensaciones: cambian? ¿Cómo?

A veces reaccionamos ante recuerdos desagradables o incómodos, reprendiéndonos. De eso no se trata la validación. En otras ocasiones, podemos tratar de evitar o de arreglar lo que estamos sintiendo. De eso no se trata la validación tampoco. *Validar es elegir aceptar lo que estás sintiendo.* Es una forma de procesar tus experiencias y de estar en paz contigo misma haciendo las paces con tu pasado. Es posible que cuando permaneces concentrado en las sensaciones de incomodidad, ellas pueden perder algo de su potencia. Al continuar enfocada en tales sensaciones, eventualmente las sensaciones se disuelven. Cuando puedes volver a pensar en esa memoria sin que te genere reactividad, has dejado que se consuma la carga emocional que ella tenía. Entonces, es solo un recuerdo que has integrado y con el que has hecho las paces. No poder estar en paz contigo mismo en este momento, hace improbable que puedas avanzar hacia una mayor integración. Algunas personas encuentran útil canalizar sus sensaciones internas de incomodidad como una fuente de energía que las impulsa en una dirección más productiva. ¿Que funciona mejor para ti?

La siguiente técnica consiste en cuatro partes progresivas que se refuerzan entre sí. El uso de esta técnica específica te brinda la oportunidad de aclarar algo que es fundamental tanto en el nivel de aplicación de la técnica como en un nivel mucho más profundo relacionado con tu perspectiva general sobre la vida.

PONIENDO EN PRÁCTICA: ACLARAR - ¿QUÉ ES IMPORTANTE PARA MÍ?

Asigna 20 minutos para completar este ejercicio.

PRIMERA PARTE: ¿CUÁL ES MI NATURALEZA?

Este es un ejercicio de escritura libre. Solo escribe lo que se te ocurra sin editar o juzgar. Escribe las respuestas a las preguntas a continuación.

- ¿Quién soy?

- ¿Cuáles son mis valores?

- ¿Qué es importante para mí?

Después de terminar de escribir, lee lo que escribiste. Trata de ser lo más imparcial posible. Luego, subraya las palabras que resuenan fuertemente contigo. Toma unos minutos para concentrarte en las ideas que subrayaste y observa tus respuestas internas a esas ideas. Luego, selecciona las tres ideas que mejor representan lo que es importante para ti.

SEGUNDA PARTE: MIS ACCIONES

Una vez más, sin filtrar, escribe respuestas a las siguientes preguntas.

- ¿A qué dedico mi tiempo?

- ¿Cómo invierto mi energía?

- ¿En qué gasto mi dinero?

Cuando sientas que has escrito lo suficiente, toma un momento para hacer una pausa, cierra tus ojos y disfruta de varias rondas de respiración natural. Luego abre tus ojos y lee tus respuestas.

TERCERA PARTE: OPCIONES

Ahora, con la mayor precisión posible, haz una lista de tus actividades durante los últimos 3 o 4 días.

CUARTA PARTE: ACLARAR

Tus respuestas a las anteriores preguntas te ofrecen la oportunidad de reflexionar sobre lo que crees que es importante, lo que crees que haces y lo que realmente haces: tus decisiones y acciones. Nota cómo tus acciones en los últimos días reflejan tus inclinaciones, preferencias y prioridades, tanto conscientes como inconscientes. Al comparar estas respuestas, nota si tus pensamientos y acciones están alineados. En otras palabras, *¿cuán precisamente reflejan tus actividades de los últimos días lo que crees que es importante?*

Si tus intenciones y acciones coinciden muy bien, disfruta la sensación de encontrar congruencia entre quién crees que eres y quién eres en realidad. Sin embargo, si tienes dudas acerca de que tan alineadas están tus ideas con tus acciones, puedes intentar el siguiente ejercicio. E incluso cuando ya crees que hay alineación, la técnica Notar la Brecha puede ser bastante esclarecedora.

PONIENDO EN PRÁCTICA: NOTANDO LA BRECHA

Usa esta técnica durante las próximas dos semanas.

SEMANA UNO

Al final de cada día, toma como máximo 5 minutos para anotar en tu diario cómo invertiste tu tiempo, energía y dinero ese día.

DÍA 1

DÍA 2

DÍA 3

DÍA 4

DÍA 5

DÍA 6

DÍA 7

Al final de la semana revisa lo que escribiste durante la semana pasada. ¿Hay algún patrón en tus acciones?

SEMANA DOS

Tal como hiciste durante la semana anterior, al final de cada día, toma un máximo de 5 minutos para escribir lo que hiciste durante el día. Luego, toma 2 o 3 minutos para anotar lo que necesitas y quieres hacer al día siguiente. Al final de cada día, compara tus intenciones para el día con las actividades que realizaste.

DÍA 1 PLANEADAS   **ACTUALES**

DÍA 2 PLANEADAS   ACTUALES

DÍA 3 PLANEADAS   ACTUALES

DÍA 4 PLANEADAS   ACTUALES

DÍA 5 PLANEADAS   ACTUALES

DÍA 6 PLANEADAS   ACTUALES

DÍA 7 PLANEADAS   ACTUALES

AL FINAL DE LA SEGUNDA SEMANA

Toma tiempo para revisar tu diario. ¿Hasta qué punto están alineados tus pensamientos y acciones? ¿Con qué frecuencia sucede que piensas o dices una cosa, pero haces algo diferente? Por ejemplo, ¿escribiste que querías salir a caminar al día siguiente, pero otras cosas se interpusieron y nunca pudiste salir a caminar?

Al completar esta exploración, muchos de nosotros encontramos que hay inconsistencias entre lo que pensamos y lo que hacemos. ¿Son esas inconsistencias ineludibles? Por ejemplo, cuando encuentro una de esas brechas, puedo lidiar con eso diciendo: "Que falla, pero así es como soy. Siempre he sido así. Además, es demasiado tarde para cambiar eso ahora ..." Sin embargo, cada vez que me escucho a mí mismo pensando algo así, puedo hacer una pausa para considerar si tengo otras opciones, de modo que pueda escoger acciones que sean verdaderamente significativas para mí. Además, a algunos de nosotros puede sorprendernos las inexactitudes en nuestra percepción. Por ejemplo, podemos pensar o decirnos a nosotros mismos, o a otras personas, que estamos trabajando en un proyecto, pero cuando observamos nuestras acciones, es posible que no hayamos invertido tiempo ni energía en dicho proyecto. O podemos pensar que no estamos haciendo lo suficiente, para luego descubrir que en realidad somos mucho más productivos de lo que creemos. Aclarar es una forma de estar seguros de que existe coherencia entre lo que pensamos y lo que hacemos (nuestras decisiones y acciones).

PONIENDO EN PRÁCTICA: ELIGE Y RESPONDE

Asigna 5-10 minutos diarios para este ejercicio.

De los ejercicios anteriores (o de lo que ya has observado sobre ti) elige una manera de ser que no sea muy beneficiosa. Por ejemplo, al conducir, he notado mi tendencia a emitir un juicio rápido y, probablemente impreciso, acerca de los conductores en otros autos, basado simplemente en las calcomanías en su carro o en la forma en que conducen. Al notar esa tendencia y al darme cuenta de que no mejora la calidad de mi vida y que, en vez de eso, distrae mi atención de mi intención (que es conducir conscientemente), puedo establecer una intención de poner en pausa mis juicios mientras conduzco. Después noto si esa breve pausa tiene algún efecto beneficioso. Para mí, abstenerme de juzgar de inmediato ayuda a despejar mi mente y me alienta a centrarme en conducir de manera más consciente. Para este ejercicio, elige una manera de ser que te impide invertir tu tiempo, energía y dinero en algo que es importante para ti. Luego escribe tu intención a continuación.

En los próximos ____ días, yo ...

Para activar tu intención, cada día elige recordar y honrar tu intención. Durante el día, presta atención a las diferentes distracciones que te alejan de tu objetivo. Cada vez que te distraigas, reconoce lo que estás haciendo diciendo mentalmente lo que estás haciendo y luego redirige clara y suavemente tu atención hacia tu objetivo significativo. Nota lo que pasa. Ten en cuenta que algunos patrones profundamente arraigados pueden repetirse con mayor frecuencia de lo que te gustaría. Si ese es el caso, recuerda las cuatro S, *sin forzar, sin forcejear, sin auto juzgar y sonreír*. Considera que, al igual que te tomó un tiempo establecer ese patrón no benéfico, puede tomarte un tiempo implementar una manera de ser más útil. Lo que es importante es elegir y tratar de honrar tu intención a pesar de las muchas distracciones que pueden surgir en el proceso. Después de unos días, evalúa tu progreso y decide si es útil continuar con esta práctica.

Resumen

En este punto, has comenzado a explorar el Yoga Sutra gradualmente. Te has familiarizado con el tema general de todo el Yoga Sutra: conocerte bien, comenzando por conocer tus tendencias. Debido a que este es un manual para la práctica, también has encontrado varias formas de aplicar estas ideas en tu vida diaria. Además, en este capítulo, has participado en una exploración de la práctica del yoga de una manera inteligente y potencialmente beneficiosa para todos los aspectos de tu vida. Como resultado, tu práctica puede ser agradable, lo que contribuye a que tu práctica sea sostenible.

Recuerda la versión abreviada del método para la presencia:

- Pausa - ¿Estoy aquí?
- Sentir: ¿Qué sensaciones, pensamientos y emociones forman parte de esta experiencia?
- Validar: Todo lo que siento es válido.
- Aclarar: ¿Por qué estoy haciendo lo que estoy haciendo? ¿Estoy haciendo lo que creo que estoy haciendo?
- Elegir: ¿Es esto útil o no?

- Responder: Actúa conscientemente y pregunta: "¿Cómo me siento ahora?"

Ya te has preparado para continuar tu viaje de auto indagación adentrándote en los detalles de cada capítulo del Yoga Sutra. Cada aforismo te ofrecerá sugerencias y preguntas para poner en práctica.

SECCIÓN DOS:

SIGUIENDO EL HILO

तपः स्वाध्यायेश्वरप्रणिधानानि क्रियायोगः

tapaḥ svādhyāyeśvarapraṇidhānāni kriyāyogaḥ

Las acciones yóguicas (kriya yoga) combinan entusiasmo (*tapas*), inteligencia (*svadhyaya*) y humildad (*ishvara pranidhana*)

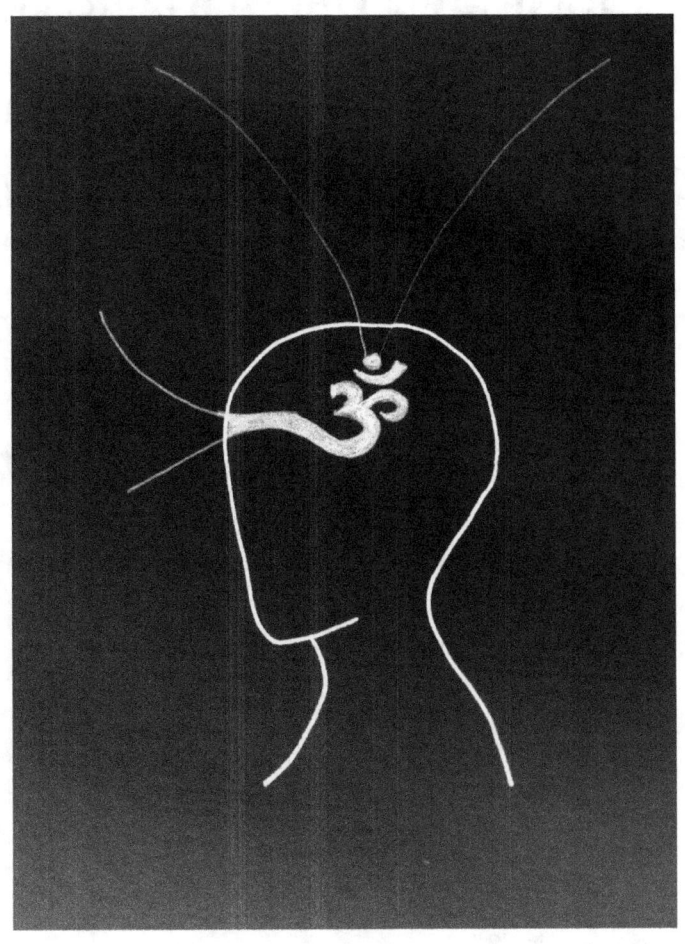

La presencia es la esencia de la práctica y su objetivo. La presencia es dinámica.

RESUMEN DEL YOGA SUTRA

Antes de profundizar en el significado y posibles aplicaciones de cada aforismo, este resumen combina una selección representativa de sutras en el Yoga Sutra para bosquejar una vista panorámica de todo el texto. Los números en corchetes señalan sutras específicos, el primer número es el capítulo y el segundo número es el sutra.

Sinopsis

Capítulo Uno: Integración (*samadhi*)

- ¿Qué es el yoga? [1.1-1.4]
- Maneras de ser [1.5-1.11]
- Un método para la autorregulación [1.12-1.22]
- Un enfoque alternativo, humildad [1.23-1.29]
- Distracciones, sus síntomas y eliminación [1.30-1.39]
- La progresión del entendimiento hacia a liberación [1.40 - 1.51]

Capítulo Dos: Práctica (*sadhana*)

- Acción yóguica [2.1-2.2]
- Aflicciones [2.3-2.11]
- Efectos [2.12-2.14]
- Sufrimiento [2.15-2.17]
- Consciencia y experiencias [2.18- 2.22]
- Discernimiento [2.23-2.27]
- Ramas del yoga [2.28-2.55]

Capítulo Tres: Magnificencia (*vibhuti*)

- Concentración, meditación e integración [3.1-3.8]
- Transformación [3.9-3.15]
- Integración meditativa y sus efectos [3.16-3.37]
- Advertencia [3.38]
- Energía sutil [3.39-3.44]
- Logros más altos [3.45-3.50]
- Liberación [3.51-3.52]
- Propósito [3.53-3.56]

Capítulo Cuatro: Emancipación (*kaivalya*)

- Consciencia y naturaleza [4.1-4.5]
- Impresiones, tendencias y consecuencias [4.6-4.11]
- Ámbito de la experiencia [4.12-4.17]
- Consciencia y atención [4.18-4.24]
- Emancipación [4.25-4.34].

Resumen del Yoga Sutra

El yoga es regular mis maneras de ser [1.2], de modo que soy presencia encarnada [1.3] en lugar de identificarme con mis cambiantes maneras de ser. [1.4] Con intención deliberada, [1.13] gradualmente, durante un largo período de tiempo, practico continuamente con sinceridad y sin interrupciones [1.14]; mientras que al mismo tiempo cultivo la claridad de mente y corazón que deja de lado mis suposiciones, opiniones y expectativas. [1.15]

Desenreda el hilo

Plantando las semillas de la humildad, abandono la ilusión del control. [1.23] Para contrarrestar la tendencia continua a distraerme, elijo un único punto de enfoque significativo. [1.32] Noto mis prejuicios y elimino mis opiniones abriendo mi corazón y mi mente a través de la amistad, la compasión, la inspiración y la ecuanimidad. [1.33] Cultivo las raíces de la presencia trayendo alegría [1.36] y amor a mi corazón. [1.39]

El yoga es participar en mi vida con entusiasmo, sabiduría y humildad. [2.1] Mi práctica de yoga elimina las obstrucciones en el cuerpo, la mente y el corazón al tiempo que mejora mi armonía e integración internas. No saber mi propia naturaleza causa confusión (*avidya*), lo que me lleva a creer las historias que yo y otros inventamos sobre mí (*asmita*) y sobre el mundo. Estas opiniones generan gustos (*raga*), aversiones (*dvesha*) y un sentido de importancia personal (*abhinivesha*) que dejan impresiones en mí y resultan en un ciclo interminable de sufrimiento. [2.3-2.15]

Mi práctica de yoga es un método completo y sistemático para la eliminación gradual de limitaciones, ineficiencias y sufrimiento. Como resultado, establezco un claro discernimiento entre mis maneras de ser y mi verdadera naturaleza, eliminando así la identificación errónea y el sufrimiento. [2.15-2.27] Al observar los *yamas*, dejo de lado la tensión y cultivo el aprecio por la interdependencia entre toda la vida a través del amor (*ahimsa*), la verdad (*satya*), la generosidad (*asteya*), la reverencia (*brahmacharya*) y la abundancia (*aparigraha*). [2.30, 2.31, 2.36-2.39] Al observar los *niyamas*, dejo de lado los forcejeos y cultivo la armonía interior a través de la claridad (*shaucha*), el contento (*santosha*), el entusiasmo (*tapas*), la autoconsciencia (*svadhyaya*) y la humildad (*ishvara pranidhana*). [2.32, 2.40-2.45] Cuando surgen pensamientos, recuerdos y emociones contraproducentes, respondo dirigiendo mi atención hacia pensamientos, recuerdos y emociones edificantes (*pratipaksha bhavana*). [2.33, 2.34] Mi práctica de *asana* optimiza mi postura

Resumen del Yoga Sutra

y movimientos equilibrando estabilidad y bienestar, dejo de forzar, de forcejear y de auto juzgarme y desarrollo una actitud de tener todo el tiempo del mundo. [2.46- 2.49] Mi práctica de *pranayama* purifica mi sistema nervioso a través de la regulación de mi respiración lo que aumenta mi consciencia y dirige mi atención interiormente. [2.49, 2.50, 2.51, 2.52] Mi práctica de *pratyahara* aumenta mi sensibilidad interna preparándome para la meditación. [2.54, 2.55]

La concentración y la meditación me preparan para la transición de una concentración sostenida sobre un solo punto a una atención plena sin esfuerzo resultando gradualmente en una experiencia directa de los misterios de la vida y la verdadera sabiduría. [Capítulo Tres] La meditación elimina las distracciones y las perturbaciones [1.32], neutraliza los obstáculos [2.11], transforma mi cuerpo, mente y sentidos [3.9], evita la generación y almacenamiento de impresiones emocionales [Capítulo Cuatro], cultiva el discernimiento y aclara la distinción entre mi consciencia individual y la existencia pura. El yoga me lleva a experimentar el mundo como realmente es, sin percepciones equivocadas ni identificación errónea. Eventualmente, la mente puede convertirse en una superficie puramente reflectante que ofrece a la consciencia pura un espejo de sí misma. Con esta claridad extraordinaria, y sin más distracciones, cesan todas las aflicciones e impresiones. [Capítulos Tres y Cuatro]

Ahora, continuaremos nuestro viaje para vivir la sabiduría del Yoga Sutra explorando cada sutra individualmente a través de interpretaciones, preguntas y sugerencias para ponerlos en práctica.

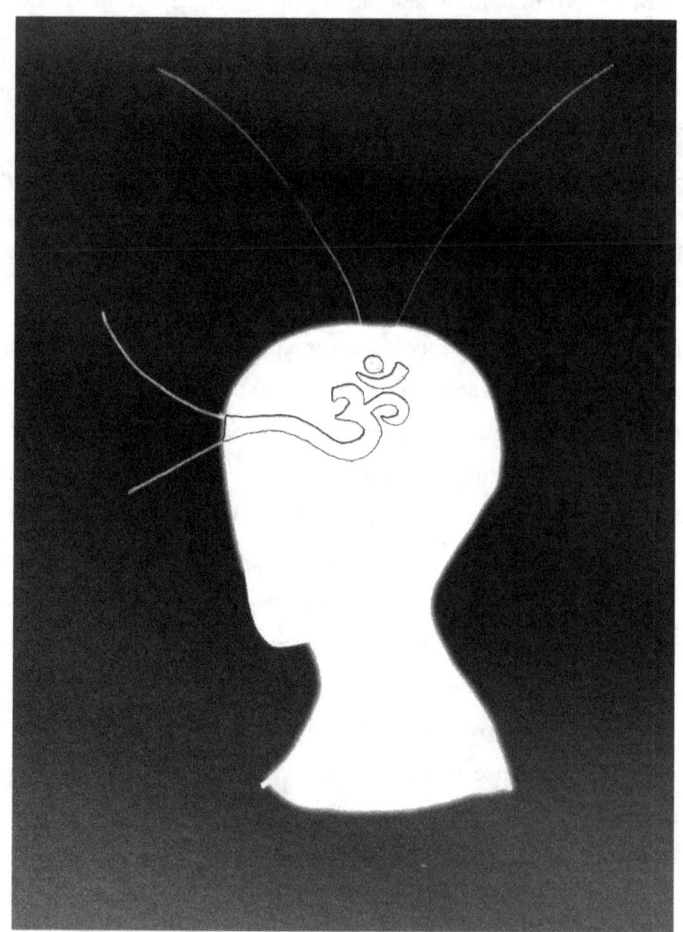

La integración es ser un receptáculo para la plenitud. Notar nuestras inclinaciones y cómo influyen en nuestras actitudes, intenciones y acciones nos permite regular nuestras maneras de ser para dejar de lado distracciones, ineficiencias y agitación. Este proceso gradual pondrá a prueba nuestra determinación y nuestra capacidad para seguir regresando a la presencia una y otra vez.

INTEGRACIÓN (*SAMADHI*)

El título del Capítulo Uno del Yoga Sutra es *samadhi*. *Samadhi* puede traducirse como meditación perfecta, permanecer en la quietud y silencio interiores o armonía integrada. *Samadhi* puede interpretarse como el estado de ser y es el tema de este capítulo. Este primer capítulo consta de seis temas interconectados:

- ¿Qué es el yoga? [1.1-1.4]
- Maneras de ser [1.5-1.11]
- Un método para la autorregulación [1.12-1.22]
- Un enfoque alternativo, humildad [1.23-1.29]
- Distracciones, sus síntomas y eliminación [1.30-1.39]
- La progresión del entendimiento hacia a liberación [1.40 - 1.51]

Recuerda que la aplicación es el camino de la experiencia directa para incorporar la sabiduría del yoga en tu vida. A medida que explores el Yoga Sutra por capítulo y aforismo, reflexiona sobre y considera las sugerencias para practicar cada aforismo.

¿Qué es el yoga?

1.1 Ahora, la práctica de yoga.

Al igual que con cualquier viaje, el viaje de explorar quién eres puede comenzar solo después de decidir qué estás listo y comprometido con este esfuerzo. En otras palabras, estableces tu intención de estar presente en tu propia vida. Es decir, te pones a disposición del flujo siempre cambiante de la vida mientras suprimes la tendencia a objetar o poner condiciones a este momento. Para hacer esto, puedes preguntarte, ¿me he preparado para este viaje? ¿Puedo hacer que el yoga (estar con lo que es) sea mi intención y propósito? ¿Puedo comprometerme a profundizar mi conexión conmigo misma? Estas preguntas pueden convertirse en suaves recordatorios para regresar a tu intención cada vez que una distracción te aleja de la presencia.

El viaje de autodescubrimiento a lo largo de tu vida es influenciado profundamente por tu actitud y estado de ánimo. De hecho, tu actitud puede contribuir a alejar tu atención de participar plenamente en el momento en que te encuentras. A menudo un compromiso fuerte puede ser motivado por la ambición. Sin embargo, la ambición puede descarrilar tus intenciones al hacerte rígida o llevarte más allá de los límites de tus capacidades. Además, la ambición tiende a generar expectativas que te impiden ver el rango completo de opciones a tu disposición. Cuando realmente quieres entender algo, tener una curiosidad amable y divertida te ayuda a explorar con consciencia. Esta actitud te invita a tener tu mente abierta para considerar todo sin ideas preconcebidas. ¿Cómo puedes cultivar tu curiosidad?

Adicionalmente, es bastante común descubrir que somos unos críticos particularmente duros de nosotros mismos, quizás incluso con un tono muy riguroso que usamos solo con nosotros mismos, probablemente porque nadie más estaría dispuesto a acompañarnos si nos comportáramos de la misma manera con los demás. La gratitud puede ser una puerta para cambiar de perspectiva y abrir tu corazón. ¿Puedes estar agradecido por la oportunidad de embarcarte en este viaje? Además, la compasión y tu capacidad para perdonar pueden ser útiles para suavizar tu actitud, especialmente cuando reconoces que estás tratando sinceramente de dar lo mejor de ti. ¿Puedes plantar las semillas

Integración (Samadhi)

para crezca el amor incondicional practicando la gratitud, el perdón y la compasión?

La práctica en yoga es practicar la presencia. Recuerda que tienes una variedad de opciones para seguir regresando a la presencia. Por ejemplo, siempre puedes usar *ATHA* como un mantra para hacer que vuelvas a estar presente. Si lo deseas, recuerda que *ATHA* se puede traducir como "Y ahora". "Y ahora" actúa como un recordatorio para dejar de lado cualquier expectativa sobre no distraerte. Usas "Y ahora" para reconocer que las distracciones sucederán y que la respuesta inteligente a las distracciones es soltarlas y seguir regresando a este momento con paciencia y persistencia, sin forzar, sin forcejear, sin auto juzgarte y con una sonrisa amable. Unas preguntas que pueden serte útiles en alinearte con la presencia: *¿Estoy enfocado en hacer lo que estoy haciendo? y ¿Cómo estoy haciendo lo que estoy haciendo?*

1.2 Yoga: regular las maneras de ser.

Esta definición del yoga nos pregunta: *¿Te es posible regular tu propio clima interno, eligiendo cómo respondes a lo que está sucediendo afuera?* Para responder, comenzamos tomando consciencia de nuestras maneras de ser. Luego, dejamos de lado lo que está más allá de nuestro control. El siguiente paso es notar lo que está bajo nuestro control. Con curiosidad lúdica aprendemos a modular nuestra actitud, cuerpo, respiración, sentidos y mente. Cuanto más sintonizados estemos con nuestro clima interior, más fácil será determinar cómo nuestras actitudes, posturas, movimientos, respiración, emociones y pensamientos son influenciados por lo que sucede afuera. Al mismo tiempo, aumentamos las probabilidades de que podamos aprender cómo todos estos aspectos nuestros influyen en nuestras intenciones, decisiones y acciones.

Yoga es estar con lo que es: en lugar de luchar contra este momento, eliges aceptar este momento tal como es y a ti misma tal como eres. A medida que intentas estar en este momento, notas si tus maneras de ser, que se manifiestan en tu postura, movimientos, pensamientos, emociones y actitudes, contribuyen a tu participación sincera e incondicional en el momento en el que te encuentras. Si es así, simplemente continúas fluyendo armoniosamente con la vida y sus circunstancias siempre cambiantes. De lo contrario, si tus maneras de ser son obstáculos para la presencia, estás a cargo de regular tus maneras de ser para poder estar completamente presente. El yoga es auto regulación.

En el viaje del yoga hay dos opciones. La primera es estar en el estado de yoga, y la segunda es avanzar hacia ese estado. Puedes hacer la segunda preguntándote: "¿Estoy completamente presente?" y "¿Cómo contribuye esta postura/movimiento/pensamiento/emoción/actitud a mi participación en este momento?" Es esencial estar consciente de tus maneras de ser para poder regularlas. Por lo tanto, el yoga requiere que te des cuenta de tus tendencias al notar tus inclinaciones y predisposiciones y luego preguntarte: "¿Es útil esta tendencia en este momento?" Y "¿Me está ayudando esta tendencia a avanzar hacia la presencia?"

1.3 Como resultado, presencia personificada.

A menudo interpretado como "En consecuencia, el testigo reside en su propia naturaleza", este sutra nos dice qué sucede cuando podemos regular eficazmente nuestras maneras de ser o actividades internas.

Integración (Samadhi)

A menudo se traduce como: Como resultado, el que ve permanece en su propia naturaleza. Mientras el sutra anterior definió el aspecto activo del yoga, este sutra lo complementa al proporcionar una definición de yoga como un estado, sintetizado como **ser**. En otras palabras, el sutra 1.2 presenta el lado del "hacer" del yoga y el 1.3 muestra el lado del "ser". Podemos entender el yoga como un proceso dinámico que equilibra nuestro *hacer* con nuestro *ser*.

En el estado de yoga, cuando el cuerpo, la mente y las emociones están integrados y enfocados, sientes directamente tu verdadera naturaleza, el aspecto de ti que no ha cambiado en absoluto a lo largo de toda tu vida.

La presencia es una conexión profunda con este aspecto fundamental de tu ser. Al final de cada día, regresas al núcleo de tu ser cuando te relajas profundamente y te quedas dormido. En tus sueños todavía estás procesando algunas de tus experiencias diarias. En el sueño profundo sin soñar liberas todas las ideas que tienes sobre quién eres (o deberías ser) y la idea de estar separado de todo lo exterior se vuelve borrosa. El yoga, al regular tus maneras de ser, las hace más evidentes y te ayuda a conectarte con la presencia que subyace a todas tus acciones, pensamientos, movimientos y emociones. El yoga fortalece tu capacidad para acceder *conscientemente* a tu consciencia profunda. Y quizás esto te incite a reconocer que no estás, y nunca has estado, sola en un mundo aparentemente hostil. En cambio, estás profundamente interconectado con todo lo que es. Puedes contemplar con profunda curiosidad y persistencia paciente: "¿Quién soy yo?" "¿Cuál es mi verdadera naturaleza?" "¿Soy los fenómenos cambiantes que percibo?" y "¿Hay algo en mí que no cambia?" Recuerda que reflexionar sobre estas preguntas es más productivo que apresurarte a llegar a conclusiones, opiniones, creencias e historias para entretenerte.

Desenreda el hilo

Permanecer en tu propia naturaleza verdadera parece una idea muy simple. Las cosas simples tienden a ser formas poderosas de examinarnos a nosotros mismos, porque su simplicidad evita que nos enredemos en el proceso en sí. El siguiente ejercicio puede ser una investigación efectiva de tu verdadera naturaleza:

Encuentra una posición que sea cómoda para que puedas estar muy relajada y atenta. (Recostarte puede ser tan relajante que podrías quedarte dormido, lo que estaría bien, pero no te ayudaría a explorar cuál es tu verdadera naturaleza.) Cierra tus ojos suavemente. Nota los sonidos y ruidos y otras sensaciones como la temperatura, el nivel de humedad y los olores a tu alrededor. Para las siguientes preguntas, intenta responder basándote en tu experiencia directa, en lo que está sucediendo *aquí y ahora*. Tu mente tratará de ofrecer respuestas basadas en lo que sabes o crees que sabes. Invita a tu mente a que te ayude a enfocarte en sentir las preguntas y sus posibles respuestas. Deja abierta la posibilidad de que no haya respuestas claras a estas preguntas. Quédate tan inmóvil como sea posible.

Primera pregunta:

¿Puedes sentir tu estatura? Saborea la pregunta y trata de sentir tu estatura. Nota qué tan alto te sientes sin referirte a un número que crees saber. Solo trata de sentir tu estatura.

Siguiente pregunta:

¿Cuál es el color de tus ojos? ¿Puedes sentir el color de tus ojos? ¿Hay alguna forma de sentir el color de tus ojos sin referirte a otra cosa que no sea la experiencia que está teniendo ahora?

Integración (Samadhi)

Y ahora, ¿puedes sentir tu edad?

Utiliza solamente tu experiencia sensorial actual. Sin entrar en historias o ideas, ¿puedes sentir tu edad? ¿Cómo se siente tu edad?

Probablemente sabes tu nombre mejor que nadie, pero ¿puedes sentir tu nombre? Observa cualquier tendencia a querer tener una respuesta en palabras o historias, y elige quedarte con las sensaciones de tu nombre.

Aunque la estatura, el color de los ojos, la edad y el nombre sirven como etiquetas para asociarnos con quienes pensamos que somos ¿Qué sucede cuando eliges quedarte con estas sensaciones sin palabras y la combinación de todo lo que estás sintiendo sin tener que agregar una opinión o una historia? ¿Cómo te sientes?

¿Puede este ejercicio ser un portal para morar en tu verdadera naturaleza? Ninguna palabra puede describir completamente tu verdadera naturaleza. Pero puedes sentir tu verdadera naturaleza directamente. ¿Es posible que tu verdadera naturaleza se sienta amplia, sin forma, sin edad y sin nombre? ¿Podría ser que tu verdadera naturaleza se sienta intemporal, sin principio ni fin? ¿Es posible que este sutra te aliente a conocer tu verdadera naturaleza a través de tu experiencia directa?

Otra avenida de exploración:

A primera hora de la mañana, en cuanto descubres que estás despierta, pero antes de levantarte, observa los primeros pensamientos y emociones que surgen. ¿Es posible retrasar el inicio de las actividades internas y externas, durante unos minutos para que puedas sentir deliberadamente el estado de transición entre el sueño y estar despierto? ¿Puedes permanecer en la profunda paz a la que te retiras mientras duermes? ¿Qué descubres como resultado? ¿Puedes sentir esa profunda paz acompañándote durante tu día? ¿Puede este ejercicio influir en tu estado de ánimo y establecer el tono para tu día y tus interacciones?

1.4 En lugar de identificarse con maneras de ser.

Este sutra sugiere que hay una diferencia fundamental entre quién eres y quién crees que eres. Tu verdadera naturaleza es la presencia, pero cuando el cuerpo, la mente y las emociones no están integradas, la tendencia es distraerte con tus maneras de ser. Las maneras de ser incluyen los hábitos que has desarrollado en tus actitudes, posturas y movimientos, patrones de respiración y en tu percepción sensorial. También es posible que hayas desarrollado hábitos en tus formas de interactuar con los demás. Estas maneras de ser se manifiestan a menudo como la constante charla interna en tus opiniones, emociones y recuerdos, así como en la forma en que esas opiniones influyen en tus percepciones y en tus acciones. Este sutra indica que puedes terminar creyendo que eres tus actividades externas e internas. Por ejemplo, al escucharte hablar y pensar, puedes prestar atención a tus afirmaciones "Yo soy ...", tales como "Soy arquitecta", "Soy un estudiante", "Soy un empleado de ...". Cuando examinas estas etiquetas, ¿puedes descubrir hasta qué punto crean un sentido de identidad, un sentido de quién eres? Además, ¿sabes cuánta energía, tiempo y esfuerzo has invertido para que esas etiquetas formen parte de quién eres? ¿Cuánto trabajo requiere mantener esa parte de tu identidad? Has adquirido la mayoría, si no todas, estas etiquetas en algún momento de tu vida. Si la etiqueta no ha sido parte de ti todo el tiempo, ¿qué eras antes de tener esa etiqueta? En otras palabras, esas etiquetas son temporales porque en algún momento de tu

Integración (Samadhi)

vida (en el pasado o en el futuro) cada una de esas etiquetas no te describirá con precisión. De hecho, cada noche, para dormirte, dejas ir todas las etiquetas y maneras de ser. No poder soltar alguna etiqueta o actividad interna probablemente evitará que te duermas.

Este par de aforismos, 1.3 y 1.4, ofrecen dos opciones, el 1.3 dice que tu verdadera naturaleza es la presencia personificada. Cuando tienes que actuar en el mundo, participas en cada momento con mente y corazón abiertos. El Sutra 1.4 dice que la alternativa es identificarte erróneamente con los hábitos y tendencias que has desarrollado. Considera cómo tu diálogo interno y tus interacciones contribuyen a congestionar tu mundo interior con más etiquetas. Cada etiqueta exige parte de tu tiempo y energía. Además, las etiquetas que tú y los demás han elegido para describirte, sirven como filtros que influyen profundamente en cómo te percibes a ti mismo y a tu entorno. Por ejemplo, si a menudo escuchaste a alguien decir que tú no eres creativa o inteligente, estas ideas afectarán lo que piensas que puedes hacer así como también lo que está fuera de tu alcance. Algunos de los conceptos erróneos más imprecisos y tóxicos incluyen: *No soy suficiente*; *hay algo fundamentalmente erróneo en mí*: *estoy incompleto*: *no soy lo suficientemente competente*.

Tomar consciencia de estas afirmaciones te invita a contemplar cómo tus propias maneras de ser contribuyen a la calidad de tu participación en cada momento. ¿Hay algunas formas de ser que no son esenciales para tu vida? Puedes responder esta pregunta a través de algunos de los ejercicios anteriores, como ¿Quién te crees que eres? (página 79), ¿Cuál es mi verdadera naturaleza? (página 84) y ¿Qué es importante para mí? (página 112)

Al considerar tus maneras de ser y etiquetas, recuerda que una etiqueta que es útil en una situación puede ser inútil o irrelevante en un contexto diferente. Además, es muy probable que la etiqueta no sea *esencial* para tu ser.

Comprender esto te permite usar estas etiquetas sin creer que te hacen quién eres. Todos los días puedes explorar este aforismo prestando atención al final de cada día al proceso de soltar consciente y deliberadamente todas tus etiquetas y maneras de ser. Observa cómo te sientes cuando dejas todas estas etiquetas de lado. Pon atención a los apegos emocionales a algunas de esas ideas. Practicar esto regularmente puede ofrecerte información sobre tus maneras de ser, sobre cómo te sientes cuando las sueltas, así como también sobre cómo influyen en la calidad de tu sueño. Puedes tomar nota de las etiquetas a las que te sientes apegado y te resulta difícil dejar, ya que pueden sugerir caminos fructíferos de investigación. Puedes combinar esta práctica con la práctica sugerida para el sutra anterior.

Recuerda que, además de las maneras de ser en actitud, emociones y pensamientos, nuestros cuerpos son moldeados por nuestros hábitos posturales y nuestros hábitos de movimiento. Si usaras el mismo par de pantalones durante una semana completa, cuando te los quitaras podrías ver fácilmente la postura en la que tu cuerpo está más frecuentemente. *De hecho, estás moldeando tu cuerpo con tus movimientos habituales.* Entonces, si estás sentada durante muchas horas al día frente a una computadora, tu cuerpo se acostumbrará a esa posición. Es probable que esa postura condicione cómo te mueves y dónde se acumula tu tensión. También influirá en los movimientos que puedes y no puedes hacer. Si te identificas con tu cuerpo, ¿te estás identificando con la forma consciente o inconsciente que tiene en este momento? También ten en cuenta que la definición de maneras de ser sugiere que tus patrones emocionales, como sentirte incompetente o presumido, influirán en tus pensamientos, estado de ánimo, respiración, decisiones y acciones. Del mismo modo, tu percepción del mundo como un lugar de hostilidad o de cooperación, influirá en cómo interactúas con otras personas.

Integración (Samadhi)

Como se mencionó en el sutra anterior, los sutras 1.3 y 1.4 sugieren dos modos básicos de operación, ser y hacer. Ser es una orientación interna mientras que hacer es una orientación externa. El yoga regula tus maneras de ser en todos los niveles para lograr un equilibrio dinámico entre ser y hacer que sea propicio para vivir en armonía integrada, dentro y fuera de ti.

MANERAS DE SER

1.5 Las maneras de ser se manifiestan en cinco modos diferentes, algunas veces útiles, otras inútiles.

Antes del sutra 1.5, se nos llama a prestar atención (1.1), se define el yoga (1.2), aprendemos que sucede cuando estamos en el estado de yoga (1.3) y que si no estamos presentes nos confundimos con nuestras maneras de ser (1.4). El sutra 1.5 enumera las maneras de ser e indica sus efectos.

La definición de yoga de Patañjali se traduce comúnmente como el control o la supresión de las fluctuaciones o actividades de la mente. Pensar que las maneras de ser se relacionan únicamente con la mente o pensamiento puede llevarnos a asumir una separación entre cuerpo y mente. Considera, en cambio, que las palabras sánscritas originales, *citta vrtti*, pueden traducirse como una combinación de los significados de *cita* (intenciones, pensamientos, deseos, inteligencia, razón y memoria) con las definiciones de *vrtti* (formas de comportamiento, curso de acción, tendencias, naturaleza, actividad, carácter y disposición), una integración de mente y cuerpo. ¿Es posible que tus propias células, tejidos, órganos y sistemas tengan su propia inteligencia, disposiciones y tendencias?

Sutra 1.5 sugiere que tus maneras de ser pueden ser dolorosas o no. Primero, en lugar de pensar en tus maneras de ser como tendencias estáticas que están activas todo el tiempo, es más preciso comprender que las maneras de ser son dinámicas. Por ejemplo, algunas de tus tendencias pueden ser influidas por tu contexto y circunstancias. Cuando estás socializando con un grupo de amigos que toman riesgos, puedes estar más dispuesto a correr algunos riesgos. O, por el contrario, puedes responder reforzando tus inclinaciones a prevenir riesgos. Además, puede pasar que te sientes cómoda tomando riesgos en tu vida profesional, al mismo tiempo que eres conservadora en la forma en que administras tus finanzas. Esta variabilidad de tus maneras de ser puede ser una razón para enfocarte en los efectos de tus maneras de ser y así evaluar más efectivamente su utilidad. Por ejemplo, en algunas ocasiones es aconsejable permanecer en silencio, para no crear confusión y no ofrecer opiniones no solicitadas que puedan provocar hostilidad o dolor. Otras veces, es importante y necesario expresar tu perspectiva para actuar de acuerdo con tu consciencia.

Este sutra es una invitación a conocer tus propias tendencias. Cuanto más enredado estés en tus preferencias y hábitos, más difícil será tener una distancia crítica para elegir conscientemente la acción más apropiada que afirme la vida en cada situación. Prestar atención a tu estado interno y notar tus respuestas y reacciones a eventos externos, puede revelarte si algunas de tus tendencias aumentan tus niveles de desarmonía interna como dolor, letargo o agitación. Por el contrario, es posible que algunas de tus tendencias mejoren tu nivel de armonía, claridad y eficacia. A medida que exploras tus propias tendencias y sus efectos, presta atención a los niveles de dolor. Ten en cuenta que, como fue mencionado anteriormente, existe una clara diferencia entre el dolor y la incomodidad tolerable. El dolor sirve como una señal de advertencia que te alerta para evitar el riesgo de lesiones. La incomodidad tolerable a menudo indica que estás llegando a los límites de lo que te es familiar.

Integración (Samadhi)

Estas preguntas guían tu indagación sobre el significado y la relevancia de este sutra para tu vida: ¿Soy consciente de mis tendencias?
¿Cómo se manifiestan estas tendencias física, mental y emocionalmente?
¿Influyen mis inclinaciones en mis interacciones?
¿Influyen mis tendencias en otras tendencias?
En este momento, ¿es esta tendencia mi mejor amigo o mi peor enemigo?
¿Cuáles son los efectos de mis preferencias sobre mi calidad de vida?
¿Cómo influyen mis hábitos en mi participación en mi vida?
¿Hay algunas tendencias que a veces son útiles y otras veces dolorosas?
¿Puedo regular mis propias inclinaciones?

1.6 Son el conocimiento, el error, la imaginación, el sueño profundo y la memoria.

Este aforismo enumera los tipos de maneras de ser y los sutras que siguen definen cada una de ellas. Las maneras de ser son los hábitos que se adquieren consciente e inconscientemente en la postura, el movimiento, la respiración, el pensamiento y las emociones. Observar estos hábitos sistemáticamente puede ayudarnos a descubrir cuándo algunos de ellos son útiles y cuando no son útiles. Por ejemplo, hay momentos en que es muy útil poner atención a los detalles, como cuando estás siguiendo las instrucciones para ensamblar un mueble o cuando estás revisando un mensaje importante. En otras ocasiones, como cuando piensas con creatividad o cuando intentas enfocarte en el objetivo de un proyecto, perderte en los detalles puede crear confusión haciendo que pierdas tu perspectiva y tu dirección.

Estas cinco categorías – conocimiento, percepción incorrecta, imaginación, sueño y memoria – son formas de clasificar nuestras actividades internas. El enfoque más simple de este sutra es reflexionar sobre cada una de estas palabras, su significado y su influencia en tus pensamientos, emociones, intenciones y acciones.

Conocimiento.
Al vivir en una época con acceso a cantidades abrumadoras de información sobre todo tipo de temas, es útil contemplar la diferencia entre conocimiento e información. ¿Cómo sabes cuál es cuál? ¿Cómo sabes lo que sabes?

Percepción incorrecta.
La percepción incorrecta es lo opuesto al conocimiento. ¿Qué pasa cuando no entiendes algo correctamente? Para explorar esta noción podemos preguntarnos: ¿Cómo puedo saber si lo que creo que sé es verdad?

Imaginación.
La tercera manera de ser es la imaginación, incluyendo cualquier cosa que piensas sin que exista en realidad. Comienza con la sencilla pregunta: ¿Qué pienso? ¿Son mis ideas e imaginación propicias para estar presente en mi vida?

Sueños.
¿Que hay en tus sueños? ¿Tus sueños te ofrecen ideas y orientación o son crípticos y confusos? ¿Tus sueños generan calma o agitación?

Memoria.
La última categoría es la memoria. ¿Qué guardo en mi memoria? ¿Es mi memoria fidedigna? ¿Cuáles son los efectos de mis recuerdos en mis pensamientos, emociones, deseos y decisiones?

Integración (Samadhi)

Ten en cuenta que estas cinco categorías se han enumerado en el contexto de la presencia. Específicamente, cada una de estas maneras de ser influye en tu capacidad de estar presente, así como en la calidad de tu presencia. La idea básica es prestar atención a tus maneras de ser. Entonces, es más fácil notar las relaciones entre tu postura, movimientos, respiración, pensamientos y emociones, como cuando tu postura influye en tus emociones, cuando tus pensamientos afectan tu respiración o tus emociones influyen en tu postura. Puedes poner esta idea en práctica preguntándote: ¿Es útil esta postura? ¿Es esta forma de moverme provechosa? ¿Contribuye esta forma de respirar a la calidad de mi participación en este momento? ¿Me ayudan estos pensamientos a estar presente? ¿Es esta actitud emocional apropiada para esta actividad o para esta interacción?

Estas preguntas intentan crear un espacio en las actividades mentales, físicas, emocionales y respiratorias habituales para invitar a la presencia. El objetivo general es mejorar la calidad de tu experiencia. Para evaluar la calidad de tu experiencia, es útil aclarar tu intención preguntándote ¿por qué estoy haciendo esto? Y luego corroboras que lo que estás haciendo es lo que piensas que estás haciendo. Al iluminar lo que estás haciendo con la luz de la consciencia, puedes tomar decisiones conscientes. Además, estas preguntas fomentan el reconocimiento de que la información que percibes te proporciona retroalimentación útil para ayudarte a ajustar tu participación en lo que sea que estés haciendo. En los siguientes sutras Patañjali, proporciona definiciones de cada una de estas cinco maneras de ser.

1.7 El conocimiento (*pramana*) proviene de la experiencia directa (*pratyaksha*), la inferencia (*anumana*) y la sabiduría transmitida (*agama*).

A menudo se dice que las listas en el Yoga Sutra comienzan con el elemento más importante. La primera de las maneras de ser es el conocimiento. El conocimiento se deriva de la experiencia directa, la inferencia y la sabiduría proveniente de una fuente autorizada. Cuando haces algo conscientemente de manera regular, adquieres una comprensión que es diferente de lo que sabes porque leíste o escuchaste a alguien que ha hecho lo mismo. Por ejemplo, cuando estás aprendiendo a hornear pan en casa, puedes encontrar instrucciones que te indican amasar la masa hasta que tenga la consistencia adecuada. Aunque leer sobre el proceso o ver un video sobre el mismo puede brindarte información útil, si nunca has amasado masa para pan, esa instrucción puede parecer demasiado vaga. Escuchar los consejos de un panadero experto puede ofrecerte sugerencias útiles sobre cómo amasar. Sin embargo, toda esa información realmente se convertirá en conocimiento a medida que realmente intentes amasar tu masa. Cuando amasas conscientemente y con regularidad, notarás las diferentes cualidades de la masa y cómo esas cualidades se relacionan con el producto final. Luego, tu experiencia directa te ayudará a evaluar y corroborar la información que dedujiste o recibiste de otras fuentes. Con el tiempo, es posible que puedas distinguir la consistencia correcta de la masa a partir de varios factores, entre ellos, su apariencia, su temperatura, cómo se siente al tocarla, cómo responde cuando la presionas, etc. Incluso si lees una docena de libros sobre la consistencia correcta de la masa de pan, toda esa información no se compara con tu experiencia directa. Tu experiencia directa es conocimiento personificado. Al ser un evento que involucra todo tu ser, el conocimiento resultante de tu experiencia directa (*pratyaksha*) es casi imposible de describir con precisión en palabras.

Integración (Samadhi)

A continuación, la deducción lógica (*anumana*), es el segundo componente del conocimiento. Usas tus inferencias todos los días. Si miras por la ventana y ves unas nubes oscuras y densas, pensarás que muy posiblemente va a llover más tarde. Algunas veces tus inferencias son correctas y otras veces no lo son.

La tercera fuente de conocimiento, *agama*, es lo que sabes por la sabiduría transmitida por una fuente confiable. Es fundamental garantizar que se cumplan ambas condiciones, primero que es verdadera sabiduría y, segundo, que la fuente es confiable. Estas tres fuentes de conocimiento se triangulan para corroborar lo que sabes. Así, que tu experiencia directa concuerda con tus inferencias y con la información que has recibido de fuentes confiables. En general, el conocimiento correcto es confirmado por el sentido común. Sin embargo, puedes encontrar que el sentido común no es tan común como podría pensarse, y que algunos de nosotros nos sentimos más inclinados a confiar en nuestras creencias y que las preferimos en vez de intentar acumular información a través de nuestra experiencia directa. De hecho, la tendencia actual de buscar en Internet todo tipo de información no siempre incluye un análisis crítico de las respuestas rápidas que se encuentran en línea.

Para vivir este sutra, considera lo que tú sabes y cómo lo sabes preguntándote: ¿Cómo sé lo que creo que sé? ¿Mi conocimiento es correcto y exacto? ¿Son confiables las fuentes de mi conocimiento? ¿Cómo corroboro lo que me dicen? ¿Son mis creencias y opiniones conocimiento verdadero? También puedes investigar si tus creencias y opiniones son verdaderamente tuyas. Otra vía de exploración es asegurar que tu experiencia directa, tus inferencias y los testimonios confiables que consultas estén de acuerdo. Cuando prestas atención a tus palabras, acciones e interacciones, ¿puedes discernir el tipo de conocimiento en el que se basan? Otra avenida de exploración interesante es considerar: ¿Qué es el sentido común? Recuerda que estas preguntas, en lugar de indicarte que busques una respuesta específica, son una invitación a descubrir tus propias suposiciones, creencias y hábitos y como influencian tu capacidad de estar presente.

Curiosamente, uno de los significados de la palabra *pramana* en sánscrito es unidad. Contempla la posibilidad de que el conocimiento crea un sentimiento de unidad, armonía y plenitud.

1.8 Error (*viparyaya*) resulta de una percepción incorrecta.

La siguiente manera de ser es equivocarse o errar. Como se explica en el sutra 1.4, no saber tu verdadera naturaleza hace que te identifiques con las experiencias temporales que tienes. Como resultado, podrías enredarte en un ciclo sin fin, ya sea persiguiendo algunas experiencias que te gustan o rechazando aquellas que no te gustan. Otra manifestación típica de la percepción errada es no estar consciente de la brecha entre lo que estás haciendo y lo que crees que estás haciendo, como cuando piensas que estás haciendo algo por amor, pero lo haces por interés propio. O cuando crees que estás tratando de ayudar a alguien, pero tu ayuda no solicitada es una imposición a alguien más para que puedas sentirte mejor contigo mismo. El ejercicio ¿Qué es importante para mí? (página 112) te ofrece una forma de darte cuenta si estás actuando equivocadamente. También puedes intentar vivir las preguntas formuladas en el aforismo anterior (1.7). Además, puedes crear más consciencia de tus acciones preguntándote: "¿Estoy haciendo lo que creo que estoy haciendo?" Luego haces un seguimiento para tener certeza.

Además de descubrir nuestras percepciones y conceptos erróneos, quizás sea útil explorar también lo que no sabes. Lo que no sabes incluye tanto lo que

Integración (Samadhi)

sabes que no sabes, así como también lo que no sabes que no sabes. Parece un trabalenguas. Cuando visitas una nueva ciudad, es probable que no conozcas muchos de los lugares y formas de ir de un lugar a otro. Esto es parte de las incógnitas conocidas. Sabes que no sabes cómo transitar por la ciudad. Esta información requiere que busques un guía, un mapa o un libro que te guíe. También hay incógnitas desconocidas. Muchos de nosotros podemos saber que la fotosíntesis es un proceso que usan las plantas para sintetizar energía. Sin embargo, si tuviéramos que explicar el proceso en detalle, muchos de nosotros descubriríamos que no sabemos los detalles específicos relacionados con la interacción química entre los fotones del sol, el dióxido de carbono y el agua. ¿Hasta qué punto eres consciente de tus incógnitas conocidas y tus incógnitas desconocidas?

Además, la percepción errónea a menudo ocurre cuando tienes problemas sin resolver en tu corazón, como arrepentimientos y culpa, porque esas emociones tienden a sesgar tu percepción y nublan tu capacidad de estar presente. Encontrar formas de lograr una paz duradera contigo mismo y con tu pasado, como practicar el perdón y la compasión, puede ayudarte a avanzar y actuar desde un lugar de mayor claridad y madurez emocional. Reconocer que incluso tus errores han contribuido a formar tu vida actual, y aprender de tus acciones erróneas previas, te ofrece valiosa información para mejorar la calidad de tus acciones presentes. Además, para evitar malentendidos contigo mismo y con los demás, presta atención a tus pensamientos, palabras y acciones para determinar si lo que crees es correcto y verdadero. Al mismo tiempo, esto hace más probable que sepas por qué estás haciendo lo que estás haciendo y que puedas asegurarte de que lo que estás haciendo está alineado con tu intención.

1.9 La imaginación (*vikalpa*) es la actividad de la mente que no se basa en la experiencia directa.

Después de explicar el conocimiento y la percepción errónea en los dos sutras anteriores, este sutra continúa la investigación sistemática de las formas en que la consciencia humana funciona definiendo la imaginación (*vikalpa*). La imaginación es cualquier cosa que se crea en la mente que no basa en la experiencia directa. La imaginación pertenece al reino de las ideas. Tu imaginación juega un papel en crear las historias que te cuentas a ti mismo y a los demás. Las historias de otras personas, así como las historias que has escuchado muchas veces en tu formación, educación y entorno social, alimentan tu imaginación. A menudo sucede que escuchaste a tus padres contar una historia sobre ti cuando tenías dos o tres años, tal vez fue un viaje memorable o un evento divertido o un comentario que hiciste. Es posible que muchas personas no puedan recordar una historia tan remota, pero cuando la has escuchado tantas veces (y es posible que hayas visto imágenes del evento), puedes construir una imagen en tu mente y contarla como uno de tus recuerdos, cuando en realidad es una de las cosas que has imaginado. La imaginación es una de las formas en que cada persona organiza y edita constantemente la historia de su vida, lo que ha hecho, dónde ha estado, por qué y cómo. Este es un proceso continuo que brinda una sensación de coherencia, de que eres una persona lógica y sensata que toma decisiones basadas en información correcta y con buen razonamiento. Sin embargo, estar editando constantemente tu propia historia de vida puede hacer que termines creyendo tus propias historias, incluso las historias que no son el resultado de tus experiencias directas. También puede ser la fuente de malentendidos con otras personas cuando existe un conflicto entre la versión de cada evento que tiene cada persona.

Integración (Samadhi)

Observa cómo las cosas que imaginas existen solo en tu cabeza. Por lo tanto, a menudo estas historias pueden parecer "ideales". Cuando tratamos de hacer realidad estas ideas, es probable que encontremos fricciones entre el mundo de los pensamientos y la realidad que está sucediendo. Por lo general, es en esta brecha entre lo que pensamos y cómo suceden las cosas en realidad donde encontramos fuentes de agitación. Este es un ejemplo de lo que Patañjali estaba diciendo en el sutra 1.5, de que nuestras maneras de ser pueden ser útiles o no. Por ejemplo, empiezas a pensar en un lugar que te gustaría visitar. Incluso lees sobre el lugar, su historia y por qué es importante visitarlo. Cuando llegas al lugar, es posible que lo que encuentres no coincida exactamente con tus ideas al respecto. A veces, lo que encuentras es mucho más emocionante o hermoso de lo que habías imaginado. Otras veces, lo que encuentras no está a la altura de tus expectativas. Observa cómo cada opción probablemente desencadenará pensamientos, emociones y actitudes que podrían distraerte de estar completamente presente en el lugar donde te encuentras.

En el yoga, porque estamos interesados en estar con lo que es, y no con lo que podría haber sido o debería haber sido, es importante distinguir entre tu experiencia directa y la actividad mental que no se basa en tus propias experiencias, tu imaginación. Puedes tratar de observar de cerca el contenido de tu mente para diferenciar lo que sabes de lo que imaginas. También puedes escuchar atentamente las historias que te cuentas para examinarlas en busca de precisión y relevancia. Algunas de las preguntas que pueden guiarte en este proceso incluyen:

¿Qué historias me cuento?
¿Cuáles son las historias que quiero escuchar?
¿Me creo las historias que me cuento?
¿Están mis creencias basadas en mi experiencia directa o en mi imaginación?

También puedes explorar el contenido de tu imaginación para descubrir si lo que imaginas es propicio para una mayor integración o fragmentación. ¿Estás utilizando tu imaginación para visualizar un objetivo significativo para tu vida? O, por el contrario, ¿estás utilizando tu imaginación para dejar de atender conscientemente a tu vida? ¿Tu imaginación te distrae al agregar cosas innecesarias de las que "tienes que preocuparte" o al imaginar lo que otras personas podrían estar pensando? **¿Contribuye tu imaginación a la calidad de tu participación en tu vida?**

1.10 Sueño profundo (*nidra*) es cuando la mente está vacía de contenido.

La palabra sánscrita *nidra* se traduce como sueño y como la parte de dormir profundamente en la que no se sueña. Dormir es cuando le das a todos tus sistemas la oportunidad de relajarse, restaurarse y rejuvenecer. Mucho de lo que sucede durante el sueño todavía es un misterio y, por lo tanto, un terreno fértil para la contemplación sistemática. Desde la perspectiva yóguica, el proceso del sueño consiste en procesar, digerir y liberar pensamientos, ideas, planes y creencias. De hecho, si no puedes dejar de lado alguna idea o preocupación, probablemente te resulte difícil conciliar el sueño. A medida que te vas quedando dormida, tu consciencia se orienta hacia adentro y la recepción de estímulos sensoriales externos se desactiva. Durante el sueño, eres testigo de lo que te ha dejado una impresión durante tus actividades e interacciones diarias. En este espacio atemporal, las impresiones recogidas en diferentes momentos se combinan de varias maneras. Esta combinación de recuerdos dispares es un intento de digerir, consolidar y quizás resolver algunos de los desafíos que has enfrentado y que no están resueltos. Claramente, el soñar es una forma de actividad interna (*vrtti*).

Integración (Samadhi)

Sin embargo, en el sueño profundo en el que no se sueña, incluso las actividades subconscientes parecen estar apagadas. Además, durante el sueño profundo sin sueños, la identificación con los fenómenos temporales se disuelve y la percepción sensorial se desactiva. Adicionalmente, la actividad cerebral disminuye al mínimo y hasta las asociaciones con tu nombre, tu edad y otras etiquetas personales se desvanecen. La idea de estar separados también se disuelve. En el sueño profundo sin sueños, los límites impuestos por el cuerpo, los pensamientos y las emociones desaparecen y te disuelves en una calmada y penetrante espaciosidad y unidad[i]. Esto es muy similar a algunas fases de la meditación, con la gran diferencia que durante esta clase de sueño profundo no estamos conscientes.

Dormir es generalmente un momento de recuperación, reparación y renovación a nivel físico, mental y emocional. ¿Es el silencio y la quietud del sueño profundo una forma de conectarte con la consciencia pura que subyace todo lo que existe? ¿Es así como florecen la revelación y la inspiración, que ofrecen soluciones simples y elegantes para los problemas o desafíos que enfrentas? Si es así, puedes reflexionar sobre cómo tus maneras de ser facilitan el sueño profundo al observar las actividades internas y externas que fomentan u obstaculizan tu capacidad de descansar y relajarte profundamente.

¿Sabes cuánto sueño realmente necesitas? ¿Hasta qué punto son tus actividades diarias conducentes al sueño profundo? ¿Son tus patrones de sueño conducentes a regular tu reloj interno? Un simple experimento es hacer las paces con tu día. Al final del día, cuando ya estés en la cama y listo para ir a dormir, relájate por completo y tómate tu tiempo para reexaminar tu día con la perspectiva de este momento. Elige hacer las paces con tu día, incluyendo lo que salió bien, lo que no salió tan bien, lo que resultó mal y todo lo demás. Luego, en lugar de comenzar a planificar el día siguiente, relájate sabiendo que hiciste lo mejor posible, para poder hacer las paces contigo mismo. Esta práctica puede combinarse bien con las prácticas sugeridas para los sutras 1.3, permaneciendo con la calma del sueño cuando te despiertas, y 1.4, tomando consciencia de los primeros pensamientos que surgen en la mañana, para crear un ritual que pueda ayudarte a dormir y a despertar descansada y en calma.

1.11 La memoria (*smriti*) es retener experiencias.

La última de las cinco maneras de ser es recordar. De las muchas impresiones que percibes en un solo día, las impresiones que tienen una fuerte emoción unida a ellas son las que se almacenarán. Es posible que conozcas a alguien que parece estar viviendo en el pasado, anhelando el ayer y cómo solía ser la vida. Ser una persona "vieja" puede definirse como estar apegado al pasado. No es una cuestión de edad cronológica sino de actitud. Este apego puede resultar de querer retener lo que ya no está aquí, o de tratar de alejar la memoria de algo que sucedió en el pasado. En cualquier caso, cuando el apego al pasado es muy fuerte, deja muy poca energía disponible para invertir en este momento. Considera también que aferrarte a tus ideas sobre el futuro es una forma de apegarte o reaccionar al pasado, porque tus predicciones probablemente se basen en algo que sucedió anteriormente.

En contraste, la actitud de una persona "joven" podría definirse como alguien que reconoce la novedad de este momento y responde de manera inteligente y con gracia a lo que está sucediendo. Por supuesto, no es necesario pensar que los recuerdos son malos y que debes eliminarlos. Los recuerdos son parte de tu historia personal. Aportan perspectiva. En lugar de pensar que debes eliminar todos tus recuerdos, considera tus relaciones con tus recuerdos. ¿Te aferras a tus recuerdos o te dominan? ¿Es posible tener una relación sana con tus recuerdos? ¿Qué significaría eso para ti?

Integración (Samadhi)

Una forma de explorar esta idea es descubrir la carga emocional de un recuerdo. Dado que la emoción es el elemento activo que crea una impresión en tu memoria, puedes obtener información al aclarar la huella emocional dejada por un evento. Por ejemplo, encuentra una memoria que te defina. Luego, concéntrate en los detalles de la memoria, como la situación y los participantes en el evento original. A continuación, cambia tu atención de los aspectos superficiales de la memoria a sus características emocionales. ¿Cuáles son las emociones que esta memoria desencadena en ti? ¿Las emociones provocadas por la memoria te iluminan internamente, o disminuyen tu energía física, mental y emocional? Cuando sientes estas emociones, ¿reaccionas rechazando el recuerdo o aferrándote a él? ¿Puedes elegir simplemente sentir las sensaciones y emociones que fluyen a través de tu ser hasta que se disipan en lugar de atrapar y forcejear con las emociones dentro de ti? Cuando practicas esta técnica, ¿puedes notar si hay similitudes en la impresión emocional de tus recuerdos profundos. ¿Son esas similitudes indicativas de memorias con una carga emocional no resuelta? Al evaluar la carga emocional de tus memorias, ¿puedes darte cuenta de sus efectos en tus actitudes, tendencias y decisiones actuales? ¿Puedes hacer las paces con tus recuerdos y tu pasado liberando la carga emocional de cada recuerdo (independientemente de que sea positivo o negativo)? ¿Puede ayudar el reconocer que los eventos pasados han contribuido a moldear tus perspectivas y circunstancias actuales? ¿Puedes reconocer que en cada punto de tu pasado probablemente hiciste lo que pensaste que era la mejor opción, aunque hoy probablemente no tomarías la misma decisión?

Método de Autorregulación

1.12 La integración (*samadhi*) resulta de la práctica (*abhyasa*) Y el desapego (*vairagya*).

Este sutra ofrece una estrategia doble para regular tus maneras de ser. Sirve como un recordatorio de que el yoga es un baile dinámico que articula principios opuestos creando un buen equilibrio entre *ser* y *hacer*. Este es un tema generalizado en el Yoga Sutra, que aparece nuevamente en las sugerencias para superar los obstáculos más adelante en este capítulo, en la definición de postura en el Capítulo Dos, así como en la definición de concentración (*dharana*) y meditación (*dhyana*) en el Capítulo Tres. El aforismo 1.3 indica que aquietar tus maneras de ser te permite habitar tu verdadera naturaleza. Esa verdadera naturaleza se caracteriza por un equilibrio dinámico entre tus diferentes aspectos. Esto está presente en toda la naturaleza. Por ejemplo, un árbol no puede sobrevivir si no hay equilibrio entre sus ramas estirándose hacia el cielo y sus raíces adentrándose en la tierra. Existe una armonía similar entre los aspectos complementarios de la respiración, donde la inhalación sería incompleta e ineficaz sin su correspondiente exhalación. En el proceso respiratorio, cada inspiración es un hacer que trae aire, mientras que cada espiración es un soltar que libera lo que el cuerpo ya no necesita. Nuestro organismo opera a través de muchos procesos complementarios como estos: por ejemplo, cuando algunos músculos se acortan, otros músculos cercanos responden alargándose. Nuestro sistema nervioso balancea constantemente la orientación exterior del sistema nervioso simpático con la orientación interna del sistema nervioso parasimpático. En este sutra, Patañjali recomienda la estrategia de articular los procesos complementarios de la práctica (*abhyasa*) y el desapego (*vairagya*) para avanzar hacia una integración profunda de todos los sistemas internos que lleva a vivir en armonía con todo lo que es. Esta estrategia combina hacer, practicar (*abhyasa*), con ser, soltar los apegos (*vairagya*).

En la definición de yoga en el sutra 1.2, se introdujo la idea de autorregulación, la estrategia combinada sugerida en este aforismo ofrece un camino para la autorregulación. El primer paso es notar tus tendencias, las maneras de ser (*vrttis*) mencionadas en 1.2 y explicadas en los sutras 1.5 a 1.11. Ten en cuenta que **cualquier cosa que practicas, incluso lo que practicas de manera inconsciente, se fortalecerá.** La práctica (*abhyasa*) es regresar continuamente a la presencia prestando atención conscientemente al momento en que te encuentras. Las maneras de ser a menudo generarán distracciones, alejándote de la presencia. Cuando eso sucede, dejas de lado los apegos a las maneras de ser que te distraen. También abandonas los apegos a tus predicciones sobre los resultados de tus acciones y, por supuesto, dejas de juzgarte. Esto es *vairagya*. Esta estrategia está encapsulada en una idea mencionada anteriormente, la práctica es regresar continuamente a la presencia sin forzar, sin forcejear, sin auto juzgamiento, y con una actitud amistosa que traiga una sonrisa amable a tu rostro. La combinación de práctica y desapego se puede resumir como persistir suavemente.

Esta estrategia es un enfoque práctico y efectivo para la autorregulación. Es una forma de elegir un equilibrio entre hacer y ser. La consciencia de tus propias tendencias (maneras de ser, o *vrttis*) hace que el proceso sea más fácil y efectivo. De hecho, este es un proceso gradual de cultivar la sensibilidad a la retroalimentación interna y externa para determinar cuánto hacer y cuánto dejar de lado. La retroalimentación también indica si lo que estás haciendo está funcionando o no. *Ten cuidado con la expectativa de que lo que funcionó antes debería volver a funcionar exactamente de la misma manera.* Esto rara vez sucede. Quizás la única fórmula que funcione siempre sea "Estar presente". En términos prácticos, practicar (*abhyasa*) es alinearte con tu capacidad de estar consciente, responder a la situación específica en la que te encuentras, de la mejor manera que puedas y luego, contentarte con los resultados (*vairagya*), incluso cuando son diferentes de lo que planeaste o esperabas.

Algunas preguntas para la contemplación y para aplicar estas ideas:
¿Qué estás practicando actualmente?
De lo que estás practicando, ¿cuánto es consciente y cuánto inconsciente?
¿Cuáles son tus tendencias en lo que practicas: demasiado, muy poco, o suficiente?
¿A qué tienes apego?
¿Te tomas a ti mismo con demasiada seriedad?
¿Cómo equilibras lo que haces con solo ser?
¿Hasta qué punto intentas manipular el mundo exterior para que coincida con tus planes?
¿Cómo sabes que has encontrado un punto de equilibrio entre ser y hacer?

1.13 La práctica (abhyasa) se establece a través de la intención deliberada.

Para comenzar cualquier proyecto, es esencial tener claridad sobre el objetivo del proyecto. Encontrar un objetivo que sea significativo y beneficioso te motiva a comenzar. También te recuerda que debes dejar de lado las distracciones y mantenerte en el camino correcto. Para algunas personas, el objetivo del yoga es lograr un buen estado físico, mejorar la flexibilidad o facilitar la relajación. Otros ven el yoga como una forma de crear armonía interna, o como una forma de vivir auténticamente. Otra opción es ver el yoga como una manera de crear equilibrio en tu vida para poder participar en tu vida con entusiasmo, amabilidad y compasión. *¿Cuál es tu objetivo para tu*

Integración (Samadhi)

práctica de yoga? ¿En qué se parece o se diferencia ese objetivo de los objetivos que tienes en tu vida?

En el proceso de crear una intención significativa, puede ser útil discernir si hay una diferencia entre lo que piensas (o dices) es importante para ti y lo que haces. Tus acciones indican que es lo que es suficientemente importante para ti, pues es a lo que le dedicas tu energía. Revisar el ejercicio "¿Qué es importante para mí?" (página 112) puede ayudarte a aclarar tu intención para que puedas escribirla en una oración simple como:

Dedico mi vida de todo corazón a ......

contribuyo ...... al mundo.

Establecer tu intención en términos claros proporciona una manera fácil de evaluar si realmente te estás moviendo en esa dirección. Mientras lees tu intención en voz alta, puedes notar cómo se siente esta intención. ¿Qué tipo de respuesta produce tu intención a nivel físico, mental y emocional? Es perfectamente natural sentir cierta incertidumbre o inquietud, pero ten cuidado cuando notas que tu crítico interno rechaza inmediatamente lo que en este punto es solo una idea. Una de mis citas favoritas es de Henry Ford: "Ya sea que pienses que puedes o que no puedes, tienes razón". Por lo tanto, al menos, dale una oportunidad a tu intención. Plantando tu intención con firmeza, repitiéndola a diario, comienzas a crear espacio en tu consciencia para esa intención. Entonces podrás notar mejor las ideas y la información conducentes a hacer realidad tu intención. Además, ten en cuenta que avanzar hacia tu intención probablemente requerirá que enfrentes algunos obstáculos y que vayas más allá de la complacencia. Así es como se pone a prueba tu determinación. Entonces, al aclarar tu intención, es una buena idea preguntarte:

¿Cuáles son mis compromisos?

¿Están mis compromisos alineados con mi propósito sincero?

¿En qué invierto mi tiempo y energía?

¿Qué pongo en mi lista de cosas "fáciles de ignorar"?

¿Qué pongo en mi lista de prioridades?

¿Puedes equilibrar el compromiso con no tomarte demasiado en serio?

1.14 Y se arraiga firmemente durante un largo tiempo de acción continua, sincera e incondicional.

Recuerda que cualquier cosa que practiques se establecerá firmemente, incluso lo que practiques de manera inconsciente. Además, recuerda que nada significativo sucede de la noche a la mañana. Todo en la naturaleza se desarrolla orgánicamente a un ritmo sostenible y manejable. Este sutra te recuerda que llevar a cabo tu intención significativa no sucederá automáticamente porque una intención sobre la que no se actúa es solo una idea. Si tu intención realmente te importa, merece tu mejor esfuerzo. Una vez que siembras tu intención en tu espacio de consciencia, la nutres a través de tus acciones. Actuar desde tu corazón y con amor proporcionará sustento para el camino. La presencia está siempre disponible y la práctica de avanzar hacia la presencia es continua. Te mueves hacia la presencia porque sabes que es una forma sabia de vivir tu vida. Tu práctica, *abhyasa*, puede ser considerada como algo que se hace con la actitud de un ritual, saliendo de tu mentalidad habitual para participar en algo que es significativo para ti. **La práctica consistente tiene la capacidad de transformarte.**

Si parece que no hay suficiente tiempo para hacer todo lo que quieres hacer, examina tus prioridades. Esto es uno de los objetivos de los ejercicios

Integración (Samadhi)

"Clarificar: ¿qué es importante para mí?" (página 112) y "Notando la brecha" (página 115). Estos ejercicios te ayudan a verificar que estás dándole suficiente importancia a tus intenciones para dedicarles tiempo. Como señaló uno de los maestros que vinieron de la India a Occidente, Swami Rama, una vez que tengas clara tu intención, puedes reforzar tu deseo de avanzar en esa dirección recordándote: "Necesito hacer esto, puedo hacerlo, quiero hacerlo, lo haré".

Otros obstáculos en tu camino pueden ser algunos hábitos en tu postura y acciones, a nivel físico, mental o emocional. Aquí es donde el Método para la Presencia (página 98) puede serte útil: Haz una pausa y siente lo que está sucediendo, valida lo que estás sintiendo y luego aclaralo para elegir la acción más inteligente y sincera. Entonces, nota los efectos. Cuando recuerdas que solo hay un momento presente, aquí y ahora, puedes practicar con la actitud de tener tiempo ilimitado, de modo que, en lugar de apresurarte de una tarea a otra, prestas atención a lo que está sucediendo justo donde estás. Recuerda, este momento es la culminación de tu vida y el portal hacia el resto de tu vida. Navegar este momento con éxito te llevará al siguiente momento sin agitación.

Este es un viaje para toda la vida. El desarrollo de cualquier hábito comienza paso a paso. Encontrarás que cuanto más te comprometas con tu intención valedera, más sentido tiene seguir practicando, un momento a la vez, una respiración a la vez. En algún momento, miras hacia atrás y te das cuenta de todo lo que has recorrido y de cómo has ido aprendiendo y mejorando en la regulación de tus tendencias físicas, mentales y emocionales para que sean menos un obstáculo y más un apoyo para tu objetivo.

Algunas de las preguntas que pueden ser útiles incluyen:
¿Puedes practicar sin interrupciones?
¿Estás dando lo mejor de ti?
¿Cómo están reflejadas tus intenciones en tus acciones?

¿Te motiva una curiosidad sana o ambición?
¿Cuáles son las cualidades de tus acciones?
¿Son sabias tus acciones?

Como es probable que te distraigas, por un instante, algunos minutos, horas, días, meses o años; cultiva la habilidad de regresar a tu intención sin forzar, sin forcejear, sin auto juzgarte y con una sonrisa amable.

1.15 Dejar los apegos (*vairagya*) se cultiva con una actitud de imparcialidad que elimina las ansias de estímulos externos y de diálogo interior.

Cuando intentas dar toda tu atención al momento en que te encuentras, ya sea que estés en modo de ser o de hacer, lo más probable es que descubras que tu atención se distrae, alejándose de la presencia. En la vida contemporánea hay infinitas corrientes de estímulos sensoriales compitiendo por tu atención. De hecho, cuando haces una pausa para descansar y no hacer nada, es muy probable que te des cuenta de cómo has ido entrenando a tu mente a cambiar tu atención de una cosa a otra, y luego a otra. Tus sentidos están constantemente recogiendo información que tu sistema interno decodifica e interpreta para decidir si necesitas responder. Este flujo continuo de información influye en tus pensamientos, emociones y actitudes. Muy a menudo, los principales filtros utilizados para procesar la información sensorial que recibes son dos preguntas simples: *¿Me gusta esto?* Y *¿No me gusta esto?* - Así como variaciones tales como *¿Quiero esto?*

Los estímulos sensoriales también evocan recuerdos que pueden generar nostalgia, arrepentimientos y anhelos. Los estímulos sensoriales también

Integración (Samadhi)

pueden provocar anticipación, ansiedad y preocupación. Este aforismo es una invitación a abandonar la tendencia a perseguir los estímulos sensoriales, así como también a eliminar la tendencia a permitir que los estímulos sensoriales generen diálogo interno y reactividad. No se trata de ignorar lo que está sucediendo. Por el contrario, es una decisión de sentir conscientemente lo que está sucediendo sin enredarte en tu red interna de opiniones e historias. Este sutra refuerza la idea de simplemente estar con lo que es tal y como es (el modo ser), complementando y equilibrando la práctica (el modo hacer) sugerida en los dos sutras anteriores (*abhyasa*).

Para poner en práctica este sutra puedes emplear el método de la presencia. Eliges hacer una pausa, sentir, validar y aclarar si lo que recibe tu atención está alineado con tu intención. Si no lo está, puedes escoger una opción que mejore la calidad de tu participación en tu vida, justo en ese momento. Además, puedes tomar nota de lo que te distrajo. Con el tiempo, puedes comenzar a notar patrones en tus distracciones. Al examinar tus distracciones, apegos y ansias, puedes guiarte por preguntas como:
¿Cuáles son las fuentes de distracción para mí en casa, en el trabajo, en mi práctica de yoga y en mis interacciones con los demás?
¿Qué es lo que ansío?
¿Cuáles son las expectativas, creencias y hábitos a los que tengo apego?
¿Tengo una relación saludable con lo que me trae la vida?
¿Estoy tratando de controlar el mundo exterior?
¿Tengo que tener una opinión sobre todo lo que sucede?
¿Me entretengo inventando historias sobre todo lo que me pasa?
¿Puede ser suficiente simplemente sentir con claridad lo que está sucediendo?

También puedes considerar si, a un nivel más fundamental, las distracciones resultan de tu sentido de yo, mi y mío.

A medida que reflexionas sobre estas preguntas y observas tus acciones, gradualmente crece tu consciencia de cómo inviertes tu atención, esto es crucial para redirigir tus esfuerzos a lo que es verdaderamente importante. También puede mejorar tu capacidad de notar si estás reaccionando innecesariamente a lo que llega a tu espacio de consciencia. A lo largo del camino, puedes sentir frustración por las distracciones que tienes. Esto no es inusual. Notar las distracciones te indica que vas progresando pues antes ni siquiera te dabas cuenta de ellas. Así que cuando te distraigas, para promover el desapego, puedes preguntarte: ¿Me estoy tomando demasiado en serio? Y con una sonrisa suave, puedes dirigir tu atención y energía a la presencia sin forzar, sin forcejear y sin auto juzgarte. Otra manera productiva de explorar el desapego es soltar tus expectativas sobre los frutos de tus acciones: hacer las cosas encontrando el disfrute en las acciones mismas y dando la bienvenida a los resultados, aun cuando ellos sean diferentes de lo anticipado. ¿Te es posible hacer esto?

1.16 La consciencia establecida en la Verdad no se distrae, ni siquiera por las fluctuaciones más sutiles de la naturaleza.

Una intención clara y firme es sostenible si se dirige hacia algo duradero. El sutra anterior te ayuda a reconocer la naturaleza temporal y cambiante de los deseos y aversiones, de modo que es posible dejar de perseguir sensaciones, pensamientos y emociones. Casi inevitablemente surgen preguntas: ¿Qué no es temporal? ¿Hay algo que perdure? A medida que atiendes a los procesos de la vida, casi que obligatoriamente notarás que nada parece ser permanente. Quizás, lo único permanente es la mutabilidad constante de la vida en sus infinitas variaciones. De hecho, ¿qué aspecto tuyo nota estos cambios interminables? ¿Es simplemente una forma de mirar? Cuando te paras frente a un espejo y ves tu reflejo y luego observas una foto tuya de hace cinco o diez años, puedes ver los cambios en tu apariencia externa. Sin embargo, a pesar de los cambios en tu cuerpo, en tus formas de pensar y en tus emociones, parece que cada vez que te miras en el espejo hay una parte que no cambia, que parece seguir siendo la misma. ¿Es esa parte más duradera que todos los aspectos temporales de tu ser? ¿Es ese aspecto tuyo lo que a menudo se llama el Vidente o el Testigo? ¿Está ese aspecto tuyo relacionado con el estado explorado en los sutras 1.3 y 1.4, el estado de simplemente estar con lo que es, conocido también como el estado natural? Otra forma de explorar estas ideas es reflexionar sobre lo que perdura cuando las actividades temporales se acallan. ¿Al contemplar la idea de que todo es efímero sientes algún cambio en tus estados de ánimo, pensamientos y acciones? A medida que tus exploraciones aportan una perspectiva de experiencia directa de estas preguntas, puedes ampliar tu investigación para responder a estas preguntas. ¿Cuál es el trasfondo de toda la vida? Si todo es efímero, ¿hay algo que sea permanente e inmutable? Si es así, ¿es eso lo que la Verdad es?

Integración

1.17 Una progresión gradual hacia la integración profunda (*samprajñata samadhi*) se desarrolla a través del refinamiento sutil de la atención desde el razonamiento (*vitarka*), a la contemplación (*vichara*), a la dicha (*ananda*) y luego al sentido de ser (*asmita*).

Este aforismo presenta el proceso de avanzar hacia una integración profunda, *samadhi*. Este alto nivel de integración es presentado por Patañjali en dos sutras, 1.17 y 1.18. Hacia el final del Capítulo Uno, Patañjali profundiza en los detalles sutiles relacionados con estos dos tipos de integración. El primer tipo, explicado en este aforismo, es *samprajñata samadhi*, integración con sabiduría suprema. Como con todas las cosas en la naturaleza, y en la vida, nada se desarrolla de la noche a la mañana. Todo es un proceso, que fluye de un paso a otro de una manera orgánica. Por ejemplo, si deseas cultivar tu propio árbol de mango en tu patio trasero, tiene sentido encontrar la variedad de mango más adecuada para tu clima. Luego deberás asegurarte de que haya suficiente espacio en el patio trasero para un árbol de mango de esa variedad. Entonces sería útil ir a tu vivero local para obtener consejos sobre la mejor preparación del suelo y la mejor época para sembrarlo. A continuación, puedes obtener una semilla o un árbol joven para plantarlo y regarlo según sea necesario. Sin embargo, haber plantado tu semilla no significa que puedas ir al jardín al día siguiente y cosechar un mango maduro. Tomará tiempo que el árbol se desarrolle y madure para que pueda producir flores y luego, cuando algunas de esas flores sean polinizadas, pueden transformarse en mangos potenciales. Cada paso debe suceder en la temporada apropiada y, eventualmente, si tienes suerte, después de un tiempo puedes cosechar algunos mangos deliciosos en tu jardín.

Del mismo modo, hay un proceso orgánico hacia niveles más profundos de integración. Como viste en los sutras anteriores, el proceso comienza con la eliminación de distracciones al establecer una intención clara y al alinear tus acciones con tu intención (*abhyasa*). Complementas tu práctica dejando de lado tus apegos (*vairagya*) para que todos tus sistemas funcionen en armonía facilitando un enfoque constante. Libre de distracciones, elige un punto focal para contemplar (*vitarka*), luego tu atención se mueve hacia la esencia más sutil de ese objeto o idea (*vichara*). En este nivel de sutileza, la mente está encantada, iluminada por su propia quietud y silencio (*ananda*). Más allá de ese nivel, sientes tu propio sentido de ti mismo o tu sentido de "yo" en relación con el punto focal elegido. Estas etapas son el aspecto más fino de una mente equilibrada (*samadhi*). En lugar de un proceso de razonamiento, esta es una progresión para refinar tu experiencia directa pura. Dado que no es un proceso de pensamiento, está más allá de la mente y, por lo tanto, es imposible

Integración (Samadhi)

representarlo completamente con palabras. Y, si tienes que decidir si estás en uno de estos estados, esto ya es una indicación de que no lo estás. Verdaderamente es un proceso orgánico, no puede ser forzado.

Tiene sentido que la doble estrategia de compromiso y desapego se presente inmediatamente antes de esta idea de integración completa (*samadhi*), porque es exactamente esa práctica equilibrada sin apego a los resultados (*vairagya*) la que es más útil para avanzar hacia este nivel más profundo de integración. Además, renunciar a todos los apegos es lo que hace posible seguir avanzando hacia niveles más profundos de experiencia directa, porque será necesario dejar de lado todo lo que piensas. Además, el sutra anterior indicó que dirigir tu atención hacia la Verdad, el fundamento eterno de la existencia donde ocurren todos los cambios en la vida, elimina todas las distracciones.

Dejar de lado los constantes comentarios internos te permite mantenerte enfocado y tener una experiencia más profunda de cualquier objeto o idea que recibe tu atención. Eventualmente, sientes directamente y con mayor claridad tu propio sentido individual de vitalidad. Al igual que el sol no es cambiado por las nubes en la atmósfera, tu esencia (ser o vitalidad individual) no es cambiada por tus actividades (hacer o devenir). Este aforismo señala un refinamiento gradual de tu conexión con el sentido de vitalidad dentro de ti. Recuerda, que tu sentido de vitalidad está siempre en ti. Sin embargo, tu sentido de vitalidad individual a veces se ve oscurecido por las actividades, etiquetas y opiniones en tu espacio interno de consciencia. La experiencia de integración (*samadhi*) introducida en este sutra es el proceso gradual de refinar tu percepción para sentir la vida tal como es.

Una posible forma de explorar este sutra es enfocándote en uno de tus sentidos desde su expresión externa a su experiencia interna individual. Por ejemplo, cuando estás a punto de tomar un sorbo de agua, puedes enfocar el proceso de percepción haciendo una pausa y enfocándote completamente, con los ojos cerrados, en el contacto entre el agua y los labios. Posiblemente ideas acerca del agua vendrán a tu consciencia. Déjalas fluir. Luego dirige tu atención a las sensaciones lo mejor que puedas. Luego siente las sensaciones del agua en la parte interior de tu boca, los dientes, las encías y la lengua. En lugar de cargar la experiencia con palabras o conceptos, quédate con las sensaciones en tu boca hasta que tragues el agua lo más lentamente posible. Mantén tu atención en las sutiles sensaciones que permanecen en tu boca. Observa lo que está sucediendo, incluidos los procesos sutiles que se activan, como pensamientos relacionados, sentimientos, emociones o recuerdos. ¿Cuál es el aspecto más sutil de la experiencia? ¿La experiencia ilumina con consciencia tu sentido de ser? ¿Destaca el aspecto más sutil del agua tu propia sensación sutil de vitalidad? Todo este proceso es sin palabras e indescriptible. Puedes probar este enfoque sistemáticamente con cada uno de los sentidos, notando a dónde te lleva cada uno. Obviamente, la elección de un punto focal inspirador y significativo es más probable que sea edificante.

A medida que practicas este ejercicio, las distracciones internas te ofrecerán pistas para descubrir creencias y maneras de ser que están activas aún. Recuerda que este proceso de integración interna (*samadhi*) ocurre después de que la conversación interna haya disminuido. Por lo tanto, si todavía notas comentarios internos, intenta soltar las creencias que los mantienen activos. Persistir con paciencia es esencial para abandonar la actividad interna, especialmente porque tus maneras de ser tienden a estar profundamente arraigadas. Aquí es donde tu capacidad de regresar una y otra vez sin forzar, sin forcejear y sin auto juzgarte es muy útil. Por otro lado, la experiencia de ser es el núcleo de lo que eres, siempre estás conectado a ella. De hecho, no puedes desconectarte de ella. La práctica es abandonar las maneras de ser que tienden a apoderarse de tu espacio de consciencia. Una de esas maneras de ser es la necesidad de comentar constantemente la experiencia de solo ser. ¿Qué sucede cuando intentas esta exploración? ¿Cómo contribuye esta experiencia a la calidad de tu presencia?

1.18 Como resultado de la práctica, un mayor estado de integración (*asamprajñata samadhi*), sin pensamientos, solo impresiones subconscientes residuales (*samskaras*).

Este sutra describe un tipo complementario de integración profunda, *asamprajñata samadhi*, integración más allá de la sabiduría suprema. Mientras que algunos comentarios indican que este tipo de integración es un estado de transición entre cada una de las cuatro etapas mencionadas en el sutra anterior, *vitarka*, *vichara*, *ananda* y *asmita*; otros sugieren que este es un nivel más alto de integración. En este tipo de integración (*asamprajñata samadhi*), el yogui está completamente absorto en la experiencia directa de la consciencia pura sin la necesidad de un objeto focal. Alcanzar esta etapa requiere que todas las maneras de ser estén desactivadas, al menos temporalmente. Aunque las maneras de ser hayan sido neutralizadas efectivamente, quedan impresiones latentes de experiencias previas. Este proceso yóguico progresa desde la orientación hacia el exterior hasta la exploración de paisajes internos, descubriendo niveles crecientes de sutileza en tu propio ser. Pasas de una tendencia a entretenerte con opiniones constantes y comentarios internos a disfrutar de momentos sin diálogo interior. Gradualmente, estos momentos se van expandiendo y, finalmente, este nuevo patrón de silencio interno comienza a afianzarse y crecer. A medida que tu capacidad de concentración crece, las distracciones disminuyen. Primero, sientes que tu concentración necesita fijarse firmemente para evitar distraerte, hasta que solo es necesario sostener tu concentración casi sin esfuerzo. Como se sugirió en el aforismo 1.17, incluso la suavidad de tu concentración puede volverse más sutil, de modo que no requiere esfuerzo. Entonces, una experiencia de calma y tranquilidad florece y continúa hacia la pura experiencia de ser un individuo, yo.

Continuando con un mayor refinamiento, incluso la sensación de "yo" se disuelve revelando una quietud y silencio más profundos cuando solo quedan rastros latentes de impresiones pasadas (*samskaras*). En este nivel de integración, ni siquiera hay un objeto focal o ningún conocimiento o sabiduría que alcanzar, de ahí su nombre de integración más allá de la sabiduría suprema. En el camino hacia este nivel de integración sin objetos, a medida que permaneces enfocada, notas pensamientos, recuerdos e ideas aleatorios que cruzan tu espacio de consciencia interior. Dado que has elegido enfocarte en un punto focal específico, es probable que estos distractores potenciales emerjan de tu mente subconsciente. En otras palabras, estás presenciando el límite difuso entre tu mente consciente y la subconsciente.

¿De dónde vienen esos pensamientos? En sánscrito, uno de los significados de la palabra *samskara* es impresión mental. Durante un día normal estás expuesto a muchos estímulos sensoriales. Por ejemplo, cuando caminas desde tu casa hasta la oficina de correos, ves personas y muchas cosas, como plantas, árboles, casas, edificios y automóviles. No notas muchas de estas cosas. Cuando regresas a casa, es posible que no puedas decir exactamente cuántas personas viste o cuántos automóviles azules había en la calle mientras caminabas. Si alguien te preguntara cuántas personas estaban haciendo fila en la oficina de correos cuando llegaste allí, es posible que no puedas dar una respuesta específica, a menos que hayas decidido contar cuando llegaste allí. Un *samskara* es una impresión almacenada en tu espacio de consciencia. Si, en tu caminata, viste algo que llamó tu atención, como un hermoso jardín con tus flores favoritas hermosamente florecidas, o un accidente que estuvo a punto de suceder, o un grupo de niños jugando animadamente, probablemente lo recordarás.

Integración (Samadhi)

Por lo general, lo que parece digno de recordar es algo que generó una respuesta emocional. La emoción es el pegamento que hace que una experiencia específica se quede en algún lugar de tu entorno interno. Todo a lo que prestas atención y cada experiencia que tienes pueden dejar una impresión. Por ejemplo, los patrones de pensamiento y acción bien ensayados tienden a volverse inconscientes, de modo que operas sin siquiera tener que pensar en lo que estás haciendo. Piensa en la poca atención que probablemente prestas a los detalles de cepillarte los dientes, de modo que es el hábito de cepillarte diariamente el que controla esas acciones. Del mismo modo, almacenas pensamientos, expectativas y recuerdos. Algunas de estas impresiones pueden estar completamente fuera de tu consciencia. Sin embargo, cada acción en la que participas y cada experiencia puede dejar algunas impresiones en ti, algunas más fuertes que otras. Estas impresiones pueden influir en tus decisiones, como cuando intentas recrear un conjunto de acciones y circunstancias para causar, o evitar, un resultado específico, como usar tu camiseta de la suerte o evitar ir a un lugar que te recuerde algo doloroso. Como cada acción genera una impresión, cada persona lleva muchas impresiones pasadas guardadas profundamente, y continúa acumulando impresiones cada día. Este sutra dice que incluso cuando sientes una gran calma y quietud interna, habrá algunas impresiones latentes.

Considera si hay recuerdos que todavía parecen tener control sobre ti:
¿Estás realmente en paz con tu pasado? O, ¿guardas rencores, resentimientos o arrepentimientos?
¿Te es posible hacer las paces con los acontecimientos pasados?
¿Puedes hacer las paces con versiones anteriores de ti misma?
¿Son algunas de tus formas de actuar una reacción, consciente o inconsciente, a las experiencias pasadas?
¿Son algunas de estas impresiones pasadas obstáculos para tus proyectos actuales?

¿Es posible que algunas de estas impresiones influyen en cómo te ves a ti mismo y cómo percibes el mundo?

Al contemplar el tipo de meditación descrita en este aforismo, puede ser útil considerarla como un cambio en el centro de la experiencia de Yo, a simplemente *estar con lo que es*.

1.19 Una mayor integración resulta de la existencia objetiva para los seres incorpóreos (*videhas*) y para aquellos fusionados en la naturaleza (*prakritilayas*).

Este sutra puede ser uno de los aforismos más oscuros de este capítulo, ya que menciona dos tipos de seres: los incorpóreos y los fusionados en la esencia de la naturaleza. Antes de hablar de estos tipos de seres, es útil pensar en una posible interpretación de una de las visiones cosmológicas del mundo en la tradición del yoga. El mundo puede entenderse como una interacción sinérgica entre la consciencia y la vida. La noción de consciencia sigue siendo un tema de debate hoy. Desde una perspectiva simple y de sentido común, la consciencia puede considerarse como el estadio de ser que nos da la sensación de estar vivos. Es la consciencia la que nos posibilita sentir y percibir. La vida, por otro lado, puede entenderse como todas las experiencias y fenómenos que pueden sentirse y percibirse. La vida es un proceso de cambio sin fin (hacer), mientras que la consciencia es ese continuo presenciar (ser) de todos esos cambios. La consciencia es el sustrato en el que todo existe y sucede. Si piensas en la vida como hacer y la consciencia como ser, ¿cuál es la relación entre los dos? Esta es una pregunta que vale la pena contemplar.

El sutra anterior dice que después de alcanzar un alto nivel de silencio interno (*samadhi*), todavía quedan algunas impresiones sutiles en la mente de

Integración (Samadhi)

la yogini. Este sutra habla de dos estados de existencia en un alto nivel de sutileza antes de alcanzar el nivel más alto de integración sin objetos (*asamprajñata samadhi*). (La interpretación que sigue no es el resultado de mi experiencia directa (*pratyaksha*), sino una combinación de las otras dos fuentes de conocimiento correcto, la sabiduría tradicional (*agama*) y la inferencia (*anumana*) combinadas con pura especulación.)

El primer estadio mencionado es seres incorpóreos (*videhas*). Estos son los dioses cuyos cuerpos se han disuelto, y todo lo que queda de ellos es la acumulación de sus impresiones subconscientes que existen en un nivel muy alto de sutileza, pero aún como parte de la naturaleza. El otro estado, los *prakritilayas*, son seres que se han identificado completamente con uno de los elementos primordiales de la naturaleza y, cuando sus cuerpos han llegado a su fin, se han fusionado con dichos aspectos sutiles de la naturaleza. Aunque tanto la naturaleza incorpórea como la fusionada han alcanzado altos niveles de purificación, ser parte de la naturaleza implica que estos seres incorpóreos continuarán existiendo en estos niveles sutiles mientras la naturaleza continúa sus ciclos interminables de cambio y transformación.

Este sutra indica que, eventualmente, tanto los seres incorpóreos (*videhas*) como los fusionados en la naturaleza (*prakritilayas*) tendrán que regresar a la existencia como un ser encarnado para alcanzar la liberación completa. Si estás leyendo esto, es muy que probable que todavía estés encarnado. Esto significa que aún puedes intentar poner este sutra en práctica.

Una forma práctica de interpretar este sutra es ver la incorporeidad como una forma de liberar toda identificación con tu cuerpo y con tus maneras de ser. Las prácticas como el yoga nidra y la meditación en objetos focales muy sutiles pueden facilitar la liberación gradual de la consciencia de las diferentes capas de tu cuerpo desde lo más externo, hasta que experimentes directamente el aspecto más sutil de ti mismo, tu propia consciencia. En el estado de yoga nidra y en la meditación es posible liberarte efectivamente de tu identificación con el cuerpo. Una noción que es importante aquí es que estar apegado a tus preferencias te impedirá pasar a niveles más altos de integración.

También puede ser posible explorar la experiencia de incorporeidad usando un tanque de flotación. También conocido como tanque de privación sensorial, es un tanque donde puedes flotar sin esfuerzo debido a las sales de Epsom disueltas en el agua a temperatura corporal. Aislada de estímulos visuales y auditivos y libre de fuerzas gravitacionales, tu consciencia puede soltar tu cuerpo, entrando en un estado meditativo. Otra forma de practicar es permitir que tu sentido de ti mismo se disuelva al contemplar un fenómeno natural. Algunos fenómenos útiles incluyen una puesta de sol, el flujo interminable de las olas del mar, nubes flotando sin esfuerzo en el cielo o una lluvia de meteoritos. Por ejemplo, concéntrate completamente en el cosmos en su inmensidad. Amplía gradualmente tu punto focal para invitar a todo el universo a expandirse completamente en tu entorno interno. Deja de lado tu consciencia de tus propios límites físicos y permite que tu sentido de ti mismo y sus procesos asociados desaparezcan. Sigue soltando hasta que finalmente no haya ni siquiera la sensación de "yo". Permanece abierto para que todo lo que sientas sea tu consciencia pura. También puedes optar por centrar tu atención en uno de los elementos, tierra, agua, fuego, aire o espacio, tal vez siguiendo la progresión de tus aspectos más concretos a los más sutiles de acuerdo al sutra 1.17, pasando de externo a interno y gradualmente al aspecto más sutil de la experiencia.

Considera:
¿Qué sucede cuando pruebas estas técnicas?
¿Pueden estas prácticas ofrecerte una perspectiva diferente y, tal vez, incluso una forma de reevaluar algunas de tus actitudes y preferencias?

Integración (Samadhi)

¿Puedes llevar algo de la quietud interior que sientes durante estas exploraciones a tus actividades en el mundo?

Incluso si la experiencia no produce una sensación más profunda de paz interior o integración, ¿puede ayudarte a resaltar algunas de tus maneras de ser actuales que te impiden una experiencia más profunda de tu consciencia?

1.20 Otros, arraigados en la confianza (*shraddha*), que enciende la vitalidad (*virya*); y en el recuerdo (*smrti*), que estabiliza su enfoque; crecen en la serenidad mental (*samadhi*) que lleva al conocimiento y la sabiduría (*prajña*).

Este aforismo presenta el camino alternativo hacia la mayor integración explicada en los tres sutras anteriores, el camino para el resto de nosotros. De nuevo, este es un camino gradual. Comienza con confianza y seguridad (*shraddha*). Aunque la palabra *shraddha* a menudo se traduce como fe, la connotación de creer a ciegas puede ser engañosa, particularmente si se interpreta como renunciar al sentido común o la capacidad de pensar racionalmente. La fe también puede ser malinterpretada como un llamado a dejar que otros tomen decisiones por ti. Este sutra llama a los practicantes a arraigar su práctica en la confianza que crece de la verdad, el conocimiento correcto que surge de la experiencia directa, la inferencia lógica y el testimonio confiable (1.7). El verdadero conocimiento es una fuente de energía que enciende la vitalidad, la pasión y el entusiasmo (*virya*). Esta energía proporciona sustento para permanecer en el camino de autodescubrimiento. Lo que sabes a través de tu experiencia directa es fácil de recordar. Por lo tanto, el verdadero conocimiento actúa como un recordatorio (*smrti*) para mantenerte estable en el viaje y no perder de vista tu objetivo, personificar la consciencia plenamente.

Dedicarte a tu camino con confianza, vitalidad y memoria de tu intención crea las condiciones adecuadas para que tu mente esté tranquila, estable y creciendo en silencio interior (*samadhi*). Como resultado, al estar menos distraído por el ir y venir de los fenómenos temporales, se incrementa tu capacidad de notar la sabiduría disponible a todo tu alrededor (*prajña*). Esta percepción o intuición se manifiesta como el susurro silencioso de tu corazón, o gurú interno, guiando tus intenciones y acciones. Por lo tanto, puedes sintonizarte con el sentido común puro que toda la vida ofrece y también puedes reconocer que tus maestros están a tu alrededor, y que lo que solía parecer casualidades son en realidad causalidades y sincronicidades que te muestran la profunda interconexión entre todo lo que existe.

Reflexiona:
¿Cómo estás cultivando tu confianza?
¿Estás energizada por tu vida y tus decisiones?
¿Cómo mantienes clara tu intención en tu mente y tus acciones?
¿Qué te ayuda a recordar tu intención profunda?
¿Estás notando una disminución gradual de las distracciones que te alejan de tus objetivos?
¿Hay un poco más de equilibrio mental?
¿Estás dispuesto a confiar en la sutil orientación que recibes en tus interacciones diarias?

Integración (Samadhi)

COMPROMISO E INTENSIDAD

1.21 Está cerca para quienes se aplican con intensidad.

1.22 Hay tres grados de intensidad dentro de cada nivel: leve, moderado y excesivo.

Después de que el sutra 1.20 indica un camino hacia la serenidad profunda, estos dos sutras explican además que el nivel de compromiso al seguir el camino influirá en los resultados. Anteriormente en este capítulo, en los sutras 1.2 y 1.12, la autorregulación apareció como un tema principal en el Yoga Sutra. La autorregulación aparece nuevamente aquí: la uniformidad de la mente y la sabiduría están cerca para los practicantes que se aplican con intensidad. La intensidad en sí misma puede ser leve, moderada o excesiva. *Cada persona, en cada momento, está a cargo de encontrar el nivel correcto de intensidad equilibrando un compromiso firme e inquebrantable con una actitud sincera y compasiva.* Demasiado compromiso puede volverte rígido o dogmática, mientras que demasiado desapego puede llevarte a evitar dar tu mejor esfuerzo. Aquí es donde estar al tanto de tus tendencias es invaluable, porque te permite ajustar tu nivel de intensidad, de modo que sea una forma adecuada y sostenible de lograr el equilibrio perfecto entre hacer y ser.

Tus acciones proporcionan un excelente espejo para notar la calidad de tu atención y el nivel de intensidad que aportas a tus actividades diarias. La práctica del yoga a menudo se lleva a cabo en un espacio donde se reducen las fuentes de distracciones, para que puedas observar cómo conduces tu práctica. Darte cuenta de tu actitud y tu motivación puede darte una idea de tus maneras de ser. De hecho, todas las técnicas de yoga ya sean dirigidas a tu cuerpo, respiración, mente o emociones, pueden ser bastante efectivas para revelar tus tendencias y maneras de ser. Por ejemplo, la persona que tiende a extralimitarse

Desenreda el hilo

en su vida profesional y personal probablemente también se extralimite en su práctica de asanas, pranayama y meditación. Puedes usar tu práctica como una forma de medir tu nivel de compromiso y la cantidad correcta de intensidad, para que tu práctica sea sostenible y agradable. Si la práctica no es agradable, se convierte en un ejercicio de auto tortura, y eso es muy difícil de mantener durante un largo período de tiempo. De hecho, ser consistente es un desafío para la mayoría de nosotros.

Practicar con constancia es una prueba a tu compromiso. El sutra 1.21 destaca que cada practicante está a cargo del nivel de su compromiso con el objetivo primordial del yoga. Tú eliges. Esto significa que depende totalmente de ti decidir cómo practicas. Esta es una excelente noticia. Al mismo tiempo, si tú eres quien toma las decisiones, eso significa que no puedes culpar a nadie por tu falta de compromiso. ¿Es posible que tu nivel de compromiso sea proporcional al sentido de urgencia de estar presente en tu propia vida? Aquí es donde es fundamental que aclares lo que es lo suficientemente importante para invertirle tu tiempo y energía (Poniendo en práctica: Aclarar - ¿Qué es importante para mí? en la página 112). Además, cuando practicas con consciencia, en lugar de mecánicamente, algunos de tus patrones y dolores se harán más evidentes. Por ejemplo, cuanto más te sintonizas con los ritmos de tu cuerpo, las molestias y el dolor que has aprendido a ignorar pueden volverse más evidentes. Esto es evidencia de que tu práctica está funcionando, porque estás iluminando con tu consciencia áreas que has ignorado. Por supuesto, puedes elegir ignorar esos signos o sedar tus sentidos para no sentir molestias. O puedes, en cambio, sentir e investigar la causa de tu dolor. Cada decisión requiere un grado diferente de compromiso.

Hay algunos obstáculos que surgen para muchos de nosotros. Por ejemplo, cuando establecemos nuestra intención, podemos escuchar de inmediato al crítico interno que minimiza la importancia de esa intención. ¿Cómo puedes aprender a confiar en ti mismo y en tus elecciones para evitar auto sabotearte? ¿En qué medida existe un sentido de urgencia para practicar porque tu práctica te invita a participar plenamente en cada momento irremplazable de tu vida?

Además, el yoga ofrece un amplio espectro de prácticas para enfrentar tus desafíos a nivel físico, mental, emocional e interpersonal.
¿Es tu práctica equilibrada y equilibrante?
Si tu práctica te deja exhausto, ¿cómo está enriqueciendo tu práctica a tu vida?
¿Puede tu práctica de yoga ofrecerte una oportunidad diaria de medir cuanto es suficiente para ti cada día?
¿Con qué estás comprometido?
¿Cuál es tu nivel de compromiso contigo misma?
¿Cuál es tu nivel de compromiso a vivir conscientemente?
¿A desechar tus maneras de ser que ya no son útiles?
¿A estar completamente presente en cada momento de tu vida?
¿Cuáles son los signos de tu compromiso?

UN ENFOQUE ALTERNATIVO, LA HUMILDAD

1.23 O, renunciando de todo corazón a la ilusión de control (*ishvara pranidhana*).

Después de enumerar el doble método de práctica (*abhyasa*) e indiferencia (*vairagya*) en el sutra 1.12 y de mostrar las habilidades requeridas para seguir ese camino (incluyendo confianza, vitalidad, recuerdo, serenidad mental y sabiduría en el aforismo 1.20; y los diferentes niveles de intensidad de aplicación en los sutras 1.21 y 1.22), el sutra 1.23 presenta un enfoque alternativo. En el sánscrito original, *ishvara pranidhana*, a menudo se traduce como "rendirse a Dios". Algunos significados de *ishvara* incluyen: reina, príncipe, dios, rey, señor, gobernante, dios de amor, Ser Supremo, alma suprema, maestro. Es importante saber que, en el Yoga Sutra, Patañjali no especifica ni sugiere ninguna tradición religiosa en particular. Desde la perspectiva de ver el yoga como estar con lo que es, una forma de interpretar este aforismo, sin interferencia de nuestras nociones preconcebidas o de nuestra historia con palabras como Dios, es traducir *ishvara* como Ser Supremo. El Ser Supremo se entiende como la condición de ser en su forma más elevada, ser puro, y también como la totalidad del Ser. Este "Ser" es la cualidad compartida en igual medida por todo lo que es, una cualidad que no tiene límites es penetrante, invariable y omnipresente. El Ser es, al mismo tiempo, particular y universal, local y trascendente. En otras palabras, el Ser está siendo en todas partes, tanto al nivel de cada instancia individual de cualquier cosa que existe, como al nivel de la totalidad de toda la existencia. Independientemente de lo mucho que intentes, el ser no puede ser comprendido, creado o descrito completamente con palabras. De hecho, todas las artes, la literatura y las ciencias han estado intentando durante milenios describir algún aspecto de la vida, o ser, de diferentes maneras; sin embargo, ni siquiera la compilación completa de las obras de estos campos puede abarcar el ser, la existencia, en su totalidad.

Pranidhana, la segunda palabra en este sutra, incluye en sus significados: atención, deseo vehemente, meditación religiosa profunda, gran esfuerzo, oración, contemplación abstracta de, asiduidad, voto, acceso, entrada. La partícula final en el sutra, *dva*, significa "o", lo que indica que ishvara pranidhana es una alternativa al enfoque anterior para encontrar una profunda paz y quietud interior (1.20). Este sutra te invita a reconocer que no te creaste a ti mismo, ni al Universo y, a pesar de lo que puedas creer, no controlas al mundo. De hecho, prestar mucha atención a tu mente, emociones y cuerpo

Integración (Samadhi)

pronto te recordará que apenas tienes un poco de control sobre tu propia mente, emociones y cuerpo.

Uno de los desafíos que enfrentan la mayoría de los practicantes de yoga es la urgencia de sus actividades y agendas internas. Vivir en tu propio drama crea una perspectiva miope que tiende a expandir cada pensamiento e idea fuera de proporción. Este sutra proporciona la perspectiva obtenida al tener distancia de nuestras propias historias. Una práctica simple que puedes explorar es contemplarte a ti mismo y a tu entorno inmediato. Gradualmente, invitas a tu atención a alejarse de tu entorno interno para pasar a expandirse en círculos concéntricos que crecen desde donde te encuentras. Piensa en tu casa, tu cuadra, tu vecindario, tu ciudad, condado, estado, país, continente, planeta, sistema solar, la galaxia de la Vía Láctea, el Grupo Local de galaxias, el Supercúmulo de Virgo, el Supercúmulo de Laniakea y más allá, hasta los confines del Universo conocido. Al vivir la paradoja de contener la extensión infinita del Universo en tu mente, puede ser más fácil para ti reconocer cuán poco control tienes y cuán pequeños son nuestra especie y nuestro planeta. Invitar esta perspectiva más larga y amplia facilita una humildad amable que puede poner tus preocupaciones y ansiedades individuales en su perspectiva adecuada. Más importante aún, puedes regular la presunción que llena tu espacio interior y, muy a menudo, distrae tu consciencia de este momento. Además, verte a ti misma desde esta perspectiva más amplia puede ser decisivo para liberar la tensión generada cuando intentas cargar el mundo sobre tus hombros.

Obtener una comprensión más precisa de ti mismo y de tu esfera de influencia puede ser una forma efectiva de redirigir tu energía para actuar de manera efectiva en el mundo de acuerdo con tu capacidad, nivel de habilidad y alcance. Por supuesto, para las personas que encuentran consuelo en su propia comprensión significativa de Dios, puede ser más fácil rendirse a sí mismos y a sus vidas con completa devoción a Dios. Otra persona, que puede ver a Dios como amor incondicional, puede elegir abrir su corazón y su mente para amarlo todo incondicionalmente. Cuando ofreces tu amor, notar tus condiciones y objeciones ilumina tu visión de ti mismo y del mundo. Puedes optar por considerar esta información como una puerta apropiada, que te ofrece un camino claro para desentrañar algunas de esas objeciones y condiciones.

Hay tantas maneras de entender este sutra como personas hay en el mundo. Una idea más que podría serte útil es ver este sutra como sintonizarte con la consciencia plena. Puedes comenzar dejando de lado tus características más externas, peso, altura, color de ojos. Luego dejas ir tus creencias, preferencias y aversiones. Luego suelta tu nombre y quién crees que eres.
¿Qué sucede si te sintonizas con el ser puro y abandonas tus condiciones a este momento?
Si anclas tu consciencia sobre la omnipresencia del ser que lo abarca todo, ¿qué sucede?
Si expandes tu perspectiva para reconocer el increíble milagro que es la vida, ¿puede ayudarte a apreciarte a ti misma y a tu vida y a dejar de lado las ilusiones de cuán importante eres?

Cualquiera que sea tu elección, esta vía de exploración te extiende una invitación a vivir en armonía con la vida, tanto interiormente como fuera de ti. ¿Hay algo en lo que puedas confiar plenamente? ¿Hay algo que te ofrezca incondicionalmente una sensación de apoyo, aliento y esperanza?

Integración (Samadhi)

1.24 El Ser Supremo (*ishvara*) es un tipo especial de ser no afectado por aflicciones (*kleshas*), acciones (*karma*), consecuencias (*vipaka*) o sus impresiones.

Después de ofrecer un camino alternativo a la integración (cultivando nuestra humildad al renunciar a nuestra ilusión del control y reconociendo que puede haber una Verdad Universal), Patañjali presenta en este, y en los siguientes sutras, las características del Ser Supremo (*ishvara*), una técnica para conectarte con *ishvara* y los efectos de usar esa técnica. El aforismo 1.24 dice que el Ser Supremo es diferente de otros seres. El Ser Supremo no se ve afectado por el dolor y las dificultades, por las acciones, sus efectos o cualquiera de sus impresiones residuales. Explorar estas ideas es un terreno fértil para desenredar algunas de tus creencias y el bagaje asociado con tus ideas de la vida, tu propósito y Dios. Un punto de partida útil es contemplar qué palabra o palabras serían mejores para relacionarte con la idea de *ishvara*. En esta interpretación, *ishvara* se representa como Ser Supremo. Otras palabras potenciales podrían ser Verdad, Amor, Dios, Vida, Consciencia Pura, Ser Puro, Fuente, Espíritu. ¿Hay una palabra que te parezca más significativa? Explora tus respuestas y reacciones a esta pregunta. Luego toma cualquier palabra que resuene contigo y contempla cómo esa palabra/concepto se relaciona con las nociones de aflicción, acción, consecuencias e impresiones. ¿Qué descubres?
¿Puedes pensar en algo que no esté influenciado por obstáculos, acciones o sus efectos?
¿Hay algo que pueda estar libre de remordimientos y expectativas?

Además, puedes intentar participar en un experimento simple durante los próximos cinco días. El primer día, establece tu intención de notar si estás sintiendo alguna aflicción en forma de dolor, problemas, dificultades, angustia o enojo.
¿Qué notas?
¿Conoces algo que no se vea afectado por ninguna aflicción?

El segundo día, concéntrate en tus acciones y observa si tus acciones te afectan de alguna manera. ¿Hasta qué punto tus intenciones y acciones se manifiestan en tu cuerpo, mente, respiración y emociones?
¿Cómo actúas?
¿Están influenciadas tus acciones por tus circunstancias y entorno?
¿Cuál es tu estado de ánimo y actitud mientras actúas?
¿Actúas con destreza?

Al tercer día, presta atención a los efectos y consecuencias.
¿Puedes rastrear las causas de las experiencias que estás teniendo?
¿En qué medida influyen tus experiencias en tus actividades internas y tu estado de ánimo?
¿Influye tu estado de ánimo en tus experiencias?
Cuando te sensibilizas a tus reacciones, ¿son tus reacciones automáticas o impulsivas?
¿Estás respondiendo de manera consciente, sincera y deliberada?

Al cuarto día puedes concentrarte en las impresiones dejadas por tus irritaciones, acciones y reacciones.
¿Qué notas?
¿Alguna vez te sucede que te sientes molesto o frustrada sin razón aparente?
¿Puede ser tu estado de ánimo un remanente de algo más allá de tu consciencia?

En el quinto día de tu experimento, puedes reflexionar sobre los días anteriores. Puedes tomar distancia del nivel inmediato de tus experiencias para reflexionar sobre las posibles conexiones entre tus aflicciones, acciones, reacciones e impresiones. Es muy probable que notes que algunas de tus experiencias varían según tus circunstancias.
¿Notas alguna tendencia?

Integración (Samadhi)

¿Puede este proceso ayudarte a descubrir algunos de los irritantes que tienden a generar más dolor, reactividad, arrepentimiento, rencor o resentimiento?
¿Son algunos de estos irritantes los botones que otras personas activan en ti, a menudo involuntariamente?
¿Hay formas de desactivar estas fuentes de dolor y angustia?
¿Cómo se relacionan las aflicciones, acciones, reacciones e impresiones que notas con tus maneras de ser?

Después de tu experimento, regresa a la idea de *ishvara*.
¿Eres inmune a las aflicciones (*kleshas*), las acciones (*karma*), las consecuencias (*vipaka*) o sus impresiones?
¿Puedes crear espacio para la posibilidad de que pueda haber algo, algún aspecto de la existencia, que permanezca libre de influencia de estos factores?

1.25 En el Ser Supremo, la semilla de la omnisciencia es insuperable.

Omnisciencia es una palabra fascinante. Dos de sus significados incluyen la consciencia infinita y el conocimiento universal. Este sutra invita la pregunta: ¿es posible que exista una consciencia generalizada que lo abarque todo? Desde la fuente de tu propio ser, puedes comenzar a explorar el significado de esta palabra contemplando, *¿cómo sé lo que sé?* Por supuesto, esto implica que ya tienes clara la distinción entre lo que sabes y lo que *crees* saber. Recuerda que simplemente tener acceso a información es diferente del conocimiento. Si alguna vez recibes sugerencias sutiles y útiles que te brindan información o claridad, ¿de dónde provienen estas sugerencias? ¿Cómo las percibes realmente? ¿Cómo distingues entre un pensamiento y una intuición verdadera? ¿Tienen características específicas a nivel mental, físico y emocional? ¿Cómo se expresa tu consciencia para llamar tu atención sobre algo específico?

Desenreda el hilo

Cuando estás profundamente relajada, cuando sientes amor, alegría o gratitud, ¿de qué dimensiones surgen estas experiencias encarnadas? ¿Podría ser posible que haya un campo omnipresente que lo abarque todo y donde todos los aspectos de la vida, en todos los tiempos y lugares, existan como potencial o como manifestación? ¿Hay algo subyacente a todos tus pensamientos, emociones, sentimientos y recuerdos? En lugar de usar estas preguntas para crear argumentos internos, úsalos como puntos de entrada a la contemplación, para vivir con cada pregunta y observar lo que sucede. Una opción es encontrar una posición cómoda y relajada y luego formular la pregunta con la verdadera intención de querer saber la respuesta directamente, a través de tu experiencia personal encarnada. Permanece con la pregunta por un tiempo, permitiendo que las respuestas se formen en la profundidad de tu calma y silencio. Luego, cuando estés listo para terminar el ejercicio, repite la pregunta en silencio como una invitación a estar con la pregunta mientras participas en tu vida. Observa si hay respuestas sutiles y no tan sutiles, emergentes como sincronicidades o causalidades, a medida que avanza tu día.

A través de estas preguntas puedes sentir que tu mente y corazón se abren para recordarte que la vida fluye a través de ti justo donde estás, todo el tiempo. Así como no estás compartimentado en segmentos discretos, tampoco estás aislado de la vida. De hecho, al igual que todos los seres vivos, eres una manifestación individual de la vida, interrelacionada, interconectada con todo lo que es, todo lo que fue, todo lo que será. Entonces, ¿parece viable que la consciencia infinita y la sabiduría Universal existan?

Integración (Samadhi)

1.26 Sin estar condicionado por el tiempo, el Ser Supremo es el maestro sin igual de todas las eras.

Este sutra continúa aclarando la naturaleza del Ser Supremo. Hasta ahora, sabemos que el Ser Supremo es verdaderamente imparcial, ya que no se ve afectado por aflicciones, acciones, reacciones o impresiones (1.24). También sabemos que el Ser Supremo es consciencia infinita y sabiduría universal (1.25). Este sutra agrega que el Ser Supremo es atemporal y que es el maestro sin igual de todas las épocas. En cualquier momento, cuando estás completamente presente, especialmente cuando estás completamente absorta en algo que captura tu atención, parece que el tiempo se detiene. Por ejemplo, cuando participas en una conversación sobre un tema que realmente te interesa, permaneces concentrado sin distracciones. Cuando termina la conversación, a menudo es difícil decir cuánto tiempo transcurrió. Es como si tu consciencia te permitiera liberarte de las limitaciones del tiempo. Esto a menudo se describe como entrar en el eterno momento presente. En ese momento, ¿tus aflicciones, acciones, respuestas e impresiones desaparecen? ¿Se relaciona esto con el mensaje en el sutra 1.3, que cuando modulas tus maneras de ser personificas tu verdadera naturaleza? ¿Te transporta tu práctica de yoga al eterno momento presente? ¿Has encontrado formas de entrar en la dimensión atemporal de la vida? Desde un ángulo diferente, ¿qué te hace sentir que no te alcanza el tiempo? Si sientes que no tienes tiempo para hacer todo lo que necesitas y deseas hacer, será útil examinar tus prioridades para darte cuenta de lo que estás haciendo lo suficientemente importante como para merecer tu tiempo y atención. Al reflexionar sobre tu propia relación con el tiempo, considera si puede haber algo que pueda estar libre del condicionamiento temporal.

La segunda sección de este sutra indica que el Ser Supremo es el maestro sin igual de todas las eras. Los grandes maestros te inspiran a explorar los límites de tu comprensión actual. A medida que llegas a la zona de incomodidad tolerable que indica que tus ideas actuales ya no son útiles, el maestro te apoya y orienta. Una gran maestra no está enredada en su propio drama personal porque eso le impide guiar al alumno de manera imparcial y consciente. En el proceso de crecimiento como ser humano, cada persona encontrará obstáculos y desafíos. Estos desafíos son retroalimentación que sugiere alternativas para ir más allá de donde te encuentras actualmente. A medida que profundizas en el camino de auto investigación profunda que es el yoga, es fundamental entender tu propio proceso de aprendizaje. Porque un maestro puede crear la situación que facilita tu crecimiento, pero depende completamente de ti pasar por el proceso de expandir los límites actuales de tu comprensión. ¿Cuán motivada estas para continuar aprendiendo? Incluso si tu maestra es fantástica, tú eres quien aprende. Si te niegas a aprender, nadie puede obligarte. ¿Puedes emplear las habilidades sugeridas en el sutra 1.20 (confianza, vitalidad, recuerdo, ecuanimidad y sabiduría)? Además, nota que los obstáculos que enfrentas son el resultado perfecto de lo que sucedió anteriormente. Estos obstáculos son lecciones elegantemente calibradas a dónde estás, lo que necesitas y lo que está dentro de tus capacidades. Muy a menudo, tus gustos y aversiones se convierten en un obstáculo para diferenciar entre lo que quieres o te gusta y lo que necesitas. Esto crea mucho drama y resistencia. ¿Estás sintonizada con tu propio proceso de aprendizaje? ¿Sabes cómo aprendes mejor?

Si sigues encontrando los mismos obstáculos una y otra vez, ¿estás haciendo elecciones conscientes o son tus gustos y aversiones quienes están eligiendo por ti?

¿Es posible que los obstáculos que enfrentas te sirvan para ser consciente de lo que sabes, así como también de lo que sabes que no sabes?

Dado que la vida ajusta continuamente la retroalimentación para que sea más apropiada para ti, ¿es posible que la vida sea realmente la mejor maestra?

¿Te estás poniendo a disposición de la vida al aceptar las lecciones que te ofrece?

Integración (Samadhi)

1.27 OM es el sonido que designa al Ser Supremo.

1.28 Cantando OM y contemplando su significado.

Después de introducir en el sutra 1.23 el camino de la humildad honrando al Ser Supremo y dejando la ilusión del control, los siguientes aforismos explicaron las características del Ser Supremo. Estos dos sutras, 127 y 1.28, ofrecen una forma de relacionarte con y acceder al Ser Supremo. Si el Ser Supremo no se puede definir en pocas palabras, tiene sentido usar un símbolo especial para señalar al Ser que lo abarca todo. OM es una forma de transcribir el símbolo devanagari ॐ. (Devanagari es el alfabeto utilizado para representar el idioma sánscrito). ॐ también se transcribe como AUM. La palabra usada en el sutra para esta sílaba mística es *pranava*, que conecta el sonido OM con la energía vital, *prana*. Este símbolo puede interpretarse como un mapa de todo el viaje hacia la integración.

Los *Upanishads* son una colección de textos filosóficos que aparecieron a lo largo de muchos siglos. Uno de los *Upanishads* más cortos, el *Mandukya Upanishad*, define muy concisamente AUM como todo lo que es, incluidos todos los aspectos del tiempo, pasado, presente y futuro. También indica que cada una de las letras representa uno de los cuatro estados de consciencia: vigilia, dormir, dormir profundamente sin soñar y un cuarto estado. (Aunque la transliteración incluye solo tres letras, y el símbolo original resulta de combinar los equivalentes de A, U y M, se entiende que hay un eco resonante implícito en el sonido). Este cuarto estado ni siquiera se nombra, es simplemente llamado "el cuarto" para insinuar la imposibilidad de encapsular completamente la consciencia pura transcendente.

Desenreda el hilo

El sutra 1.28 ofrece una práctica específica para vivir el camino de *ishvara pranidhana*, el cultivo sincero de la humildad al repetir la sílaba OM. La práctica consta de dos aspectos, *japa* y contemplación. *Japa*, es la práctica de susurrar o repetir en silencio un mantra como OM. Como explica este sutra, la idea básica es usar un sonido, una sílaba o una frase que sea significativa para ti. Este sutra también te recuerda que no es una repetición mecánica. La repetición es una forma de renovar tu interés, motivación y consciencia, de la misma manera que la primera palabra del Yoga Sutra, *atha*, actuó como una invitación a la presencia. Al igual que otros mantras, cantar OM es un instrumento de pensamiento, por lo que su repetición se acompaña de una reflexión y una profunda contemplación sobre el significado de la palabra que se canta.

Hay muchas formas de cantar ॐ. Considera estas dos opciones. La primera es cantar OM comenzando con un sonido suave, gradualmente haciendo que el sonido sea más fuerte y, después de un tiempo, haciendo que el sonido sea cada vez más tenue hasta que se convierta en un leve susurro. Luego continúa cantando en silencio y explora con curiosidad si es posible hacer que el canto silencioso interno sea cada vez más sutil hasta que apenas parezca que estás cantando. Tradicionalmente, las personas usan una *mala*, un collar de cuentas, para contar cuantas rondas de cantos hacen. Dado que 108 es un número auspicioso en la tradición del yoga, puedes intentar cantar 108 rondas. Si deseas refinar tu canto, puedes intentar envolver cada canto con tu respiración. Es decir, primero dejas salir un poco de aire sin producir sonido, luego el sonido OM, y hacia el final, dejas que el sonido se desvanezca y termine con una suave exhalación silenciosa. Siente las sensaciones antes, durante y después de cada canto. Mientras cantas, abre tu mente al significado trascendental del Ser Supremo. Como con cualquier aspecto del yoga, practica sin forzar, sin forcejear y sin auto juzgarte. Considerar terminar cada canto enfocada en la vibración duradera del sonido "m" que te invita a saborear la

Integración (Samadhi)

experiencia, como si probaras algo realmente delicioso, provocando una suave sonrisa interior.

El segundo enfoque es cantar el sonido como A-U-M. Observa cómo se produce el sonido A hacia la parte posterior de la boca, el sonido U hacia la mitad de la boca y el sonido M se genera con los labios cerrados. En otras palabras, el sonido AUM abarca todo el rango de tu boca. También puedes agregar una capa adicional a tu canto imaginando que el sonido A se origina en el centro del piso pélvico y que la vibración fluye hacia arriba a lo largo del centro de tu cuerpo. Luego imagina la vibración fluyendo hacia el centro de tu corazón, mientras pasas suavemente del sonido A al sonido U. Continúa imaginando la vibración que fluye hacia arriba a lo largo del eje central de tu cuerpo. A medida que la vibración viaja hacia el centro de tu cerebro, el sonido cambia hacia M. Por supuesto, también puedes explorar variar el volumen, de bajo a alto, a bajo nuevamente y, finalmente al silencio. Es importante enfatizar que parte de la práctica incluye contemplar también el significado del Ser Supremo y tu experiencia directa de él. ¿Qué sucede cuando practicas *japa* con ॐ mientras reflexionas sobre su significado? ¿Sientes alguna diferencia cuando comparas cantar OM y AUM? ¿Qué sucede cuando cantas con plena atención, mente abierta, corazón abierto y con la intención de escuchar lo que suceda sin expectativas?

¿Cómo te sientes?

1.29 La consciencia gira hacia adentro y se eliminan las perturbaciones.

Como un recordatorio de la naturaleza práctica del yoga, en este sutra, Patañjali indica los efectos de la práctica introducida en los sutras anteriores.

Esta es la culminación de la sección sobre el camino alternativo que comenzó en el sutra 1.23, renunciar a la ilusión de control. Ahora conoces este camino de humildad, cómo practicarlo y este sutra te ayuda a verificar que la práctica está funcionando. Cultivar la humildad es un proceso que te lleva del enfoque externo hacia la atención interna. A menudo sucede que una actitud de ver el mundo como un lugar de competencia y hostilidad lleva a una persona a reaccionar con mayor agitación interna. Reconocer las propias limitaciones puede ser propicio para ver la necesidad de conectarte con los demás y crear armonía con el mundo que te rodea. Cantar OM es una invitación a volverte hacia adentro y a usar tu propia voz como fuente de vibración para disolver las percepciones erróneas que nublan tu comprensión. Como resultado, reconoces tu naturaleza subyacente, el resplandor de tu corazón lleno de bondad, compasión y amor incondicional; y el brillo de tu mente capaz de percibir claramente lo que está sucediendo. Luego, todos los disturbios se eliminan porque reconoces y honras que cada momento es el resultado perfecto de lo que sea que lo haya causado. Al mismo tiempo, tu claridad y calma naturales te habilitan a percibir con agudeza y sutileza las situaciones que encuentras, así como también las respuestas más apropiadas para contribuir al fluir armónico de la vida. Eso sí, recuerda, este sutra no te pide que evites actuar inteligentemente o que te vuelvas complaciente. Nota cómo este sutra hace eco del mensaje en los sutras 1.3 y 1.4, *Como resultado, presencia personificada* y *En vez de identificarte erróneamente con tus maneras de ser*, respectivamente.

Es útil recordar que la práctica del yoga es un camino gradual, por lo que el progreso puede, en algunos puntos, parecer lento.
Si reconoces que no estás separado de la vida y que, de hecho, estás encarnando la vida misma y que estás profundamente arraigado en la totalidad del Universo, ¿cambia tu perspectiva?
¿Disminuyen los ires y venires de tus maneras de ser?
¿Disminuyen las distracciones?

Integración (Samadhi)

¿Cambia algo en tu entorno interior?
¿Puede ser cierto que cantar OM ayuda a abrir tu receptividad a la comprensión y la intuición?
¿Parece que puedes escuchar mejor el susurro silencioso de tu corazón?
¿Sientes que puedes confiar un poco más en esas sugerencias suaves y tácitas que indican movimiento o acción en una dirección que se siente bien, incluso cuando tu mente duda?
¿Cantar influye en tus preocupaciones y reflexiones?

Además, como se indicó en los sutras 1.21 y 1.22, observa en qué medida los resultados de tu práctica están influenciados por tu nivel de compromiso e intensidad.

DISTRACCIONES, SUS SÍNTOMES Y ELIMINACIÓN

1.30 Las distracciones (*vikshepa*) y los obstáculos (*antaraya*) en el camino hacia el silencio interno más profundo son enfermedad (*vyadhi*), embotamiento (*styana*), duda (*samshaya*), descuido (*pramada*), pereza (*alasya*), indulgencia (*avirati*), percepción confusa (*bhranti darshana*), falta de cimientos (*alabdha bhumikatva*), inconsistencia (anavasthitatvani).

El sutra anterior presentó los resultados de la práctica de *japa* con OM: la consciencia crece y se eliminan los obstáculos. Este sutra ahora ofrece una lista completa de dichos obstáculos. Los sutras que siguen explicarán los síntomas de las perturbaciones y distracciones, así como una estrategia y una variedad de métodos para desactivar tales perturbaciones. Es un hecho que la mayoría, si no todos, quienes practican yoga encontrarán múltiples distracciones y obstáculos que los alejarán de su estado natural de calma, integración y armonía interna. Esas distracciones toman muchas formas y pueden afectarte a diferentes niveles. Es casi seguro que todos hemos experimentado algunas o todas estas distracciones y sabemos que cuando no nos sentimos bien y tenemos alguna enfermedad (*vyadhi*), es difícil prestar atención a otra cosa que no sea el dolor o la incomodidad que estamos sintiendo. En casos donde hay dolor crónico, esto también genera sentimientos de impotencia y desesperanza. Del mismo modo, la rigidez, la apatía y el embotamiento (*styana*) obstaculizan nuestra vitalidad. La vacilación, la duda y la incertidumbre (*samshaya*) a menudo socavan nuestra intención y nuestro compromiso con nuestra vida. La negligencia y el descuido (*pramada*) son evidencia de nuestra desconexión de la presencia. Estar desmotivado, inactivo y sin energía (*alasya*) nos impide participar en cada momento con enfoque e intención. El exceso y la falta de moderación (*avirati*) también seguirán distrayéndonos de nuestra intención. Un punto de vista confuso y vacilante (*bhranti darshana*) nos aleja de nuestros objetivos. Sentirse inestable y sin apoyo (*alabdha bhumikatva*) hace que sea imposible encontrar tracción en nuestro camino. Cuando sentimos que no estamos conectados a algo duradero (*anavasthitatvani*) es difícil encontrar un objetivo significativo hacia el cual avanzar, lo que nos hace sentir que estamos flotando en un océano de tareas irrelevantes. Como resultado, nuestros esfuerzos intermitentes e inconsistentes nos mueven en círculos que no llevan a ninguna parte y resultan inhibiendo nuestro progreso. Estas distracciones tienden a aparecer juntas. Cuando una está activa, generalmente atrae a otras perturbaciones.

Al considerar las siguientes preguntas, recuerda que son instrumentos para la investigación, no para encontrar fallas y auto juzgarte.
¿Cuáles son las distracciones que te impiden comprometerte de todo corazón con tu vida?
¿Puedes ver algún patrón en tus acciones que te lleva a sentirte mal?
¿Dónde te sientes rígido o atascado en mente, cuerpo, respiración, emociones?

Integración (Samadhi)

¿Qué te hace dudar de tus objetivos y de ti mismo?
¿Qué te lleva a ser descuidada?
¿Cuáles son los efectos de tu descuido?
¿Qué circunstancias o situaciones son propicias para que no inviertas tu energía en lo que es importante para ti?
¿Cuándo tiendes a excederte?
¿Cómo sabes que tu perspectiva es clara y precisa?
¿Estás haciendo lo que crees que estás haciendo?
¿Cómo te aseguras de avanzar hacia un mayor equilibrio e integración?
¿Eres estable física, mental y emocionalmente?

Una forma de poner en práctica este sutra es hacer de cada pregunta el principio rector para tu día o semana. En otras palabras, utiliza cada pregunta como un filtro para interpretar lo que sucede durante la semana o el día.
¿Qué descubres cuando haces esto?
¿Mirar tu vida a través de estos filtros sugiere ajustes a tu intención y acciones?

1.31 Los síntomas de las distracciones incluyen: angustia (*duhkha*), desesperación, sufrimiento, temblores e inestabilidad en la respiración.

Este aforismo explica que los síntomas de un obstáculo o distracción se manifiestan a nivel mental, emocional y físico. Incluyen dolor, angustia, sentirse desanimado y sin esperanza, inestabilidad, temblores y respiración irregular. Sentir estos síntomas es una indicación de que hay algo que requiere tu atención. En lugar de ver los síntomas como deficiencias, es más útil reconocer estos síntomas como maestros que te ofrecen un camino para resolver algo que está trastornando tu armonía. Estas distracciones y obstáculos ponen a prueba tu determinación, y sus síntomas te ofrecen comentarios claros que puedes utilizar para informar tus acciones. Recuerda, siempre estás a cargo de tu experimento de vida. En cada momento, estás eligiendo qué hacer con la información que recibes. Algunas de dichas decisiones son conscientes, mientras que otras son inconscientes. Cualquiera sea tu decisión, cada acción es parte de un ciclo continuo. Incluso cuando eliges ignorar los obstáculos en tu camino, te encontrarán y, posiblemente, los síntomas y la retroalimentación se harán aún más fuertes para motivarte a actuar de manera inteligente.

Recuerda que el yoga es una práctica de eliminar cualquier obstáculo que te impida estar con lo que es incondicionalmente. La paciente persistencia en tu práctica te ayuda a descubrir ineficiencias que restringen tu función óptima a nivel físico, mental y emocional. Además de examinar cada uno de los nueve obstáculos como hiciste en el sutra anterior, puedes encontrar formas de disminuir o eliminar estos obstáculos y distracciones al hacerte las siguientes preguntas:
¿Sientes restricciones físicas, mentales o emocionales?
¿Tu dolor está aumentando o disminuyendo?
¿Tus distracciones están generando más molestias y distracciones?
¿Cómo es tu perspectiva: optimista o pesimista?
¿Te está quejando más que antes?
¿Tus movimientos son armoniosos y fluidos, o temblorosos y abruptos?
¿Tu respiración es constante y continua, o forzada y difícil?
¿Te sientes feliz?

Al explorar tu entorno interno, recuerda que lo que está sucediendo es válido, porque lo estás sintiendo. Puedes pausar para dirigir tu atención a lo que está sucediendo, luego siente claramente, sin convertir tu experiencia en un drama o historia, y luego responde conscientemente (Método para la presencia: Autoconsciencia, Auto indagación, Auto cuidado en la página 98). Así tomas decisiones inteligentes para cambiar de dirección cuando es

Integración (Samadhi)

necesario. Entonces sientes los efectos de tus acciones para verificar si el cambio fue benéfico. Incluso cuando tus acciones disminuyen tu nivel actual de ansiedad, dolor o agitación, probablemente notarás, tarde o temprano, que sigues volviendo a lo que estás habituada. **Recuerda que esta es una señal de que tu práctica está funcionando, porque está mejorando tu capacidad de notar cómo te sientes, así como también tu capacidad de percibir las conexiones entre estímulos, acciones y reacciones.** Aquí es donde es importante recordar que forzar, forcejear y el auto juzgamiento son también obstáculos que te impedirán seguir adelante. En los siguientes sutras, encontrarás formas específicas de eliminar los obstáculos y las distracciones enumerados en el aforismo anterior y los síntomas descritos en este sutra.

1.32 Practicar el enfoque en un solo punto elimina las distracciones y los obstáculos.

Este sutra ofrece una idea simple pero poderosa para contrarrestar las distracciones y obstáculos enumerados en el sutra 1.30, así como sus síntomas (1.31): mantener la atención en un solo punto. ¿Qué es mantener la atención en un solo punto? ¿Te ha sucedido alguna vez que has estado tan absorto en un libro o una película que te olvidaste por completo del mundo exterior, y que ni siquiera notaste ruidos externos o el paso del tiempo? El enfoque concentrado en un solo punto es la habilidad de enfocar nuestra atención. Cuando encuentras algo que realmente te interesa, tu atención puede enfocarse con gran precisión y energía. Algunos maestros señalan que uno de estos puntos focales en nuestros días es el dinero, y que muchas personas en todo el mundo invierten la mayor parte de su atención y recursos materiales tratando de ganar dinero. Este puede ser un buen punto de investigación.

Desenreda el hilo

¿En qué inviertes tu energía, tiempo y recursos?
¿Qué en tu vida invita a un profundo nivel de dedicación?

Otra forma de pensar sobre el significado de este sutra es que las distracciones resultan de sospechar que otros tiempos y lugares son más importantes que el lugar en el que estás ahora. La noción de que otros tiempos y lugares son más importantes es, en primer lugar, completamente ilógica porque solo puedes participar completamente en el momento en el que te encuentras. Segundo, los otros tiempos y lugares en los que crees que podrías estar, son producto de tu imaginación (*vikalpa*), pues son especulaciones basadas en tus recuerdos (*smrti*) del pasado. Tercero, cuando descartas este momento, descartas la elegante sincronía de miles de eventos que orquestan este momento para que sea exactamente tal como es. De hecho, sea lo que sea que notes, puedes estar ignorando algo que es designado precisamente para ti y tu situación. Si te distraes con facilidad, puedes enfocarte singularmente en examinar tu incapacidad o desinterés en aceptar este momento tal como es, a fin de revelar la causa de tus distracciones. Entendiendo la distracción, puedes permitir que continúe interrumpiendo tu compromiso, o puedes investigarla, utilizando las simples preguntas:
¿Hay algo mal aquí y ahora?
¿Está dentro de mi poder cambiar lo que está mal?
Si puedes cambiarlo, hazlo allí mismo. Si algo está más allá de tu control inmediato, entonces es prudente renunciar a la ilusión de que tienes control sobre tal situación.

Como se mencionó en el sutra 1.12, el viaje hacia el equilibrio dinámico requiere combinar adecuadamente el hacer (*abhyasa*) y el ser (*vairagya*). En este punto del capítulo, después de enumerar los obstáculos, las distracciones y sus síntomas, Patañjali hace eco de dicha estrategia doble en este sutra y en el siguiente. Este sutra se centra en la práctica (*abhyasa*), o hacer, y el siguiente puede ser visto como una interpretación del desapego (*vairagya*). Observa que las características del enfoque puntual sostenido incluyen una intención continua, sincera y firmemente arraigada, que es la definición de práctica (*abhyasa*). El enfoque puntual también puede interpretarse como una forma de concentrar tu mente. Es una invitación a comprometerte con tu intención deliberada e inquebrantable. Para comprometerte consciente y deliberadamente, puedes preguntarte: *¿qué es lo suficientemente importante como para merecer mi atención, tiempo y energía?* Para mantener un enfoque puntual sostenido, es útil concentrarte en algo que no se desvanece, algo que no es efímero. Entonces, una pregunta relevante es:

¿Qué es lo suficientemente permanente como para no desvanecerse bajo mi atención sostenida?

O, ¿Qué es realmente duradero?

1.33 Cultivar los hábitos de amabilidad (*maitri*), compasión (*karuna*), inspiración (*mudita*) y ecuanimidad (*upeksha*) purifica la mente, el cuerpo y el corazón.

Este aforismo complementa el anterior, armonizando el esfuerzo y el compromiso necesarios para mantener un enfoque puntual con hábitos que purifican la mente, el cuerpo y el corazón. Dado que la firmeza del enfoque en un solo punto puede llevar a algunos practicantes hacia la rigidez, este sutra proporciona formas de moderar tu actitud hacia ti misma y hacia el mundo a tu alrededor a través de notar tus prejuicios para eliminar la tendencia a juzgar. Si el sutra anterior trató de involucrar tu mente, este aforismo se enfoca en tus emociones y tu corazón.

Los prejuicios y las opiniones actúan como filtros que influyen en tu entorno interior y en tu comportamiento. Tu historia personal y educación también contribuyen filtros, al tiempo que refuerzan otras de tus actitudes y tendencias. Lo que sea que esté sucediendo a tu alrededor también tiene un efecto en tus maneras de ser e inclinaciones. Cuando vas a algún lugar, fíjate si una voz interna proporciona opiniones y hace comentarios sobre lo que ves, asignando etiquetas y juicios sobre todo lo que cruza tu camino. Este sutra ofrece técnicas para aclarar tu entorno interno y promover la paz interior a través de interacciones equilibradas con el mundo que te rodea. En otras palabras, este sutra te da opciones para convertir tu reactividad en responsabilidad, para que puedas fluir en armonía con la vida. Al igual que con cualquier otra práctica, estas técnicas probablemente expongan áreas donde hay falta de claridad o donde puede haber una alta reactividad. Sin forzar, sin forcejear y sin auto juzgarte, usa estas técnicas con un enfoque puntual y consistente. Comienza por reconocer que tu punto de vista es individual, presentando una perspectiva única; y que cada persona también tiene su propia perspectiva individual. Cuando reflexionas sobre tu propia vida, puedes ver que tus ideas, formas de pensar y comportamiento han cambiado con el tiempo, y que algo que te gustó antes puede no ser tan importante o interesante ahora. Has ido afinando tu experimento de vida, de hecho, lo haces todo el tiempo, para ajustarte a tus nuevos niveles de comprensión y consciencia. A veces, incluso puedes descubrir que una idea que ahora encuentras poderosa y emocionante había estado a tu alcance por un buen tiempo antes de que le pusieras atención y que dicha idea había pasado desapercibida por completo, porque no estaba en tu radar o porque no era el momento para asimilarla o aplicarla. Independientemente de cuánto ajustes tus ideas, es probable que las sigas ajustando porque piensas y sientes que esta nueva configuración es lo mejor que puedes hacer. *Hacer lo que en este momento te parece lo mejor es el principio rector de todos esos cambios.* Esa regla general es la misma para cada persona.

Integración (Samadhi)

A medida que creces y aprendes, descubre mejores formas de hacer lo que estás haciendo: ajustando y trascendiendo tu comprensión previa e incompleta. *Esta es una señal de que estás evolucionando.* Es lo mismo para cada uno de nosotros. Todos estamos tratando de encontrar la mejor manera de hacer lo que estamos haciendo para vivir una vida plena. Y, como probablemente nos ha sucedido a todos, muchas veces encuentras que lo que creías que era la mejor opción en realidad no lo era, pues alguna restricción o limitación en tu manera de ver o pensar no te permitía ver con la claridad que tienes ahora. En esos momentos, en lugar de centrarte en cuán equivocadas o erróneas fueron tus acciones, puedes optar por enfocarte en una forma diferente y más beneficiosa de ser o hacer. Este sutra te guía a través de ese proceso para que puedas tener una actitud moderada hacia ti mismo y hacia los demás. Esta actitud es esencial para evitar la toxicidad interna y externa que producen la crítica, la amargura y el resentimiento dirigidos hacia ti mismo o hacia los demás.

Considera estas preguntas para guiar tu exploración:
Cuando otras personas están felices (*sukha*), ¿puedes identificarte con ellas y estar feliz por ellas (*maitri*), sus éxitos y circunstancias?
Cuando alguien está sufriendo (*duhkha*), ¿puedes sinceramente desear que él esté libre de dolor y sufrimiento (*karuna*)?
¿Puedes deleitarte e inspirarte (*mudita*) con las virtudes y los méritos (*punya*) de otras personas?
Al notar acciones, palabras o comportamientos reprochables (*apunya*), ¿puedes hacer una pausa e intentar eliminar tus prejuicios considerando la situación con ecuanimidad (*upeksha*) desde diferentes perspectivas y otorgarle a esa persona el beneficio de la duda?
Cuando veas a alguien haciendo algo que desapruebas, ¿puedes recordar que no eres perfecto, que has cometido errores antes y que probablemente cometerás errores en el futuro?

Desenreda el hilo

¿Cuáles son las condiciones que le pones a otras personas para aceptarlas, perdonarlas, hacerlas amigas, ayudarlas y amarlas?

También puedes reflexionar sobre esta oración: "Aunque no entienda sus acciones, cada persona en todo el mundo está tratando de encontrar paz, alegría y amor".

Después de leer estas sugerencias para la exploración, puedes tener la sensación de que se supone que debes dejar que cualquier persona haga cualquier cosa que se le ocurra, incluso cosas que sabe que son injustas o perjudiciales. Sin embargo, considera lo que sucede cuando alguien inadvertidamente te pisa uno de tus pies. Probablemente encuentres una manera de quitar tu pie de debajo de su pie y le harás saber a la persona que estaba haciendo algo que te causaba molestias o dolor. En otras palabras, haces lo que tienes que hacer para no sufrir daños ni dolor. La forma en que elijas hacer eso puede ser una elección consciente y afirmativa de la vida, o una elección inconsciente y que niega la vida: **depende completamente de ti**.

Puede parecer evidente que cultivar estos hábitos influye en tus emociones directamente. Pero es posible que preguntes, ¿cómo es que cultivar estos hábitos purifica mi cuerpo y mente? Puedes probar esto muy fácilmente. Haz una serie de movimientos sencillos que te sean familiares. Luego, trae a tu corazón un recuerdo de algo que te provoque sentimientos leves de decepción, tristeza, amargura o arrepentimiento. Nota los efectos de estos sentimientos dentro de ti. Mantén esos sentimientos y repite la misma serie de movimientos familiares. Luego pausa los movimientos, cierra los ojos y siente. ¿Notaste alguna diferencia en cómo se sintieron estos movimientos entre la primera y la segunda vez? Ahora, trae a tu corazón un recuerdo de algo o alguien que te haga sentir inspirada, esperanzado o feliz. Observa cómo cambia tu entorno interno. Mantén estos sentimientos e intenta una vez más la misma serie de

Integración (Samadhi)

movimientos familiares. Pausa, relájate y cierra los ojos. ¿Pueden tus sentimientos afectar lo que estás pensando y cómo te mueves?

1.34 Con exhalaciones y retenciones de la respiración.

Después de sugerir atención enfocada (1.32) y moderación (1.33), Patañjali ofrece una lista de posibles puntos focales. El primero es poner atención a las exhalaciones y retenciones de la respiración. Recuerda que sintonizarte con tu respiración te brinda un portal directo a la presencia, una forma segura de estar en el momento presente. Este sutra sugiere el camino para familiarizarte con tu energía vital (*pranayama*), invitando tu atención hacia adentro y estableciendo una conexión íntima con tus procesos respiratorios. Es importante subrayar que *pranayama* es la práctica de hacer que la respiración sea suave, constante y sin esfuerzo. Siempre que estés explorando tu respiración, asegúrate de NUNCA FORZAR tu respiración. Esto es muy importante. Respirar bruscamente, sentir náuseas, aturdimiento, mareos, dolores de cabeza, jadeo o agitación son signos de que estás forzando la respiración. Teniendo esto en cuenta, en una posición cómoda, observa que le sucede a tu mente y a tu entorno interno cuando te sumerges en el ritmo de tu respiración natural. Mientras observas, recuerda centrarte en las sensaciones sin agregar comentarios u opiniones. Esto puede ser suficiente. Sin embargo, también puedes intentar aumentar la duración de tus inhalaciones y exhalaciones muy lenta y suavemente, como si tuvieras todo el día para cada inhalación y exhalación. Intenta esto mientras sea cómodo, notando lo que sucede. Luego regresa a tu respiración natural y observa una vez más cómo tu cuerpo respira por sí mismo, como lo hace alrededor de 20,000 veces al día, sin tu supervisión consciente. ¿Existen diferencias entre las cualidades de tu respiración cuando la regulas y cuando tu cuerpo respira naturalmente? A medida que te conectas a tu proceso respiratorio, siente tu respiración, notando si está apurada o sin prisa, suave o entrecortada, libre o restringida.

Este aforismo habla específicamente sobre las exhalaciones. Cantar OM, haciendo que el sonido sea suave, fluido y prolongado es una forma específica de enfocarte en tus exhalaciones. También puedes explorar tus exhalaciones de otras maneras. En una postura tranquila y sin tensión, puedes intentar hacer que tus exhalaciones sean más largas, suaves y sin esfuerzo. ¿Qué notas? ¿Cómo cambian tus sensaciones? ¿Cambia esto tu clima interno y tu estado de ánimo? Es importante reconocer y subrayar que en las prácticas de *pranayama*, las retenciones de la respiración se consideran tradicionalmente técnicas avanzadas que requieren la supervisión de un maestro con suficiente conocimiento y experiencia. Una manera simple de comenzar es notar lo que sucede en las intersecciones entre cada inhalación y exhalación. ¿Qué descubres? ¿Puede ser tu respiración un punto focal útil para dejar de lado algunos de los distractores habituales?

1.35 Enfoque persistente en las sensaciones sutiles.

Continuando con las opciones para eliminar distracciones, la siguiente opción es sensibilizarse a las percepciones sensoriales más sutiles. Algunos de los puntos focales tradicionales para mejorar la percepción sensorial incluyen la punta de la nariz para mejorar el olfato, la punta de la lengua para mejorar el sabor, la raíz de la lengua para mejorar la audición, el techo del paladar para mejorar la vista y la lengua para mejorar el tacto. La punta de la lengua para el gusto y la punta de la nariz para el olfato parecen obvias para la mayoría de las personas. Una de las razones sugeridas para relacionar el techo del paladar con la vista es por su cercanía al nervio óptico. Del mismo modo, la razón de usar la base de la lengua como punto focal para la audición es su proximidad al sistema auditivo. Finalmente, la razón para usar la lengua como punto focal para mejorar la percepción táctil es que la lengua es la parte del cuerpo con

Integración (Samadhi)

mayor sensibilidad táctil[ii]. Así que concentrarse en la lengua puede aumentar la sensibilidad al tacto en todo el cuerpo. La única forma de saber si estos puntos focales funcionan es observar si hay un desarrollo gradual del sentido en el que estás meditando. Esta práctica puede ser útil para eliminar distracciones. Sin embargo, potencialmente, puede convertirse en una forma de seguir persiguiendo a tus sentidos. Puedes pensar en enfocarte en las percepciones sutiles de los sentidos como una práctica para orientar tus sentidos internamente (*pratyahara*). Cuando te orientas hacia tus sentidos internos, en lugar de dejar que tu mente persiga los fenómenos externos, puedes desarrollar una mayor sensibilidad a las sutilezas que generalmente escapan a tu percepción.

Otra posible vía de exploración es invitar a los estímulos sensoriales externos a convertirse en un camino para cultivar tus percepciones sutiles internas. Por ejemplo, concéntrate en la llama de una vela durante el mayor tiempo posible y luego cierra los ojos manteniendo tu atención en las impresiones resultantes (*trataka*). Quédate con la impresión el mayor tiempo posible. ¿Qué notas? Puede ser valioso prestar atención a dónde va tu consciencia a medida que las impresiones sutiles se desvanecen. Esto puede indicar las ideas, pensamientos o maneras de ser que están profundamente arraigadas en ti. Puedes hacer una práctica similar con un sonido específico, como el sonido de un cuenco tibetano. También puedes usar el contacto muy suave entre tus dedos, juntando las puntas de tu dedo índice y pulgar de la manera más sutil posible. Tomar un sorbo de agua y seguir las sensaciones del gusto también puede ser un punto focal para conocer los aspectos más sutiles del gusto y el sabor. Por supuesto, el incienso es un punto focal tradicional para conectarte con las sutilezas en los aromas.

Como es usual, una actitud de curiosidad, la curiosidad por aprender más sobre ti mismo y sobre cómo funcionan tus sistemas, puede ser un fuerte motivador para profundizar más hacia tu interior. En este viaje interno de exploración, recuerda que la experiencia directa (*pratyaksha* 1.7) es el camino del yoga. Por lo tanto, deja de lado predicciones y expectativas y, en cambio, observa los cambios orgánicos a medida que se van desarrollando. Una opción más es seguir los sentidos hasta el núcleo de tu ser, para que llegues al hecho fundamental sobre ti, el "soy", tu vitalidad. Esta idea continua el hilo de lo que se presentó en el sutra 1.17. ¿Qué sucede en tu mente, cuerpo y emociones cuando practicas una de estas técnicas de manera consistente?

1.36 Cultivando la luz interior.

Al igual que con los sutras anteriores, este sutra se puede interpretar de dos maneras. Uno es como una técnica independiente para eliminar las distracciones. El otro enfoque es ver esta práctica como una continuación del proceso de involución, que es la progresión gradual en la exploración de tu mundo interior. A medida que los sentidos se tornan hacia adentro y la sensibilidad crece, los aspectos más sutiles de tu mundo interior se notan más claramente. El proceso es un incremento orgánico en tu capacidad de enfocar tu atención. Esta es la práctica de la concentración (*dharana*). El punto focal en este caso es tu luz interior. Toda persona tiene una luz interior, la luz de la vida. Vemos esta luz brillando en los bebés. De hecho, es difícil no ver ese brillo en ellos. Esta es una de las razones por las que los bebés atraen nuestra atención y con mucha frecuencia provocan una sonrisa muy fácilmente. A medida que una persona se establece cada vez más en sus maneras de ser, los comentarios internos se convierten en una interminable letanía de opiniones, historias, creencias, gustos y disgustos. Como se sugirió en el sutra 1.4, si esas maneras de ser no están reguladas, tendemos a identificarnos con ellas. En otras palabras, la luz interior en el centro de nuestro ser está nublada por nuestras maneras de

Integración (Samadhi)

ser. La palabra de uso frecuente, "iluminado", se refiere a alguien cuya luz interior brilla, permitiéndole ver todo con claridad, sin obstáculos provenientes de quien cree que es o quien piensa que debería ser.

Trataka, la práctica de fijar la vista en la llama de una vela es una técnica accesible para comenzar. En una habitación oscura sin corrientes de aire, siéntate en una posición cómoda a 60 centímetros de distancia de una vela colocada a la altura de los ojos. Centra tu mirada en el centro de la llama y, manteniendo los ojos suavemente enfocados, intenta concentrarte en la luz todo el tiempo que puedas sin ningún esfuerzo. Cuando llegues a un límite cómodo, cierra los ojos suavemente y permanece con la luz interior el mayor tiempo posible. Explora la opción de intentar conectar esa luz detrás de tu frente al centro de tu cerebro y hacia abajo a través del centro de tu garganta hasta el centro de tu pecho. Visualiza tu corazón envuelto en una luz suave como el fulgor de la luna llena. Cuando la sensación de luz se desvanece, abre los ojos y mira la vela nuevamente. Algunos textos tradicionales sugieren mantener la mirada fija hasta que los ojos comiencen a producir lágrimas. Puedes probar esto y notar cómo te sientes y si funciona para ti. Practicar con paciencia y persistencia puede hacer que sea más fácil sentir la impresión de luz detrás de la frente y desde allí conectarte a la luz en tu corazón.

También puedes traer pensamientos alegres a tu mente y sentimientos inspiradores a tu corazón para invitar a que surja este brillo interior. Por ejemplo, puedes pensar en algo que te haga sonreír o puedes recordar un momento particularmente feliz. Luego, gradualmente, dejas ir los detalles y te quedas con las sensaciones residuales. Otra forma de acceder a este resplandor es conectándote con la gratitud y amor por tu vida, tu pareja, parientes, amigos y maestros. Como de costumbre, elige una técnica, practica lo mejor que puedas y observa sus efectos. ¿Es esta práctica útil o inútil?

1.37 Concentrarse en la serenidad más allá de los deseos o en la mente de alguien que está más allá de gustos y disgustos.

Hay profunda calma y tranquilidad dentro de ti todo el tiempo. Esa serenidad es la base de tu ser, la amplitud y comodidad en la que te relajas al final de tu día una vez que dejas ir tus recuerdos, preocupaciones, planes y deseos. En otras palabras, cuando te enredas en tus propias maneras de ser, es fácil olvidar que en el fondo de ti hay paz, alegría, consciencia y amor. Un ejercicio simple puede ser revelador. Durante una semana, presta atención al último pensamiento que tienes antes de quedarte dormida. Observa también cuál es el primer pensamiento que tienes cuando te despiertas. Si hay un patrón, pregúntate si es un hábito, una de tus maneras de ser. Por ejemplo, el último pensamiento del día puede ser un recordatorio de una tarea que debes realizar al día siguiente. Estos últimos y primeros pensamientos indican algunas de las cosas que estás haciendo lo suficientemente importantes como para que permanezcan en tu espacio interno. Observa si dichas cosas son propicias para sentir integración, alegría y éxito. Si esta tendencia actual no es muy útil en este momento, considera crear un nuevo hábito, hacer las paces contigo mismo, con tu día y con tu vida al final de cada día reconociendo que el día ha llegado a su fin. Tómate unos minutos para reflexionar sobre tus intenciones, acciones e interacciones. Observa qué podría mejorarse y qué salió bien. Luego, relájate y da las gracias por el día. Como último pensamiento, ¿puedes enviarte amor y aceptación? ¿También puedes enviar amor y aceptación a tus seres queridos y gradualmente a amigos, conocidos y quizás a todos los seres vivos? Del mismo modo, puedes comenzar tu día con gratitud por estar con vida en un nuevo día, recordando que ningún día está garantizado. Invítate a participar en tu vida hoy con entusiasmo, inteligencia y humildad. Existen prácticas similares en una variedad de tradiciones que pueden ser útiles y que pueden resonar

Integración (Samadhi)

mejor contigo. Pruébalas durante unos días y observa los efectos. ¿Contribuyen estas prácticas a crear una sensación de serenidad en ti? ¿Puede eso actuar como una forma de recordar tu tranquilidad interior?

Cuando se ve como un paso que sigue al paso sugerido en el sutra anterior, este aforismo puede interpretarse como el camino a la meditación (*dhyana*). Para meditar, primero enfocas tu mente (*dharana*), luego te permites relajarte, aflojando gradualmente la intensidad de tu enfoque, mientras permaneces presenciando el momento tal y como es sin ningún esfuerzo. En otras palabras, la transición de la concentración a la meditación completa el proceso de pasar del hacer al ser. El deseo es útil para establecer un curso de acción; sin embargo, el deseo también puede ser una fuente de agitación interna y reactividad que nubla tu profunda paz interior. Si la serenidad profunda dentro de ti parece estar fuera de tu alcance, puedes inspirarte concentrándote en alguien que realmente está más allá de las preferencias, más allá de gustos y disgustos. Aunque en estos días puede parecer que hay una escasez de personas que viven en paz, estos seres inspiradores nos rodean. Presta atención a las personas en tu entorno y siente curiosidad por los signos que te indican que una persona vive en paz y armonía. Esta búsqueda puede ser educativa y puede ofrecerte sorpresas, así como también puede ofrecerte evidencia de tus maneras de ver. Puedes utilizar el corazón-mente de esa persona inspiradora como el punto focal para ti. Observa si esta práctica te ofrece una buena forma de disipar las distracciones.

1.38 Obtener comprensión de los sueños y cultivar el sueño profundo.

En el espacio atemporal de los sueños, eres testigo de una parte de tu mente que intenta dar sentido a las impresiones que tus experiencias te han dejado. A menudo es sorprendente ver los escenarios fantásticos y las dispares asociaciones entre eventos provenientes de diferentes aspectos de tu vida. Cada persona está en un proceso constante de escritura, edición y reescritura de la narrativa maestra de su vida para encontrar significado y crear coherencia en sus acciones. Hay muchos estímulos que se perciben pero que la mente consciente no puede procesar. Un ejemplo es cuando juegas un juego de preguntas y respuestas y te sorprendes al saber información que no sabías que sabías. En tus actividades diarias, es probable que cualquier cosa que cause una reacción emocional sea notada y almacenada en tu memoria. El proceso de soñar puede entenderse como una de las formas en que tu mente trata de adaptar estas impresiones a tu historia personal.

En el sutra 1.17 se introdujo la progresión de los niveles de concentración de lo superficial a lo más sutil, seguido del aforismo 1.18 donde dice que una vez se neutralizan las maneras de ser, solo quedan impresiones. Este sutra sugiere una forma de procesar estas impresiones enfocándote en el contenido de tus sueños y las impresiones emocionales que te han dejado para aprender de ellas. Como resultado, puedes comprender tu mente subconsciente con mayor claridad. A medida que te adentras en la exploración de tus paisajes oníricos, es importante reconocer el valor y la importancia de dormir bien y dormir tanto como necesitas. Esta exploración puede mostrarte cómo tus pensamientos, actitudes y comportamientos durante el día te influencian a un nivel profundo. Por ejemplo, si lees algo antes de irte a dormir, o si ves una película antes de acostarte, ¿notas que algunas de esas ideas en el libro o en la película influyen en la calidad y en contenido de tus sueños? Puedes establecer tu intención de recordar tus sueños y verlos como mensajeros que viajan a través de canales distintos a la deducción y la inferencia. Al igual que la exploración previa de tu verdadera naturaleza, este sutra te recuerda que cuando duermes, muchas de tus actividades internas disminuyen, reduciendo las distracciones y dando paso a una calma más profunda.

Integración (Samadhi)

Siguiendo el hilo de los sutras anteriores, este sutra puede entenderse también como la siguiente etapa en el proceso de involución. Después de que tu mente se establece en la serenidad, solo quedan impresiones subconscientes (como se mencionó en el sutra 1.18).

A medida que tu entorno interno se tranquiliza, ¿cuáles son las impresiones residuales que emergen? ¿Son estas impresiones los remanentes de deseos, experiencias e interacciones pasadas? Cuando notas estas impresiones, ¿puedes permitir que se esfumen simplemente sintiéndolas sin tratar de convertirlas en historias para entretenerte?

1.39 O, enfocándose en cualquier cosa edificante.

Este aforismo reafirma el hecho de que el Yoga Sutra es un compendio no dogmático e integral de técnicas de yoga. Entendiendo que cada persona es única y que el mismo camino puede no ser el mejor para todos, Patañjali ofrece una invitación abierta para eliminar las distracciones dedicando tu energía y consciencia a lo que encuentres edificante. Este sutra también te recuerda que el yoga se trata de tomar las decisiones más inteligentes y apropiadas entre las opciones que tienes a tu disposición. Toma un momento para considerar que es lo que te llena de inspiración.

¿Qué encuentras realmente edificante?
¿Cómo es la experiencia directa de sentir inspiración?
¿Cómo se relaciona la experiencia directa de la inspiración a otras experiencias como sentir bondad, amor, compasión y ecuanimidad?
¿Cómo estás cultivando pensamientos, intenciones, acciones e interacciones edificantes en tu vida diaria?
¿Qué sucede cuando tomas la decisión consciente de buscar inspiración en todo

lo que haces?

Progresión del discernimiento hacia la liberación

El conjunto final de sutras en el Capítulo Uno detalla el proceso introducido en el sutra 1.17, profundizando en la integración después de modular tus maneras de ser y cuando no hay obstáculos o distracciones que te alejen de estar plenamente presente. Este es un proceso gradual para ir más allá de las creencias y opiniones que limitan tu entendimiento.

1.40 La presencia enfocada y estable revela una visión de todos los aspectos del universo, desde lo más pequeño hasta lo más grande.

En la eterna danza entre la vida y la consciencia, la vida es constante cambio, mientras que la consciencia es la vitalidad, el saber, el darse cuenta, la experiencia inmediata y directa de ser. Nuestras maneras de ser son un marco, un conjunto completo de filtros, no siempre internamente consistentes, que utilizamos para participar en la vida. Aunque útiles, cada marco tiene limitaciones, especialmente cuando no sabemos lo que no sabemos. Esos puntos ciegos se convierten en una fuente de confusión porque el marco proporciona información limitada, inexacta o inútil cuando te encuentras en situaciones nuevas, inesperadas o impredecibles. En dichas situaciones, las deficiencias de nuestro marco interpretativo se convierten en obstáculos y en fuentes de frustración. Conocer claramente el marco que usas para interpretar tus experiencias te permite reconocer sus ventajas y sus desventajas. Además, dejar de lado el filtro interpretativo por un tiempo brinda oportunidades para percibir lo que puede haber estado oculto por lo que crees saber, revelando lo que ha estado frente a ti todo el tiempo. Muchos de los descubrimientos en la historia de la humanidad han sido accidentales. Ocurrieron cuando una persona notó algo inusual o inesperado, algo que no encajaba en la forma habitual de pensar en ese momento. Por lo general, esto sucede cuando se considera algo desde una perspectiva diferente o un punto de vista distinto. De hecho, descubrir algo es simplemente reconocer lo que hasta este momento estaba fuera de nuestra consciencia. El descubrimiento sucede por nuestra capacidad de dejar de lado nuestra forma habitual de explicar o comprender un fenómeno, abriendo la puerta a una nueva forma de ver.

Este aforismo te recuerda la importancia de aflojar tu control sobre las historias en las que has elegido creer. Para ver con claridad, invitas la posibilidad de ver desde una perspectiva distinta. Esto es como cuando intentas recordar una palabra que conoces, y cuanto más lo intentas, más retrocede la palabra. A medida que te relajas y dejas de forcejear, la palabra emerge sin esfuerzo. Cuando eliges minimizar todas tus acciones para crear espacio para solo ser, ¿qué sucede? ¿Qué sucede cuando tu atención no se dirige en muchas direcciones diferentes? ¿Qué necesitas para no aferrarte a lo que crees saber? Entonces, ¿qué notas cuando miras el mundo a través de los ojos de profunda paz y calma interior? ¿Es posible que tu silencio interior te permita percibir todo lo que te rodea desde lo más pequeño hasta lo más grande con mayor claridad? Una exploración simple que puedes intentar es encontrar una posición cómoda que te permita estar relajada y alerta. Luego siente la capa más externa de tu cuerpo físico. Nota las sensaciones en los lugares donde tu piel toca algo. ¿Puedes sentir el espacio a tu alrededor, más allá de tu piel? ¿Puedes expandir gradualmente tu receptividad para percibir sensaciones cada vez más lejos de ti? ¿Podría ser posible que sigas expandiendo tu sensibilidad? También puedes intentar una exploración similar yendo hacia adentro. Comienza en una postura relajada que sea conducente a estar alerta. Permaneciendo inmóvil, siente tu piel desde el exterior. Luego, nota si es posible sentir tu piel desde adentro. Gradualmente dirige tu atención a la capa adiposa debajo de tu piel. Continúa sintiendo los tejidos conectivos superficiales. Sigue explorando hacia adentro para sentir los tejidos conectivos profundos y sus conexiones con los músculos, huesos, nervios y vasos sanguíneos. ¿Puedes concentrarte en tus vasos sanguíneos? ¿Es posible sentir como fluye tu sangre a través de tu cuerpo? ¿Es posible sentir las células en el torrente sanguíneo? Profundizar tu sensibilidad te ofrece la posibilidad de percibir con mayor claridad. ¿Estás desarrollando una mayor sensibilidad para expandir tu comprensión? Si es así, ¿Cuáles son las diferencias entre lo que percibes intuitivamente y lo que crees saber?

1.41 Libre de distracciones, la mente y el corazón del yogui se vuelven puros, como un cristal que refleja completamente y sin distorsión lo que sea que esté frente a él (*samapatti*).

Esta es el punto de entrada a la meditación. La palabra usada en este aforismo es *samapatti*, que significa ceder, rendirse y unirse. Cuando te liberas de tus expectativas y opiniones, cuando dejas de lado quien crees que eres, todos los aspectos de ti se unen, no hay ilusión de separación entre el cuerpo y la mente o entre el interior y el exterior. Entonces, no hay necesidad de tener una reacción sobre todo lo que sientes. En otras palabras, sientes con gran claridad. En lugar de tratar de comentar sobre lo que estás sintiendo; tu percepción se convierte en una ventana abierta. Por lo general, todas tus experiencias están coloreadas por tu pasado, incluyendo tus preferencias, eventos anteriores y las impresiones que dejaron en ti. Por ejemplo, para la persona que fue ridiculizada en la escuela, tomar una clase como adulto puede generar ansiedad debido a las impresiones dejadas por dichas experiencias tempranas. Como resultado, la perspectiva de esa persona sobre la clase puede verse nublada por sus impresiones pasadas. Tus maneras de ser son todas acumulaciones de estas

Integración (Samadhi)

experiencias previas que aún tienen un efecto en tus actitudes, pensamientos, emociones, acciones e interacciones. Una vez que neutralizas efectivamente tus maneras de ser, lo que sea que esté frente a ti puede ser percibido sin distorsiones. Cuando el objeto se remueve, la mente no se aferra a él. En cambio, la mente permanece tranquila y abierta. Este es el umbral de la integración (*samadhi*).

Reflexiona:
Cuando diriges tu mente hacia un objeto o idea, ¿cuán claramente lo percibes? Si surgen distracciones, ¿cómo se manifiestan?
¿Son estas distracciones sensaciones, pensamientos, palabras, imágenes?
¿Qué efecto tiene la distracción sobre tu experiencia interna?
¿La distracción o el obstáculo generan reactividad?
¿En qué medida están relacionadas las distracciones con tus expectativas?
¿Te enredan tus distracciones en una red cada vez mayor de historias que te alejan de tu objeto focal y tu experiencia directa?
¿Hay algunas distracciones conectadas con quien crees que eres, quien solías ser o quien deberías ser? *¿Pueden estas preguntas ser un camino para liberar distracciones y aprehender lo que está frente a ti con mayor precisión y sin interferencias?*

1.42 Cuando la consciencia es coloreada por el objeto focal, su nombre y su significado, integración con razonamiento (*savitarka samadhi*).

Continuando más profundamente en el camino de la meditación, este sutra define *savitarka samadhi*, el primer aspecto de la primera etapa de integración (*samadhi*) enumerada en la secuencia en el aforismo 1.17. La primera etapa de la meditación (*vitarka*) se relaciona con lo que es perceptible a través de los sentidos y se subdivide en dos partes. La primera, *savitarka samadhi*, va más allá del estado de meditación (*dhyana*) donde tu mente percibe el objeto focal sin interferencia externa o interna. En sánscrito, *vitarka* significa argumento, imaginación, opinión, razonamiento. *Savitarka* significa con razonamiento o con deliberación. En este primer nivel de meditación, los contenidos de la mente incluyen solo el objeto, su nombre y su profundo significado y propósito. Por ejemplo, puedes elegir ॐ como tu objeto focal. El objeto es ॐ, su nombre es *pranava* y su significado, lo que sabes sobre él y su propósito. Estos tres aspectos del objeto focal son distintos. Tu conocimiento al respecto puede incluir que es el sonido que representa al Ser Supremo, así como las ideas en el *Mandukya Upanishad*. Sin embargo, si no supieras nada sobre el *Mandukya Upanishad*, eso no afectaría al objeto en sí. Incluso si eliges llamarlo OM o AUM, el objeto focal no se vería afectado. En esta etapa de meditación, tu consciencia gravita hacia estos tres aspectos del objeto focal, el objeto focal en sí, su nombre y lo que sabes sobre él. Tu mente no se desvía de él. En otras palabras, tu meditación incluye razonamiento y opinión con respecto a tu objeto focal. *¿Qué sucede cuando intentas elegir un objeto focal y meditar sobre él, su nombre y su significado?*

1.43 Cuando el objeto de meditación se destaca sin ningún pensamiento o recuerdo asociado a él, integración más allá de la conceptualización (*nirvitarka samadhi*).

Este aforismo habla de la segunda subdivisión del primer aspecto de la integración (*samadhi*) mencionada en el sutra 1.17, integración más allá de la conceptualización (*nirvitarka samadhi*). La práctica del yoga es un proceso constante de avanzar hacia niveles más sutiles de tu experiencia, lo que significa

Integración (Samadhi)

que sigues refinando tu capacidad de percibir conscientemente aspectos cada vez más sutiles de tu ser. En la etapa anterior (*savitarka samadhi*), el objeto, su nombre y tu conocimiento sobre él fueron útiles para concentrar tu atención. En este nuevo nivel, esos mismos elementos se convierten en un obstáculo para alcanzar un nivel más profundo de meditación porque mantienen tu consciencia en un nivel más superficial. Dado que los elementos asociados al objeto focal se dejan de lado, esta etapa se llama integración más allá de la conceptualización (*nirvitarka samadhi*). El objeto se destaca y tu mente no intenta cargarlo con significado, pensamientos y opiniones. Este es un punto crítico para avanzar hacia estar con lo que es, tal como es, y estar contigo mismo tal como eres. Ten en cuenta que, en un día promedio, gran parte de tu atención probablemente se centra en detalles externos y quizás en el nivel superficial de aquello con lo que interactúas. De hecho, el ejercicio "¿Estoy presente?" (página 39) y las ideas presentadas en la sección "Pautas para el viaje" (página 42) dirigieron tu atención a las muchas formas en que surgen las distracciones. Se puede argüir que el propósito de muchas de las técnicas en el yoga es ayudarnos a notar las variadas maneras en que surgen las distracciones. En la etapa anterior de *samadhi*, puedes mantenerte enfocada, mientras que en esta etapa estás completamente enfocada solo en el objeto sin agregar ningún comentario.

Durante tu día, elige notar con qué frecuencia tu atención se dirige a pensamientos aparentemente aleatorios y a recuerdos desencadenadas por los estímulos que te rodean. Luego indaga:
¿Es este un proceso voluntario o involuntario?
¿Hasta qué punto puedes estar tan absorto en algo que tu charla interna se detiene?
Cuando eso sucede, ¿sientes objetos, acciones e interacciones con mayor intensidad?
¿Tus recuerdos, predicciones y expectativas mejoran tu nivel de consciencia?

¿Qué actitudes son más propicias para una atención más profunda?
Si recuerdas que cada momento es único e irrepetible, ¿estás más atenta?

1.44 Cuando el objeto de la meditación se siente en su esencia sutil constitutiva, la integración contemplativa (*savichara samadhi*). Aún más sutil, la integración más allá de la contemplación (*nirvichara samadhi*) lleva al yogui a experimentar directamente el objeto focal.

Mientras que los dos sutras anteriores, 1.42 y 1.43, explican dos subdivisiones del primer estadio de integración (*vitarka*), este sutra se refiere a las dos subdivisiones del segundo estadio de integración (*vichara*) mencionado en el aforismo 1.17. El segundo estadio se centra en meditación centrada sobre objetos focales más sutiles. Los significados de *vichara* en sánscrito incluyen contemplación, pensamiento, consideración, reflexión. Por ejemplo, en el ejercicio "¿Cómo se siente una sonrisa?" (página 52), primero trataste de notar las sensaciones físicas que tenían lugar cuando sonríes. Cuando haces de esas sensaciones tu punto focal y tu experiencia esta coloreada por tu conocimiento acerca de la sonrisa, como cuáles músculos están involucrados en sonreír, estarías en la etapa de integración con razonamiento (1.42 *savitarka samadhi*).

Cuando permaneces con el mismo punto focal, tu sonrisa, y simplemente con las sensaciones despertadas por la sonrisa sin ninguna deliberación o razonamiento relacionados a tu sonrisa, estarías pasando a la fase de integración más allá de la conceptualización (1.43 *nirvitarka samadhi*). Si permaneces con el mismo enfoque y te adentras en aspectos más sutiles del sonreír, como las emociones o memorias desencadenadas por la sonrisa o tu conocimiento acerca de este aspecto más sutil de tu sonrisa, estarías llegando a la fase de *savichara samadhi*, integración contemplativa. En este nivel, aun cuando hay emociones, ellas no generan ninguna reactividad. Para sobrepasar este nivel, hasta la integración más allá de la contemplación (*nirvichara samadhi*), enfocas tu atención en la experiencia directa de las sensaciones y emociones generadas por tu sonrisa. No hay ningún tipo de reflexión o deliberación interna.

¿Qué objetos focales son lo suficientemente fascinantes como para invitarte a estos estadios etapas más profundos de la meditación?
¿Qué efecto tiene en ti sentir un objeto focal directamente?
¿Qué efecto tiene esto en tus valores, deseos e intereses?

1.45 Los niveles más profundos de sutileza revelan el sustrato indiferenciado de la existencia.

Este sutra ofrece una visión del proceso continuo de purificación yóguica, un desprendimiento de los apegos a las capas de existencia desde lo más aparente hasta lo más sutil hasta que todo lo que queda es consciencia pura. En los cuatro sutras anteriores observas este proceso. Empiezas por aclarar tu mente y tu corazón. Luego te enfocas en un objeto de meditación desde su forma, nombre y significado hasta su esencia sutil. Como lo indicó el sutra 1.17, eventualmente este proceso te lleva a conectarte con mayor claridad con los aspectos más imperceptibles de tu propio ser, comenzando por sentir las sensaciones en tu ser, notando también pensamientos y emociones hasta llegar a sentir el ámbito común en el que suceden tus sensaciones, pensamientos, emociones y experiencias, tu propio sentido de ser. Sientes tu propia vitalidad directamente y sin distracciones. Incluso más profundo que tu propio sentido de ser es el fundamento de la vida, *prakrti*. *Prakrti* es la matriz de la naturaleza. Sin principio ni fin, *prakrti* es la esencia primordial e indiferenciada de todo lo que existe. *Prakrti* es el potencial puro del cual la naturaleza se manifiesta en una transformación continua e interminable. En el sutra 1.19, los *prakrtilayas* fueron mencionados como aquellos seres que se identifican con el aspecto más sutil de la naturaleza, permaneciendo fusionados en la naturaleza (*prakrti*). Este es un nivel de existencia más sutil que estar encarnado, sin embargo, no es la liberación completa que resulta de dejar de lado incluso el apego a la naturaleza.

Una forma de sondear el significado de este sutra es sentir curiosidad por sentir directamente las respuestas a estas preguntas:
¿Cuáles son los aspectos más sutiles de tus propias experiencias?
¿Qué hay más allá de tu aspecto más sutil?
¿Cuál es el espacio donde tienen lugar todas las experiencias?

Recuerda que gradualmente vas dejando atrás los procesos de conceptualización.
¿Qué sucede cuando intentas esto?

Otra opción es usar el mantra "Yo estoy aquí ahora" (página 53). Comienzas a cantar en voz alta, convirtiendo gradualmente el sonido en un susurro muy suave. Luego, cantas en silencio mientras todavía mueves la boca casi imperceptiblemente. Sigues repitiendo el mantra en silencio. Luego, sueltas la palabra "aquí" así que cantas "yo estoy ahora". Continúas y sueltas la palabra "ahora". Continúas cantando "yo estoy". Y después de un tiempo sueltas la palabra "yo". Sigues cantando "estoy" en silencio de la manera más suave posible. ¿Qué pasa cuando intentas esto?

Integración (Samadhi)

1.46 Estos estados previos de meditación profunda (*samadhi* – integración) se llaman con semilla (*sabija*), porque usan un punto focal concreto o sutil.

Las prácticas de meditación hasta este punto han utilizado un objeto focal como soporte, llamado semilla (*bija*). Al igual que el andamio se erige durante la construcción de un edificio, independientemente de cuán útil fue el andamio, una vez que el edificio está completo, el andamio se convierte en un obstáculo y, dado que ya no es útil, se retira. Del mismo modo, el proceso de involución de la meditación sigue avanzando desde el exterior hacia el aspecto más interno de tu ser. Cualquier punto focal que estés utilizando para enfocar tu consciencia eventualmente será soltado. Otra razón por la que estos tipos de integración (*samadhi*) se llaman con semilla (*sabija*) es porque todavía quedan algunas impresiones restantes (*samskaras*) almacenadas en la memoria subconsciente del practicante. Estas impresiones son las semillas de acciones e inclinaciones futuras.

Puedes probar la idea de ir refinando el punto focal con la técnica para cantar OM o AUM sugerida en el sutra 1.27. Comienza a cantar a un nivel cómodo con sonido externo que establece un flujo continuo de aire y sonido para invitar a tu mente a permanecer centrada en esta experiencia. Gradualmente, comienza a disminuir el volumen de tu canto manteniendo el sonido estable y fluido a medida que se vuelve más y más suave. Tómate tu tiempo y disfruta de la experiencia. Continúa haciendo que el sonido sea más suave hasta que se convierta en un susurro apenas audible. Luego continúa moviendo la boca mientras cantas en silencio, haciendo que los movimientos sean cada vez más sutiles. Permanece enfocado hacia adentro, deja de mover tus labios y haz tu canto interno aún más delicado para que tu atención permanezca centrada con sutileza y sin esfuerzo. Continúa hasta que el canto silencioso sea lo más sutil posible. Finalmente, deja el canto silencioso y permanece con su reverberación silenciosa en tu ser. Mantén este enfoque suave pero persistente por tanto tiempo como sea cómodo. Cuando tu mente se distraiga, vuelve a cantar al mínimo nivel de esfuerzo, y finalmente deja de lado el canto.

¿Qué sucede cuando intentas esto?

¿Qué notas?

1.47 La integración más allá de la contemplación (*nirvichara*) purifica el ser interno.

Este sutra te recuerda que la experiencia de meditación, como todo el yoga, es un proceso de deshacerse de todo lo innecesario. Pasar por la progresión de la meditación te lleva de estar libre de distracciones a refinar tu habilidad para dirigir tu consciencia hacia objetos de meditación cada vez más sutiles. Alcanzar el nivel de integración más allá de la contemplación (*nirvichara samadhi*) purifica tu mundo interior. Las maneras de ser que solían nublar tu consciencia son neutralizadas efectivamente. El resultado es la sabiduría. Esto significa que percibes todo tal como es en lugar de mirar a través de los filtros de tus creencias, historias, opiniones y preferencias. ¿Es posible que los filtros que colorean tu percepción han ido disminuyendo y son menos dominantes? ¿Está tu voz interna, que comenta y juzga todo lo que percibes, volviéndose más silenciosa?

Integración (Samadhi)

1.48 Entonces la consciencia reside en la verdadera sabiduría absoluta (*rtambhara*)

1.49 La verdadera sabiduría absoluta, que surge de la intuición y el discernimiento puros, difiere del conocimiento obtenido a través de la inferencia y el testimonio.

La palabra sánscrita utilizada en el sutra 1.48 es *rtambhara*, que significa llevar la verdad en uno mismo. Este es el resultado natural del proceso descrito en los sutras 1.41 al 1.47. Cuando no hay distracciones, ya sean externas o internas, tu consciencia puede ser dirigida con una precisión penetrante. Como tú entorno interior ha sido purificado, vives el mundo tal como es. En otras palabras, presencias con gran claridad la intrincada y delicada red de interconexiones entre todo lo que existe. En esta etapa del viaje, puedes regular tus maneras de ser, tus sentidos están unificados y puedes enfocar tu mente sin esfuerzo en lo que elijas. Entonces, no hay distracciones, nada que perseguir, nada que alejar. Sin distracciones, puedes distinguir claramente entre conocimiento e intuición. Recibes ideas e inspiración cuando conectas con la sabiduría que informa toda la vida. La mayoría de las personas sienten breves destellos de esta claridad. ¿Te ha sucedido alguna vez que piensas o recuerdas a alguien que conoces y en aparente coincidencia esa persona te contacta? ¿O que te sientes obligado a hacer algo y que esa acción te lleva a un encuentro o experiencia inesperados pero bienvenidos? ¿O que has estado tratando de resolver un problema o una situación y crees que has pensado en todas las opciones posibles, pero que todavía no has encontrado una solución viable e, inexplicablemente, se te ocurre una idea que de repente te ofrece la solución perfecta? Reconocer la intuición y aprender a confiar en ella como la sabiduría que guía la vida en todas partes, te ayuda a reconocer tu propia conexión con la intrincada trama de la vida.

El Sutra 1.49 enfatiza la importante diferencia entre lo que sabes por inferencia (*anumana*) y testimonio (*agama*), dos de las formas de conocimiento correcto mencionadas en el sutra 1.7, y la sabiduría personificada que resulta de la meditación. Aunque las fuentes confiables de información útil pueden servir como guías a lo largo de tu recorrido, tu experiencia directa de la sabiduría no puede ser reemplazada por ese conocimiento. A medida que distingues entre lo que piensas y la verdadera sabiduría, sabes que la sabiduría no se origina en ti. Por lo tanto, en lugar de tomar crédito por la información que recibes, la aprecias con humildad como un regalo recibido cuando simplemente escuchas con atención y calma.

¿Cómo escuchas el silencioso susurro de la sabiduría en tu práctica?

¿Cómo se manifiesta esta sabiduría en tus actividades diarias?

¿Eres capaz de diferenciar lo que crees de la verdadera sabiduría?

¿Qué necesitas para confiar en esta sabiduría?

¿Las ideas que recibes, cuando confías en ellas, resultan en una mayor armonía?

1.50 Las impresiones creadas por la verdadera sabiduría absoluta evitan que otras impresiones (*samskaras*) broten, desactivando impresiones latentes, así como también impresiones no manifestadas o *karma*.

Recuerda que todo lo que haces, incluidos tus pensamientos, emociones, intenciones y acciones, deja una impresión en tu memoria. Cuanto más frecuentemente hagas algo, más fuerte será la red interna de impresiones (*samskaras*). Puedes probar esta idea con bastante facilidad. Si hay regularidad en tu horario, notarás que te despiertas a la misma hora todos los días sin necesitar un despertador. O, si tienes una rutina para usar hilo dental y cepillarte los dientes, ni siquiera tienes que pensar para seguirla. Muchos maestros sugieren practicar yoga en el mismo espacio y a la misma hora todos los días para generar una impresión que se convierta en un hábito útil.

Integración (Samadhi)

Entonces, ni siquiera tienes que pensar en encontrar tiempo en tu horario para practicar. Simplemente sientes el impulso inconsciente que te lleva a practicar. Esto es particularmente cierto si tu práctica es refrescante, agradable e interesante. Este mismo principio básico opera también en este nivel superior de práctica. A medida que eliminas las distracciones y sientes tu calma interior con frecuencia, tu red interna de impresiones beneficiosas se fortalece. Tu organismo asigna más energía y atención a esas impresiones útiles. Con menos energía asignada a las impresiones poco útiles, disminuyen y, finalmente, se eliminan.

A menudo hay un conflicto interno entre dirigir tu atención a detener lo que es doloroso o dañino y cultivar actitudes y actividades más útiles y beneficiosas. **En caso de duda, elige apoyar lo que es útil y beneficioso, y lo que no es útil disminuirá automáticamente.** Recuerda que probablemente te distraigas una y otra vez, dependiendo de qué tan fuertes sean tus hábitos. Y una vez más, la habilidad de volver a la presencia sin forzar, sin forcejear y sin auto juzgarte es esencial. Observa si tus tendencias a distraerte se vuelven menos pronunciadas. Además, presta atención a algunas de tus tendencias inútiles, como quejarte y el constante diálogo interno, ¿están disminuyendo? A menudo, a medida que crece tu armonía interior, los irritantes y las molestias se vuelven más evidentes. Distingue cuidadosamente la diferencia entre una nueva fuente de irritación emergente y un viejo patrón inútil que puedes percibir más claramente. E, incluso cuando surge un irritante, ¿es posible estar con la incomodidad tolerable y responder según sea necesario, sin enredarte en ningún drama?

1.51 Cuando se disuelven todas las impresiones, emerge el nivel más alto de integración (*nirbija samadhi*) cuando cesa toda identificación y solo queda la consciencia, autónoma, pura y libre.

Cada paso en el camino conduce a la liberación. Este es el paso final. Cuando se eliminan las impresiones subconscientes restantes (*samskaras*), no hay semillas para acciones futuras. Además, ya no se necesita un objeto de meditación. Por lo tanto, este es el nivel de integración llamado más allá de la semilla o más allá de los objetos, *nirbija samadhi*. Este proceso gradual de disolución de todas las impresiones no ocurre de la noche a la mañana. Es un proceso que crece gradual y orgánicamente de acuerdo con lo que está al alcance, sin forzar y sin forcejear a través de la práctica continua, sincera e ininterrumpida (*abhyasa*) combinada con una creciente independencia de todas las opiniones y apegos (*vairagya*). La yoguini permanece en su verdadera naturaleza, la consciencia, libre de las cargas causadas por la identificación errónea. Una actitud amable y amorosa en cada labor, cada momento y cada interacción parece ser más productiva que forzar, porque esa actitud amable es más propicia para dejar de lado la ilusión de control, mientras que el uso de la fuerza genera más impresiones que serán almacenadas en la memoria. Quizás esta es la razón por la que Patañjali dice en el Capítulo Dos que dejar la ilusión de control (*ishvara pranidhana*) resulta en integración (*samadhi* 2.45). Este viaje gradual de eliminar impurezas y aumentar la claridad no se trata de incorporar elementos externos al yo. En cambio, es un proceso de afinar tu sensibilidad y cultivar tu quietud interior y silencio interno naturales con la curiosidad que podría revelar la esencia obvia pero evasiva de la existencia.

Puedes intentar este enfoque para practicar la meditación: comienza dándote permiso para dejar ir el mundo exterior y así sumergirte en tu mundo interno. Luego, relájate, encontrando una posición estable y cómoda. Elige un objeto focal, interno o externo, algo inspirador y lo suficientemente interesante como para mantener tu atención. Continúa concentrándote con suave firmeza en tu objeto focal. Mantén tu enfoque con persistente paciencia y deja todo lo demás de lado. Refina tu enfoque hacia el aspecto más sutil del objeto de meditación. Y luego, afloja gradualmente tu atención tanto como sea posible mientras te mantienes enfocada. Eventualmente, permite que la sutileza de la esencia del objeto de meditación te lleve a sentir la vitalidad que te anima. En esta etapa, incluso el sentido del "yo" se disuelve, de modo que tu experiencia de "yo soy" se funde en la esencia de ser, indiferenciada, sin restricciones.

¿Cuál es la experiencia del ser, cuando dejas de lado toda actividad superflua?
¿Te es más fácil notar aspectos más sutiles de tu experiencia y de tu propio ser?
¿Cuál es la experiencia de liberarte de tu sentido de identidad?

Resumen del Capítulo Uno del Yoga Sutra

El capítulo uno del Yoga Sutra trata sobre el *estado* de ser, sin el lastre creado por nuestras *maneras* de ser. El capítulo recuerda a los estudiantes que es necesario prepararse y tener la disposición necesaria para embarcarse en el camino del yoga y que el yoga es regular las tendencias y hábitos que se manifiestan en el cuerpo, la respiración, la mente y las emociones. Cuando se dominan estas maneras de ser, nos dice el Yoga Sutra, la consciencia reside en su propia naturaleza en lugar de identificarse con las fluctuaciones del sistema cuerpo-mente-corazón. Las maneras de ser pueden ser útiles o inútiles y pueden manifestarse como percepción correcta (en forma de experiencia directa, inferencia y testimonio), percepción incorrecta, imaginación, sueño y memoria. Se indica que se pueden dominar las fluctuaciones de nuestro sistema con una doble estrategia: la práctica, complementada por la liberación de los apegos.

La práctica se cultiva con sinceridad, durante un largo período de tiempo sin interrupciones. Liberarse del apego es tener una actitud tranquila que no se ve afectada por estímulos externos o internos, que deja de lado las creencias y se profundiza aún más al reconocer la consciencia pura. La comprensión intuitiva completa se desarrolla gradualmente a través de la indagación, la reflexión, la paz interior y la sensación de ser. Eventualmente, solo quedan las impresiones dejadas por experiencias pasadas. Incluso la identificación sutil eventualmente se dejará atrás.

La integración se puede lograr soltando todas las identificaciones, sin embargo, para la mayoría de los practicantes, el progreso se ve facilitado por la confianza, la vitalidad, la memoria, la concentración inquebrantable y la intuición.

El compromiso y la intensidad de la dedicación varían. Un camino directo adicional para dominar las maneras de ser es realizar el Ser Supremo, una aceptación sincera e incondicional de la vida. El Ser Supremo no se ve afectado por aflicciones, acciones o efectos; es la semilla insuperable de la omnisciencia que no está condicionada por el tiempo. El Ser Supremo, el maestro sin igual, se puede sentir cantando OM. La consciencia se vuelve hacia adentro y todas las perturbaciones se eliminan. Los obstáculos y perturbaciones a lo largo del camino pueden superarse cultivando la concentración y eliminando los prejuicios y opiniones mediante la amabilidad, la compasión, la inspiración y la ecuanimidad. La serenidad enfocada puede dirigirse a los procesos respiratorios, las sensaciones sutiles, la luz interior, la libertad del deseo, la percepción de los sueños o cualquier cosa edificante. El silencio interior se profundiza a medida que la consciencia se enfoca en niveles más altos de sutileza hasta que solo existe la experiencia inmediata del objeto focal. Entonces, es posible experimentar con gran claridad la esencia primordial de la existencia y el ritmo de la sabiduría cósmica. Se desarrollan impresiones de máxima claridad que evitan que otras impresiones subconscientes generen actividad interna.

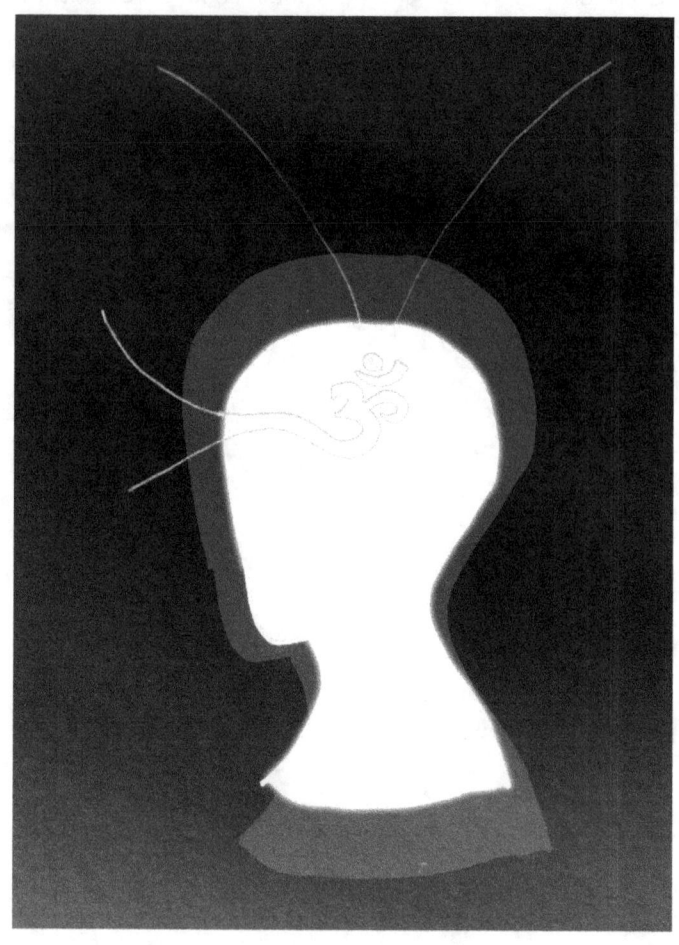

La acción yóguica conduce de manera efectiva y eficiente a dominarnos a nosotros mismos y a nuestras vidas motivados por el entusiasmo, guiados por la sabiduría y participando con humildad. La práctica del yoga es el vehículo para personificar la presencia en todos nuestros proyectos.

PRÁCTICA (SADHANA)

El título del Capítulo Dos del Yoga Sutra es *sadhana*. *Sadhana* tiene numerosos significados en sánscrito que incluyen: *medios, instrumento, avance, guiar bien, eficiente, efectivo, que conduce directamente a una meta,* y *adoración*. **Hacer** es el tema general de este capítulo, articulado en siete secciones que incluyen:

- Acción yóguica [2.1-2.2]
- Aflicciones [2.3-2.11]
- Efectos [2.12-2.14]
- Sufrimiento [2.15-2.17]
- Consciencia y experiencias [2.18- 2.22]
- Discernimiento [2.23-2.27]
- Ramas del yoga [2.28-2.55]

Acción yóguica

2.1 La acción yóguica (*kriya yoga*) combina entusiasmo (*tapas*), inteligencia (*svadhyaya*) y humildad (*Ishvara Pranidhana*).

De acuerdo con el tema de este capítulo, práctica, Patañjali define la acción yóguica como una acción que combina entusiasmo, inteligencia y humildad. Solo puedes actuar en el presente. Una acción en el pasado o en el futuro, es un pensamiento sobre una acción, no una acción real. Esta definición de acción yóguica es consistente con la definición de yoga en el Capítulo Uno. Se requiere entusiasmo (*tapas*) para atraer tu atención (*citta*) al momento en que te encuentras. La inteligencia (*svadhyaya*) te ayuda a distinguir entre las maneras de ser (*vrtti*) útiles e inútiles que has cultivado. Y la humildad (*ishvara pranidhana*) te libera (*nirodha*) del compromiso constante de aferrarte, esforzarte, juzgar y resistir.

Entender la acción yóguica (*kriya yoga*) como un acto que integra entusiasmo, inteligencia y humildad transmite la riqueza de esta idea al tiempo que permite aplicarla en tu vida. *Tapas* significa calor, fuego, meditación y concentración profunda. Para participar en cualquier acción que valga la pena, necesitas entusiasmo, porque te da energía e inspiración para actuar. Ese mismo entusiasmo te motiva a dar lo mejor de ti. Sin entusiasmo, rara vez convertimos nuestras ideas en acciones. Piensa en cualquier persona a quien admires o te gustaría emular, y probablemente descubras que ellos infunden pasión a lo que hacen. Además, a medida que te dedicas a algo que es importante para ti, probablemente encontrarás obstáculos y desafíos. El entusiasmo te proporciona la determinación y la energía necesarias para sortear obstáculos e ineficiencias. Ten en cuenta también que necesitarás entusiasmo para desafiar tus maneras de ser que crean obstáculos a tu crecimiento. El proceso de ir en contra de esos hábitos inútiles causará fricción que también genera calor. *Tapas*, el entusiasmo, se puede sintetizar mejor como: **Haz lo mejor que puedas**.

Svadhyaya significa estudio de textos sabios, canto y auto estudio. Inteligencia es conocerte bien para ser consciente de tus maneras de ser, los hábitos que has cultivado, consciente e inconscientemente a lo largo de tu vida. Conocer tus tendencias y hábitos te ayuda a evitar las distracciones y tus defectos. Conocerte también guía tu entusiasmo para aprovechar tus hábitos en el momento en que son útiles y así avanzar en la dirección más fructífera y beneficiosa. Dado que los patrones bien establecidos tienden a volverse inconscientes, la inteligencia es una forma de ser más sagaz que tus tendencias. Tu inteligencia corrobora lo que la sabiduría tradicional ha sugerido durante siglos como formas útiles de vivir una vida significativa. *Svadhyaya* es

Práctica (Sadhana)

inteligencia personificada que se puede aplicar asegurándote de saber por qué estás haciendo lo que estás haciendo y confirmando que de hecho estás haciendo lo que *crees* que estás haciendo.

Además, al conocerte bien, recuerdas que no eres perfecto y que hay innumerables cosas que están fuera de tu control. *Ishvara pranidhana*, como se señaló en el aforismo 1.23, puede entenderse como devoción a Dios, renunciar a la ilusión de control o entregarte a la esencia de la vida. Cuando te liberas de la ilusión de control, cultivas la humildad. La humildad te alienta a ser honesta y paciente al mismo tiempo que te ayuda a aceptarte y apreciarte a ti misma tal como eres y al mundo tal como es. Es especialmente importante aceptar lo que no se puede cambiar para poder invertir tu energía de manera inteligente para cambiar lo que necesita ser cambiado. Cuando aceptas la perfección de la vida, tus objeciones internas, comentarios y predilecciones disminuyen (*nirodha*). *Ishvara pranidhana* puede resumirse como la combinación de una intención sincera con una acción sincera.

Este trípode de entusiasmo, inteligencia y humildad proporciona una base estable para tus exploraciones. Cuando combinas entusiasmo, inteligencia y humildad, tus acciones se vuelven vibrantes, significativas y felices. Sin embargo, si falta uno de los tres pilares, encuentras inestabilidad. En resumen, la acción yóguica definida en este sutra simplemente dice: **participa en cada momento de tu vida con la mente y el corazón abiertos**.

¿Cómo cultivas estas tres actitudes?

¿Qué haces para darle vida a tu actitud?

¿Qué te motiva?

¿Estás aportando entusiasmo a lo que sea que estés haciendo?

¿Puedes verte honestamente y conocer tus tendencias e inclinaciones?

¿Puedes usar tu autoconocimiento para guiar tus acciones?

¿Son tus ideas y acciones lógicas e inteligentes?

¿Estás haciendo lo que crees que estás haciendo?
¿Cuáles son las palabras sabias que te guían?
¿Cómo cultivas una actitud humilde?
¿Te es útil recordar que no te creaste a ti mismo?
¿Hasta qué punto eres consciente de lo que no sabes y no entiendes?
¿Estás actuando desde la profundidad de tu corazón?
¿Cómo participas en tu vida?
¿Hay partes de tu vida en las que evitas participar?

2.2 Las acciones yóguicas minimizan las aflicciones (*klesha*) y facilitan la integración (*samadhi*).

El camino de acción sugerido en el sutra anterior se centra en eliminar los obstáculos a la integración (*samadhi*). Este aforismo proporciona una forma de evaluar los efectos de tus acciones. La idea subyacente es que tu estado natural es la integración y que tu sistema se orienta hacia el equilibrio y la armonía dinámica. En otras palabras, la calma, la armonía y la paz en la que descansas mientras estás profundamente dormida sin soñar siempre están potencialmente disponibles para ti. De hecho, ese es el fundamento de tu ser, la consciencia. Sin embargo, observa cómo, tan pronto como te despiertas, tus maneras habituales de ser se activan. En algunos casos, puedes comenzar tu día con maneras de ser conducentes a sentirte centrado, como la gratitud y la bondad. En otros casos, puedes permitir que surjan maneras de ser, como planificar, preocuparte y arrepentirte. Estas maneras de ser pueden tener el efecto contrario, de modo que en lugar de apoyar y mejorar tu capacidad de estar presente, pueden terminar nublando tu profunda paz interior.

Práctica (Sadhana)

Cuando estás despierto y tienes la firme intención de estar completamente presente, puedes notar las distracciones que te alejan de tener la mente y el corazón abiertos y libres de obstáculos. Estas distracciones a menudo toman la forma de patrones de tensión, tirantez y contracción en tu cuerpo, respiración, mente y emociones. Sentir estas tensiones ya te muestra las áreas donde hay ineficiencias y obstrucciones. Actuar con entusiasmo, inteligencia y humildad te ayuda a eliminar estas tensiones que alteran la armonía integrada entre cuerpo, mente y emociones. La práctica constante de las acciones yóguicas desarrolla nuevos hábitos útiles, nuevas formas de vivir, fomentando gradualmente la armonía interna entre ser y hacer. A medida que reduces la tensión, la incomodidad y el dolor, estás en mejores condiciones para estar presente, creando así un ciclo de retroalimentación positiva, que te ayuda a sentirte lista para participar activa y conscientemente en tu vida. También ocurrirá que algunas tensiones y dolores que has aprendido a ignorar o sedar se vuelven más evidentes. A menudo, esto puede malinterpretarse como un efecto secundario no deseado de la práctica del yoga. Lo opuesto es verdad. *Desarrollar mayor sensibilidad te permite notar claramente los irritantes que te distraen.* Solo si los notas, podrás corregirlos.

Aprende a distinguir la diferencia significativa entre descubrir aflicciones existentes y crear otras nuevas. Con menos tensiones y distracciones, tu presencia crece; y cuando ocurren distracciones, puedes resolverlas con menos agitación, menos quejas y menos drama. Atiende a este proceso para asegurarte que estás sintiendo mayor calma y armonía en tu cuerpo, respiración, mente, corazón e interacciones.

¿Qué tensiones sientes regularmente?
¿Cómo lidias con ellas?
¿Hay un sentimiento creciente de paz y tranquilidad dentro de ti?
¿Qué interrumpe tu paz interior? ¿Hay patrones en esas interrupciones?

AFLICCIONES Y SU ELIMINACIÓN

2.3 Las aflicciones incluyen no saber quién soy (*avidya*), identificación errónea (*asmita*), gustos (*raga*), aversiones (*dvesha*) y miedo a la muerte (*abhinivesa*).

2.4 La ignorancia de mi naturaleza (*avidya*) es el campo donde brotan las otras aflicciones. Las aflicciones pueden ser latentes, débiles, intermitentes o totalmente activas.

La acción yóguica se centra en eliminar obstrucciones, ineficiencias y distracciones en el cuerpo, la mente, las emociones y las interacciones. Muchos de los obstáculos que enfrentamos cada uno de nosotros tienden a ser autoinfligidos. Como Sri Swami Satchidananda dijo elocuentemente: "Eres tu mejor amigo y, al mismo tiempo, tu peor enemigo" (1990). El sutra 2.3 hace eco del mensaje al comienzo del Capítulo Uno del Yoga Sutra, o estamos viviendo desde el centro de nuestro ser (1.3), o nos estamos identificando erróneamente con las experiencias que tenemos (1.4). En el sutra 2.3 Patañjali indica que las aflicciones surgen de olvidar o no comprender quién eres realmente.

En el capítulo ¿Quién soy?, exploraste la diferencia entre quién crees que eres y quién eres realmente. De los breves resúmenes de los Yoga Sutras y del capítulo anterior, puedes recordar que toda la práctica se centra en liberarte de tu apego a los aspectos temporales de tu experiencia para poder alinearte con el fundamento duradero de tu ser, el aspecto subyacente a toda tu existencia. **El principal obstáculo presentado en estos sutras es no saber quiénes somos realmente.** Más precisamente, este gran obstáculo, *avidya*, es olvidar que todo lo que puedes ver y sentir, incluyendo tu cuerpo, tus emociones y pensamientos, es la vida que se expresa a través de tu organismo. Como es característico de la vida, estos eventos temporales cambian continuamente: van

Práctica (Sadhana)

y vienen. En contraste, la *consciencia* que anima tu cuerpo y mente es la chispa que te permite notar, sentir y saber. La consciencia puede estar nublada por tus constantes acciones, pero siempre está ahí. La consciencia es lo que hace posible que estés presente. La consciencia es el espacio en el que todas tus experiencias toman forma. La consciencia se manifiesta como calma, quietud y unidad, y la sientes inconscientemente durante el sueño profundo sin sueños, semiconscientemente en las transiciones entre el sueño y la vigilia, y conscientemente durante la meditación. Un ejemplo que puede ilustrar esta dicotomía es mirarte en el espejo. Si observas tu reflejo en un espejo regularmente, notarás que algunas de tus características físicas están cambiando. Esto puede ser más evidente al mirar una vieja fotografía tuya. Los cambios pueden ser difíciles de ignorar. Al mismo tiempo, hay algo en la experiencia de ser tú que ha permanecido igual. Esta parte no se puede ver, tocar ni oler, pero está ahí. Ha estado contigo todo el tiempo. *¿Puede ese aspecto inmutable ser la consciencia que te permite notar todo lo que sucede interna y externamente?*

Establecerte en el verdadero conocimiento de quién eres te impide identificarte erróneamente con los fenómenos temporales que percibes (*avidya*). Al identificarte con esos fenómenos temporales, te sumerges en el egocentrismo (*asmita*) y te enredas en la lucha constante de tratar de traer hacia ti lo que te gusta (*raga*) y tratar de evitar o rechazar lo que no te gusta (*dvesha*). Los gustos y apegos, combinados con aversiones y resistencia, alimentan continuamente tu sentido de quién crees que eres. *Esta influencia es tan fuerte que terminas creyendo que eres las experiencias transitorias que vives.* Este es un ciclo interminable en el que el apego a la dinámica de los gustos y aversiones se convierte en un sentido de importancia personal que alimenta la aversión instintiva más fuerte, el miedo a morir (*abhinivesha*). Este miedo es fuerte, incluso en las personas sabias. Estas aflicciones se relacionan con las cinco maneras de ser (*vrtti*) presentadas al comienzo del Capítulo Uno: conocimiento correcto, percepción incorrecta, imaginación, sueño y memoria. Una vez que te alejas de la presencia, cuando olvidas quién eres realmente y te identificas con los estímulos sensoriales fugaces, pasas del conocimiento (*pramana*) al conocimiento incorrecto (*viparyaya*), a habitar el reino de tu imaginación (*vikalpa*), que se alimenta de recuerdos (*smrti*) e influye en tus sueños (*nidra*).

La mayoría de las personas tienen una combinación de aflicciones que pueden estar completamente activas, o pueden estar en diferentes grados de actividad. Al igual que una semilla puede germinar en unos pocos días o puede tardar varias semanas en germinar y tal vez tome meses o años para desarrollarse por completo, las aflicciones pueden ser latentes, apenas perceptibles, esporádicas o innegablemente presentes. En los siguientes sutras puedes explorar cada una de estas posibles fuentes de sufrimiento. A medida que continúes, ten en cuenta que cada una de las aflicciones puede estar en cualquiera de estos cuatro estados de expresión.

Si reflexionas sobre cómo inviertes tu energía y tiempo todos los días, ¿puedes ver claramente quién crees que eres?

¿Está tu identidad a tu servicio o estás al servicio de tu identidad?

¿Qué tratas de atraer y qué rechazas?

¿Qué aspectos de ti siguen siendo atraídos por tus gustos y aversiones?

¿Cuánta energía inviertes en atraer lo que deseas y rechazar lo que te disgusta?

¿Son tu identidad, preferencias y aversiones conducentes a tu participación consciente y deliberada en tu vida?

¿Es posible que estés en paz con el hecho innegable de que un día vas a morir?

Práctica (Sadhana)

2.5 Confundir lo que es efímero como permanente, impuro como puro, doloroso como jubiloso, y el no ser como el Ser es ignorancia (*avidya*).

La ignorancia (*avidya*) es el principal obstáculo que causa confusión e identificación errónea. *Avidya* consiste en desconocer tu verdadera naturaleza. Como señaló el sutra anterior, todas las otras aflicciones crecen en el campo de la ignorancia. Esto es tan importante, que la definición de yoga en el Capítulo Uno del Yoga Sutra es seguida por la explicación en los sutras 1.3 y 1.4, que dice que conoces tu naturaleza por tu propia experiencia directa o que te identificas erróneamente con tus maneras de ser. Eso explica por qué al principio de esta exploración, en el capítulo ¿Quién soy? exploraste formas de establecer una conexión con tu verdadera naturaleza, porque la calidad de esa conexión determina la calidad de cada experiencia que tienes. Además, como sugiere el aforismo 1.4, cuando no eres consciente de tus maneras de ser, terminas creyendo que eres las actividades temporales en las que estás involucrada. En otras palabras, *avidya*, olvidar tu verdadera naturaleza, te hace enredarte en historias y en tu imaginación con ideas como: quién crees que eres, quién crees que deberías ser, quién crees que otros esperan que seas, lo que piensas que otras personas pensarían si hicieras esto o aquello, y disparates similares. El camino del yoga consiste en encontrarte donde estás tal como eres.

Tu cuerpo, mente, emociones, pensamientos y preferencias, como todo lo que te rodea, están en continuo cambio todo el tiempo. Sin embargo, no reconocer este hecho innegable puede llevarte a pensar: "Como he estado en muchos martes antes, sé lo que sucederá hoy porque es martes". También puedes suponer que todavía tiene muchos martes por delante. Estas dos suposiciones no reconocen que cada día es un día único que no se repetirá, y que nadie sabe cuántos días más le quedan. Incluso si la persona es joven y saludable, es imposible saber cuántos días, semanas o años más pueda tener. En lugar de ver esto como una perspectiva pesimista, es una forma de motivarte para que tus acciones sean relevantes, porque hoy es el único día en que puedes actuar, y porque tan pronto como actúas con base en estas suposiciones incorrectas pierdes la urgencia de estar presente en este momento. En consecuencia, es fácil olvidar que este momento es la culminación de cada momento anterior, y que este momento es también el punto de partida para el resto de tu vida. Estas suposiciones incorrectas también te dan permiso para no prestar atención, abriendo la puerta para entretenerte con tus interminables conversaciones internas.

Un buen punto de partida para la contemplación es este: cada vez te encuentras donde estás, te encuentras con una versión diferente de ti. Sin embargo, ¿hay algo que permanece igual? Otras preguntas útiles para avanzar hacia lo contrario de la ignorancia incluyen:
¿Qué en ti es permanente?
¿Qué en ti es transitorio?
¿Qué es puro y qué impuro?
¿Cómo reconoces la diferencia?
¿Alguna vez te ha sucedido que algo que solía brindarte un gran disfrute más tarde se convirtió en una fuente de dolor?
¿Es posible que abusar de algo que disfrutas se convierta rápidamente en una fuente de agitación y desagrado?
Al final de cada día, para conciliar el sueño, ¿qué dejas ir?
¿Qué queda?

2.6 Confundir la consciencia con mi cuerpo, mente y emociones resulta en egocentrismo (*asmita*).

Se desarrolla una sensación de "yo" cuando confundes los instrumentos que usas para sentir, tu cuerpo y mente, con la capacidad de sentir, en otras palabras, con la consciencia que nos posibilita percibir. Tu cuerpo, mente y emociones cambian constantemente. Tu entorno también cambia continuamente, y todas tus acciones son parte de estas interminables transformaciones continuas. Además, el cuerpo, la mente y las emociones tienden a desarrollar hábitos que se manifiestan en tus maneras de ser. Si no eres consciente de esos hábitos, opiniones e historias, es posible que no notes cómo moldean e influencian tu percepción, acciones e interacciones. Si creces escuchando que el mundo es un lugar peligroso donde todos intentan aprovecharse de ti, es probable que desarrolles una actitud diferente a la de una persona que crece escuchando que la cooperación y la interconexión son las que han hecho posible que los seres humanos hayamos prosperado. Las maneras de ser que están activas en tu sistema también influirán en la aflicción en este aforismo, *asmita* o egocentrismo. *Asmita* consiste en asociar tu sentido de ser con quien crees que eres, con las historias que tú y otros han creado en tu cabeza. Posiblemente, muchas de las distracciones que surgen durante tus actividades diarias y durante tu práctica del yoga están directamente relacionadas con quién crees que eres o deberías ser.

Para investigar tu verdadera naturaleza, puedes volver a visitar las técnicas y preguntas en el capítulo ¿Quién soy? y en los sutras 1.3, 1.4 y 1.5. También puedes explorar las siguientes preguntas:
¿Hay alguna parte de tu cuerpo que no cambia?
¿Hay pensamientos o creencias en tu mente que nunca cambian?
¿Hay algunas emociones en ti que siempre están presentes sin cambiar?
¿Hay algo en ti que no sea pasajero?

Cuando te miras al espejo, ¿hay una parte de ti que se ha mantenido igual a lo largo de los años?

Cuando estás dormida, ¿a dónde va tu consciencia del cuerpo, los pensamientos y las emociones? ¿Qué queda entonces?

También puedes investigar si hay algunas percepciones erróneas que distorsionan quién crees que eres tales como "No soy lo suficientemente bueno", "Estoy incompleta", "Carezco de..." y "No merezco amor incondicional".

2.7 El anhelo de disfrutar es deseo (*raga*)

2.8 Rechazar el dolor es aversión (*dvesha*)

Identificarse con los instrumentos de sensación y percepción (cuerpo, mente, emociones y recuerdos) contribuye a crear un sentido de "yo". Naturalmente, este "yo" desarrolla afinidades por las experiencias que encuentra agradables y desagrado por las sensaciones que crean incomodidad y dolor. Por lo tanto, anhelarás experiencias agradables y resistirás o evitarás sensaciones incómodas. Es muy probable que estas tendencias se conviertan en patrones habituales. Estos dos sutras presentan las dos aflicciones de gustos (*raga*) y disgustos (*dvesha*). *Son aflicciones cuando se interponen en el camino de simplemente estar con lo que es.* De hecho, los gustos y disgustos pueden convertirse en los filtros a través de los cuales te acercas a ti mismo, tus circunstancias, tus experiencias y tus relaciones. Finalmente, los gustos y disgustos terminan influyendo profundamente en tus ideas, motivaciones y acciones. Tus gustos y disgustos pueden definir quién crees que eres e incluso pueden convertirse en las condiciones que te impiden aceptar este momento

Práctica (Sadhana)

tal como es, y a ti misma tal como eres. Confirmando la noción de que un sutra es un hilo conceptual continuo que unifica un texto completo, estos dos sutras pueden verse relacionados con la idea de *vairagya* presentada en el sutra 1.15, donde *vairagya* es estar libre de todos tus gustos y desagrados. Es muy posible que tus *pensamientos* sobre lo que te gusta y lo que no te gusta difieran de tus *experiencias concretas* de esas situaciones y circunstancias.

Considera:

¿Alguna vez te ha pasado que algo que te preocupaba eventualmente sucedió, sin ser tan devastador como lo habías imaginado?

¿Alguna vez has encontrado que algo que "se suponía que debía hacer que todo estuviera bien" no tuvo ese efecto?

¿Hubo algún momento en que el efecto de un logro no haya durado tanto como pensabas?

¿Alguna vez te ha sucedido que algo que considerabas placentero luego se convirtió en una fuente de sufrimiento?

¿Estás a cargo de tus gustos y disgustos, o son tus gustos y desagrados los que impulsan tus decisiones y acciones?

¿Sabes cuál es el origen de tus deseos y antojos?

¿Hasta qué punto están guiadas tus acciones por una sensación de escasez o necesidad?

¿En qué medida son tus decisiones y acciones motivadas por miedo, enojo y prejuicios?

¿Hasta qué punto crees que tus gustos y disgustos definen quién eres?

¿A dónde van tus gustos y disgustos cuando estás dormida?

¿Hay algún momento durante el día en el que estés libre de todas tus preferencias?

2.9 Incluso las personas sabias desarrollan un sentido de importancia personal que causa apego a la vida y miedo a morir.

Basado en los sutras anteriores, el texto argumenta que el no entender nuestra verdadera naturaleza (*avidya*) nos lleva a identificarnos erróneamente con nuestros pensamientos sobre quiénes creemos que somos (*asmita*). En consecuencia, desarrollamos gustos y antojos (*raga*), así como desagrados y aversiones (*dvesha*). Cuanta más energía dedicamos a nuestra identidad, con todas las ideas y actividades asociadas a ella, mayor será nuestro apego a nuestra vida. Este instinto de supervivencia natural es el instinto más fuerte en todos los seres vivos. *Cuanto más fuerte es nuestra identificación con nuestro cuerpo, nuestra mente y nuestras emociones, más nos aferramos a nuestra vida.* Independientemente de la cantidad de información o conocimiento que acumulemos, el apego a nuestra vida sigue siendo fuerte. El comentario tradicional sobre este sutra argumenta que el miedo a morir es muy fuerte en todos nosotros, a pesar de que no hemos tenido la experiencia directa de morir. Vyasa, el autor de dicho comentario presenta un argumento para explicar la reencarnación diciendo que nuestro miedo a morir es tan fuerte pues proviene de haber sentido en vidas pasadas los agudos dolores de la muerte. Esta noción y sus implicaciones pueden ser un punto de partida interesante para la reflexión.

Además, el concepto de vida es un terreno fértil para la contemplación.
¿Qué es tu vida?
¿Es tu vida la energía difícil de describir que te permite respirar, moverte y pensar?
¿O es tu vida las experiencias sensoriales fugaces que has tenido?
¿Es tu vida los recuerdos de momentos anteriores que consideras importantes?
¿O es tu vida las predicciones que tienes sobre lo que harás en el futuro?
¿Es tu vida tus posesiones?

Práctica (Sadhana)

¿Tus ideas?
¿Tus recuerdos?
¿Tus logros?
¿O el legado que crees que dejarás atrás?
Al reflexionar profundamente sobre estas preguntas, observa de dónde provienen tus apegos a la vida: *¿Es de las ideas que tienes sobre quién eres o deberías ser (asmita)? ¿Surgen tus apegos de tus gustos (raga) y desagrados (dvesha)?*

Puede ser útil también explorar estas preguntas:
¿Vives tu vida con una suposición tácita de que tu vida encarnada durará mucho tiempo?
¿Influye dicha suposición tácita en tus actitudes y acciones y en cómo vives tu vida?
Por ejemplo, si asumes que todavía tienes una larga vida por delante, ¿te da permiso esa suposición para postergar tus acciones?
¿Qué sucede si contemplas el hecho de que nadie sabe cuánto tiempo estará vivo? Algunas personas ven esta última pregunta como triste y sombría. Otras la ven como una poderosa motivación para hacer que cada momento cuente.
¿Puedes reflexionar sobre el hecho de que tarde o temprano morirás?
¿Te es posible aceptar el inevitable deterioro de tu cuerpo físico?
¿Puedes ver también que millones de personas han vivido y han muerto y que la vida misma ha continuado?
¿Es posible que no exista un concepto opuesto a la vida y que la muerte, en lugar de ser lo opuesto a la vida, sea el concepto opuesto al nacimiento?

También puedes considerar otra línea de investigación:
¿Cuál es el momento más importante de tu vida?
¿Es algún momento de tu pasado al que te aferras porque fue monumental (*raga*), o un momento que quieres olvidar porque te causó sufrimiento (*dvesha*)?

¿Es el momento más importante de tu vida un momento que aún no ha sucedido?
Si el momento más importante de tu vida está en el pasado o en el futuro, ese momento solo existe en tu mente.

Luego, ten en cuenta la paradoja de que cada vez que te sumerges en tus recuerdos y planes, estás escogiendo salir del continuo fluir de tu vida. En otras palabras, estás ignorando el único momento en el que puedes participar en tu vida a través de tus acciones. *¿Qué necesitarías para hacer del momento presente, cada momento único aquí y ahora, el momento más importante de tu vida?*

2.10 Las aflicciones sutiles se disuelven cuando la sensación de ser se funde en la consciencia pura.

En el Capítulo Uno del Yoga Sutra, Patañjali ofreció una definición de yoga seguida de una lista de las maneras de ser que nos impiden personificar la presencia. Entonces, Patañjali sugirió un método para regular nuestras maneras de ser. En este capítulo, Patañjali sigue una lógica similar. Primero, ofrece la definición de acción yóguica con sus objetivos, seguida de una lista de las fuentes de sufrimiento que pueden eliminarse a través de tales acciones yóguicas. El aforismo 2.4 continúa explicando que todas las fuentes de sufrimiento enumeradas en el sutra 2.3 provienen de no recordar quién eres y que estas aflicciones existen en diferentes niveles de manifestación, desde latentes hasta completamente activas. El capítulo continúa sugiriendo formas de regular esas fuentes de aflicción. Estas cinco fuentes de sufrimiento (*klesha*) enumeradas en el sutra 2.3 están presentes durante todo el día, al menos en cierta medida. Cuando dejas de lado todas tus historias, opiniones e ideas sobre quién eres, así como quién solías ser o quién deberías ser, todas estas aflicciones

Práctica (Sadhana)

se disuelven. Esto es lo que sucede cuando estás en un sueño profundo. Para dormir, debes liberarte de tus preocupaciones, planes y listas de tareas por hacer. Una vez que sueltas lo que no necesitas, te quedas dormido y no hay noción de adentro y afuera, yo y los demás. Durante el sueño, se suaviza el control que el egocentrismo, los gustos, los disgustos y las nociones de importancia personal tienen sobre ti. Durante los sueños, algunas de esas aflicciones siguen activas mientras la mente subconsciente trata de darles sentido a tus experiencias, ideas e historias. En un sueño profundo sin sueños, las aflicciones se disuelven. En el nivel más fundamental, no tener claridad sobre quién eres, es decir, la identificación errónea con lo que es temporal, es la fuente de los desafíos que enfrentamos la mayoría de nosotros. Los sutras 2.10 y 2.11 presentan dos formas de resolver estas aflicciones.

Como se menciona en el sutra 2.2, las acciones yóguicas disminuyen las aflicciones. El Sutra 2.3 enumeró los diferentes estados de las aflicciones: latente, débil, intermitente y activa. Este sutra propone una forma de eliminar las aflicciones que se han reducido a un nivel sutil de manifestación. Este proceso de desactivación se llama involución (*pratiprasava*). La involución se refiere a revertir el proceso de evolución de las aflicciones. La combinación de las ideas en los sutras 1.3 y 1.4 con las de los sutras 2.3 a 2.9 ayuda a comprender mejor este proceso. En tu estado natural (1.3) no hay identificación errónea con tus sensaciones y percepciones (1.4). La identificación errónea es olvidar tu propia naturaleza (*avidya* en 2.4 y 2.5). La identificación errónea resulta en el desarrollo de un sentido de "yo" como algo separado del resto de la existencia (*asmita* en 2.6). En consecuencia, el sentido de "yo" desarrolla preferencias en forma de gustos (*raga* 2.7) y disgustos (*dvesha* 2.8). Enredado en el sentido de uno mismo y sus preferencias, un sentido de importancia personal crece generando apego a las experiencias encarnadas y el miedo a morir (*abhinivesha* 2.9).

Desenreda el hilo

Recuerda el segundo capítulo de este libro donde se sugirió que *el proceso del yoga es una invitación a observarte lo más claramente posible, incluida la observación de tus respuestas a todo lo que se te presente.* Es probable que estas observaciones revelen algunos patrones (*citta vrtti*, tus maneras de ser) en tu cuerpo, respiración, mente, emociones, acciones e interacciones. Luego, puedes optar por mantener las maneras de ser que apoyan la presencia y descartar los patrones inútiles, aunque solo sea por unos momentos. Del mismo modo, observar tus tendencias en pensamiento, emoción, acción e interacción pueden ayudarte a notar cómo las cinco aflicciones pueden estar ligadas a los patrones que observas. El primer paso en el proceso de involución es aminorar el desarrollo de la noción de importancia personal que se manifiesta como aferrarte a la vida (*abhinivesha*). Por ejemplo, cada vez que notas tus opiniones, ya sea interna o externamente, puedes preguntarte: "¿A quién le importan mis opiniones?" o "¿Quién me está pidiendo mi opinión?" También puedes reflexionar sobre hasta qué punto ofreces tu opinión para generar un sentido de autoridad e importancia. Se mencionó antes que sentir que estamos ocupados con muchas responsabilidades puede ser una forma de sentirnos importantes. A menudo, esto puede manifestarse como una sensación de que eres indispensable y que el mundo se detendrá si no estás controlando o dirigiendo alguna situación o proyecto. *¿Esto te pasa a ti? Del mismo modo, ¿es posible que creer que puedes controlar el mundo exterior indica un trasfondo de importancia personal?*

La segunda etapa en este proceso de involución es notar tu relación con tus gustos (*raga*) y disgustos (*dvesha*). Al observar lo que favoreces y lo que evitas, puedes ver las conexiones más profundas entre lo que agarras y la parte de ti conectada con ese aferramiento.
¿Cuáles son los pensamientos, emociones, movimientos, actividades e interacciones que prefieres?
¿Cuáles evitas o rechazas?

Práctica (Sadhana)

¿Cuáles son las raíces de tus preferencias?
¿Puedes aclarar por qué parece que te gustan algunas cosas?
¿Puedes notar algún patrón en lo que no te gusta?

Otra práctica efectiva consiste en investigar lo que no te gusta sentándote de manera cómoda y relajada, cerrando los ojos y recordando un evento reciente que te causó molestias, vergüenza o inquietud *leves*. Al sentir esta incomodidad tolerable, probablemente notarás una tendencia a generar historias, opiniones y excusas o una inclinación a ignorar, rechazar o tratar de resolver el "problema". En su lugar, puedes optar por estar curiosa por sentir las sensaciones que surgen. Esta puede ser una forma poderosa de comprenderte a ti misma y, al mismo tiempo, de liberarte de algunas de las impresiones y dramas acumulados que la mayoría de nosotros llevamos a cuestas. Esta práctica simple puede proporcionarte información sobre tus maneras de ser y sobre los estímulos que generan reactividad. Esta información puede ofrecerte una forma simple y efectiva de desactivar algunos de esos detonadores.

La tercera etapa es obtener una mayor claridad sobre quién crees que eres (*asmita*). Los ejercicios "¿Quién te crees que eres?" (página 79) y "Aclarar: ¿qué es importante para mí?" (página 112) te ofrecen formas de explorar tu sentido de identidad. Cada uno de nosotros desarrolla una identidad de acuerdo con nuestra crianza, familia, educación y sociedad. Nuestra identidad se manifiesta como los filtros que usamos para interpretar y relacionarnos con nosotros mismos, con las personas que nos rodean, con las instituciones y con la sociedad en la que participamos. Aunque podemos pensar que nuestra identidad es bastante fija, nuestra identidad, como casi todos los aspectos de nuestro ser, es dinámica, con algunos aspectos que cambian todo el tiempo. Por ejemplo, para la persona que deriva una gran parte de su identidad de su ocupación, perder su trabajo puede desencadenar una crisis existencial, en parte porque se verá obligado a modificar su sentido de identidad. Al igual que perder sus posesiones se siente devastador para la persona que cree que sus posesiones materiales la hacen quien es. En algunos de esos casos, el cambio dramático de ser forzado a confrontar estas creencias profundamente arraigadas puede generar una profunda transformación personal.

Una línea útil de contemplación incluye determinar qué te hace ser quién eres. Luego, intenta conectarte con quien eras antes, cuando tus circunstancias y situación eran diferentes. También puedes imaginar lo que sucedería si tu situación cambiara y algunas de las cosas que te definen desaparecieran repentinamente. Observa cualquier cambio en tu entorno emocional interno. Esta indagación se puede ampliar para explorar los temores y las ansiedades que puedas tener. ¿Hasta qué punto se relacionan tus temores con quién crees que eres o deberías ser? Estos temores y ansiedades también pueden estar relacionados con lo que crees que otras personas esperan o piensan de ti y de tus acciones. Además, nuestras ideas a menudo parecen jugar un papel importante en nuestro sentido de quiénes somos. Sin embargo, puede ser una excelente oportunidad para la reflexión tratar de descubrir el origen de algunas de esas ideas. Es sorprendente cuántas de "nuestras" ideas pueden no haberse originado en nosotros. Finalmente, *¿es posible que la mayor parte de tu sentido de identidad se disuelva al final de cada día, y solo queden rastros sutiles en tu subconsciente?*

La última etapa de este proceso de involución se sintetizó claramente en el ejercicio: "¿Cuál es mi verdadera naturaleza?" (página 84). En esta etapa intentas conectarte con la esencia básica de tu ser, YO SOY. Este enfoque fue insinuado en el comentario del sutra 1.35. Una forma de practicar es sentarte en silencio en una posición cómoda y estable repitiendo en silencio, YO SOY, YO SOY, YO SOY, YO SOY, sin tratar de comentar o generar historias, volviendo una y otra vez a esta declaración esencial sobre ti. Durante estas

Práctica (Sadhana)

exploraciones, ten curiosidad por notar cómo tus distracciones habituales e historias internas pueden estar relacionadas con tu sentido de identidad. Una pregunta más para reflexionar: *¿Cuál es el aspecto más sutil de tu ser?*

2.11 Cuando las aflicciones se manifiestan como maneras de ser (*vrtti*), se contrarrestan mediante la meditación.

Después de aprender sobre las formas de desactivar las aflicciones en estados sutiles, este sutra indica que la meditación es la herramienta para eliminar las aflicciones activas. En otras palabras, la meditación (concentración completa y presencia con lo que es) se usa para contrarrestar los patrones en tus maneras de moverte, respirar, pensar, sentir, percibir e interactuar. Este es, para la mayoría de las personas, un proceso continuo en el que intentas estar con lo que es y te das cuenta de que te distraes, una y otra vez. Por ello Patañjali sugirió en el sutra 1.14 que la práctica (*abhyasa*) es un esfuerzo continuo a largo plazo. La clave es seguir regresando a este momento sin forzar, sin forcejear y sin auto juzgarte, hasta que desarrolles una nueva manera de ser. Este hábito nuevo y beneficioso te permite observar claramente, sin dejar que el sentido de la importancia personal (*abhinivesha*), los disgustos (*dvesha*), los gustos (*raga*) o tus ideas sobre quién eres (*asmita*) te hagan olvidar (*avidya*) que eres consciencia personificada. Este proceso de meditación se describe en los sutras 1.17 y 1.43-1.46. Al estar arraigado en la meditación, como se indica en los aforismos 1.47 a 1.51, la consciencia invita a la sabiduría, creando una nueva manera de ser que neutraliza y desactiva todas las impresiones restantes, lo que te permite estar integrada, en lugar de estar fragmentada por las tensiones de los conflictos internos.

Para aplicar el aforismo 2.11, recuerda que la meditación es el enfoque puntual en estar con lo que es (1.32), o encontrarte a ti mismo donde estás, tal y como eres. Cuando aparece una de estas cinco fuentes de aflicciones, observar con consciencia clara disipa la confusión generada por no conocer realmente tu verdadera naturaleza. La intensidad del enfoque en un solo punto se equilibra a través de un corazón abierto y una perspectiva compasiva, como se sugiere en el sutra 1.33. De hecho, cuando intentas estar presente, en la vida o en la meditación formal, todas las distracciones que surgen probablemente pertenecen a una de estas cinco categorías de las aflicciones: confusión sobre tu verdadera naturaleza, pensamientos relacionados con quién crees que eres, deseos de lo que te gusta, resistir lo que no te gusta, y la preocupación por tu salud o incluso por tu eventual fallecimiento. Estas distracciones son maestros que te ofrecen formas específicas de crecer en presencia, a pesar de lo que sea que aparezca en tu camino. Otras vías fructíferas para contrarrestar estas fuentes de sufrimiento incluyen cultivar la gratitud, el amor propio y la compasión. *¿Qué aflicciones surgen durante tu meditación?*

Karma

2.12 Estas aflicciones (*kleshas*) son la fuente de una acumulación de impresiones (*samskaras*) que influyen en las experiencias presentes y futuras (*karma*).

2.13 Determinando las experiencias de nacimiento, longevidad y calidad de vida.

2.14 Produciendo experiencias agradables y desagradables según virtudes y defectos.

Estos tres sutras explican el concepto de *karma*. *Karma* en sánscrito significa acción. Cada acción crea un eco que se extiende a través de la interconexión de todo lo que existe. Además, cada pensamiento, cada intención y cada acción generan una impresión (*samskara*) en ti. Las emociones que surgen como resultado actúan como estímulos que fortalecen tus antojos, tus rechazos, tu noción de importancia personal y tu sentido de quién eres. Estas impresiones se almacenan consciente e inconscientemente en el núcleo de tu ser. Patañjali se refiere a este cuerpo de impresiones como la reserva de karma (*karmashaya*). Cada impresión se convierte en una semilla, que influye en tus pensamientos, intenciones y acciones futuras. Por ejemplo, cuando estás molesta y comes algo, es probable que lo que comas se asocie inconscientemente con tu estado de ánimo; y posiblemente, en el futuro, cada vez que comas lo mismo, influirá en tu actitud, o el sabor puede recordarte esa ocasión en la que estabas molesta. El sutra 2.13 dice que estas aflicciones (*kleshas*) y sus impresiones (*samskaras*) influyen, no solo en tu vida presente, sino también en las condiciones de vidas futuras. Según las acciones que las originan, las experiencias resultantes serán agradables o desagradables (2.14). En consecuencia, dichas experiencias plantarán las semillas de nuevas impresiones, perpetuando un ciclo continuo que acaba determinando cómo progresa tu vida. Al considerar este proceso, es importante recordar que cuando te distraes del momento presente, ya sea pensando en el pasado o tratando de predecir el futuro, es posible que ni siquiera te des cuenta de lo que estás haciendo. Como resultado, además de cultivar una tendencia a distraerte, sin darte cuenta estás plantando semillas de acciones que probablemente te sorprenderán en el futuro pues te será difícil reconocer su origen.

Puedes aprender de este proceso al observar tus decisiones. Por ejemplo, al recordar momentos específicos de tu pasado, puedes darte cuenta de algunas de tus decisiones y cómo influyeron en tu identidad, perspectiva y circunstancias. También puedes notar cómo todos esos elementos se combinaron para crear gustos, desagrados, restricciones y oportunidades. Al contemplar las diversas etapas de tu vida, ayudado por la perspectiva del tiempo, puedes ver a qué le has dado importancia. Cuando eliges no tomar personalmente lo que está sucediendo en tu vida, puedes discernir las semillas que estás plantando y cómo generarán pensamientos y acciones similares en el futuro. Reflexiona sobre tu vida y contempla el hecho de que cualquier cosa que hagas regularmente contribuirá a tus maneras de ser, percibir e interpretar el mundo. Si pasas un día entero diciendo: "Odio esto, odio aquello, odio ...", tu propio entorno interno se sentirá bastante diferente de cuando pasas todo el día diciendo: "Estoy en paz con esto, estoy en paz con aquello, estoy en paz con ..." Como un simple experimento, incluso puedes probar estas dos opciones, cada una por solo unos minutos, para notar el efecto que cada una tiene en tu actitud, perspectiva y mundo interior. Otras preguntas útiles para dirigir tu exploración incluyen:
¿Qué motiva esta intención?
¿Cuáles son mis expectativas para esta acción?
¿En qué medida estoy creando un nuevo deseo o una nueva fuente de resistencia?
¿Esta acción aumenta mi sentido de importancia personal?

Práctica (Sadhana)

¿Cómo contribuye este pensamiento a aclarar quién soy?
¿Cómo se relacionan mis circunstancias actuales con algunas de mis acciones pasadas?
¿Cómo estoy contribuyendo a enaltecer la vida?

Sufrimiento

2.15 La persona sabia entiende que todas las actividades y experiencias internas resultantes de la mutabilidad de la naturaleza (*gunas*) eventualmente causarán dolor y sufrimiento.

La mayoría de los expertos asocian el Yoga Sutra de Patañjali con la antigua filosofía *Samkhya*. En el sistema *Samkhya*, el concepto de *guna* –atributo o característica– describe tres tendencias fundamentales en la naturaleza. Las tres gunas son: inercia - *tamas*, energía - *rajas* y armonía - *sattva*. Cuando estas tres cualidades están en equilibrio, existen como puro potencial. Todo en la naturaleza es, en un nivel muy sutil, la manifestación de una combinación de estas tres tendencias. La vida es un proceso continuo de cambio resultante del juego interminable entre estos atributos. Sin embargo, cada momento es único, insustituible e irrepetible. Saber esto es un poderoso recordatorio de que *todas las experiencias y sensaciones son temporales*. Un fuerte deseo por alguna experiencia u objeto generará muchas emociones y expectativas. La suposición subyacente es que cumplir ese deseo resolverá tus problemas haciéndote mejor, más completo e integrado. Pero la alegría de obtener lo que deseas pronto puede convertirse en una nueva razón para la ansiedad, la inseguridad y el miedo, porque puedes cambiar de tratar de obtener lo que deseas, a tratar de evitar perder lo que has ganado. **Apegarte a cualquier experiencia, ya sea tratando de atraerla o rechazarla, seguramente generará sufrimiento.**

Desenreda el hilo

¿Alguna vez te sucede que anhelas algo maravilloso que sucedió antes, pero que ya no está presente? ¿Eso trae alguna vez un sentimiento de tristeza y un deseo de retroceder en el tiempo? ¿Es ese un ejemplo de algo que alguna vez fue placentero pero que se ha convertido en una fuente de sufrimiento? En la actualidad, la mercadotecnia y la publicidad parecen centrarse casi exclusivamente en crear la ilusión de satisfacción a partir de objetos y experiencias que se pueden comprar o vender. Esta es una fuerza poderosa a la que muchos de nosotros estamos expuestos regularmente y que deja muchas impresiones en nuestras mentes y corazones. *Sin embargo, la persona sabia sabe que cualquier cosa que se pueda ganar eventualmente se perderá y que cualquier cosa que se pueda comprar o vender es poco probable que brinde alegría y felicidad duraderas.*

Examina tus propias palabras y pensamientos y observa cualquier suposición subyacente basada en la noción de que una vez que ganes algo, te convertirás en una mejor versión de ti mismo, o que tu vida será de alguna manera más satisfactoria o significativa. ¿Es eso realmente posible? Investiga tus deseos. ¿Qué crees que ganarás con lo que deseas? A veces podemos querer algo y seguir trabajando para lograrlo. Sin embargo, puede llevar mucho tiempo alcanzar esa meta, y para cuando logremos nuestro objetivo, es posible que hayamos olvidado lo que queríamos o que hayamos cambiado de opinión y que nos distraigamos con un nuevo deseo. ¿Te ha sucedido esto? Desde esta perspectiva, examina tu relación con lo que es parte de tu vida ahora. ¿Hay algo que creías que querías (como un trabajo, título, relación u objeto) que ya no es lo que quieres? También puedes elegir explorar hasta qué punto tienes miedo de perder lo que posees. Otra avenida útil para explorar es contemplar esta pregunta: *¿Qué necesitarías para amar tu vida exactamente como es en este momento?* Cuando decides amar tu vida tal como es, ¿qué objeciones surgen? ¿Qué revelan tales objeciones sobre ti?

Práctica (Sadhana)

2.16 El sufrimiento futuro puede ser evitado.

Confirmando el famoso dicho anónimo "el dolor es inevitable, el sufrimiento es opcional", en este aforismo Patañjali afirma que el sufrimiento futuro es opcional porque puede evitarse. En tu vida diaria, a veces puede parecer que estás montando en una montaña rusa emocional. Te lleva a las alturas de la euforia, te llena de excitación y luego te pasa por los niveles más bajos de dolor y sufrimiento. La montaña rusa emocional continúa todo el tiempo. Resulta de permitir que tu clima interno sea influenciado por eventos y circunstancias externas. Muchos de nosotros sabemos que un cambio en el clima, dependiendo de lo que sea, puede hacernos sentir tristes, felices o ansiosos. Del mismo modo, puedes interpretar las palabras de alguien como una razón para sentirte feliz o infeliz. Pero ¿es realmente posible evitar el sufrimiento? Recuerda que hay una distinción entre dolor y sufrimiento. El dolor es incomodidad, molestia o malestar, una sensación que sientes. El sufrimiento es cuando cargas esa sensación con tus emociones y cuando cavilas sobre estas ideas generando angustia, desesperanza e impotencia. El dolor que sientes es una sensación que te ofrece información potencialmente útil. ¿Te es posible elegir qué hacer con esa información? ¿Es el dolor el resultado de una acción, creencia u opinión que tienes? ¿Es posible que el sufrimiento sea el resultado de una historia que has elegido creer? ¿Se origina tu sufrimiento en no tener la disposición de estar con lo que es, tal como es?

Recuerda que incluso lo que solía ser una fuente de felicidad o placer puede convertirse en una nueva fuente de preocupación, ansiedad y sufrimiento. A menudo sucede que una persona puede comenzar a crear razones para sufrir simplemente pensando en lo que podría suceder en el futuro. Pregúntate esto:
¿Ya estás ansioso, molesto o irritado por algo que no ha sucedido todavía?
¿Hay cosas que te preocuparon en el pasado que nunca sucedieron?
¿En qué medida tus expectativas y predicciones influyen en tu clima interior?

¿Podría este sutra ser un recordatorio útil del mensaje en este dicho: "¿Si tus problemas tienen una solución, por qué preocuparte? Y, si tus problemas no tienen solución, ¿por qué preocuparte?"

Una aclaración importante a tener en cuenta: este sutra **NO te dice que ignores el dolor, las emociones o las sensaciones.** Este sutra no se trata de volverse insensible o indiferente. El dolor, las emociones y las sensaciones ofrecen retroalimentación útil, destacando las interrelaciones entre tu mundo interno y tu mundo externo en un ciclo de retroalimentación continua. Como discutimos en la sección Validar del capítulo Fundamentos del Yoga, en lugar de tratar de manipular tus sensaciones, puede ser más útil comenzar reconociendo que lo que sientes es válido, porque lo estás sintiendo. Como un ser humano tienes una gama completa de emociones saludables que te ayudan a navegar tu vida. Una vez que reconoces lo que sientes como válido, puedes aclarar si necesitas actuar. De hecho, en el yoga el objetivo es sentir y ser consciente a través de tu experiencia directa de lo que está sucediendo, sin enredarte en palabras, historias y drama. Esta claridad es decisiva para determinar las acciones más efectivas. Este sutra te recuerda que todo lo que está vivo está en constante cambio, y que tratar de asociar tu identidad, gustos y disgustos a algo que está cambiando garantizará frustración y sufrimiento. *Sabiendo esto, ¿es posible que elijas no sufrir?*

2.17 La causa del sufrimiento evitable es la tendencia a confundir la consciencia con lo que se experimenta.

Este es un aforismo clave para comprender la causa del sufrimiento evitable mencionado en el sutra anterior. El sufrimiento es el resultado de confundir tu consciencia, tu sentido de ser, con el vehículo de la consciencia:

tu organismo. Lo que sea que experimentas, lo que puedes sentir, lo sientes a través de tu organismo, a través de tu cuerpo, mente y emociones. La consciencia que te permite presenciar estos procesos es lo que trae atención a todo lo que experimentas. Sin embargo, las experiencias mismas son temporales y cambian constantemente. Estas actividades y experiencias resultan de estar con vida e interactuar con tu entorno. Como se dijo anteriormente, en los sutras 1.3 y 1.4, puedes residir en tu verdadera naturaleza, siendo consciencia personificada, o puedes identificarte con tus maneras de ser, lo que significa que puedes llegar a pensar que eres lo que haces, lo que constituye una identificación errónea. En este aforismo, Patañjali aclara de nuevo que lo que genera sufrimiento es precisamente esta identificación errónea, el combinar los vehículos a través de los cuales sientes (tu cuerpo, pensamientos y emociones) con la consciencia que presencia todas tus experiencias. Estas ideas del Capítulo Uno y el Capítulo Dos del Yoga Sutra están relacionadas con los sutras 2.3 al 2.9, particularmente la noción de no recordar tu verdadera naturaleza, *avidya* (2.4).

Contempla el hecho de que cada noche, para quedarte dormido, dejas ir todo lo que normalmente tienes en mente. A medida que te adentras en un sueño profundo y llegas al estado en que no hay sueños, dejas de lado tus preocupaciones, miedos, recuerdos, historias y todo lo demás que piensas o crees saber. También te desprendes de tu nombre, tu edad, tu ocupación, el saldo de tu cuenta bancaria y todo lo demás. *Incluso dejas por completo quien crees que eres.* A pesar de dejar todo esto, incluida la consciencia de tu propio cuerpo, no desapareces. De hecho, dejar a un lado todas estas identificaciones crea para la mayoría de las personas un sentimiento de apertura y expansión, porque esas identificaciones generan límites y atavismos que se manifiestan física, mental y emocionalmente. Este estado de estar libre de todas estas distracciones temporales a menudo se llama el estado natural. Cuando te liberas de tus identificaciones, lo que queda es la consciencia que anima tu cuerpo y que también te permite pensar, sentir, ver e interactuar. Esa consciencia es la consciencia que fluye a través de ti. Esa consciencia usa tu cuerpo y todas tus experiencias como un instrumento, pero no es el instrumento.

El yoga es un camino que te lleva a conectarte con niveles crecientes de sutileza en tu propio ser. Prueba esto: todas las noches, mientras te preparas para dormir, elige conscientemente dejar todo lo que no necesitarás mientras duermes. Poco a poco, relájate y siente el aspecto más sutil de ti misma, desde tu cuerpo hasta tu respiración, tus pensamientos y emociones hasta que finalmente seas consciente de tus sentimientos sin comentarios o narraciones internas. A medida que experimentas el ser, observa que hay sensaciones y también consciencia, registrando esas sensaciones sin tener que calificarlas de ninguna manera. De hecho, puedes notar que hay corrientes simultáneas de sensaciones de sonido y ruido fuera de tu hogar, sonidos y ruidos dentro de tu propia habitación, sonidos y ruidos dentro de tu propio cuerpo. Simultáneamente puede haber corrientes de sensaciones táctiles como la textura de lo que sea que esté tocando tu cuerpo. Puedes elegir notar cada corriente de sensaciones desde su manifestación externa a su manifestación interna. Intenta sentir cada una sin describir ni narrar. Luego trata de notar cuál es el punto de vista desde donde estás presenciando todo esto.

Por la mañana, tan pronto como te des cuenta que has despertado, incluso antes de abrir los ojos, observa cuán activos son tus comentarios internos habituales. ¿Puedes tener interés en notar lo que sucede si mantienes una delicada conexión con la calma y el silencio que subyacen a todos tus pensamientos, creencias e historias? En el proceso de desprenderte de pensamientos y opiniones, observa qué pensamientos siguen regresando o parecen estar más profundamente arraigados. Explora con curiosidad la posibilidad de elegir qué creencias, opiniones e ideas deseas activar y cuales apagar. ¿Qué descubres?

¿Están relacionados algunos de estos pensamientos con quién crees que eres (*asmita*), tus gustos (*raga*) y desagrados (*dvesha*) y tu sentido de importancia personal (*abhinivesha*)?

¿Cómo contribuyen estos pensamientos a la calidad de tu presencia?

¿Son estos pensamientos importantes para tu calidad de vida?

Consciencia y Experiencias

2.18 Lo que se puede percibir tiene tres atributos: actividad (*kriya*), estabilidad (*sthiti*) e iluminación (*prakasha*). Se manifiesta en los elementos y órganos sensoriales para proporcionar experiencias que conduzcan a la liberación.

Como se sugirió en el sutra anterior, hay dos aspectos diferentes que interactúan, tu consciencia, que es tu sentido de ser, y las experiencias que vives, las sensaciones que surgen cuando participas en la vida. El sufrimiento es el resultado de confundir tu consciencia, la presencia que hace posible sentir, con las experiencias que tienes. Es como confundir tus anteojos con tus ojos. Esta fusión causa sufrimiento debido a la tendencia humana a identificarse con experiencias fugaces y sus subproductos, el deseo de retenerlas (*raga*) o rechazarlas (*dvesha*). Como resultado, confundir la consciencia con lo que se vive provocará un flujo interminable de emociones y sentimientos. Todo lo que se puede sentir está activo (*kriya*), en reposo (*sthiti*) o en un estado de equilibrio entre la actividad y la inercia (*prakasha*). Tu cuerpo es parte de lo que se puede sentir e incluye los sistemas que componen el cuerpo, así como la capacidad de percibir las infinitas combinaciones de las tendencias en la naturaleza. Cuando combinas las experiencias con la consciencia que las presencia, puedes llegar a creer que todo lo que hay en la vida es perseguir las experiencias, porque las experiencias te proporcionan un sentido de identidad.

Otra opción que tienes es elegir ver todas las experiencias como vehículos que ofrecen un camino para profundizar tu claridad. Esta claridad conduce a la liberación de la identificación errónea y sus efectos. Este es el proceso de *vairagya* explicado en los sutras 1.15 y 1.16. Esta liberación ocurre, como todos los procesos en el yoga y en la vida, gradualmente. Por ejemplo, el sutra 1.15 dice que el primer paso es liberarte de todos los antojos de externalidades. Finalmente, dice el sutra 1.16, la atención se asienta, no persigue los sentidos y permanece anclada en la consciencia pura. Este proceso ocurre al ritmo que cada persona puede manejar y de acuerdo con su nivel de compromiso. No hay atajos. Puedes intentar comenzar liberándote de identificaciones y percepciones erróneas, así como liberándote también de agregar opiniones innecesarias a lo que existe. Cuando estás libre de todas las opiniones, es posible ver sin los sesgos creados por tus opiniones, creencias, gustos y disgustos. Entonces puedes vivir todo tal como es, en lugar de como crees que es o como crees que debería ser.

¿Es posible notar cómo estos tres atributos de actividad, estabilidad y equilibrio están presentes en cada experiencia que tienes?

¿Puedes notar esos atributos también en tu propio cuerpo?

¿En qué medida estas variaciones en los atributos de las experiencias influyen en tu perspectiva y actitud?

¿Están tus experiencias creando más apegos y reactividad, o están creando una mayor claridad?

¿Tienen estas preguntas un tema subyacente más profundo relacionado con tu propósito de vida?

2.19 Los estados de los tres atributos (*gunas*) cambian de no manifestado a manifiesto a sutil a aparente.

El aforismo anterior y este pueden entenderse como una forma muy concisa de resumir cómo opera la naturaleza. Lo no manifestado, es un estado de puro potencial que no puede ser aprehendido a través de los sentidos. Lo manifiesto es la información específica necesaria para el desarrollo de ese potencial en algo en el mundo que aún no está disponible a los sentidos. Lo sutil es el germen cargado de información específica necesaria para el desarrollo de lo potencial. Y lo aparente es el objeto real que ocupa espacio y tiene características perceptibles como color, textura, olor y sabor. Un ejemplo podría ser la noción de un árbol, desde el potencial puro del concepto del árbol (no manifestado), hasta el código genético completo de un árbol en particular (manifiesto), hasta una semilla específica (sutil) que brota en el ambiente correcto y circunstancias propicias para convertirse en un árbol real (aparente). El proceso de involución de la meditación es una progresión de lo aparente a lo sutil a lo manifiesto a lo no manifestado, como se presentó en el sutra 1.17.

Una forma de explorar estas ideas es contemplando el proceso de algo que has logrado desde su realización hasta el comienzo del proceso, cuando se te ocurrió la primera idea al respecto. Al contemplar estos procesos, puedes obtener información sobre el origen de algunos de tus deseos y anhelos, así como también información sobre las formas en que vas de una idea hacia la acción. Del mismo modo, contemplar el proceso de un proyecto o esfuerzo que no tuvo éxito puede ofrecerte una mayor claridad sobre cómo algunas de tus creencias, prejuicios y decisiones pueden haber influido en el resultado del proyecto.

También puedes explorar el significado de este sutra al reflexionar sobre cómo la vida puede manifestarse de manera aparente, como algo que puede percibirse directamente a través de tus sentidos. Luego, cambia tu enfoque a aspectos sutiles de la vida que pueden no ser estar disponibles a los sentidos, pero que aún hacen parte de la experiencia y que están disponibles a tu intelecto y emoción (como todas las actividades celulares que tienen lugar en cualquier ser vivo o actividad a los niveles atómico y subatómico). Continúas profundizando tu enfoque en el aspecto manifiesto de la vida, como todas las intrincadas interrelaciones entre todos los aspectos de la vida, como lo que es compartido por todos los seres de una especie. (Por ejemplo, la esencia de ser un ser humano en el planeta a lo largo del tiempo.) Continúas sumergiéndote más profundamente sintiendo directamente el aspecto no manifestado de la vida, la esencia presente en todo lo existente. Esta esencia de la vida no se puede ver, tocar o aprehender a través de los sentidos de ninguna manera. *¿Qué sucede cuando examinas algo a través de estas lentes de aparente, sutil, manifiesto y no manifestado? ¿Qué descubres?*

2.20 El Testigo es puro. Es el poder de presenciar las actividades del cuerpo-mente-emociones sin verse afectado por ellas.

El primer sutra en este capítulo definió la acción yóguica (*kriya yoga*) y el segundo sutra afirmó que la acción yóguica es efectiva para neutralizar las aflicciones y avanzar hacia la integración. Posteriormente, Patañjali explicó los diversos tipos de aflicciones, sus influencias y efectos a largo plazo. Luego, en el sutra 2.17, Patañjali afirma que la causa del sufrimiento es confundir la consciencia con las experiencias en las que participas. La consciencia es lo que te permite participar en esas experiencias y darte cuenta de lo que sucede tanto interna como externamente. Este sutra expande el concepto del "Testigo", introducido anteriormente en el sutra 1.3. El "Testigo" o "Vidente" es la consciencia, la capacidad de presenciar que te permite darte cuenta de los fenómenos cambiantes en la naturaleza. Otra palabra utilizada para ello es la atención o la presencia que te permite ser consciente.

La consciencia es solo el poder de presenciar. Esta es la idea discutida en el capítulo "¿Quién soy yo?" de este libro usando la analogía del cielo y la metáfora de un proyector de películas. Otra forma de entender este concepto es pensar en el sistema operativo de una computadora o teléfono inteligente. El sistema operativo son los programas esenciales que manejan la memoria, los procesos y los recursos de la computadora. Aunque el sistema operativo puede instalarse en una computadora, sin una fuente de energía que proporcione electricidad, el sistema operativo no puede controlar la computadora. Del mismo modo, la computadora puede estar conectada a una fuente de energía, pero sin un sistema operativo, la computadora no podría ejecutar ningún programa. La consciencia o la presencia es tu sistema operativo. La electricidad que corre por tu organismo es la energía vital, llamada *prana* en el yoga. Cuando funciona bien, el sistema operativo puede ejecutar cualquier programa, incluso mostrar videos y fotografías, mostrar texto o reproducir archivos de sonido. *Sin embargo, el sistema operativo no está influenciado por el contenido de los archivos que está manipulando.* La consciencia tampoco se ve afectada por los cambios constantes de la vida, pero la consciencia subyace en cada uno de tus estados, acciones y experiencias. Una opción para reconocer a este Testigo es cultivar tu habilidad para notar el espacio en cada lugar que habitas. En lugar de ver solo los objetos en una habitación como muchos de nosotros solemos hacer, puedes optar por atender también al espacio alrededor de todo. Puedes notar el espacio como la base donde todo lo que percibes existe. También puedes notar el silencio como el trasfondo de cada ruido y sonido que puedes escuchar. Nota el silencio que marca el final de una palabra y el comienzo de la siguiente. Al notar el movimiento, observa también la quietud en la que se desarrolla cada movimiento. Atender al espacio, el silencio y la quietud es una forma de desarrollar una sensibilidad para percibir lo que es tan obvio que es ignorado habitualmente. Esta sensibilidad te ayuda a orientarte hacia la consciencia o presencia que subyace toda la existencia. También puedes relajarte profundamente, dejando de lado todo lo que no necesitas, incluidos tus comentarios internos, para que puedas prestar atención al ritmo natural de tu respiración. Concéntrate en sentir lo más claramente posible la breve pausa entre cada inhalación y cada exhalación. *¿Qué notas cuando presencias esa pausa?*

El espacio, la quietud y el silencio son el trasfondo de toda actividad, la consciencia, donde tienen lugar todos los cambios, movimientos y sonidos. Sin espacio, quietud y silencio, no habría forma de saber que algo es, que se está moviendo o que está haciendo un sonido. *¿Qué sucede cuando eliges sumergirte completamente en la pausa, el silencio y la quietud?*

2.21 Todo lo que se puede sentir existe para el beneficio del Testigo.

Este grupo de sutras habla sobre la relación complementaria entre experiencia y consciencia. Mientras que los sutras 2.18 y 2.19 explican el mundo de la experiencia, el sutra anterior habla sobre la naturaleza de la consciencia. Este aforismo y los dos siguientes exploran la relación e interacción entre la consciencia y las experiencias. Todas las experiencias están en el ámbito de la vida. La consciencia, la capacidad de notar las experiencias, está en constante interacción con la vida. En este contexto, la vida es todo lo que se puede experimentar, ver, sentir, tocar, probar y escuchar. La consciencia, como se menciona en el aforismo anterior, es el poder de presenciar, el aspecto de ti que nota tus acciones y tus maneras de ser. **Es útil pensar en la vida como hacer y la consciencia como ser.**

Práctica (Sadhana)

Volviendo a la analogía de un proyector de películas del capítulo ¿Quién soy yo?, la consciencia es la luz que se proyecta, y la película es la vida, lo que se puede experimentar. Incluso si el rollo de película atravesara el proyector, si no hubiera luz, la película no podría verse. Del mismo modo, sin película no habría historia para ver. Podría decirse que el objetivo final del yoga es permanecer en la consciencia pura sin enredarse en la identificación con ninguna experiencia. Desde este punto de vista, como se presentó en el sutra 2.18, el propósito de cada experiencia es conducir a la liberación de toda identificación errónea. El propósito de cada fotograma en el rollo de película es pasar frente a la luz del proyector (consciencia) para proporcionar una oportunidad a la consciencia para presenciar claramente la diferencia entre la vida, los fenómenos temporales y la consciencia pura – el notar o la presencia al centro de toda la existencia. El conjunto completo de fotogramas individuales es dinámico, como resultado de acciones pasadas y sus impresiones almacenadas (2.12-2.14). Todas las experiencias te brindan retroalimentación para aumentar tu capacidad de distinguir entre la vida y la consciencia.

Los encuentros entre sonido y silencio, movimiento y quietud, espacio y objetos son maneras en que la consciencia y la vida interactúan todo el tiempo. La energía es el catalizador que facilita las interacciones entre la vida y la consciencia. Puedes elegir entre dos opciones distintas: identificarte con tus experiencias; o liberarte de toda identificación y elegir sentir directamente el espacio, la quietud y el silencio de la consciencia pura.
¿Hasta qué punto puedes reconocer estas dos opciones en tu práctica de yoga?
¿Puedes notar cómo eliges entre estas dos opciones en tu vida diaria?
¿Hay algún patrón en tus decisiones?
¿Cuáles son los resultados de tus decisiones?
¿Hay algunos pensamientos y acciones más propicios para conectarte con su propia consciencia? ¿Sería posible que todas tus experiencias fueran vehículos para reconocer tu propia consciencia?

¿Hay alguna manera de personificar la consciencia para que tu conexión con el espacio, la quietud y el silencio impregne todas tus acciones?

2.22 Aunque las experiencias mundanas ya no existen para el yogui que ha alcanzado la liberación, el mundo permanece. El mundo es real.

En la tradición filosófica a la que pertenece el yoga, existen diversos puntos de vista sobre el mundo. Algunas escuelas sostienen que el mundo es real y que nuestros sentidos pueden aprehenderlo tal como es. Otras perspectivas proponen que el mundo es una ilusión, impregnada por una unidad fundamental inmutable que se manifiesta como todo lo que existe. Aún otros enfoques indican que todo consiste en impresiones momentáneas que cambian constantemente con solo el vacío subyacente a toda la existencia. Cada una de estas opciones sugiere un camino de acción diferente. Por ejemplo, si ves el mundo como una ilusión muy convincente bajo la cual se esconde la verdadera realidad, tu camino puede requerir que descartes todo lo que experimentas como una ilusión que te impide sentir la realidad subyacente. Si el vacío es todo lo que existe fundamentalmente, entonces tu enfoque puede estar en la transitoriedad de todos los fenómenos internos y externos.

Este sutra afirma que el mundo de la experiencia es real, no es algo que se pueda negar. En otras palabras, la vida y la consciencia coexisten, y la vida ofrece experiencias para beneficio de la consciencia. Como sugiere el aforismo anterior, la vida es un vehículo para la consciencia. La consciencia individual puede identificarse con las experiencias fugaces (1.4) o puede permanecer en su propia naturaleza verdadera (1.3), la presencia. Cualquier cosa que se pueda experimentar no es una ilusión o el producto de tu imaginación. Es real. Sin embargo, es efímera; no dura. Todas las experiencias tienen el propósito de proporcionar liberación para la consciencia. *El yogui es la persona que ha elegido permanecer consciente al liberarse de sus apegos a las experiencias.* Por lo tanto, el mundo, aunque real, ya no atrae al yogui para que se identifique con los ires y venires transitorios de la experiencia. En otras palabras, los yoguis participan en el mundo sin tomarlo personalmente, cumpliendo con su deber sin expectativas ni apegos. Para intentar practicar este sutra, considera:

¿Cuáles son las experiencias que captan tu atención?

¿Qué aspectos de la vida definen quién eres?

¿Hay algo con lo que te identificaste anteriormente, pero que ya no parece definirte?

¿Cómo ves el mundo, tus experiencias y tu propia consciencia?

¿Cuáles son las relaciones entre estas tres ideas?

¿Cómo influyen tus puntos de vista en tus pensamientos, emociones, acciones e interacciones?

2.23 La consciencia y las experiencias interactúan para reconocer lo que es permanente y lo que es transitorio.

En los sutras anteriores Patañjali exploró los aspectos complementarios de la existencia, la consciencia, las experiencias y sus relaciones. Este sutra afirma que la consciencia y las experiencias interactúan para aclarar la distinción entre lo que es duradero y lo que es efímero. Esto se conecta directamente con la definición de ignorancia (*avidya*) en el sutra 2.5. Tus experiencias están en constante cambio. Siempre puedes elegir con qué te identificas y a qué le das importancia en tu vida. Sin experiencias, los seres humanos no tendríamos la oportunidad de participar en el interminable devenir de la vida. No sería posible entonces sentir la amplia gama de sensaciones que brinda la existencia y no habría lecciones que aprender. Como se mencionó en el sutra 2.18, todo lo que se puede sentir puede verse como un fin en sí mismo, o puede servir como un vehículo para liberarnos de las identificaciones erróneas que conducen al sufrimiento. Para poner este sutra en práctica considera las siguientes preguntas:

¿Cómo interactúan tu consciencia y tus experiencias?

¿Cuál es tu objetivo cuando emprendes cualquier proyecto?

¿Cómo decides que merece tu atención, tiempo y energía?

¿Qué en ti es permanente?

¿Qué en ti es transitorio?

¿Contribuyen tus experiencias a aclarar las distinciones entre lo que es permanente y lo que no lo es?

2.24 Identificarse con experiencias es confusión (*avidya*).

En los sutras anteriores, Patañjali explicó que el sufrimiento futuro puede evitarse (2.16) y que el sufrimiento resulta de fusionar experiencias con la consciencia (2.17). Luego Patañjali comparó la esencia de las experiencias con la esencia de la consciencia. El Sutra 2.23, reiterando el mensaje del sutra 2.18, dice que las experiencias y la consciencia se articulan para darnos la oportunidad de distinguir las experiencias de la consciencia. El significado de este sutra nos recuerda el mensaje presentado en los sutras 2.4 y 2.5: *avidya* es olvidar tu verdadera naturaleza. Recuerda que, al comienzo del hilo del Yoga Sutra, en los sutras 1.3 y 1.4, la identificación errónea se contrasta con estar en tu estadio natural, el estadio de residir en la quietud y el silencio internos. La importancia de esta idea se destaca en este sutra una vez más. Cuando crees que eres tus experiencias, tus historias y tu cuerpo la confusión te rodea llevándote a un ciclo interminable de sufrimiento y aflicciones. Reflexiona sobre las siguientes preguntas para llevar este aforismo a tu vida diaria:

A medida que vives tu vida, ¿cómo aclaras la diferencia entre tus experiencias y tu consciencia?

Presta atención cada vez que uses los pronombres "yo", "mío", "nosotros" y "nuestro". ¿Qué notas? ¿A qué aspecto de ti se refiere el pronombre?

¿Utilizas estas palabras para subrayar un aspecto de tu identidad, o las usas con un sentido de desapego?

¿Se relaciona tu uso de estos pronombres con las cinco categorías de maneras de ser descritas en el sutra 1.5?

¿Estás usando esos pronombres a causa de una de las cinco aflicciones enumeradas en el sutra 2.3?

2.25 La libertad surge al eliminar la confusión.

Hasta este punto en el capítulo, Patañjali ha explicado la acción yóguica como una forma de disminuir las aflicciones, describiendo las aflicciones y sus efectos y la relación entre la consciencia y las experiencias. Ahora, Patañjali presenta el objetivo de la práctica del yoga, la liberación de las aflicciones y del sufrimiento.

La consciencia es el poder de percibir, o la capacidad de sentir que te permite ser consciente. En consecuencia, eres testigo de los fenómenos cambiantes en la naturaleza. La consciencia subyace a cada uno de tus estados, acciones y experiencias. La vida es lo que se puede experimentar y percibir, así como la corriente continua de cambios impredecibles que suceden todo el tiempo. La vida y la consciencia no están en conflicto u oposición. Por el contrario, la vida y la consciencia se complementan entre sí. Un ejemplo tradicional de estas interacciones es el reflejo de la luna llena en la superficie de un lago tranquilo, cuando puede parecer que la luna es parte del lago. Sin embargo, cuando hay agitación en el agua, no se puede ver el reflejo de la luna, pero la luna no desaparece. Del mismo modo, cuando tus actividades, tus maneras de ser, ocupan todo tu entorno interno, puede parecer que no hay consciencia porque tu consciencia está completamente obnubilada por tus experiencias. Sin embargo, cuando las tormentas de agitación interna se apaciguan, la calma interna es más notable. La confusión y el sufrimiento surgen de la identificación errónea y cuando se elimina dicha identificación errónea descubres la libertad.

Una forma práctica de entender la complementariedad e interacción entre la vida y la consciencia es pensar en la vida como hacer y en la consciencia como ser. En un nivel muy básico, estás en un proceso constante de negociación entre tu orientación externa y tu orientación interna. Por ejemplo, cuando notas una fragancia en el aire (externa), puede desencadenar un recuerdo vinculado a ese aroma (interno). Puedes intentar olfatear más intensamente y localizar de dónde proviene el olor (externo), caminando y mirando mientras respiras más profundamente. Esto puede llevar a tu consciencia a un recuerdo (interno) de un lugar que solías frecuentar, o un jardín que visitaste a menudo durante tu infancia. Estos pensamientos pueden, a su vez, traer otros recuerdos y emociones que pueden haber estado latentes durante mucho tiempo. Todas estas actividades, internas y externas, son experiencias temporales. Puedes estar presente en todas estas partes de tu vida gracias a la consciencia. De hecho, tu consciencia te permite notar algún aspecto de ti oliendo, recordando, sintiendo, caminando y buscando – internamente buscando recuerdos, y externamente, buscando la fuente de dicha fragancia. Puedes llegar a estar tan absorta en este proceso que ni siquiera te des cuenta de que estás a punto de dar un paso en un charco de agua. Dependiendo de tu estado de ánimo, al pisar un charco de agua puedes enfadarte o enojarte; o puede que no te importe en absoluto porque estás fascinado por el aroma que estás tratando de identificar.

Práctica (Sadhana)

La vida se compone de todas las experiencias internas y externas que tienes, y la consciencia es el espacio donde todo tiene lugar con la presencia como el aspecto activo de la consciencia que te permite experimentarlo todo. La confusión es el resultado de identificarte erróneamente con tus experiencias cambiantes, y olvidar que la consciencia siempre está en ti, subyacente en cada experiencia, siendo tu consciencia lo que hace posible que estés presente en tu vida. No reconocer la distinción entre estos aspectos interrelacionados de ti tiende a causar identificación con las experiencias que conducen al sufrimiento resultante de las cinco aflicciones presentadas al comienzo de este capítulo. En tus actividades diarias, ¿tiendes a identificarte más con las sensaciones o con la capacidad de presenciar?
¿Esto varía de acuerdo con lo que estás haciendo?
¿Qué puedes deducir de estas observaciones?
¿Notas patrones, tendencias y prejuicios?
¿Son propicios para sentirte libre o restringido?
¿Son tus formas de moverte y respirar restrictivas o liberadoras?
¿Son tus opiniones, creencias y recuerdos fuentes de restricciones o de libertad?
¿Están tus interacciones informadas por tu consciencia o por tus experiencias?

2.26 El camino a la liberación es el discernimiento consciente ininterrumpido (*viveka khyati*)

Este sutra introduce el concepto de discernimiento consciente (*viveka khyati*). El discernimiento consciente es notar la diferencia fundamental entre experiencia y consciencia, o entre ser y hacer. Sin la capacidad de distinguir esta diferencia, tus maneras de ser te llevarán a la confusión, a la identificación errónea y al sufrimiento. El discernimiento consciente, o estar establecida en la consciencia, es la forma de avanzar hacia la liberación. Como lo dice el sutra

2.2, hay dos opciones básicas para vivir en el mundo: en estrés (*klesha*) o en integración (*samadhi*). Cuando olvidas la verdad fundamental sobre ti, YO SOY, tiendes a vivir en la confusión (*avidya*) que causa estrés y sufrimiento. La otra opción es ser una persona con criterio que reside en la consciencia (2.15). Esto es lo que sucede cuando regulas tus maneras de ser que generan identificaciones erróneas, restricciones y limitaciones. Al modular tus tendencias, estás disminuyendo efectivamente la generación constante de opiniones sobre lo que está sucediendo, sobre los demás y sobre ti mismo. La persona establecida en el discernimiento consciente reconoce la diferencia fundamental entre vivir en armonía con la perfección de la vida, por un lado, y vivir en las historias en su cabeza, por el otro. Vivir en la perfección de la vida es otra forma de decir habitar en tu verdadera naturaleza (1.3). La práctica es simple: cada vez que notas que te estás apegando a alguna idea sobre quién crees que eres o deberías ser, simplemente déjala y regresa al estadio de ser. Es importante aclarar que este no es un proceso de pensamiento o deducción: *no estas pensando acerca de ser, sino que simplemente eres*. Este es un proceso gradual.

Cando estás aprendiendo un nuevo idioma, al principio, cada vez que alguien habla ese idioma, todo lo que escuchas es una secuencia de sonidos desconocidos. Cuanto más escuchas ese idioma nuevo, comenzarás a notar breves pausas en el habla que te llevarán a identificar unidades de sonido más pequeñas como palabras. Del mismo modo, este proceso de orientación hacia la consciencia significa escuchar el silencio que subyace en todos los procesos mentales y la quietud donde tienen lugar todos los movimientos. Puede ser apenas perceptible al principio. Pero, con suave persistencia crecerá gradualmente. Es importante aclarar que esto no es un llamado a la inacción. En cambio, es una invitación a *armonizar tu ser y tu hacer*. Entonces, incluso cuando debes actuar, eliges hacer lo que estás haciendo sin agregar narración interna o comentario y sin auto juzgarte cuando te distraes. En otras palabras, trata de estar presente en todo lo que hagas, de modo que haces lo mejor que puedes (*abhyasa*), mientras recuerdas todo el tiempo que tus acciones son temporales (*vairagya*). Desde esta perspectiva, podría ser más fácil ver todas tus actividades, externas e internas, como oportunidades para saber realmente quién eres.

¿Puedes desarrollar el hábito de alinearte con la amplitud, calma y consciencia profundas que subyacen a todos tus pensamientos, emociones y acciones?

Esta práctica de abandonar tu identificación con experiencias temporales, ¿puede convertirse en tu nueva manera de ser habitual?

¿Puedes establecer tu intención de permanecer consciente?

Si bien puede llevar algún tiempo establecer una consciencia discriminativa ininterrumpida, ¿notas una progresión gradual en esa dirección?

2.27 La liberación se desarrolla en siete etapas.

Después de presentar el discernimiento consciente ininterrumpido como el medio para la liberación, Patañjali explica cómo llegar allí en este sutra y en el resto de este capítulo. Las siete etapas mencionadas en este aforismo son los pasos que te llevan a la integración completa (*samadhi*). Patañjali no enumera los pasos individuales explícitamente. Sin embargo, algunos comentaristas del texto sugieren que los siete pasos son las primeras siete ramas incluidas en el conjunto de ocho ramas del yoga que se mencionan en el siguiente sutra. Por otro lado, es útil saber que el primer comentario completo y detallado sobre el Yoga Sutra fue compuesto por un autor llamado Vyasa quizás en el siglo VII o VIII d. C. (Algunos estudiosos, sin embargo, afirman que lo que consideramos el comentario de Vyasa probablemente fue creado por el mismo Patañjali.) Hasta ahora, la mayoría de las interpretaciones de los Yoga Sutras toman la perspectiva y los ejemplos de Vyasa como un compañero fundamental para entender los Yoga Sutras. El comentario de Vyasa sobre este sutra resume parte del material presentado hasta ahora en el Yoga Sutra. Según Vyasa, el primer paso es notar el sufrimiento que se puede evitar. El segundo paso es identificar las causas del sufrimiento para eliminarlas. En tercer lugar, esas distracciones se reducen al establecer la paz interior. En el cuarto paso, se establece un clima interno de claridad y discernimiento. Como resultado, en el quinto paso, todo lo que se puede experimentar se ve como un camino hacia la liberación de las restricciones y limitaciones que cierran el corazón y la mente. Luego, en el sexto paso, cesa el deseo de manipular las fuerzas de la naturaleza. Finalmente, en el séptimo paso, el practicante personifica una armonía *sin esfuerzo* entre la vida y la consciencia.

La liberación es un proceso gradual que requiere actuar con entusiasmo, inteligencia y humildad (acción yóguica 2.1). Aplicándote con amable persistencia (*abhyasa* & *vairagya* 1.12), creces en sensibilidad y aprendes a regular tus maneras de ser con más armonía y fluidez. Como en cualquier otro proceso de aprendizaje, cuanto más practiques algo, más fácil será sintonizarte con los aspectos sutiles de lo que estás haciendo. Cuando intentas aprender a bailar un ritmo específico, al principio es difícil entender cómo las piernas, los brazos y el cuerpo necesitan moverse de un paso al siguiente. Luego, cuanto más practiques, más te familiarizarás con las diferentes formas de hacer que los movimientos sean más fluidos y fáciles. Con el tiempo, aumentará tu capacidad para bailar al ritmo de la música. Y tal vez, después de mucha práctica, te sea posible moverte de una manera que parezca sin esfuerzo, con gracia y elegante. Todo este proceso funciona mejor cuando es un agradable viaje de aprendizaje. De lo contrario, puede convertirse en una fuente de agitación o auto tortura. Todos los procesos de la naturaleza son graduales. Desde una semilla capaz de brotar hasta convertirse en un árbol maduro y completamente desarrollado, se necesitan incontables semanas de progreso gradual, a menudo imperceptible, facilitado por las condiciones y circunstancias adecuadas. De manera similar, a la mayoría de las personas nos lleva mucho tiempo liberarnos de maneras de

Práctica (Sadhana)

ser profundamente arraigadas. El progreso procede de acuerdo con tu capacidad y tratar de avanzar más rápido de lo que puedes es una forma segura de retroceder.

Es útil recordar la noción de autorregulación, o desarrollar una sensibilidad aguda para discernir que es apropiado, relevante y beneficioso para el momento en el que te encuentras. Dado que cada momento es único, lo que solía ser apropiado puede que ya no sea apropiado, o útil, hoy. **La autorregulación requiere consciencia.** Para prepararte para estos pasos, puedes establecer tu firme intención de comprometerte a vivir tu vida con consciencia y bondad. Cultiva tu capacidad de notar cuando estás tranquila y cuando estás irritado, ansioso, o molesto. Intenta aclarar las causas de estas irritaciones.
¿Es posible que cuando te molestas al escuchar las palabras de otra persona, tu molestia refleje tus expectativas o suposiciones?
Cuando te sientas frustrada por algo que está fuera de tu control, ¿podrías encontrar otras disposiciones y actitudes más útiles?
¿Cómo estás cultivando tu capacidad para estar centrado y equilibrado?
Cuando estás equilibrada, ¿es más fácil notar y resolver la irritación y el malestar sin agitación?
¿Es posible que esto te ayude a establecer un nuevo hábito de estar en equilibrio?
¿Puedes apreciar cómo todo lo que encuentras te ofrece la oportunidad de aprender y trascender tus propias limitaciones y restricciones?
¿Cambia esta actitud tu relación contigo mismo, con los demás y con el mundo que te rodea?
¿Cómo cambia esto tu estado de ánimo y experiencias?

Es posible que hayas notado que estas preguntas siguen los pasos presentados por Vyasa. En el camino hacia el discernimiento consciente, considera si es útil cultivar las cualidades de la acción yóguica enumeradas en el sutra 2.1: entusiasmo (*tapas*), inteligencia (*svadhyaya*) y humildad (*ishvara pranidhana*). Dado que puede ser una larga travesía, ¿puede ayudar la estrategia presentada en el sutra 1.12, perseverancia paciente (*abhyasa*) y estar libre de apegos (*vairagya*)? ¿Hasta qué punto son útiles las cinco actitudes del sutra 1.20: confianza y seguridad (*shraddha*), vigor (*virya*), recuerdo (*smriti*), ecuanimidad mental (*samadhi*), conocimiento y sabiduría (*prajña*)?

También es posible que desees verificar la sinceridad y el nivel de intensidad de tu compromiso (1.21 y 1.22) y su influencia en cómo se está desarrollando este proceso para ti.

LAS RAMAS DEL YOGA

2.28 La práctica de las ocho ramas del yoga elimina las impurezas, aumenta la sabiduría (*jñana*) y establece el discernimiento consciente (*viveka*).

El sutra 2.2 ofreció criterios claros para notar si las acciones yóguicas están funcionando: las tensiones y aflicciones disminuyen y la armonía interior aumenta. De manera similar este aforismo proporciona formas de verificar que tu práctica está funcionando. Este sutra dice que *cuando practicas todos los aspectos del yoga estás eliminando ineficiencias, dolor y obstrucciones*. Además, creces en sabiduría (*jñana*) y en tu capacidad de comprenderte a ti mismo y al mundo que te rodea. También, la práctica del yoga te ayuda a distinguir con mayor claridad la diferencia entre tu verdadera naturaleza y lo que crees que eres o que deberías ser (*viveka*). La práctica de las ocho ramas del yoga permite vivir en mayor armonía, sabiduría y verdad. Para poner en práctica este sutra, observa si existen deficiencias en tus actitudes, postura, movimientos, respiración, pensamiento, sentimiento e interacciones.

Práctica (Sadhana)

¿Son esos obstáculos similares a los enumerados en el sutra 1.30?

¿Puedes eliminar estos obstáculos utilizando las sugerencias de los sutras 1.32 al 1.39?

A medida que reduces las ineficiencias y los obstáculos, ¿sientes menos dolor, molestias e incomodidad en tu cuerpo?

Cuando eliminas actitudes y acciones ineficaces, ¿cambia tu perspectiva?

¿Te sientes con más energía?

¿Hay alguna señal de que estás creciendo en claridad y sabiduría?

¿Puedes notar mejor la diferencia entre quién crees que eres y quién eres en realidad? (Por ejemplo, ¿hasta qué punto crees que eres tú ocupación, posesiones o cuenta bancaria?)

¿Puedes ver claramente si tus ideas e historias son realmente tuyas?

¿Estás estableciendo conexiones más significativas con los demás?

¿Está más abierta tu mente?

¿Hay más amor, bondad y compasión en tu corazón?

2.29 Las ocho ramas del yoga son: abrir tu mente (*yama*), abrir tu corazón (*niyama*), optimizar el funcionamiento del cuerpo (*asana*), mejorar el flujo de energía vital (*pranayama*), aclarar los sentidos (*pratyahara*), enfocar la mente (*dharana*), enfocar tu atención sin esfuerzo (*dhyana*) e integración (*samadhi*)

Las ocho ramas (*ashtanga*) del yoga presentan un conjunto completo de prácticas para lograr la integración y la armonía dentro de ti. Esta integración interna fomenta una mayor armonía con el mundo que te rodea. Los *yamas* son maneras sabias de ser que eliminan la tensión y cultivan la armonía para abrir tu mente. Los *niyamas* son actitudes útiles para eliminar los forcejeos internos y para cultivar el equilibrio abriendo tu corazón. Las *asanas* son prácticas que optimizan la función corporal a través de posturas, movimientos y consciencia de la interconexión entre tus sistemas corporales. *Asana* da como resultado sentir un armónico equilibrio en el cuerpo. *Pranayama* mejora el flujo de energía vital en todo tu cuerpo. Se cultiva desarrollando intimidad con tus procesos respiratorios. *Pratyahara* consiste en prácticas que dirigen tu atención hacia adentro, aclarando los sentidos y desarrollando la sensibilidad interior. *Dharana* concentra la mente y el corazón. Las prácticas de *Dhyana* (meditación) promueven la expansión sin esfuerzo de la quietud y el silencio internos. *Samadhi* es la progresión gradual y natural de *dhyana*. El *samadhi* ocurre cuando dejas a un lado tus opiniones y tu charla interior para estar completamente integrado en la consciencia pura en lugar de gravitar hacia tus pensamientos, opiniones y creencias.

En la actualidad, las palabras *yoga* y *asana* se han vuelto prácticamente intercambiables. Sin embargo, en la perspectiva de Patañjali, el yoga consiste en un sistema completo para mejorar la calidad de vida del practicante. Si bien algunos enfoques del yoga ven estos ocho componentes del yoga como una sucesión que se mueve desde *yama* hacia *samadhi*, otros enfoques comienzan con la meditación. Sin embargo, otros practicantes ven la práctica física de *asana* como el punto de partida más accesible. Para la mayoría de nosotros, dominar incluso una sola rama puede ser un viaje largo y desafiante. **Por lo tanto, un mejor enfoque puede ser cultivar todos los aspectos del *yoga* en la medida de lo posible para cada practicante**. Dado que cada conjunto de prácticas aborda aspectos diferentes, pero interrelacionados, de tu ser, es inteligente combinar las diversas ramas del yoga para desarrollar una práctica equilibrada, integradora y sinérgica.

Como has visto en otras partes del Yoga Sutra, un aspecto clave del yoga es la autorregulación. Parte del proceso de autorregulación consiste en conocer bien tus tendencias. Como resultado, puedes evitar la inclinación a practicar aquello que es fácil para ti, o aquello que exacerba las tendencias que te alejan del equilibrio. Puedes preguntarte:

¿En qué consiste tu práctica?
¿Qué ramas del yoga prefieres practicar? ¿Por qué?
Utiliza los sutras 2.1 y 2.2 (definición de acción yóguica y sus resultados) así como el sutra 2.28 (efectos de la práctica) para guiar tu práctica preguntando:
¿Estoy practicando con entusiasmo, inteligencia y humildad (2.1)?
¿Está creando mi práctica mayor armonía, integración y mayor paz interior (2.2 y 2.28)?
Otras preguntas útiles incluyen:
¿Crea tu práctica actual un equilibrio entre cuerpo, mente y emociones?
¿Cómo está contribuyendo tu práctica a la calidad de tu participación en tu vida?
¿Cómo influye tu práctica en la calidad general de tu vida?

YAMAS

2.30 Los *yamas*, maneras sabias de eliminar la tensión, son: Amor (*ahimsa*), Integridad (*satya*), Equidad y Generosidad (*asteya*), Curiosidad y Reverencia por la Vida (*brahmacharya*) y Abundancia y Simplicidad (*aparigraha*).

2.31 Los *yamas* son un gran voto universal para apreciar y honrar la naturaleza interdependiente de la vida en todas sus formas y manifestaciones.

Los *yamas* son pautas que sugieren formas de establecer relaciones inteligentes contigo misma y con el mundo que te rodea. En sánscrito, *yama* significa autocontrol. Como cualquier otro conjunto de pautas, los *yamas* se pueden formular de manera positiva o negativa, como lo que se debe y no se debe hacer. Enfocarnos en lo que no se debe hacer puede llevar a algunas personas a volverse rígidas y dogmáticas. Además, centrarse en el aspecto de lo que no se debe hacer no ofrece formas constructivas de aplicar estas pautas en nuestras acciones. Puedes ver los *yamas* como sugerencias lógicas para abrir tu mente, eliminando la tensión. Los *yamas* también plantan semillas de sabiduría con las que puedes vivir. Los *yamas* son sabiduría, entendida como puro sentido común. Por lo tanto, se aplican en todo momento, en todos los lugares y para todas las personas. Como en todos los aspectos del yoga, depende de cada practicante descubrir las formas más adecuadas de explorar estas pautas. Cuando intentes aplicar los *yamas*, ten en cuenta las discusiones internas que puedas tener contigo mismo. Estas discusiones indican que es posible que estés tratando de encontrar formas de no aplicar el *yama* por completo. Recuerda que la práctica consiste en aplicar los *yamas* en la medida que te sea posible en el momento actual, sin generar más motivos para juzgarte. También considera que la práctica de los *yamas* es un proceso. Se desarrolla gradualmente, según el compromiso y la dedicación que tu tengas. Sin embargo, cada pequeño paso hacia la aplicación de los *yamas* crea la oportunidad de verte a ti misma y al mundo que te rodea con una nueva claridad y a través de una lente diferente.

Amor – *Ahimsa*

Ahimsa es la palabra sánscrita resultante de combinar *himsa* con el prefijo "a", que niega *himsa*. *Himsa* significa matar, herir, un acto dañino, violencia. *Ahimsa* es lo opuesto a *himsa*. El primer *yama*, *ahimsa*, puede entenderse como mirarte a ti mismo y al mundo que te rodea a través de los ojos del amor y la compasión. *¿Qué ves cuando eliges ser cariñoso y amable? ¿Qué pasa dentro y fuera de ti?* Esta es una idea que vale la pena explorar en tus acciones e interacciones diarias. Es muy probable que cuando intentes aplicar este punto de vista del amor y la bondad en tu propia vida, comiences a ver con más claridad algunas de tus suposiciones profundamente arraigadas. Por ejemplo, ¿ves el mundo como un lugar hostil y peligroso o como un lugar amistoso? ¿Prefieres historias de competencia o cooperación? Otras veces, puedes encontrar obstáculos en creencias erróneas, como pensar que eres incompleta o que no eres digno de amor. Contempla la simple pregunta: ¿mereces amor incondicional? A medida que reflexionas sobre estas preguntas, algunas de tus creencias se harán más evidentes. También puedes ver cómo creas historias para justificar algunas de tus creencias. Con toda esta información empírica a tu disposición, puedes decidir si estas creencias son útiles o inútiles, notando si contribuyen a mejorar la calidad de tu experiencia, así como la calidad de tu participación en cada momento de tu vida.

Otro camino para explorar *ahimsa* es tomarte un tiempo para recordar un evento, recuerdo o idea inspiradora. Explora cómo esta idea influye en las sensaciones en tu cuerpo, tus patrones de respiración, tu forma de pensar, las opciones que consideras y tus decisiones. Luego, lleva a tu espacio interior un recuerdo de algo que te crea cierta incomodidad, como el recuerdo de un momento desafiante, difícil o vergonzoso. Luego, siente los efectos en tu cuerpo, mente, respiración, movimiento y actitud.
¿Cómo influye cada recuerdo en tu capacidad de estar presente y en tu experiencia general?
¿Cuál de estas dos opciones informa tu actitud y mentalidad general con más frecuencia?
¿Te es posible elegir una u otra opción conscientemente?
¿Qué sucede cuando eliges tu actitud de manera más consciente?
¿Cómo afecta esto tu relación contigo misma, con los demás y con el mundo que te rodea?
Una forma más de cultivar *ahimsa* es usando un mantra como YO SOY AMOR, o AMO INCONDICIONALMENTE.

Integridad – *Satya*

Como suele ser el caso en sánscrito, *sat* tiene muchos significados, incluidos sabio, bello, honesto, vivo, presente, perdurable, real y verdadero. Algunos de los significados asociados con *satya*, esta palabra relacionada con *sat*, incluyen verdad, verdadero, sincero, válido, auténtico y puro. Puedes interpretar *satya* como vivir con integridad. En otras palabras, ser íntegra en tus pensamientos, intenciones, movimientos, palabras, acciones e interacciones. La práctica de *satya* comienza con el reconocimiento de que ya eres completo y entero, que tu esencia fundamental son la paz y la armonía. Reconoce que en el centro de tu ser hay una reserva infinita de paz y calma. Te retiras a esa paz y espaciosidad al final de cada día. Emerges de esa misma paz y plenitud cada mañana cuando te despiertas.

Al vivir en un mundo donde las economías globales se orientan hacia el consumismo, la persona promedio está sujeta a un sinfín de mensajes que intentan vender productos, experiencias e ideas. Un enfoque popular del marketing es sugerir que una persona es incompleta o deficiente y que puede volverse buena, completa y feliz comprando un producto o una experiencia. Creer la idea de que eres incompleto o deficiente te lleva a vivir en una mentira: que necesitas algo externo para realizar tu potencial y convertirte en tu ser auténtico y completo. Esta mentira fundamental genera todo tipo de otras mentiras, ya que desencadena innumerables procesos de superación personal, para tratar de ser más inteligente, más alto, más en forma, más feliz, más rico, etc. Creer en la suposición errónea de que no eres completa e íntegra, también crea inseguridades y miedos que influencian tus actitudes, pensamientos y decisiones.

Es bastante común convencernos de que somos los únicos que no estamos completos y que todos los demás ya han descubierto la mejor manera de vivir

Práctica (Sadhana)

su propia vida. Esto ignora el hecho de que nadie ha estado antes en este momento actual, y que cada persona está improvisando, tratando de hacer lo que cree que funcionará mejor, aunque no tenga certeza de que los resultados previstos se materializarán. *Satya* es liberarte de dichas creencias erróneas, y puedes comenzar con dos hechos simples. Primero, eres completo e íntegro. En segundo lugar, TODO el mundo está improvisando. De hecho, toda la gente está tratando de hacer lo que cree que es mejor. A menudo, dudamos ante la perspectiva de confiar en que estamos completos. Además, es posible que nos sintamos bastante incómodos al reconocer el hecho de que estamos improvisando. Las dudas surgen porque queremos hacer lo correcto y, al menos, queremos minimizar nuestros errores. *Satya* es una invitación a vivir con integridad, improvisando, haciendo lo mejor que puedas y siendo responsable de tus acciones. A medida que improvisas y tratas de hacer lo mejor que puedes, todavía habrá ocasiones en las que tomarás decisiones inadecuadas o mal informadas. La retroalimentación que te permite saber que tomaste una mala decisión te ayuda a vivir con integridad porque amplía tu nivel actual de conocimiento y comprensión. También te prepara para tomar una mejor decisión la próxima vez.

Algunas preguntas que pueden guiar tu exploración de *satya*:
¿Cuál es tu verdadera naturaleza?
¿Cómo honras tu verdadera naturaleza en tus pensamientos, palabras, acciones e interacciones?
¿Qué tipo de actividades son más propicias para conectarte con tu integridad en mente, corazón y cuerpo?
¿Cómo sabes que lo que piensas es verdad y no una historia que tú o alguien más ha inventado?

También puedes recordar tu compromiso a practicar *satya* usando el mantra VIVO CON INTEGRIDAD.

También puedes practicar *satya* silenciando tus comentarios y opiniones internos para poder escuchar tu guía interior. La guía interior es el susurro silencioso de tu corazón que te ofrece sabiduría. *La sabiduría es puro sentido común.* Cuando prestas atención, notas que el sentido común puede no ser tan común como su nombre lo indica. Por ejemplo, cuando estás comiendo, si estás prestando atención, notarás la sutil indicación de tu cuerpo cuando has comido lo suficiente. Por supuesto, eres libre de ignorar ese mensaje. El mensaje ofrece puro sentido común. Sin embargo, tu mente puede comenzar a inventar excusas para ignorar el mensaje que recibiste. Por ejemplo, posiblemente te digas a ti misma: "Puedo comer más porque trabajé muy duro esta semana" o "Mañana haré más ejercicio para compensar". *Satya* es escuchar tu guía interior y elegir seguirla. Cuando ignoras tu sabia guía interior y tomas una decisión diferente, probablemente te escucharás diciendo algo como: "Sabía que esto era una mala idea" o "Debería haberlo notado ...". En contraste, cada vez que alineas tu libre albedrío con las sugerencias de la verdad dentro de ti, la vida fluye de manera más armoniosa. Considera si quieres intentar esta idea en tu propia vida. En el proceso, observa que el susurro silencioso de tu corazón es diferente al comentario de tu narrador interno. Tu sabiduría interior, tu consciencia, te ofrece sentido común puro, algo que funciona en más de un nivel. De hecho, generalmente funciona en todos los niveles, mientras que tu narrador interno intenta inventar excusas o justificaciones para convencerte de que anules aquello que sabes intuitivamente que es puro sentido común. Solo intentando poner atención al sutil susurro de tu corazón puedes saber que sucede cuando sigues sus sugerencias sutiles.

Equidad y generosidad – *Asteya*

En sánscrito, el significado literal de *asteya* es abstenerse de robar. Robar puede entenderse como tomar aquello que no es legítimamente tuyo. En las sociedades contemporáneas, las pertenencias y la fama son símbolos de estatus que brindan acceso a experiencias, contactos y oportunidades que inclinan la balanza hacia la desigualdad. Cuando lo que tenemos se vuelve más importante que quiénes somos y cómo actuamos, la acumulación de posesiones puede parecer justificable sin importar el costo para nuestra integridad, para los demás, para la sociedad y para el medio ambiente.

¿No es esa mentalidad la que perpetúa los ciclos de desigualdad que afectan al mundo en este momento?

¿Es posible que algunas de estas actitudes puedan estar relacionadas con las suposiciones mencionadas anteriormente de ver el mundo como un lugar hostil regido por la competencia en lugar de entender que el mundo es un sistema profundamente interconectado basado en la cooperación?
¿Qué pasos específicos puedes tomar para cultivar la equidad?

Además, considera que todos los días te beneficias de la energía del sol, de la protección magnética que ofrece la atmósfera al planeta, del aire que respiras, del agua que nutre tu cuerpo y del sinfín de interrelaciones entre el planeta y todos los seres vivos que constituyen el ecosistema global de la vida. Aunque todos nos beneficiamos de estas cosas, ¿cómo estamos incorporando nuestro agradecimiento por estos recursos a los que quizás no contribuimos?
¿Hasta qué punto tus acciones reflejan respeto por todo lo que estás recibiendo? ¿Es tu actitud con respecto a los recursos disponibles para ti una actitud de gratitud o de arrogancia? ¿Qué actitud está más alineada con la equidad y la generosidad?

Reflexiona también sobre el hecho de que ningún logro humano ha sido jamás fruto de las acciones de una sola persona sino de la acumulación de las innumerables acciones de todos los seres humanos a lo largo de la historia. *En tus acciones, ¿respetas todas estas interrelaciones? ¿Contribuyen tus acciones e interacciones a enriquecer y afirmar la vida o a disminuirla?*

Para complementar estas ideas, puede ser beneficioso considerar que en cada momento de tu vida has tenido a tu alcance todo lo que necesitabas para navegar ese momento con éxito. Por supuesto, lo que está a tu alcance puede no ser lo que deseas o crees que necesitas. Esta idea proporciona un buen camino para investigar tu punto de vista, actitud y expectativas.
¿Cuáles son las diferencias entre lo que quieres, esperas y necesitas?
¿Cómo sabes la diferencia?
¿Cómo se relacionan estas ideas con las nociones de equidad y generosidad?

Además, cuando reconoces que estás profundamente conectada a la totalidad de la vida que está en constante cambio, es posible que puedas ver todas estas relaciones entre lo que recibes, cómo contribuyes a afirmar la vida y cómo fortaleces las conexiones entre todos los seres vivos desde el más minúsculo hasta el más grande, hasta el universo entero. Como resultado, es posible que puedas elegir actuar con equidad y generosidad. Algunas preguntas adicionales para guiarte incluyen:
¿Cómo estoy expresando mi gratitud por mi vida y todo lo que recibo?
¿Qué hace que algo sea mío?
¿Hasta qué punto estoy honrando aquello a lo que tengo acceso?
¿Soy justa en mis interacciones con los demás y con el medio ambiente?
¿Qué me cuesta ser generoso?

También puedes beneficiarte de investigar si las acciones que te alejan de la generosidad pueden ser una forma de compensación excesiva por sentir que no eres suficiente. Si ese es el caso, puedes usar el mantra, SOY SUFICIENTE, como recordatorio.

Práctica (Sadhana)

Curiosidad y Reverencia por la Vida – *Brahmacharya*

En sánscrito, *brahman* significa literalmente crecimiento, expansión, evolución, desarrollo. *Brahman* también significa absoluto, divino, espíritu supremo, espíritu universal, estudio sagrado y lo relacionado con el conocimiento sagrado. *Acharya* puede significar estudiante o seguidor. Un significado de *brahmacharya* es un estudiante del misterio de la existencia, o alguien que honra lo absoluto y sigue la sabiduría suprema. Otro significado de la palabra *brahmacharya* es el celibato. En el contexto de los Yoga Sutras, como ya hemos visto en este capítulo, Patañjali ha señalado que *avidya* es no conocer la diferencia entre nuestra esencia y el aspecto de nosotros mismos que es efímero (2.4 y 2.5). Además, en el aforismo 2.17 se afirma explícitamente que la causa del sufrimiento es confundir lo que se puede percibir con la consciencia pura que hace posible la percepción. Esta consciencia pura subyace a todo lo que es. Este hilo continúa en los *yamas* anteriores y se subraya una vez más aquí.

Se puede argüir que la vida misma es la manifestación de lo absoluto expresado en una multiplicidad y diversidad infinitas en un proceso continuo de cambio impredecible. **La vida es el mayor misterio y la mayor maestra.** En consecuencia, parece apropiado pensar en *brahmacharya* como cultivar la curiosidad por la vida, así como honrar la vida con reverencia y asombro. La decisión de ver a *brahmacharya* desde esta perspectiva enciende la chispa de la curiosidad que te permite aprender de las enseñanzas constantes de la vida. En consecuencia, en lugar de pensar que puedes predecir el futuro con precisión, puedes observar cómo la vida se mueve de manera gradual y elegante, como el sutil desarrollo de una delicada flor. Esta actitud ayuda a liberar la tensión de tratar de dominar al mundo que te rodea, ayudándote a ver que todos los días, en cada momento, hay maestros a tu alrededor que te ofrecen lecciones, preparándote para eliminar tus conceptos erróneos, identificaciones erradas y limitaciones. **Brahmacharya es una invitación a volverte uno con la fuerza vital que te rodea.**

Pregúntate:
¿Cómo estoy cultivando pensamientos, actitudes, acciones e interacciones que afirman la vida?

También puedes observar cómo estás honrando la singularidad de cada momento preguntándote: ¿Estoy participando de todo corazón en este momento único?
¿Estás apreciando la singularidad de cada respiración que estás tomando?
¿Estás despierta al milagro de la vida en todo lo que te rodea, tanto en lo que te gusta como en lo que no te gusta?

Un mantra que puede guiar tu práctica de *brahmacharya*: HONRO LA PERFECCIÓN DE LA VIDA.

Abundancia y simplicidad – *Aparigraha*

Los significados de *parigraha* en sánscrito incluyen tomar, aceptar, recibir, obtener, adquirir y poseer. Al igual que con *a-himsa*, la "a" antes de *parigraha* niega su significado, de modo que *aparigraha* significa no aceptar, renunciar. Vivimos en un mundo que ofrece estímulos constantes a todos nuestros sentidos. Además, los principales sistemas económicos están diseñados sobre la base del consumismo, por lo que existe una presión incesante para actualizar o mejorar todo tipo de productos y experiencias. Parece que el mandato de la economía es *parigraha*. *Aparigraha* es una invitación a vivir con simplicidad. Tomar, obtener, adquirir y poseer son acciones que demandan una buena

Práctica (Sadhana)

cantidad de energía. Además, todo lo que "posees" requiere mantenimiento. Con menos cosas para cuidar y mantener, tienes más energía disponible para invertir en esfuerzos que afirman la vida.

Puede ser útil darnos cuenta de que hay abundancia en la vida. Si lo dudas, intenta cultivar un jardín. Muy pronto encontrarás que algunas plantas prosperarán a pesar de la negligencia y que muchas plantas voluntarias, incluidas las "malezas", crecerán si se les permiten las condiciones mínimas adecuadas. De hecho, ¿alguna vez has visto crecer una planta en una pequeña grieta del concreto en algún lugar de la ciudad? El hecho de que estés con vida confirma que, en cada momento de tu vida, todo lo que has necesitado para poder continuar viviendo ha estado a tu alcance. Sin embargo, reconocer la abundancia no nos da permiso para desperdiciar. Al reconocer que vives en un mundo que sostiene la vida, puedes elegir vivir con sencillez confiando en que lo que necesitas estará a tu alcance cuando lo necesites. Algunas preguntas útiles incluyen:
¿Realmente necesito esto?
¿Cuánto necesito en realidad?
¿Es esto algo que necesito o algo que quiero?
¿En qué medida lo que tengo contribuye a mejorar la calidad de mi vida?
¿Qué nivel de mantenimiento requieren mis posesiones?
¿Soy dueño de lo que tengo o estoy al servicio de mis pertenencias?
¿Hasta qué punto estoy cultivando la simplicidad en mi vida?

Un mantra que puedes usar para *aparigraha* es, VIVO EN LA ABUNDANCIA.

Llevar la sabiduría de los *yamas* a tu vida requiere que encuentres evidencia de que lo que estás haciendo es lo que pretendes hacer y que lo que estás haciendo tiene los efectos deseados. Una forma sencilla de comprobar si tu práctica de los *yamas* está funcionando es preguntándote *¿Estoy notando menos tensión, menos quejas y quizás un poco más de armonía dentro de mí? Y ¿Está mi mente menos restringida por conceptos erróneos?*

Además, puedes evaluar la efectividad de tu práctica verificando si estás honrando y apreciando la vida en su naturaleza interdependiente que se manifiesta en numerosas formas en todas partes.

Niyamas

2.32 Los *niyamas*, formas sabias de reducir los forcejeos, son: claridad (*shaucha*), contento (*santosha*), entusiasmo (*tapas*), sabiduría (*svadhyaya*) y humildad (*ishvara pranidhana*).

Una forma de ver los *yamas* y los *niyamas* es como prácticas complementarias, los *yamas* presentan lo que no se debe hacer y los *niyamas* sugieren lo que se debe hacer. Como se mencionó en la sección sobre los *yamas*, para facilitar su práctica, tiene sentido enmarcar tanto los *yamas* como los *niyamas* en términos positivos. En otras palabras, en lugar de ver los *yamas* como una orden de no hacer algo, es más fácil implementarlos cuando los ves como pautas para una participación consciente en tu vida. Otra forma tradicional de interpretar los *yamas* y *niyamas* es que los *yamas* son una práctica externa, formas de regular tus interacciones y relaciones con el mundo que te rodea; y que los *niyamas* son una práctica interior, o cómo modulas tu relación contigo misma para crear un equilibrio interior. Además, los *yamas* y *niyamas* pueden interpretarse como lineamientos de sentido común para manejar tu energía vital. Estos sabios senderos de exploración ofrecidos por los *yamas* y los *niyamas* son la base del yoga. Son los peldaños para crear una armonía integrada dentro y fuera de ti. Mientras que los *yamas* ofrecen formas de eliminar la tensión, los *niyamas* brindan un camino para cultivar tu jardín interior a través de formas inteligentes que te llevan a liberarte de las fuentes de forcejeos. Tanto los *yamas* como los *niyamas* son procesos graduales de alineación de las acciones externas con tu paz y armonía internas.

Claridad - *Shaucha*

En sánscrito, los significados de *shaucha* incluyen limpieza, claridad, purificación, pureza mental, integridad y honestidad. *Shaucha* es cultivar la claridad y la pureza en mente, cuerpo, emociones, intenciones, acciones e interacciones. Poner en práctica este *niyama* te pide que indagues en tus intenciones para discernir las razones que te mueven a elegir una opción sobre otra y a actuar de una forma en lugar de otra. Es posible sugerir que la pureza de intención y acción siembra las semillas que producen claridad. Recuerda que en el sutra 1.33 Patañjali proporciona un camino para purificar la mente, el cuerpo y las emociones mediante la práctica de la amabilidad, la compasión, la inspiración y la ecuanimidad. Una forma de explorar la pureza es contemplar la noción de consciencia.

¿Es posible que tengas una brújula interna que indique con sutileza las decisiones que te llevan a actuar con pureza, honestidad e integridad?

¿Están tus pensamientos, emociones, acciones e interacciones basados en intenciones puras?

¿Es posible que tu guía interior, tu consciencia, sea independiente de lo que te gusta y lo que no te gusta?

¿Es la claridad para distinguir entre ser guiado por tus preferencias y ser guiado por tu consciencia una forma de encarnar el discernimiento consciente (*viveka*) mencionado en los sutras 2.15, 2.25, 2.26 y 2.27?

¿Puede ser esto a lo que se refiere Patañjali en los sutras 2.4 y 2.5 acerca de la ignorancia (*avidya*) que nos lleva a confundir lo impuro con lo puro?

En tu vida diaria, ¿hay sensaciones, pensamientos y emociones que indiquen que te estás alineando con la claridad en tus decisiones, acciones e interacciones?

Cuando prestas atención a los resultados de tus acciones, ¿hay algo en los resultados que indique la claridad y pureza de tu motivación?

También puedes intentar aplicar este aforismo preguntando:
¿Cómo sé que mis intenciones son claras?
¿Cómo reflejan mis acciones la claridad?
Cuando te sientas en silencio, ¿está claro tu mundo interior?
¿Es posible que si el espacio en el que vives esté despejado te ayude a sentir una mayor claridad interior?
¿En qué medida contribuyen a tu claridad tus decisiones sobre comida, relaciones, trabajo, pasatiempos y entretenimiento?
¿Son los efectos de tus acciones una prueba de tu claridad o de la falta de ella?

Un mantra que puede serte útil, ELIJO LA CLARIDAD.

CONTENTO - *SANTOSHA*

En sánscrito, los significados de *santosha* incluyen deleite, contento, placer, alegría, satisfacción. Una gran parte de todo el proceso yóguico consiste en tomar consciencia de tus tendencias. Por ejemplo, cada vez que vas a un lugar nuevo por unos días tienes la oportunidad de verte a ti mismo lejos de la rutina de tu vida diaria. Entonces, puedes ver algunos de los patrones en tu forma de pensar y en tus actitudes emocionales. La persona que está triste o preocupada, y la persona que encuentra fallas en todo en su ciudad natal, probablemente verá aparecer los mismos patrones en el lugar que está visitando. De manera similar, la persona que encuentra deleite y satisfacción en el lugar donde vive, probablemente usará esos filtros cuando visite otro lugar. Conocer tus

Práctica (Sadhana)

tendencias te permite aplicar la definición de yoga (1.2) regular tus maneras de ser. Este *niyama* es una invitación a aclarar cuán útiles pueden ser algunas de tus tendencias. Por ejemplo, ¿encuentras motivos para quejarte o motivos para estar feliz?

Al reflexionar sobre el contento, es útil recordar que *las expectativas son la semilla de frustraciones futuras.* Cuando eliges ignorar que la vida siempre está cambiando y, aún más importante, que es impredecible, puedes convencerte de que puedes predecir con precisión lo que sucederá. Toma un momento para considerar qué tan bien podrías haber predicho hace seis días dónde te encuentras ahora y qué estás haciendo. Luego, comienza a retroceder más en el tiempo y trata de evaluar qué tan bien podrías haber predicho los giros y vueltas de tu vida. La mayoría de las personas nos damos cuenta rápidamente de que no somos muy buenos prediciendo. Además, es muy probable que nuestros procesos mentales no reflejen nuestra incapacidad para predecir el futuro. De hecho, muchos de nosotros actuamos como si fuéramos bastante hábiles para predecir el futuro. Nuestra tendencia a predecir y actuar como si nuestras predicciones fueran correctas genera expectativas que influyen en cómo nos acercamos a cada momento único. A menudo, terminamos ignorando la novedad del momento porque estamos buscando el resultado que ya predijimos. Este proceso frecuentemente resulta en desilusión y frustración, porque lo que está sucediendo en nuestra vida no refleja la ficción que hemos creado en nuestra mente. Puedes preguntarte si tiendes a generar predicciones y expectativas. Luego, puedes evaluar si esas actitudes y acciones contribuyen a crear satisfacción en tu vida.

El contenido también se puede explorar desde la perspectiva de notar de qué te quejas o en qué encuentras fallas. Reflexionar sobre esto puede darte una idea de las condiciones que impones al mundo exterior. Incluso puede exponer una tendencia a dejar que los cambios que ocurren afuera influyan en cómo te sientes. Si este es tu caso, probablemente inviertes cantidades desmesuradas de tiempo y energía tratando de manipular el mundo exterior para satisfacer tus preferencias. Como resultado, dado que todo lo que está fuera de ti está en un proceso constante de cambio, te encontrarás en un ciclo interminable en el que intentas someter la imprevisibilidad de la vida a tus modelos o ideales mentales. Si este es tu reto, puede ser muy útil reconocer que la mayoría de nosotros tenemos un control muy limitado sobre nuestras propias mentes, cuerpos, respiración y emociones. Si no puedes controlar muy bien tus propios sistemas, ¿qué te hace pensar que puedes controlar el mundo exterior, incluidas las acciones y reacciones de otras personas? Michael Singer, autor de La liberación del alma: el viaje más allá de ti mismo (The Untethered Soul: The Journey Beyond Yourself en inglés), resume elocuentemente el sentido común puro con respecto a la satisfacción cuando dice: "Todo estará bien tan pronto como estés bien con todo. Y ése es el único momento en que todo estará bien".

¿Qué condiciones te estás poniendo a ti mismo, a tu vida y a los demás?

¿Qué necesitas para sentirte feliz?

¿Puede la práctica de la gratitud abrir una puerta a la satisfacción y el contento?

¿Qué condiciones y expectativas necesitarías dejar para estar bien con todo?

¿Puedes desear lo que tienes?

¿Qué necesitarías para amar tu vida tal como es?

El mantra YO SOY FELIZ puede ser una herramienta útil para avanzar en la dirección de la satisfacción.

Entusiasmo - *Tapas*

Recuerda que en el sutra 2.1 *tapas* puede significar calor, fuego, meditación y concentración profunda. Desde la perspectiva de ver a los *niyamas* como sabias maneras de reducir forcejeos, *tapas* es una invitación a participar en cada momento con pasión y motivación en lugar de evitar estar presente.

Práctica (Sadhana)

Tapas enciende el fuego de tu presencia de modo que hagas lo que hagas lo haces de forma sincera y significativa. Si solo tienes una única oportunidad de participar en cada momento y cada interacción, ¿no parece obvio hacer lo que estás haciendo a plenitud? Sin embargo, incluso cuando tu intención es participar de todo corazón, la inclinación humana natural a desarrollar hábitos puede convertirse en un obstáculo para estar plenamente presente. Al igual que sucede cuando visitas un lugar por primera vez, tu corazón y tu mente se abren para apreciar diáfanamente la calidad de la luz, la belleza natural del lugar, sus colores, sonidos y aromas. Exploras el lugar con curiosidad y te interesa saber más sobre él. Es muy probable que, con cada visita al mismo lugar, tus experiencias e impresiones se mezclen con tus percepciones previas del lugar, creando tu propia historia personal. Con el paso del tiempo, el lugar que solía ser nuevo se vuelve familiar. Cuando eso sucede, automáticamente cambias de una actitud de asombro a pensar que ya sabes todo sobre el lugar. Asumir que ya sabes algo hace que des por hecho lo que antes te parecía fascinante. Similarmente, a menudo sucede que subestimamos a las personas a nuestro alrededor, a nuestras relaciones y algunos aspectos de nuestra vida. *Tapas* es el fuego que nos ayuda a vencer nuestra inclinación a predecir y a asumir que ya sabemos lo que va a pasar.

Se requiere pasión, fuego y entusiasmo para participar en cada momento de tu vida todos los días. En otras palabras, *tapas* es el calor resultante de la fricción de ir contra la corriente de tus hábitos. Esta fricción ocurre como resultado de la tensión entre la comodidad de continuar los patrones de tus hábitos y tener que prestar atención a la singularidad de cada experiencia. No toma mucho tiempo darte cuenta de que has ido desarrollando hábitos en tu postura, formas de moverte, respiración, maneras de pensar, formas de sentir y comportamientos al interactuar. Algunos de estos hábitos son conscientes mientras que otros son inconscientes. Del mismo modo, algunos hábitos son útiles en un contexto y obstáculos en otro. Se necesita concentración, otro significado de *tapas*, para darte cuenta de estas maneras de ser y determinar si son útiles en el momento en que te encuentras. Notar un patrón que no ayuda y elegir cambiarlo requerirá algo de energía (*tapas*). Parte de esa energía es lo que se necesita para persistir.

¿Cómo estás participando en tu vida?

¿Cómo incrementas tu interés por participar en tu vida?

¿Cómo conviertes una tarea en algo interesante o incluso inspirador?

¿Cuáles son tus fuentes de inspiración?

¿Es más probable que respondas a tu propia motivación interna o una motivación externa?

¿Eres capaz de regular tu entusiasmo?

¿Ayudaría recordar que cada momento es único y que nada está garantizado?

¿Cómo puedes seguir regresando, con gentil persistencia, a este precioso momento?

Puedes usar la frase VIVO CON ENTUSIASMO como mantra para recordar tu compromiso con tu vida.

Sabiduría – Svadhyaya

Los significados de la palabra sánscrita svadhyaya incluyen leer, estudiar, recitar, estudiar la sabiduría, y también autoaprendizaje. En todas las tradiciones del mundo, existe una colección de sabiduría útil y práctica que se transmite de generación a generación para garantizar que las nuevas generaciones se beneficien de los descubrimientos de sus antepasados para vivir una vida sana, significativa y feliz. Dado que todo está en continuo cambio, este conjunto de conocimientos evoluciona con el tiempo para seguir siendo relevante para comprendernos a nosotros mismos y al mundo que nos rodea. La sabiduría, entendida como puro sentido común, es fundamental para tu deber más importante: tu participación en la perfección de la vida con mente abierta y corazón sincero. Afortunadamente, ahora es posible encontrar sabiduría que ha sido destilada durante generaciones por diferentes grupos humanos. Es importante reconocer que la sabiduría no es dogmática. De hecho, la sabiduría muestra su utilidad en su aplicación directa en tu vida. De lo contrario, la sabiduría puede convertirse en una nueva historia para entretener tu mente.Xvvc

Conocerte a ti mismo, conocer tus tendencias e inclinaciones es esencial para reconocer cómo esos patrones influyen en la calidad de tu participación en tu vida. Si no estás consciente de tus maneras de ser estarás a merced de esos patrones sin entender realmente por qué siguen apareciendo algunos obstáculos en tu camino. Del mismo modo, puede ser difícil aprovechar las maneras de ser que son útiles para mejorar la calidad de tus experiencias. Por ejemplo, todos desarrollamos patrones posturales y de movimiento. Algunos de esos patrones compensan las asimetrías naturales del cuerpo de cada persona. Otros patrones responden a algunas tendencias en nosotros. Los patrones en sí mismos no son necesariamente buenos o malos. Observar los efectos de los patrones puede ayudarte a decidir si el patrón actualmente cumple un propósito. Por ejemplo, la mayoría de nosotros tendemos a usar una mano para sostener nuestro cepillo de dientes cuando nos cepillamos los dientes. Ni siquiera lo pensamos. El patrón se vuelve muy familiar y puede hacer que sea más fácil no concentrarse completamente en la tarea de cepillarnos los dientes. Cuando intentas hacer la misma tarea sosteniendo el cepillo de dientes con tu mano no dominante, te das cuenta de lo extraño e incómodo que se siente tratar de cepillarte los dientes. Esa incomodidad es probablemente el resultado de notar una falta de coordinación o habilidad. Sin embargo, puedes aprender a usar tu mano no dominante y, con el tiempo, desarrollarás más familiaridad y destreza. Elegir usar tu mano no dominante puede ser una forma efectiva de invitar a tu atención a estar presente durante esta tarea. También puede proporcionarte un mejor entendimiento del proceso, ayudándote a expandir tu percepción y consciencia. Además, al usar tu mano no dominante puedes expandir el repertorio de opciones a tu disposición.

Dedicar tiempo a la auto indagación, es decir, cuando te exploras a ti misma con genuina curiosidad, llegas a reconocer que nunca has estado en el vacío. Nunca has estado completamente aislado del mundo que te rodea. De hecho, eventualmente te das cuenta de que todo lo que puedes percibir está conectado contigo ya sea directa o indirectamente, porque estás profundamente arraigado en el universo. Y, al igual que las erupciones solares influyen en los campos electromagnéticos de la tierra y la luna influye en las mareas de los mares, todo lo que está sucediendo a tu alrededor y dentro de ti contribuye al movimiento continuo de la vida dentro y fuera de ti. Practicar *svadhyaya* significa cultivar una sana curiosidad sobre ti misma para poder entender claramente cómo tus proclividades, tendencias y hábitos pueden influir en tus pensamientos, estados de ánimo, motivaciones, respiración, postura, movimientos, decisiones, acciones e interacciones. Ten en cuenta que algunos patrones pueden ser útiles en un contexto e inútiles en otro contexto. Esta sana curiosidad incluye estudiar y tratar de poner en práctica la sabiduría verdadera. Algunas preguntas para guiar tu exploración:
¿Qué tan bien te conoces?
¿Cuáles son las historias que eliges creer y perpetuar?
¿Cómo sabes si esas historias son sabiduría verdadera?
¿Qué patrones observas en tus formas de pensar, formas de respirar, formas de sentir y formas de moverte?
¿Cuáles inclinaciones influencian tus decisiones?
¿Cuáles son tus tendencias en tus acciones?
¿Cuáles son tus proclividades en tus interacciones?
¿Cuáles de estos hábitos son útiles y cuáles no?

Práctica (Sadhana)

¿En qué contexto es útil una tendencia y en qué otros contextos es inútil?
¿Hasta qué punto puedes modular estas inclinaciones?

También puedes usar el mantra, ME CONOZCO A FONDO para mantener tu compromiso con tu proceso de auto indagación.

HUMILDAD - *ISHVARA PRANIDHANA*

En el diccionario sánscrito, *ishvara* se define como Dios, el Ser Supremo, el alma suprema, rey, reina, príncipe; y *pranidhana* como poner, acceso, atención, conducta respetuosa, meditación religiosa profunda, contemplación abstracta de, deseo vehemente, voto y oración. *Ishvara pranidhana* puede interpretarse como honrar al Ser Supremo o contemplar al Ser Supremo con devoción incondicional. En diferentes momentos en nuestras vidas podemos estar más o menos dispuestos a contemplar nociones como Dios, Ser Supremo y devoción porque para la mayoría de nosotros estas ideas tienden a estar cargadas de muchos tipos de asociaciones. En consecuencia, entender *ishvara pranidhana* como renunciar a nuestra ilusión de control, honrar el fluir continuo de la vida o como humildad puede proporcionar una forma viable de practicar este *niyama*. Por ejemplo, un posible enfoque para reflexionar sobre el concepto de *ishvara pranidhana* es reconocer que probablemente no tienes un dominio completo de tu propio cuerpo, mente o emociones.

Si le pides a tu mente que se mantenga enfocada en cualquier objeto o idea sin NINGUNA distracción durante 5 minutos, ¿sucede?
¿Puedes mover tu cuerpo en cualquiera de sus posibles rangos de movimiento natural sin ninguna molestia o dificultad?
¿Puedes regular el flujo de energía que desciende a través del nervio del lado del pulgar del brazo (nervio radial)?
¿Puedes regular el flujo de tus emociones a voluntad?

¿Puedes controlar lo que piensa tu mente?

Si descubres que no puedes controlar completamente tu mente, cuerpo y emociones, ¿qué tan probable es que puedas controlar al mundo exterior?

Si es un desafío controlar lo que piensas, ¿es realista pensar que puedes controlar lo que otras personas piensan de ti o de cualquier otra cosa? ¿Es posible controlar lo que hacen otras personas?

Reflexionar sobre estas preguntas puede ayudarte a darte cuenta de que, en el gran esquema de la vida en el Universo, cada individuo es una partícula muy pequeña con poder y control limitados. Reconocer esto puede ayudarte a desarrollar la humildad necesaria para aceptar lo que no puedes cambiar o controlar, de modo que puedes destinar tu preciosa energía y consciencia de manera efectiva a lo que sí está bajo tu influencia. El camino de *ishvara pranidhana* también puede ser una forma de apreciar la miríada de conexiones entre todos los aspectos de tu vida y entre todo lo que existe. También puedes apreciar cómo cada momento está perfectamente calibrado para brindarte la oportunidad de aprender y trascender más allá de tus niveles actuales de comprensión. Obviamente, también puedes poner *ishvara pranidhana* en práctica reflexionando sobre las preguntas:

¿Qué es el Ser Supremo?

¿Qué es dios?

¿Cuál es mi relación con Dios?

¿Tengo una devoción incondicional por alguna cosa?

Una forma más de practicar *ishvara pranidhana* es usando el mantra, CEDO MI ILUSIÓN DE CONTROL.

Como sucede al aplicar los *yamas*, cuando intentes poner en práctica los *niyamas*, recuerda hacer lo que sea posible para ti en este momento. Dado que los *yamas* y *niyamas* pueden dejar al descubierto algunos patrones profundamente arraigados en tu ser, es importante aprender a reconocer la diferencia entre si estas prácticas te generan dolor o si te hacen más consciente de la incomodidad con la que has aprendido a vivir o ignorar. Confundir estos dos resultados puede ser un obstáculo para aplicar los *yamas* y *niyamas* efectivamente. Como con cualquier otra práctica, estás a cargo de monitorear que estás haciendo lo que crees que estás haciendo y que lo que estás haciendo te está moviendo hacia una mayor claridad y armonía integrada.

Cambiar de rumbo gradualmente - *PRATIPAKSHA BHAVANA*

2.33 Cuando surjan pensamientos y emociones problemáticos, cultiva pensamientos y emociones edificantes (*pratipaksha bhavana*).

Luego de presentar los *yamas* y los *niyamas*, Patañjali introduce una técnica útil para implementarlos: cultivar lo opuesto o cambiar el rumbo de tus maneras de ser (*pratipaksha bhavana*). Esta técnica consiste en cambiar de dirección en la medida que nos sea posible. Recuerda que en los sutras 1.20, 1.21 y 1.22 Patañjali ofrece actitudes para la práctica (confianza, vitalidad, recuerdo, ecuanimidad, sabiduría) y habla de niveles de intensidad en tu compromiso (leve, moderada e intensa). Al igual que con cualquier otra cosa en tu vida, cambias las cosas de la forma más útil, apropiada y viable para ti. Cambiar de rumbo requiere que observes patrones de movimiento, respiración, pensamiento, emoción y comportamiento que no ayudan. Siempre eres un ser completo; todos tus sistemas están profundamente interconectados. Sin embargo, a veces hay una mejor integración entre tus diferentes aspectos, mientras que otras veces puedes sentirte fragmentado y que estás fuera de ti. Considera familiarizarte con las formas en las que tu cuerpo, mente y emociones interactúan entre sí. Por ejemplo, puedes explorar cómo pensar en algo que te preocupa o te pone ansioso probablemente tendrá algún efecto en tu respiración. De manera similar, cuando regulas tu respiración, haciendo que sea más rápida o más lenta, tu cuerpo y mente responderán de maneras específicas. Prestar atención a estas relaciones y conectarte directamente a la experiencia de sentir las sensaciones tan claramente como sea posible puede indicarte si es necesario cambiar de rumbo. En cualquier momento puedes elegir qué tendencias enfatizar o minimizar. Los efectos hablarán por sí mismos.

Recuerda que en el sutra 1.39 Patañjali ofrece una opción para eliminar las distracciones, que consiste en concentrarse en cualquier cosa edificante. Similarmente, otra forma de pensar acerca de *pratipaksha bhavana* es como una sugerencia de ser una presencia que exalta. *¿Qué sucede cuando eliges maneras de ser edificantes y útiles?* Redirigir tu atención ocurre en un momento. Es una acción fácil, sencilla y muy concreta. Sin embargo, los patrones bien establecidos volverán a surgir pronto, a menudo, sin que te des cuenta. Tomar consciencia de lo profundamente arraigados que están algunos hábitos puede generar ciertos niveles de frustración. **La práctica consiste en abandonar el patrón inútil tan pronto como lo notes y elegir una alternativa edificante.** Antes de que te des cuenta, el patrón inútil puede volver a aparecer. Observa que eliminar el patrón es simple y fácil; es su recurrencia lo que pone a prueba tu paciencia y determinación. Es lógico que cuanto más establecido sea un hábito, más pronto regresará.

Ten en cuenta que el hábito que estás notando puede haber tomado bastante tiempo en establecerse. Reconoce que para eliminar el hábito simplemente lo sueltas y te concentras en otra cosa que sea más edificante y útil. Probablemente tendrás que pasar por el ciclo de acciones en el Método para la Presencia presentado en el capítulo Fundamentos del Yoga – pausar, sentir, validar, aclarar, elegir y responder muchas veces. Alguna parte de ti

Práctica (Sadhana)

puede preguntar ¿cuántas veces? La respuesta es: tantas veces como surja el hábito. Independientemente de lo que afirma la publicidad, es muy inusual que algo funcione instantáneamente. Darte cuenta de que un patrón está apareciendo nuevamente es una señal de que el patrón está pasando de tu subconsciente a tu mente consciente. Notar el patrón también indica que estás prestando atención y que el patrón *no es* quién eres, porque si el patrón fuera quién eres, ¿quién está notando el patrón? Cualquiera que sea el hábito, es algo que has cultivado. Ese hábito específico puede haber sido útil antes, pero una vez que ya no es beneficioso, escoges dejarlo a un lado, es una decisión inteligente. Para establecer tu nuevo hábito recuerda seguir regresando al momento único en el que te encuentras sin forzar, sin forcejear, sin auto juzgarte y con una leve sonrisa. Al soltar el hábito una y otra vez, con paciente persistencia, estás desarrollando un patrón nuevo, más útil y edificante.

Algunas preguntas útiles para tu exploración:
¿Qué patrones estás notando en tu postura y movimientos?
¿De qué tendencias eres consciente en tu respiración?
¿Qué inclinaciones prevalecen en tu pensamiento?
¿Sabes cuáles son tus proclividades emocionales?
¿Estás consciente de tus patrones en tus interacciones?
¿Cuáles de estas tendencias son útiles?
¿Cuáles de ellas no ayudan?
¿Qué tendencias estás cambiando?
¿Qué tan pronto vuelven las inclinaciones que no ayudan?
¿Cómo te sientes cuando cambias una propensión?

2.34 Elegir no involucrarse en pensamientos, emociones o acciones negativas y violentas a ningún nivel evita dolor, desequilibrio y sufrimiento sin fin. (*pratipaksha bhavana*).

En el siglo XX, Gandhi, inspirado por el *Bhagavad Gita*, encarnó la no violencia de una manera admirable y duradera. Este sutra resuena en las palabras de Gandhi: "Si pudiéramos cambiarnos a nosotros mismos, las tendencias en el mundo también cambiarían. Así como un hombre cambia su propia naturaleza, también cambia la actitud del mundo hacia él. Este es el divino misterio supremo. Es algo maravilloso y la fuente de nuestra felicidad. No necesitamos esperar a ver que hacen los demás". Aunque a menudo pueda parecer que la práctica del yoga es un esfuerzo solitario que puede conducir al aislamiento, en realidad ocurre lo contrario. Cuanta más integración se alcanza, más fácil resultará ver que no estamos aislados y, de hecho, que nunca lo estuvimos. Apoyando el aforismo 2.33, el sutra 2.34 reitera específicamente cómo la negatividad y la violencia plantan semillas para el dolor y el sufrimiento sin fin. Aunque esto pueda parecer obvio, Patañjali explica categóricamente cómo toda violencia generará más sufrimiento e ignorancia, independientemente del papel que juegues en ella, ya sea como iniciador, perpetrador o cómplice, e independientemente también de la causa de dicha violencia, ya sea confusión, error o ira. Usar negatividad y violencia siembra las semillas de experiencias futuras que serán teñidas por el sufrimiento.

Al observar tu propio entorno interno, puedes explorar los efectos inmediatos de los pensamientos negativos y violentos en ti misma. Empieza por sentarte o recostarte en una posición cómoda y relajar cualquier rigidez o tensión para establecer un punto de referencia para tu experimento. Luego, trae a tu espacio de consciencia una emoción negativa y nota cómo te sientes por dentro. Intenta esto también con un pensamiento o recuerdo negativo.
¿Cómo afecta esta negatividad a tus diferentes sistemas?
¿Notas cambios en tus sensaciones, respiración y perspectiva general?

Práctica (Sadhana)

¿Qué sucede cuando le das la vuelta al pensamiento un poco, tratando de invitar un ángulo más positivo de tal emoción o pensamiento?

También puedes explorar los efectos de la negatividad en tus movimientos poniéndote de pie en una posición neutral con los brazos relajados a tus lados y dejando que tu mente esté en su estado habitual.

Luego, mueve tus brazos hacia los lados y hacia arriba y luego vuelve a descansar tus brazos a tus lados.

Intenta esto varias veces. Luego, recuerda un pensamiento o una emoción negativos y haz el mismo movimiento varias veces.

¿Cambia de alguna manera la calidad de tus movimientos?

¿Qué sucede cuando eliges un pensamiento o una emoción inspiradora?

Pon atención a cualquier negatividad y violencia en tu comentario interno.

Desafortunadamente, para algunos de nosotros, es muy común escuchar nuestra voz interna en una diatriba constante reprendiendo muchos aspectos de nosotros mismos. Incluso puede parecer que existe una hostilidad continua en nuestro entorno interno. Explora para descubrir si cambiar tu manera de ser hacia pensamientos y emociones edificantes e inspiradores (*pratipaksha bhavana*) puede contribuir a crear un entorno interno más armonioso e integrado. Observa cómo estos cambios internos repercuten en tus acciones e interacciones para que tu participación en el mundo se vuelva más consciente, compasiva y significativa.

EFECTOS DE LOS *YAMAS*

Estos tres conjuntos de pautas te ofrecen formas de remover tensión, forcejeos y auto juzgamientos para cultivar armonía dentro de ti y a tu alrededor a través de intenciones, pensamientos y acciones que afirman la vida. Considera que en todo momento estás cosechando los frutos de tus acciones previas. Los resultados tienden a ser similares a los de la acción inicial. En muchos casos, particularmente cuando estás enredado en tu interminable diálogo interior y enfocado en el pasado o el futuro, tiendes a pasar por alto lo que está sucediendo en el momento más importante de tu vida, el momento en el que te encuentras. Por lo tanto, si no estás presente, es posible que no te des cuenta de tus acciones subconscientes provenientes de maneras de ser profundamente arraigadas, y terminarás sorprendida por los efectos de dichas acciones subconscientes. Desde una perspectiva muy simple y práctica, los *yamas, niyamas* y *pratipaksha bhavana* son un sistema para optimizar tu energía vital, reduciendo agitación y mejorando la calidad de tu vida.

Algunas de tus maneras de ser pueden estar profundamente influenciadas por una suposición fundamental sobre el mundo. Esta suposición se revela en tus respuestas a estas dos preguntas: *¿Ves al mundo y a ti mismo como inherentemente buenos o malos?* y *¿Ves el mundo como un lugar peligroso lleno de hostilidad y competencia despiadada, o ves el mundo como un lugar de armonía y cooperación?* Esta suposición fundamental también puede aplicarse a la forma en que te ves a ti misma: *¿te ves a ti misma como inherentemente buena, plena y completa, así como capaz y digna de amar y ser amada incondicionalmente o te ves a ti misma como una persona incompleta y fundamentalmente defectuosa que no merece y es incapaz de amar incondicionalmente?* Examinar tu punto de vista sobre ti mismo y el mundo puede ser esclarecedor. Al contemplar tus suposiciones fundamentales, es posible que puedas ver mejor si tus acciones están motivadas por el miedo o la confianza. Un enfoque similar consiste en comparar lo que sucede cuando actúas con miedo y rabia con lo que sucede cuando actúas con simpatía, compasión, inspiración y ecuanimidad (como se aconseja en el sutra 1.33). Esta indagación puede ser útil para confiar que los

Práctica (Sadhana)

yamas, *niyamas* y *pratipaksha bhavana* traerán consciencia a tus acciones e interacciones diarias.

Como de costumbre, tus experimentos con estas ideas validan si estas pautas, *yamas*, *niyamas* y *pratipaksha bhavana*, brindan un camino viable y sostenible que te lleva a salir de un ciclo de miedo y sufrimiento. Estos lineamientos son decisivos para resolver los conflictos emocionales que limitan tu punto de vista. Como resultado, puedes destinar la energía que estabas invirtiendo en reactividad y sufrimiento a fluir armónicamente con el constante cambio de la vida dentro y fuera de ti. Así como no eres segmentos separados de cuerpo, mente, emociones y respiración, sino un sistema integrado e interrelacionado que trabaja articuladamente, los *yamas*, los *niyamas* y *pratipaksha bhavana* son prácticas complementarias. Iniciar cualquiera de los aspectos de estas prácticas probablemente invitará a algunos de los otros aspectos a tu vida. Por supuesto, no confíes en mi palabra, pruébalo y nota qué sucede para ti. Como con cualquier otra cosa, intenta utilizar cada una de estas técnicas de acuerdo con tu nivel de habilidad y compromiso para darte cuenta de lo que sucede. Un pensamiento más, en lugar de tratar de acelerar este proceso, ten curiosidad por observar tu propio ritmo orgánico al aplicar estas pautas con paciencia y gentil persistencia (*abhyasa* y *vairagya*) mientras atiendes a cualquier cambio que notes para ver si sus efectos son benéficos. Los siguientes sutras explican los efectos de practicar cada uno de los *yamas* y *niyamas* exitosamente. Recuerda que los efectos de la práctica son parte de una gama que abarca una amplia variación de simple y fácil a extraordinario.

2.35 La persona establecida en el amor y la compasión (*ahimsa*), se convierte en una influencia pacífica y positiva dondequiera que vaya.

¿Alguna vez has visto a un extraño resbalarse y caer e inmediatamente sentiste una reacción visceral que de alguna manera te comunicó algo de su malestar y dolor? Ésta es nuestra naturaleza y, tal vez, como otros han señalado antes, el hecho de que puedas relacionarte con las desgracias de los demás a un nivel visceral puede ser más que una simple reacción fisiológica. *¿Podría ser que cuando sientes el dolor, el sufrimiento y la incomodidad de otra persona, estés sintiendo la profunda conexión entre todos los seres vivos? ¿Es posible que lo que sientes sea la unidad de toda la vida?* Vale la pena contemplar esta pregunta en sí misma.

Además, es fundamental ser conscientes de que actuar con violencia hacia otros requiere ignorar nuestro instinto hacia la empatía y la conexión, para ello es necesario deshumanizar a otros seres humanos, lo que toma mucho entrenamiento y repetición. Esta conexión con los demás no se limita a las ocasiones en que vemos a alguien sufriendo o en peligro. También sucede cuando ves a alguien lograr algo trascendental y te llenas de emoción. El primero de los *yamas*, vivir con amor y compasión, es una invitación a abrir tu corazón. Cuando tu corazón se abre, tu mente se abre, y entonces puedes reconocer que la narrativa predominante que retrata al mundo como un entorno hostil donde la competencia feroz es la regla y solo los más fuertes sobreviven no es del todo correcta. Una perspectiva más precisa y útil es ver que la cooperación es la única forma en que los seres humanos hemos podido sobrevivir y prosperar, porque nada de lo que nuestra especie ha logrado ha sido el resultado de una persona trabajando aisladamente. En cambio, todos los logros humanos son la acumulación de todo tipo de contribuciones de muchas personas diferentes a lo largo del tiempo. Incluso las personas que crean e inventan cosas en soledad se benefician de la comida, la vivienda y el apoyo

Práctica (Sadhana)

de quienes les rodean. Si te estás beneficiando de tener agua potable, electricidad y acceso a las tecnologías de la comunicación, la lista de contribuyentes que hicieron posible esas comodidades es bastante larga.

Considera estas preguntas cuando actúas con amor y compasión, ¿sientes como si te estuvieras deshumanizando a ti mismo? ¿O sientes como si estuvieras reconectando con tu verdadera naturaleza humana? La práctica de *ahimsa* es una forma de crear un jardín de amor y compasión en tu corazón para que puedas convertirte en una morada de paz, amor y compasión en cuerpo, mente y emociones. Como con cualquier jardín, este jardín comienza con un proceso gradual de preparación del terreno, identificando qué pensamientos, sentimientos y opiniones son propicios para plantar amor, tal vez utilizando las sugerencias del sutra 1.33. Mientras personificas la calma, la paz, el amor y la compasión, ¿es posible que tu sola presencia ya comience a comunicar estas emociones a los demás incluso sin palabras? ¿Es así como puedes convertirte en una influencia positiva donde quiera que vayas? Algunas preguntas adicionales para guiar tu viaje hacia *ahimsa*:

¿Qué te ayuda a abrir tu corazón?

¿Cómo estás cultivando la compasión y la bondad hacia ti mismo?

¿Cómo estás cultivando la compasión y la bondad hacia los demás?

¿Cómo estás creando una actitud pacífica y un entorno personal amable en tus actividades diarias?

También puedes explorar la práctica de *ahimsa* a través de acciones conscientes. Por ejemplo, durante un día completo, tres días o una semana completa, puedes intentar que tus movimientos, respiración y acciones sean apacibles, calmadas y deliberadas. Observa lo que sucede dentro y fuera de ti como resultado.

2.36 La persona establecida en la integridad (*satya*), actúa con eficacia y eficiencia.

Cuando observas la determinación en los movimientos de un oso perezoso trepando por una liana hacia las copas de los árboles, ves que cada movimiento y cada acción son efectivos y eficientes. Y aunque parezca que el movimiento es lento, si realmente estás prestando atención, verás que el oso perezoso sube por la liana a un ritmo constante que le lleva bastante rápido tan alto como necesita. **Tener un propósito claro es una forma de unificar todos tus aspectos para actuar con integridad.** La integridad puede definirse como estar unido y profundamente interconectado. Recordar que no eres la unión de diferentes partes separadas, sino que creciste orgánicamente de una célula fertilizada hasta resultar en un ser humano íntegro, puede motivarte a honrar esa integridad en tu vida. Como resultado, es más probable que recuerdes con regularidad que no hay nada fundamentalmente incorrecto en ti y que siempre eres un ser humano completo. De hecho, tu inteligencia no reside en un lugar único de tu cuerpo y tus emociones no se sienten en una sola área específica. Todos tus sistemas se compenetran íntimamente.

La integridad es también la cualidad de actuar con honestidad y tener principios morales sólidos. Vivir con integridad es sentir, pensar, actuar e interactuar con sabiduría, honestidad y sinceridad. *¿Te es posible alinearte con la integridad al conectarte con tu consciencia?* Cada uno de nosotros siempre ha estado íntimamente conectado con el mundo "fuera" de nosotros. Este hecho obvio, que nunca has estado aislada, puede ser ignorado cuando elegimos vernos a nosotros mismos como separados de los demás y del mundo. En cada momento de tu vida, estás en un contexto, y ese contexto es parte de ti, incluso a nivel atómico.
¿Qué sucede si eliges verte como tú y todo lo que te rodea, desde lo microscópico hasta lo macro cósmico?

Práctica (Sadhana)

¿Qué pasaría si eligieras vivir con base en ese entendimiento?

Si reconoces la profunda realidad que estás en conexión profunda con todo lo que existe, ¿cambian tus pensamientos, palabras y acciones hacia ti misma? ¿Hacia los demás?

¿Ayudaría ese entendimiento a darle más significado a tu vida, palabras, acciones e interacciones?

Si personificas esa profunda verdad interior, ¿podrías confiar en ti mismo?

¿en los demás?

¿en el mundo?

¿en la vida?

Si expandes tu noción de ti misma para incluir todo lo que te rodea, ¿tendría sentido prestar atención a la retroalimentación que recibes continuamente de tu entorno para guiar tu participación en tu vida?

¿Sería inteligente utilizar esa retroalimentación para guiar tus decisiones y acciones?

¿Sería esta una opción para entender con mayor claridad las ideas e historias generadas por tus gustos y disgustos?

¿Te haría esto actuar con mayor eficacia y eficiencia?

2.37 Para la persona establecida en la equidad y la generosidad (*asteya*), la prosperidad sucede sin esfuerzo.

En la actualidad, el consumismo es un motor importante de la actividad económica en muchos países. Es bastante común ver anuncios, películas y otros medios que promueven la noción de que el valor y la posición social de una persona están estrechamente relacionados con sus patrones de consumo. En tal entorno, y dadas las crecientes disparidades económicas en todo el mundo, no sorprende que quienes no tienen lo que es tan valorado en la sociedad traten de hacer todo lo posible para acceder a los bienes y recursos que parecen tan importantes en nuestro mundo. Como resultado de la profunda influencia del dinero en todos los sectores de la vida contemporánea, parece que muchos de nosotros dedicamos una gran cantidad de tiempo a centrar nuestra atención y energía en el dinero: cómo obtenerlo, cómo conservarlo y cómo invertirlo. Se ha sugerido que debido a que tantas personas dedican tanto tiempo a concentrarse en el dinero, el dinero se ha convertido en un ídolo o un dios y que (inconscientemente) la gente está meditando sobre el dinero. Un enfoque de marketing típico es decirte que algo anda mal contigo si no tienes el producto o la experiencia X. A esto le sigue el "llamado a la acción" que debes emprender para comprarlo y así sentirte completo o íntegra. Incluso cuando conoces la estrategia, escuchar una y otra vez que te falta algo puede terminar convirtiéndose en un mensaje que internalizas.

¿Ves el mundo como un lugar de escasez?

¿O ves el mundo como un lugar de abundancia?

¿Este punto de vista alimenta una tendencia a sentir escasez o generosidad?

¿Cómo te ves a ti mismo en relación con el mundo de las comodidades materiales?

¿Cuánto de tu tiempo inviertes meditando sobre el dinero?

¿Cómo se compara eso con la cantidad de tiempo que pasas cultivando relaciones genuinas contigo mismo y con los demás?

¿Posees tus pertenencias o te poseen ellas a ti?

¿Cómo sabes que lo que tienes es verdaderamente tuyo?

¿Te aferras a lo que tienes?

¿Cómo cultivas la equidad y la generosidad contigo misma?

¿Qué necesitas para extender esa generosidad a los demás?

¿Cómo determinas que algo es justo?

¿Son esas decisiones sesgadas o imparciales?

¿Cuál es tu definición de prosperidad?

Práctica (Sadhana)

2.38 La persona establecida en cultivar la curiosidad y la reverencia por la vida (*brahmacharya*), desarrolla una gran vitalidad y entusiasmo.

La diferencia fundamental de actitud entre las personas jóvenes y las personas viejas, independientemente de la edad, es que los viejos piensan que ya lo han visto todo y que lo saben todo. Esa actitud tiende a darte permiso para no prestar atención al momento en el que te encuentras. Tener esa actitud también puede llevarte a pensar que no te queda nada por vivir. Además, también puedes volverte arrogante. Por otro lado, una de las cosas más refrescantes de los niños pequeños es que sienten curiosidad por lo que les rodea y quieren saber qué es lo que hace que las cosas funcionen y cómo funcionan. Esta curiosidad es revitalizante. Desarrollar la curiosidad por el misterio de la vida puede generar mucho entusiasmo para comprometerte a vivir tu vida lo mejor que puedes. Además, cuando cultivas la reverencia por la vida, tu corazón y tu mente se abren.

¿Te ha ocurrido alguna vez que algo que pensabas que sabías te haya revelado un nuevo conocimiento inesperado y útil?

¿Es posible que la vida te ofrezca constantemente pruebas de que no eres muy bueno prediciendo?

¿Puede esto ser un recordatorio para presenciar el milagro de la vida directamente en tu propio ser y en tu entorno?

¿Cómo sabes si estás viviendo en armonía con la vida?

¿Cómo mides la moderación en tus acciones?

¿Existe un equilibrio en tu vida entre el trabajo, la diversión, tu desarrollo personal y tus relaciones?

¿Hay equilibrio en la atención que le das a tu cuerpo, tu mente y tus emociones?

¿Existe un equilibrio entre la energía vital que gastas y la energía vital que repones?

¿Cómo estás aprendiendo de la esencia de la vida?

¿Cómo influye ese aprendizaje en tus decisiones y acciones?

Si tienes poca energía, ¿cuáles de tus maneras de ser están agotando tu energía?

¿Qué maneras de ser contribuyen a refrescarte y restaurarte?

¿Hay algo que encienda la luz de la vitalidad y el entusiasmo en ti?

¿Qué pensamientos, emociones y acciones afirman la vida?

2.39 La persona arraigada en la apreciación de la abundancia y en ser libre de antojos (*aparigraha*) reconoce la transitoriedad, aclara el propósito de la vida y obtiene una visión del pasado y el futuro.

Cuando naciste, llegaste sin posesiones personales. Durante tu vida probablemente hayas visto momentos en los que tuviste acceso a menos cosas, así como otros momentos en los que tuviste acceso a más. Si fuiste capaz de adaptarte y contentarte con más y con menos, tu adaptabilidad te ha permitido encontrar satisfacción en muchas situaciones y circunstancias cambiantes. Si, por el contrario, anhelas constantemente lo que no tienes, probablemente te hayas sentido frustrada y sin energía al sentir que no puedes estar en paz con tu situación. Este sutra te invita a reflexionar sobre el papel de las posesiones materiales en tu vida.

¿Ves tu vida y te ves a ti misma en términos de lo que has adquirido?

¿Qué pasará cuando algunas de esas cosas que tienes no te ofrezcan satisfacción?

¿Cuánto tiempo, energía y recursos dedicas a mantener y reparar lo que posees?

Tradicionalmente, una interpretación de este aforismo sugiere que una práctica exitosa de *aparigraha* revelará los secretos de vidas pasadas y futuras. Otra forma de interpretar este mismo sutra es que aclarar nuestra relación con las posesiones y el mundo material nos dará una idea de nuestro propio pasado individual, porque nuestra relación con nuestras posesiones puede tener una fuerte influencia en nuestras creencias, ideas y acciones. Además, los deseos y posesiones de nuestro pasado han influido en nuestra situación y circunstancias. También, nuestro apego a lo que tenemos y a lo que deseamos también determinará muchas de nuestras decisiones. ¿Hasta qué punto puedes ver que esto esté pasando en tu vida? Puedes utilizar las siguientes preguntas para guiar tu práctica de *aparigraha*:

¿Vives en abundancia, escasez o antojo?

¿Cómo encarnas la gratitud?

¿Cuánto es suficiente?

¿Estás inmersa en el juego de ganar y perder?

¿Derivas tu sentido de ti mismo de tus posesiones materiales, apariencia y circunstancias?

¿Cómo se alinean tus acciones con el propósito de tu vida?

Además, no descartes la posibilidad que puede haber otras formas de anhelo, como anhelo de aceptación o reconocimiento.

Efectos de los *Niyamas*

2.40 Desarrollar y afinar la claridad mental, física y emocional (*shaucha*) libera los bloqueos que inhiben la función óptima, incluidos los hábitos y actitudes hacia uno mismo y las interacciones con los demás.

Al prestar atención a los procesos físicos, mentales y emocionales, queda claro que la mayoría de nosotros tenemos bloqueos que restringen el flujo óptimo de energía vital en el cuerpo, la mente y las emociones. Estos bloqueos se manifiestan como patrones de tensión en el cuerpo, creencias inútiles y emociones no amables. El primer paso es tomar consciencia de estos patrones, o sea *que conoces tus tendencias*. Luego, determinas si esos patrones son útiles o inútiles preguntando *¿Apoya esto mi intención y propósito?* Cualquier cosa que te impida dedicar tu atención y energía a tu propósito puede dejarse de lado. Chocar repetidamente contra el mismo obstáculo eventualmente te impulsará a tomar la decisión de dejarlo de lado. A menudo, la pregunta que surge es: ¿Cuántas veces tendré que soltar este obstáculo? La respuesta es que continuarás haciendo lo que no es útil hasta que el dolor, la incomodidad o la agitación que tal obstáculo genera sea mayor de lo que estás dispuesta a soportar. Si estás apegado a una creencia o actitud, especialmente cuando piensas que te hace ser quien eres, te parecerá difícil, tal vez incluso imposible, dejar dicha creencia atrás. Cuando la incomodidad causada por la creencia sea insoportable, estarás forzado a decidir entre quedarte con tal creencia o actitud que te causa dolor y soltar tu identificación con ella. La práctica de cambiar gradualmente tu actitud puede ser útil en este proceso (*pratipaksha bhavana* en los sutras 2.33 y 2.34). Progresivamente, estableces una actitud diferente que te lleva a verte a ti misma, cuerpo, mente y emociones con mayor claridad y menos identificación.

Cuando te sientas en silencio a meditar, simplemente estando con lo que es tal y como es, observa lo que te distrae de tu claridad natural. Los distractores internos suelen ser mentales, físicos o emocionales, o una combinación de los tres. Elegir estar inmóvil te ayuda a notar dónde hay movimiento. Del mismo modo, tomar la decisión de guardar silencio hará que todos los sonidos, externos e internos, sean más evidentes. A medida que permaneces concentrado en estar presente, será más fácil notar si estas actividades internas son útiles o inútiles. Te das cuenta de los patrones en las distracciones, así como de tus propios patrones de reactividad. Parte de la reactividad puede surgir como irritación, frustración o molestia. Sin embargo, la reactividad también puede surgir en forma de intentar arreglar o sedar los síntomas de la irritación.

Práctica (Sadhana)

Cuando realizas una actividad física conscientemente, puedes notar las partes de tus movimientos que son cómodas y sin esfuerzo, lo que revelará los movimientos que son erráticos e irregulares. Hacer un movimiento más claro muy probablemente te ofrecerá información sobre como suavizar los movimientos abruptos. Algunas preguntas para explorar incluyen:

¿Cómo cultivas la claridad en tu propia vida?
¿Hay áreas de tu vida mental, física o emocional que ignoras?
¿Cuál es la naturaleza de los obstáculos que encuentras?
¿Es posible que algunos de esos obstáculos sean el resultado de tus creencias?
¿Existe una relación entre quién crees que deberías ser y esos obstáculos?
¿Cómo lidias con los obstáculos en tu camino?
¿Ves los obstáculos como molestias o como maestros?
¿Qué contribuye a aclarar tus sentidos?
¿Cómo puedes purificarte mental, física y emocionalmente?
¿Cómo estás refinando tu nivel existente de claridad?

En el siguiente aforismo verás más resultados de practicar *shaucha*.

2.41 [Como resultado de *shaucha*] aumento de la serenidad en mente y corazón, actitud alegre, concentración puntual, dominio de los sentidos y comprensión de tu verdadera naturaleza.

Este sutra enumera los síntomas de la práctica exitosa de *shaucha*: serenidad mental, capacidad para concentrarse, pericia regulando los sentidos y verse a sí mismo con precisión. Presenta un marcado contraste con el sutra 1.31, donde se enumeran los síntomas de las distracciones: angustia, desesperación, sufrimiento, temblores e inestabilidad respiratoria. La claridad o pureza (*shaucha*), como las otras pautas, es un proceso; a medida que tu claridad se expande, crea estabilidad y calma en tu mente y corazón. Al verte a ti misma con mayor claridad, tus apegos a quién crees que eres, quién crees que deberías ser y quién crees que los demás esperan de ti disminuyen. Entonces tu mente y tu corazón se estabilizan porque dejas de lado todas las distracciones generadas por estos pensamientos inútiles. Verte a ti mismo con claridad y eliminar los obstáculos que te impiden estar presente y que obstruyen tu participación consciente tendrán un impacto en tu actitud. Al eliminar las limitaciones y restricciones, también te liberas de tu rigidez. Tu actitud se vuelve más tranquila, gradualmente alegre y, finalmente, feliz. Tal vez empieces por tener menos quejas y menos motivos para enfadarte. La claridad también hace que sea más fácil notar tus tendencias que permiten que los estímulos sensoriales desvíen tu atención y te alejen de estar presente. *Como resultado, lo que solía ser una distracción fácil pierde gradualmente su atractivo.* Cuando tu atención no persigue las constantes fluctuaciones sensoriales, notas destellos de ese aspecto tuyo que no cambia. A medida que te comprometes a establecer claridad en tu interior, ¿qué notas?

Recuerda que ganar claridad hará más aparentes las áreas donde todavía hay confusión, al igual que limpiar y organizar un armario o habitación en tu hogar hará más evidente el desorden en otras habitaciones. Darte más cuenta de tus momentos de confusión es una señal de que el proceso está funcionando. Por lo tanto, en lugar de molestarte al notar las áreas donde falta claridad, reconoce que tu armonía se está desarrollando al ritmo y en la medida en que es factible para ti en este momento. Considera auto examinarte con regularidad:
¿Hay más serenidad en tu mente?
¿En tu corazón? ¿Es tu actitud más agradable?
¿Te es más fácil concentrarte?
¿Te resulta más fácil mantener tus prioridades?

Práctica (Sadhana)

¿Te está siendo más fácil discernir qué contribuye a mejorar la calidad de tu vida?

2.42 Al cultivar el contento y la paz interior (*santosha*), florece el gozo supremo.

Cuando te preguntas si vives contento, ¿qué encuentras? A veces, puedes comenzar el día con la firme intención de invitar a la paz y la tranquilidad de tu práctica de yoga al resto del día. Sin embargo, a veces puede parecer que tu intención resulta en lo contrario. Por ejemplo, alguien te corta el paso en el tráfico, alguien que conoces te dice algo que te parece ofensivo o encuentras un reto que has estado tratando de evitar. Tu intención de personificar la paz y la alegría es un signo de compromiso a vivir con sabiduría. Como resultado, recibes retroalimentación que te ayuda a probar tu nivel de compromiso. A veces, tu calma y tranquilidad pueden ser inestabilizadas por lo que encuentras en tu camino. En lugar de interpretar esto como una señal de fracaso, reconoce que estás recibiendo oportunidades para soltar por completo las razones que creas para estar insatisfecha. Crear satisfacción desde adentro es una decisión inteligente y muy práctica. Pensar que la satisfacción viene de afuera te llevará a tratar de manipular el mundo que te rodea para evitar cualquier cosa que vaya en contra de tus preferencias. Esta última opción no solo es impráctica, es agotadora y, francamente, imposible de lograr. Como se sugirió anteriormente, puedes nutrir tu satisfacción tomando consciencia de tus quejas, tanto explícitas como veladas, de modo que puedas eliminar sus causas. También puedes contemplar si existe una relación entre tus expectativas y tu capacidad para sentirte satisfecho. Otra forma viable de cultivar la satisfacción es explorar cómo tus juicios y opiniones pueden revelar los filtros internos que causan insatisfacción.

¿Qué sucede si reflexionas sobre el hecho de que cada situación y experiencia es el resultado de innumerables factores y elementos que se unen de una manera específica que está perfectamente calibrada solo para ti y para nadie más?

¿Se juntan todas estas cosas para molestarte o son una lección para ayudarte a liberarte de actitudes y creencias que ya no te sirven?

¿Qué debe suceder para que encuentres la felicidad en lo más profundo de tu ser?

2.43 Cultivar el entusiasmo mediante la eliminación de ineficiencias en el cuerpo, la mente y las emociones (*tapas*) intensifica todos los sentidos y habilidades.

Ser consciente de tus tendencias es una de las principales habilidades en el yoga. Todas tus maneras de ser son filtros que colorean tus experiencias. Todos ellos influyen en la calidad de tu participación en tu vida. Algunas de esas tendencias contribuyen a mejorar tu participación, mientras que otras pueden impedir tu participación consciente y deliberada en el momento presente. Darte cuenta de la diferencia entre las maneras de ser útiles y las inútiles te empodera a tomar decisiones inteligentes. Debido a que la atracción de los hábitos bien establecidos es bastante fuerte, traer tu consciencia al momento en el que te encuentras ya es un acto que requiere energía, compromiso y entusiasmo (*tapas*). De hecho, la mayoría de nosotros nos distraemos constantemente. Regresar al momento presente repetidamente sin forzar, sin forcejear y sin auto juzgarte también exige entusiasmo, especialmente cuando surge la frustración al notar qué tan frecuentemente te distraes. Este proceso de autorregulación de las propensiones personales ofrece varios beneficios. Primero, desarrollas el hábito de la presencia al redirigir la energía física, mental y emocional de las distracciones hacia la participación consciente en el momento en que te encuentras. Segundo, cuanto más cambias un hábito inútil,

Práctica (Sadhana)

más sensible serás a sus síntomas, lo que te facilitará anticiparlo antes de que te distraiga por completo. Además, esa sensibilidad mejora la calidad de tu consciencia. Como resultado, tendrás más momentos en los que estás presente y receptivo notando lo que está sucediendo en tu vida. Estar despierta a tu vida te permite discernir la diferencia entre descartar un hábito inútil y llevarlo a un área diferente de tu vida. Por ejemplo, si mi tendencia es exagerar en algún comportamiento, como comer en exceso, cuando trato de detener esa tendencia puede suceder que cambie esa tendencia a un área diferente, como hacer demasiado ejercicio o trabajar demasiado. La consciencia de esa tendencia puede ayudarme a mantenerla bajo control. Algo más que puedes encontrar es que las maneras de ser que antes eran útiles pueden dejar de ser útiles. Esto es como las ruedas auxiliares que te ayudan a aprender a montar en una bicicleta. Una vez que puedes mantener tu equilibrio, las mismas ruedas auxiliares se interpondrán en tu camino al girar, convirtiéndose en un obstáculo. En ese momento, tiene sentido descartarlas.

En este sutra, la palabra sánscrita utilizada para indicar los resultados de traer entusiasmo a la vida es *siddhis*. Esta palabra, al igual que tantas otras palabras sánscritas, tiene una variedad de significados que incluyen, logro, habilidad, destreza, realización, éxito, la solución de un problema, disposición, prosperidad, fortuna, buena suerte, ventaja, felicidad, perfección y la adquisición de poderes sobrenaturales por medios mágicos. Este último significado ha sido históricamente uno de los símbolos de un verdadero yogui. Sin embargo, los poderes sobrenaturales pueden no cristalizar para todos los practicantes. Una buena opción es no adelantarnos a juzgar y más bien y estar dispuestos a observar lo que sucede. A un nivel más práctico para la mayoría de nosotros, puede ser más útil considerar que la atención a la vida y a su novedad siempre emergente puede convertirse en una fuente de energía que enciende tu entusiasmo motivándote a participar en la danza de la vida con exquisita receptividad y gran sensibilidad en tus acciones.

Asumir la responsabilidad de vivir tu vida a pesar de las distracciones, las interferencias y las interrupciones también requiere entusiasmo. Además, el compromiso con el objetivo de estar presente en cada momento de tu vida también exige pasión. Es ese entusiasmo, equilibrado por la inteligencia y la humildad (Sutra 2.1), lo que puede marcar la diferencia entre completar un proyecto y darse por vencido en el camino. Aunque, como veremos en el Capítulo Tres del Yoga Sutra, la idea de *siddhis* se interpreta tradicionalmente como ser capaz de realizar actos extraordinarios y hazañas mágicas, puede ser útil comenzar por pensar en lo excepcional que es conocer a personas comprometidas a estar plenamente presentes en sus propias vidas. De hecho, es notable encontrar personas que participan en la vida con compromiso y entusiasmo, particularmente frente a obstáculos y desafíos. El significado etimológico de la palabra entusiasmo en griego es estar en la esencia de Dios. Otra forma de entender el entusiasmo es destilar inspiración y motivación de la vida misma.

¿Cuáles son tus fuentes de entusiasmo?

¿Eres consciente de tus hábitos en movimiento, postura, respiración, pensamiento y emociones?

¿Cuáles son tus tendencias en tu actitud, acciones e interacciones?

¿Qué hábitos contribuyen a iluminar tu perspectiva y el tono general de tus sentimientos?

¿Cuáles no ayudan?

¿Cómo te sientes cuando inyectas entusiasmo a tu actitud, acciones y deberes?

¿Notas algún cambio en tu sensibilidad y nivel de energía cuando actúas con inspiración?

¿Cómo te fortaleces?

Práctica (Sadhana)

2.44 Profundizar tu auto comprensión y personificar la sabiduría (*svadhyaya*) resulta en la comunión con el Ser Supremo.

Conocerte a ti mismo, tus tendencias e inclinaciones en cuerpo, mente, emociones y respiración te empodera a participar consciente y sinceramente en tu propia vida. Este compromiso significativo con la vida te ofrece muchas oportunidades para presenciar las complejas interrelaciones entre tus ideas, emociones, respiración y acciones. También te brinda perspectiva para notar las elegantes interconexiones entre todo lo que existe. Esta delicada integración entre todas las fuerzas vitales es una sensible danza flexible y sensible que influye en cómo funciona todo. La vida es la diversa e infinita manifestación del Ser Supremo; la expresión completa e inabarcable de todas las manifestaciones de la existencia. Algunas personas lo llamarían la perfección de la vida, otros pueden llamarle lo inefable, la Fuente, el Espíritu o Dios.

Tu estudio de la verdadera sabiduría y tu estudio de ti mismo, ¿te están llevando a una comprensión integral de ti mismo, tus relaciones, la naturaleza humana, toda la naturaleza y el universo?

¿Cómo estás personificando una comprensión más profunda de ti misma y de la vida?

¿En qué medida estás honrando la vitalidad de la naturaleza?

¿Cómo entras en comunión con la sabiduría de la vida en tu práctica personal de yoga?

¿Te estás alineando con la sabiduría de la vida en tus decisiones y acciones diarias?

¿Cómo honras la vida en tus interacciones?

2.45 La humildad, renunciar a la ilusión del control (*ishvara pranidhana*), facilita la integración en la profundidad del silencio y la quietud interiores (*samadhi*), lo que confiere una percepción y eficacia extraordinarias.

Es importante reconocer que la integración profunda (*samadhi*) es un concepto central en el Yoga Sutra. Así lo indica el hecho que Patañjali haya dedicado todo el primer capítulo del Yoga Sutra a este concepto. Aquí, el sabio Patañjali nos recuerda que el objetivo es lograr modular nuestra vida interior (sutra 1.3) y que lo podemos lograr practicando la humildad (*ishvara pranidhana* en los sutras 1.23, 2.1 y 2.32), es decir, reconociendo que nosotros no estamos a cargo de la vida ni del universo. Este sutra contribuye a la idea de que *samadhi*, el estado enaltecido de ser en el que te conviertes en un vehículo para la plenitud y la unidad, no puede ser logrado por el esfuerzo, sino que resulta solamente de la gracia. Reconocer la magnificencia omnipresente de la vida y del universo ofrece una perspectiva global que informa tu entendimiento y actitud. Como resultado, puedes presenciar tus actividades internas, incluyendo las tempestades interiores, en su proporción adecuada de modo que puedes ajustar tus tendencias dejando de lado los dramas personales. Dándote cuenta de que hay miles de factores que confluyen para crear las circunstancias en las que estás te ofrece la claridad para desembrollarte de tus historias internas y actuar decididamente y con eficacia cuando y donde es apropiado y necesario. Esta misma perspectiva de verte a ti misma y a tu vida en el contexto más amplio de la vida en el espacio y el tiempo te invita a modular tu reactividad interna para apreciar adecuadamente la vida en toda su magnificencia. **Ampliar tu perspectiva más allá de los confines de tu mundo personal inmediatamente abre una ventana que te invita a estar en armonía con el milagro de la vida.**

Esta misma humildad te ayuda a reconocer que muchas, si no todas tus mejores ideas, probablemente hayan sido el resultado de la inspiración que surge cuando no estás absorto en tus historias personales. La inspiración siempre ha estado ahí, pero muchas veces estar enredados en nuestro propio diálogo interno y reactividad nos impide notar la belleza y la elegancia de la vida. Así como sucede con los demás *yamas* y *niyamas*, es útil renunciar a las expectativas de posibles resultados, y en su lugar, es más productivo centrarte en cultivar estos lineamientos totalmente. En este caso, algunas preguntas de orientación incluyen:

¿Cómo afrontas lo que está más allá de tu control?

¿Eres consciente de los límites de tu comprensión?

¿Dónde está tu poder?

¿Cómo estás cultivando la humildad en tus actividades diarias?

¿Cómo invitas la inspiración a tu vida?

¿Puede la gratitud por todo, incluso lo que no te gusta, abrir una puerta para reconocer la magnificencia de la vida?

¿De dónde viene tu inspiración?

¿Cómo la sientes?

¿Qué actitudes son más propicias para atraer la inspiración?

¿A quién das crédito por la inspiración que has recibido?

¿Qué significa tomar algo personalmente?

¿Qué sucede cuando escuchas a tu intuición en tu vida?

¿Cómo te sientes?

¿Cuáles son los resultados?

VIVIENDO LOS *YAMAS* Y *NIYAMAS*

Los *yamas* y *niyamas* son muy similares a la sabiduría en las pautas para vivir de otras tradiciones en todo el mundo. Estas pautas abarcan el sentido común de una persona que vive de acuerdo con los dictados de su consciencia.

Vivir con consciencia elimina las ineficiencias que resultan de tratar de satisfacer tus gustos y disgustos. Observa cómo estas pautas funcionan juntas. No se contradicen entre sí. En cambio, practicar uno de los *yamas* o *niyamas* puede invitarte a incorporar los demás *yamas* o *niyamas* en tu vida diaria. Al considerar estas pautas, puedes pensar que ponerlas en práctica requerirá mucho esfuerzo. Puede ser útil notar que la práctica de cada una de estas pautas te ayuda a reconectarte con la calma profunda y la tranquilidad en el centro de tu ser. De hecho, dado que practicar los *yamas* y *niyamas* es una forma de incorporar el sentido común, su práctica te ayuda a actuar con claridad y comodidad. Así como sucede con todo lo demás en la vida, el valor de los *yamas* y *niyamas* emerge de su aplicación en tu vida. Al principio, los *yamas* y *niyamas* harán que tus hábitos bien establecidos sean más evidentes. Gradualmente, comienzas a cambiar los patrones de comportamiento menos útiles (*pratipaksha bhavana*). Este proceso de reconexión con la quietud y la tranquilidad en el centro de tu ser expondrá los conflictos entre tu mente y el susurro silencioso de tu corazón. Contempla la idea de que la voz de tu consciencia siempre ofrece una sugerencia que te mueve hacia la presencia y la armonía integrada. Los *yamas* y *niyamas* son herramientas para poner en práctica los sutras 2.10 y 2.11 para liberarte de las aflicciones que obstruyen tu percepción clara. Además, los *yamas* y *niyamas* son propicios para dejar de lado constantemente tu sentido de importancia personal (*abhinivesha*), lo que te gusta (*raga*) y lo que no te gusta (*dvesha*) y quién crees que eres o deberías ser (*asmita*). Sabes que la práctica funciona cuando hay menos malestar, incomodidad e insatisfacción en tu mente y emociones.

Práctica (Sadhana)

ASANA, POSTURA FELIZ.

Ciertamente, el aspecto físico del yoga se ha convertido en la expresión más popular del yoga en la actualidad. De hecho, cuando la gente dice yoga, el significado implícito es, con mayor frecuencia, la práctica de posturas y movimientos con muy poco o mínimo interés en una articulación integrada y equilibrada de todas las pautas de práctica compiladas por Patañjali. Algunos de los significados de *asana* en sánscrito incluyen permanecer, taburete, morada, lugar, asiento, detenerse, sentarse y postura. Cuando *asana* se divide en sílabas individuales, el diccionario sánscrito ofrece los siguientes significados para la partícula *"as"*: estar presente, existir, habitar, celebrar y hacer su morada. La partícula *"sa"* significa conocimiento y meditación. Y *"na"* significa vacante, vacío. Así, *asana* puede interpretarse como vivir en sabiduría y meditación, sin distracciones, sin gustos ni aversiones. Los tres sutras sobre *asana* en el Yoga Sutra, representan solo el 1.5% del total de 196 aforismos. La práctica de posturas, al igual que la práctica de los *yamas* y los *niyamas*, proporciona una oportunidad para explorar con curiosidad lúdica cómo permanecer en un estado de presencia, libre de distracciones. En el Yoga Sutra, *yamas*, *niyamas*, y favorecer pensamientos y acciones elevados (*pratipaksha bhavana*) se presentan antes de *asana* para proporcionar un marco de referencia para la exploración consciente de *asana* con el fin de optimizar el funcionamiento de todos los sistemas físicos y fisiológicos sin forzar ni forcejear. Si consideras que *pranayama* es la siguiente sección del viaje, puedes practicar *asana* como una forma de optimizar el flujo de energía vital e inteligencia a través de todo tu ser.

2.46 Postura estable y feliz

Aquí reaparece la importancia del equilibrio entre ser y hacer. *Asana* consiste en lograr un equilibrio entre estabilidad y comodidad. La estabilidad es una expresión de práctica con constancia (*abhyasa* 1.12, 1.13 y 1.14) facilitada por un enfoque *puntual* único (*ekagrata* 1.32). La comodidad en la postura resulta de cultivar la paz mental a través de actitudes sabias (1.33), practicar la pureza y la claridad (*shaucha* 2.32, 2.40 y 2.41) y desarrollar la satisfacción (*santosha* 2.32 y 2.42). Además, desprenderse de apegos y expectativas (*vairagya* 1.15 y 1.16) conduce a sentir una profunda paz interior. *Asana* es cultivar la armonía interior a través de estar a gusto en el cuerpo. Al igual que ajustas la firmeza de tu agarre dependiendo de lo que tengas en la mano (una flor, una manzana, un libro pesado o la mano de un bebé), este aforismo te invita a desarrollar tu habilidad de ajustar tu postura y movimientos integrando fortaleza, flexibilidad y relajación.

¿Hasta qué punto la definición de *asana* como vivir en sabiduría y meditación, sin distracciones, sin gustos y aversiones describe tu práctica de *yogasana*?
¿Tiendes hacia la firmeza o la comodidad?
¿En tu práctica de posturas y movimientos de yoga fuerzas, forcejeas y te auto juzgas?
¿Cómo te aseguras de que estás equilibrando fuerza, flexibilidad y relajación?

¿Tus movimientos y postura fomentan una sensación de felicidad estable y duradera?
¿Es ese un estado sostenible para ti?
Si sentir una felicidad estable es intermitente, ¿cuáles son las distracciones que te alejan de sentirte en armonía? (Recuerda que sentirte cansado, somnolienta, agitado, muy sedienta y con mucha hambre después de la práctica de *asanas* pueden ser síntomas de que estás haciendo demasiado).

Práctica (Sadhana)

¿Puedes extender el equilibrio entre la estabilidad y la felicidad al resto de tus actividades diarias?

Asume una postura de yoga que te resulta fácil y hazla más firme durante tus inhalaciones y más cómoda durante tus exhalaciones. Luego intenta modular la cantidad adecuada de firmeza y comodidad y observa los cambios. Repite la sugerencia anterior con una postura que te resulta difícil. ¿Qué notas?

Cuando pasas de una postura a otra, ¿puedes tratar de hacer tus movimientos lentos, fluidos y regulares? ¿Cómo te sientes cuando te mueves de esta manera?

¿Te da esto una idea clara de cómo operas y de cuán eficiente puedes ser?

Observa tus acciones habituales, como caminar, hablar, moverte, cargar cosas, doblar tu ropa. ¿Te parece que logras un equilibrio entre la estabilidad y la comodidad en tus acciones?
¿Cuáles son tus tendencias?
¿Son esas tendencias similares a las que encuentras cuando practicas posturas de *yoga*?

2.47 Dejando los forcejeos y en integración constante.

El Sutra 2.46 a menudo se cita como la guía para practicar *asanas*. Sin embargo, por alguna razón, este aforismo no se cita con la misma frecuencia, aunque es una guía igualmente importante en la práctica de *asanas*. Una vez más, se combinan dos ideas. La primera es dejar de lado todos los forcejeos y la segunda es eliminar todas las distracciones. Esta breve instrucción puede interpretarse como un llamado a desarrollar una alta eficiencia. Los forcejeos y distracciones derrochan tu energía física y mental, interfiriendo con la naturaleza meditativa de tu postura y acciones. "Integración constante" describe la articulación armoniosa de todos tus recursos. Al practicar *asana* (postura) y *vinyasa* (transición entre posturas), todos tus sistemas y todos tus aspectos se unen, apoyándose y fortaleciéndose. Estar en integración constante también significa entretejer tus aspectos físicos, mentales, emocionales y respiratorios sin problemas y con un mínimo esfuerzo. Dejar los forcejeos es una sugerencia para ayudar a prevenir la típica reacción de aumentar la intensidad cuando algo no está funcionando, al igual que una persona que no es entendida por otra que habla un idioma diferente tenderá a aumentar el volumen de su voz para comunicar su mensaje, o la persona que no puede encajar bien una pieza en otra tenderá a forzarla. Además de ser sentido común, dejar de lado los forcejeos te recuerda que forzar y forcejear no solo son ineficaces, sino que también desperdician tu invaluable energía vital. El lado complementario de esta idea es que fácilmente puedes darte cuenta de que una persona tiene destreza por la elegancia y economía en sus acciones. Desde la perspectiva puramente física, un signo de aptitud física es un cuerpo que mantiene un ritmo cardíaco bajo y una respiración apacible incluso durante una actividad física difícil.

Desde el punto de vista de estar en "integración constante," considera que sucede cuando observas un desempeño consumado en cualquier campo. Parece que el tiempo se detiene. Una actitud que contribuye a la atemporalidad es la actitud de tener todo el tiempo del mundo para la situación o circunstancia en la que estás. Entonces no hay prisa, ni forcejeos, así que todo puede desarrollarse sin esfuerzo. Una forma de tratar de incorporar esta guía es soltando la ambición y eligiendo en su lugar explorar con curiosidad lúdica de modo que puedas experimentar directamente cómo se siente hacer lo que estás haciendo. Esta puede ser una actitud saludable y propicia para investigar la práctica de *asana* siguiendo el comentario en el sutra anterior, de vivir en sabiduría y meditación. Este aforismo hace eco del sentimiento expresado en los sutras 1.3 y 1.4, estar en tu verdadera naturaleza y libre de identificación errónea con tus maneras de ser. Dejar de forcejear es estar con lo que es, tal como es, y estar contigo misma tal como eres. Muchas de las luchas y distracciones son el resultado de tratar de ser algo que no eres, como cuando tratas de ser lo que piensas que deberías ser o cuando tratas de ser lo que crees que otras personas esperan que seas.

A medida que practicas *asana*, ¿dónde te enredas?
¿Cuáles son las fuentes de tus forcejeos?
¿Son tus forcejeos un síntoma de tus suposiciones y expectativas?
¿Notas agitación mental, física o emocional?
¿Es tu respiración continua, suave y fluida?
¿Estás de prisa?
¿Tienes alguna ambición oculta?
¿Es tu práctica una forma de conocerte a ti mismo, de convertirte en alguien diferente o de evitar conocerte a ti mismo?
¿Cómo es tu relación con el tiempo en tu práctica?
¿Puede tu práctica de *asana* y *vinyasa* ser una experiencia de presencia contemplativa atemporal?
¿Qué pasa cuando tomas varias rondas de respiración asegurándote que tus inhalaciones y exhalaciones son suaves, continuas y largas?

Intenta hacer varias rondas de una secuencia de posturas que son muy familiares para ti. Observa tu respiración con atención. ¿Qué notas?
¿Es tu respiración calmada?
Si no lo es, ¿cuándo cambian estas cualidades?
¿Qué estás haciendo?
¿Aguantas la respiración?
¿Es tu respiración agitada y ruidosa?

¿Se vuelve tu respiración corta y laboriosa?

¿Cómo son las transiciones entre tus inhalaciones y exhalaciones?

¿Puedes equilibrar la duración y la calidad de tus inhalaciones y exhalaciones? También puedes observar si tu práctica se siente diferente cuando coordinas tus movimientos con tu respiración.

¿Cuál es tu actitud cuando practicas?

¿Puedes concentrarte completamente en lo que estás haciendo?

¿Es tu práctica una herramienta para integrar tu cuerpo, mente, emociones y respiración?

2.48 Como resultado, serenidad más allá de las dualidades.

El tercer sutra relacionado con *asana* indica los resultados de la práctica, dejar atrás el juego de las dualidades. Una vez más, el Yoga Sutra ofrece un enfoque doble que integra el ser con el hacer, lo que resulta en ecuanimidad apacible. Este enfoque, cuando se presentó en el Capítulo Uno como la combinación de práctica (*abhyasa* 1.12) con desapego (*vairagya* 1.15), calma las maneras de ser. El sutra 2.46 te invita a considerar una forma específica de integrar estabilidad y tranquilidad ya sea como una firmeza suave o una suavidad firme. El sutra 2.47 ofrece una manera de ser que combina dejar de lado todos los forcejeos con un enfoque constante. Este sutra presenta los resultados de combinar el ser con el hacer, te liberas de gravitar hacia el interminable juego de los opuestos como bueno-malo, frío-calor y agrado-desagrado. Además de conectar las nociones de yoga como ser (1.2), con el yoga como hacer (2.1), este aforismo conecta con las hebras relacionados con gustos y disgustos en el comienzo de este capítulo (2.3, 2.7 y 2.8). Los agrados y desagrados juegan un papel importante en la generación de reactividad y agitación. Cuando estás infinitamente integrado (2.47), trasciendes el sentido

Práctica (Sadhana)

limitado de ti mismo definido por los flujos y reflujos de tus preferencias temporales. Mueves tu sentido fundamental de identidad más allá de yo soy esto y yo no soy aquello. Esto sucede cuando estás en meditación o en un sueño profundo sin sueños y tus límites físicos se vuelven borrosos, por lo que no hay sentido de adentro y afuera. Incluso la necesidad de intentar hacer esa distinción se desvanece. Solo hay ser, en todas partes.

Presta atención a cómo te involucras en un proceso constante de creación de categorías distintas. Por ejemplo, para entendernos mejor a nosotros mismos, dividimos seres completos en cuerpo y mente, cuerpo y espíritu, así como también en un conjunto completo de sistemas como musculoesquelético, neurológico, respiratorio, digestivo, endocrino, etc. Estas separaciones son útiles para comprender algunos aspectos de nosotros mismos, sin embargo, tu experiencia es siempre entera, completa e indivisible. Incluso la distinción entre vida y consciencia sólo es útil como herramienta analítica porque la vida y la consciencia están en constante interpenetración. Por tanto, es esencial retornar a sentir nuestra conexión con nuestra plenitud e integridad. ¿Cuáles son las dualidades que influyen en tu comprensión?

¿En qué medida son útiles las categorías de "soy" y "no soy" para mejorar la calidad de tu vida?

¿Es posible que haya áreas de tu vida en las que tu apego a tu identidad te monta en la montaña rusa sin fin de la dualidad?

¿Cuál es la relación entre dualidades y preferencias en tu vida?

¿Hay algunas dualidades que generan acciones y reacciones?

¿Qué dualidades emergen cuando practicas tus movimientos y posturas de yoga?

¿Sirven las dualidades como un filtro que colorea sus interacciones?

¿Será posible que algunos de los forcejeos que enfrentas provienen del juego de las oposiciones?

Pranayama

Si bien el Yoga Sutra incluye solo tres aforismos sobre asana, la siguiente sección sobre *Pranayama* consta de cinco sutras. El Sutra 1.34 también alude al *Pranayama* como método para eliminar las distracciones. *Pranayama* es la práctica de mejorar el flujo de tu energía vital (*prana*) mediante la regulación de tu respiración en una variedad de maneras conscientes y deliberadas.

2.49 Una vez unificado y libre de forcejeos, *pranayama*, regulación de inhalación, exhalación, flujo de aire y retención.

Después de establecer una actitud amable y útil hacia tus circunstancias (*yamas*) y hacia ti misma (*niyamas*), la práctica de *asana* sirve como una herramienta para remover ineficiencias en postura y movimientos que te hacen más adaptable y flexible. Uno de los objetivos principales de la práctica de *asanas* es promover la función óptima del cuerpo al mejorar el flujo de energía vital (*prana*) en todo tu organismo. Este objetivo está estrechamente relacionado con la calidad de la respiración durante las posturas (*asana*) y los movimientos (*vinyasa*).

Aunque el aire que respiras no es exactamente la energía vital que te mantiene con vida, en la tradición del yoga, los yoguis han observado a través de su experimentación personal que la respiración es un vehículo para regular la energía vital y para mantener el vigor, la salud y el bienestar. Si consideras la práctica de *asana* como una preparación para *pranayama*, y sigues las sugerencias del sutra 2.47, será obvio entender que durante tu práctica de *asana* es inteligente e importante asegurarte que tu respiración es suave y fluida, y libre de toda agitación. En otras palabras, la práctica de *asanas* contribuye a crear estabilidad en tus patrones respiratorios cuando intentas que tu respiración sea consciente y deliberada en todo momento. Al mismo tiempo, practicar de esa manera también te ayuda a desarrollar una mayor sensibilidad a las cualidades sutiles de tu respiración. Este sutra define *pranayama* como la atención al movimiento del aire a través de nuestro sistema regulando las inhalaciones, exhalaciones y retención de inhalaciones y exhalaciones. Todas las fuentes acreditadas aconsejan a los practicantes que exploren la práctica de *pranayama* bajo la supervisión de un maestro calificado.

El sistema respiratorio humano está muy integrado con diferentes aspectos de tu sistema nervioso y con funciones metabólicas. Puede resultar obvio señalar que la calidad de tu respiración influye notablemente en tu salud, estado de ánimo y consciencia. Además, a través del tiempo muchos grupos humanos han utilizado técnicas de respiración como herramientas para desencadenar reacciones corporales específicas, así como para también para entrar en diferentes estados de consciencia. Tiene sentido encontrar a alguien competente que pueda brindarte consejos útiles y retroalimentación valiosa sobre tus procesos respiratorios. Las sugerencias sobre *pranayama* ofrecidas aquí están al nivel más simple que puede considerarse seguro.

Para poner este sutra en práctica, busca una posición cómoda y observa tus inhalaciones, exhalaciones y el flujo de aire en tu cuerpo. En lugar de tratar de controlar tu inhalación y exhalación, concéntrate en sentir las sensaciones que acompañan a tus inspiraciones y espiraciones naturales. Nota que se mueve cuando tu cuerpo respira a su propio ritmo. Date cuenta de las diferentes cualidades del aire que estás respirando, como su sabor, olor, textura, humedad y temperatura. Trata de enfocarte lo más claramente posible dónde sientes sensaciones que indican que está ocurriendo una inhalación. *¿Hay sensaciones específicas que indiquen el inicio de tus inhalaciones?*

Desenreda el hilo

Haz lo mismo con tus exhalaciones.

¿Son las sensaciones que surgen hacia el final de tus inhalaciones diferentes de las sensaciones hacia el final de tus exhalaciones?
¿Es el flujo de aire más notable en algunas áreas que en otras?
¿Existe alguna diferencia entre los volúmenes de aire que fluyen a través de cada fosa nasal?
¿Hay diferencias en tu forma de respirar cuando estás de pie, sentada y acostado?
Si piensas en algo incómodo o molesto, ¿cambia tu respiración?
¿Es diferente tu respiración cuando piensas en algo edificante?
¿Puedes identificar algunos patrones en lo que observas?
¿Contienes tu respiración involuntariamente?
¿Cuándo?
¿Es posible que tu cuerpo esté ajustando automáticamente su ritmo respiratorio a tu nivel de actividad?

2.50 La respiración se vuelve larga y sutil cuando la inspiración (*puraka*), la espiración (*rechaka*) y las retenciones (*kumbhaka*) se observan precisamente de acuerdo con la ubicación, número y duración.

Al nacer, tu primera inhalación marca el comienzo de tu vida como individuo. Tu respiración también marca tu última acción encarnada cuando tu última espiración cierra el ciclo que comenzó al nacer. La vida es lo que pasa entre tu primera inhalación y tu última exhalación. Atender a la respiración es una forma sencilla, práctica y eficaz de fomentar la presencia, porque el proceso respiratorio solo ocurre en el momento en el que estás. Además, cada inspiración y espiración son únicas, insustituibles e irrepetibles. **Prestar**

Práctica (Sadhana)

cuidadosa atención a tu respiración te invita a ser consciente de lo que está sucediendo en el momento más importante de tu vida, el momento en el que te encuentras. Apreciar cada respiración asegura que cada inhalación y exhalación cuenten. Puedes elegir conscientemente inspirarte con cada inhalación en preparación para recibir todo lo que afirma y sostiene la vida. De manera complementaria, puedes optar por hacer de cada exhalación el vehículo perfecto para dejar ir todo lo que ya no te sirve.

Este sutra enumera los procesos respiratorios de inhalación, exhalación y retención. La expresión más simple de la retención es la breve transición entre cada inspiración y espiración, y entre cada exhalación e inhalación. Patañjali también señala que *pranayama* consiste en una observación sistemática de los procesos respiratorios según las partes del cuerpo involucradas, la duración de cada uno de los aspectos de la respiración y el número de repeticiones de cada ciclo. El número de posibles combinaciones de estos elementos es prácticamente infinito. Si eliges ver *pranayama* como enamorarte de tu respiración, puedes tomarte el tiempo necesario para apreciar y explorar todas las sutiles complejidades de tu respiración. Esta es una investigación realizada con amor, curiosidad y mucho cuidado. Reconoce que puedes crear mucha agitación interna, tanto mental como fisiológica al hiperventilar y que también puedes perder el conocimiento manipulando tu respiración. Estas son algunas de las razones por las que todos los tratados de *pranayama* advierten a los practicantes sobre el poder y los riesgos de esta práctica.

También es útil reconocer que Patañjali incluye en este aforismo la idea de que la indagación del *pranayama* está dirigida a hacer que la respiración sea larga y sutil. Puedes comenzar esta exploración observando las cualidades de tu respiración espontánea cuando estás en calma. Fíjate si al observar los procesos respiratorios ya se inicia un alargamiento de cada inhalación, exhalación y las transiciones entre ellas. Además, puedes dirigir tu atención a

investigar si tienes la tendencia a retener tu respiración inconscientemente.
¿Respiras con la boca abierta o cerrada?
¿Qué sucede si decides respirar solamente por la nariz?
¿Cuál es la duración de tu inhalación natural e involuntaria?
¿Cómo se compara con la duración de tu exhalación natural?
¿Hay una breve pausa durante las transiciones entre espiración e inspiración?
¿Qué sucede cuando alargas gradualmente tus inhalaciones manteniéndolas muy suaves y fluidas?
¿Te es posible respirar con movimientos en la parte inferior del torso, abdomen, cintura y zona baja de tu espalda?
¿En qué se diferencia respirar creando movimientos principalmente en tu tórax?
¿Te es posible respirar dirigiendo tus movimientos respiratorios a tus clavículas, omóplatos y axilas?
¿Cuáles son algunas similitudes y diferencias cuando respiras con movimientos en estas tres áreas (torso inferior, torso medio, torso superior)?
Si respiras con inhalaciones y exhalaciones más largas y conscientes, ¿cuál es la duración de la inhalación y la exhalación?
¿Son muy similares o diferentes?
Con la respiración voluntaria, la respiración que regulas, ¿cambian las cualidades de tu inhalación y exhalación cuando mantienes constante la misma duración durante un número específico de ciclos respiratorios?

En todas las prácticas de *pranayama* recuerda la sugerencia de no forzar, no forcejear y no auto juzgarte. Si tienes interés en embarcarte en un viaje sistemático de exploración de *pranayama*, recuerda la recomendación tradicional de encontrar un maestro competente en quien puedas confiar para garantizar una práctica fructífera y beneficiosa.

Práctica (Sadhana)

2.51 El cuarto tipo de respiración está más allá de la regulación interna y externa.

El proyecto completo del yoga es un viaje que te lleva desde tu aspecto más externo hasta las facetas más sutiles y profundas de tus experiencias internas. Esa es una razón para practicar *asana*, desarrollar una mayor consciencia de los procesos corporales y luego profundizar la práctica con *pranayama* para explorar y sentir la respiración y la fuerza vital que ella lleva. Después de presentar la definición de *pranayama* en el sutra 2.49 y las variables que se observan y manipulan en el sutra 2.50, este aforismo introduce otro tipo de respiración. Este cuarto tipo de respiración se conoce como *kevala kumbhaka*, un estado de retención de la respiración puro y sin esfuerzo. Sin embargo, es importante notar que este aforismo también dice que este cuarto tipo de respiración está más allá de la regulación. En otras palabras, este es un tipo especial de respiración que ocurre espontáneamente sin ningún forzamiento o manipulación. En sánscrito, los significados de *kevala* incluyen solo, aislado, simple, puro, completo, total y la doctrina de la unidad absoluta del espíritu. Algunas fuentes sugieren que este cuarto tipo de respiración sucede cuando la mente está en reposo, mientras que otras indican que es una experiencia de conexión con el aspecto más sutil de la respiración. La tradición del yoga sugiere que este tipo de respiración puede estar relacionado con la habilidad legendaria de los maestros yoguis para detener su propio corazón durante breves períodos de tiempo. Esto puede haber sido el resultado de la estrecha relación entre la respiración y la función cardíaca. Esta forma más elevada de retención de la respiración apunta a una conexión más profunda con la sutileza de la respiración y de la energía vital. Como sugiere el autor Gregor Maehle, no es una coincidencia que Patañjali llame a *kevala kumbhaka* el cuarto, vinculándolo al cuarto estado de consciencia, *turiya*, descrito en el *Mandukya Upanishad* como la consciencia omnipresente que todo lo abarca (Maehle, 2012, p. 311).

Desenreda el hilo

Una forma de darle sentido a este aforismo es notar lo que sucede cuando desarrollas la capacidad de observar tu respiración en todo su espectro de opciones de acuerdo con las pautas ofrecidas en el sutra 2.50. Como resultado, se pueden eliminar todas las ineficiencias en el proceso respiratorio. Además de expandir tus habilidades respiratorias, también estás desarrollando tu capacidad para prestar atención a procesos bastante sutiles. Luego, nota lo que sucede cuando tu mente está totalmente absorta en algo que atrae toda tu atención, como una lectura fascinante o una historia que te intriga. Es muy probable que tus inspiraciones y espiraciones sean tan sutiles que apenas se noten, y parece que apenas estás respirando. Por lo tanto, una vía de exploración de este sutra es encontrar algo que te resulte verdaderamente fascinante. Quizás, una pregunta que puedes contemplar con profundo interés y motivación, como *¿quién soy realmente? ¿O en qué parte de mi cuerpo físico siento amor y compasión?* Puede ser cualquier otra cosa que encuentres poderosamente intrigante o cualquier cosa que es inspiradora y edificante (1.39). Luego, observa lo que sucede mientras contemplas tu punto de enfoque por un momento:

¿Cambia tu respiración?

¿Se vuelve más sutil, más lenta y suave?

Otro enfoque es continuar tu exploración del sutra anterior para hacer que tus inhalaciones y exhalaciones sean tan largas como te sea posible. Ten en cuenta que, para hacer tu respiración más larga, necesariamente tendrá que ser más sutil. Esto requiere que tu cuerpo y mente estén muy relajados y apacibles. ¿Qué sucede cuando intentas alargar tu respiración con consistencia? ¿Cuáles son los límites de la sutileza que puedes sentir?

Una opción más para investigar este cuarto tipo de respiración es disminuir gradualmente la duración de tus inhalaciones y exhalaciones. Recuerda que cualquier jadeo o brusquedad pueden ser señales de advertencia para proteger la integridad de tu organismo, así que interpreta la agitación en tu respiración como retroalimentación útil que te invita a tomar decisiones inteligentes. Observa los cambios a medida que acortas tu respiración gradualmente y, finalmente, deja ir todo control sobre tu respiración y simplemente observa que sucede.

2.52 Como resultado, la luz interior de la consciencia brilla más.

Después de presentar una definición de *pranayama* y sus características, ahora encontrarás sus resultados. Seguir el camino gradual de las ramas del yoga produce efectos específicos. Al igual que la práctica de *asana* te libra del juego de la dualidad, la práctica de *pranayama* desarrolla la sensibilidad para sentir el flujo de tu energía vital y quitar el velo que oscurece la luz de tu consciencia. Este aforismo entreteje el hilo del Capítulo Uno, cuando Patañjali ofreció formas de superar las distracciones enumeradas en el sutra 1.30 practicando el enfoque puntual (1.32) con la mente y el corazón abiertos (1.33), prestando atención a las exhalaciones y retenciones de la respiración (1.34), observando las sensaciones sutiles (1.35) y cultivando la luz interior (1.36). No es raro sentir fluctuaciones en el flujo de tu energía vital. A veces te sientes más alerta o con más entusiasmo, mientras que otras veces sientes cansancio, confusión o lentitud para reaccionar a lo que sucede a tu alrededor. *¿Alguna vez te ha pasado que te sientes perspicaz y con mucha claridad y otras veces parece que te cuesta enfocar tu mente?*

Recuerda que al comienzo del Capítulo Uno, Patañjali afirmó que al regular tus maneras de ser te liberas de tus opiniones y comentarios internos lo que te brinda acceso a sentir claramente tu verdadera naturaleza (1.3). El proceso yóguico consiste en eliminar los obstáculos que te llevan a identificarte erróneamente con tus historias internas y reactividad para poder alinearte con la consciencia. Las técnicas de *pranayama* actúan como fuelles que eliminan las ineficiencias y mejoran tu conexión con tu luz interior, produciendo una mayor claridad y consciencia. Como de costumbre, para saber si este es tu caso, puedes darte cuentas de tus niveles actuales de consciencia y claridad. Tal vez cada mañana puedas tomar nota de cuan alerta o somnolienta está tu mente. Prueba esto durante varios días. Luego practica *pranayama* con constancia durante algún tiempo. Si no encuentras un guía calificado, puedes intentar explorar algunas de las ideas en los comentarios a los aforismos 2.49, 2.50 y 2.51. Por supuesto, actúa deliberadamente y asegúrate de que lo que estás haciendo no genera tensión, forcejeos o auto juzgamientos, y observa si practicar regularmente influye en tu estado de ánimo, percepción y perspectiva general. Es muy posible que practicar técnicas de respiración consciente con regularidad te ayude a encontrar claridad sobre otros factores que influyen en tu nivel actual de energía y consciencia. Como efecto secundario, simplemente prestar atención a estos procesos sutiles también ayuda a agudizar tu percepción. Si practicas la respiración consciente y tranquila todas las mañanas o todas las noches, ¿podrás darte cuenta de cómo algunas de tus actividades y tu dieta influyen en la calidad de tu respiración?

¿Estás desarrollando una mayor sensibilidad a tu propia energía vital?

¿Te ofrece tu práctica regular de *pranayama* una mayor sensación de claridad y luz?

2.53 Luego, la mente está preparada para la concentración.

Vivir el experimento que es tu vida usando el yoga como tu guía es una progresión gradual de despertar a tu vida y a vivir de todo corazón, siguiendo los *yamas*, *niyamas*, *asanas*, y *pranayama* con regularidad. El proceso en sí ya va entrenando tu concentración. Funciona de dos maneras complementarias.

Práctica (Sadhana)

Cada rama del yoga te pide que fortalezcas tu capacidad para concentrarte al prestar atención a un aspecto de tu vida. De esta manera, iluminas tu vida con la luz de tu consciencia. Al mismo tiempo, cada una de estas prácticas eficazmente disminuye las fuentes de agitación y reactividad, reduciendo de hecho las distracciones. Es un ciclo de retroalimentación que mejora constantemente tu capacidad de concentración. Eliminar la tensión (*yamas*), dejar de forcejear (*niyamas*), elegir pensamientos edificantes (*pratipaksha bhavana*), crear una cómoda estabilidad en tu cuerpo (*asana*) y mejorar el flujo de energía vital a través de respirar consciente y deliberadamente (*pranayama*), contribuyen de manera efectiva a enfocar tu atención.

Este sutra proporciona una forma sencilla de evaluar si tu práctica de *pranayama* está funcionando:
¿Qué tan estable es tu mente?
Una vez que eliges un punto de enfoque, ¿puedes quedarte con él?
En tu práctica y en tu vida, ¿tienes intenciones y metas claras?
¿Están claras tus prioridades?
¿Te estás moviendo en la dirección que deseas?
¿Hay menos distracciones?
¿Puedes neutralizar las distracciones que surgen? (La mayoría de las veces las distracciones están relacionadas con lo que te gusta (*raga* 2.7), lo que no te gusta (*dvesha* 2.8) y con quién crees que eres o deberías ser (*asmita* 2.6).
¿Es este tu caso? Si notas una mente más tranquila y concentrada, ¿cómo influye ese estado en tu perspectiva, actitud, decisiones e interacciones?
¿Si has escogido un punto de enfoque significativo, te es más fácil concentrarte?

Pratyahara

2.54 *Pratyahara*, cultivar la sensibilidad interior para traer a la consciencia hacia su propia forma.

Las ramas anteriores del proceso yóguico son una invitación a enfocarte internamente. Generalmente, tus sentidos están alerta a los cambios en los fenómenos externos. Esto es útil para poder orientarte a lo que está sucediendo a tu alrededor con el fin de responder de manera inteligente a variaciones en las circunstancias en tu entorno inmediato. Sin embargo, para crear armonía interna, también es benéfico poder dirigir tu atención hacia adentro, al núcleo de tu ser. La mente humana es muy sensible a la información sensorial, y generalmente sigue los estímulos capturados por los sentidos. Ahora que más de la mitad de la población del mundo vive en entornos urbanos, muchos de nosotros encontramos innumerables fuentes de estimulación sensorial. Además, nuestra tecnología complica esta situación al ofrecer constantemente más estímulos en una gran variedad de formas y medios. De hecho, es válido decir que la mayoría de nosotros estamos entrenando nuestra atención inconscientemente para que responda constantemente a los estímulos externos, pasando de uno a otro en rápida sucesión. Esto no es necesariamente negativo, si también somos capaces de desvincularnos voluntariamente de los estímulos externos. Esto es importante. *Si no podemos enfocar nuestra atención hacia adentro, estamos entrenando solo la mitad de nuestra gama completa de habilidades.* Las ramas anteriores del yoga han establecido una base sólida que ofrece técnicas para iniciar el proceso de exploración interna. Así como es posible cultivar tu sensibilidad olfativa para distinguir entre diferentes aromas, también es posible entrenar tu capacidad para sentirte a ti misma desde adentro. La práctica tanto de *asana* como de *pranayama* mejora la consciencia del cuerpo, los procesos respiratorios y sus interrelaciones. *Pratyahara* es la continuación orgánica de este proceso.

Práctica (Sadhana)

Pratyahara requiere una decisión consciente para cambiar el punto focal de tus sentidos de afuera hacia adentro. En cierto modo, *pratyahara* es el proceso de redirigir tu actividad externa habitual, tus acciones, para fusionarte en el estado de ser, simplemente presenciando. O sea que pasamos de pensar y hacer a ser y sentir. *Pratyahara* conduce a la investigación sistemática de nuestros paisajes interiores. Un enfoque es profundizar tu sensibilidad haciendo la transición de la orientación externa a la orientación interna. Puedes comenzar incorporando deliberadamente tu consciencia de cada proceso sensorial para pasar de probar a saborear, de oír a escuchar, de ver a observar, de tocar a sentir y de oler a olfatear. En otras palabras, prestas mucha atención a tus sensaciones, escogiendo no ofrecer opiniones ni comentarios y simplemente presenciando con curiosidad y sin expectativas. Luego, permaneces enfocado en el aspecto más sutil del proceso perceptivo al que estás atendiendo para sentir directamente todos los matices disponibles. Al igual que con todos los procesos naturales, esto lleva tiempo, sin embargo, puede ser una manera esclarecedora de descubrir toda una serie de experiencias que no estaban al alcance de tu consciencia.

Puedes emprender este camino siguiendo cualquier estímulo sensorial del exterior al interior como se sugirió en el sutra 1.35. Luego continúas tu exploración desarrollando tu sensibilidad a los estímulos y sensaciones internas. Tu curiosidad acerca de la miríada de sensaciones que componen tu vida interior proporciona la motivación e impulso para continuar a lo largo del viaje hacia el centro de tu ser. Algunas preguntas para guiar tu exploración:
¿Cómo se siente dentro de ti?
¿En qué se diferencian las sensaciones en tu piel por fuera y por dentro?
¿Puedes seguir un sonido de afuera hacia adentro de ti?
¿Cuáles son los sonidos naturales que están sucediendo dentro de ti?
¿Hasta qué punto es posible sentir tus inhalaciones y exhalaciones desde dentro?

¿Es posible sentir el flujo sanguíneo en tu cuerpo?

¿Cuáles son todos los lugares en los que puedes sentir tu propio pulso?

¿Cuáles son las sensaciones dentro de tus articulaciones?

¿Puedes sentir tus huesos y la médula dentro de ellos?

¿Cuáles son las sensaciones en tus ojos cuando se filtra la luz a través de tus parpados cuando tienes los ojos cerrados?

¿A dónde te llevan estas experiencias más sutiles?

2.55 Entonces, los sentidos se dominan y se ponen al servicio de la meta más alta.

El objetivo de *pratyahara* es ampliar tu repertorio de opciones para tus sentidos, para que puedas sentir tanto lo que está fuera de ti como lo que está dentro. En otras palabras, desarrollas un dominio sobre tus sentidos para que estén al servicio de tu consciencia. Como resultado, puedes dirigir tus sentidos para que sirvan al objetivo más importante: estar con lo que es sin distracciones. Todas las prácticas de yoga hasta ahora proporcionan formas de optimizar el flujo de energía vital y dirigirlo con un enfoque en un solo punto. A medida que diriges tus sentidos hacia adentro, estableces las condiciones para obtener el verdadero conocimiento de ti mismo a través de tu experiencia directa (*pratyaksha* 1.7). *Sin comentarios, ¿cuál es la experiencia directa de ser tú?* Nota que no es una experiencia fija o estática. Es un fluir constante de múltiples corrientes de información sensorial. Esta es una experiencia como ninguna otra. No se puede capturar, grabar o expresar con precisión en su totalidad en ningún medio. Además, nadie más puede experimentar lo que se siente ser tú. Es necesaria una aclaración en este punto. Todo el proyecto del yoga no se trata de aislarnos de otros seres humanos. **El objetivo no es escapar de nuestra vida**. Por el contrario, todos los aspectos del yoga te ofrecen oportunidades para ver cómo tus creencias y tu sentido inexacto de quién eres pueden estar limitando tu participación incondicional en la danza eterna entre la vida y la consciencia. Cuanto más claramente te sientes a ti misma, más notarás que nunca estuviste aislada. En cada momento sientes directamente que estás profundamente inmerso en la matriz de la vida que todo lo abarca y en la que todo está intrincadamente interconectado. *A medida que te sientas a ti mismo como un ser completo y pleno, se vuelve más evidente y eventualmente innegable que las diferencias entre tú y otros seres son bastante superficiales.* Dominar tus sentidos y regular tus maneras de ser fomenta tu participación en la vida de todo corazón y con mente abierta aportando bondad, compasión y alegría. De hecho, el yoga te ayuda a convertirte en una presencia que afirma la vida en el mundo. *¿Puedes articular tus sentidos para apoyar tu enfoque en un solo punto? ¿Puedes fusionar tus sensaciones y pensamientos en tu experiencia directa de tu energía vital? ¿Qué es lo suficientemente importante para ti como para merecer tu compromiso incondicional?*

Resumen del Capítulo Dos del Yoga Sutra

El entusiasmo, la inteligencia y la humildad son los componentes de la acción yóguica. Las acciones yóguicas reducen las tensiones y aumentan la integración armoniosa. Las aflicciones resultan de no distinguir la diferencia fundamental entre quién eres y quién crees que eres, lo que te lleva a confundir la alegría con el sufrimiento y lo que es temporal con lo que es permanente. Esta confusión resulta en una identificación errónea. Como consecuencia, el sentido erróneo de sí mismo genera apegos y aversiones que crean un sentido de importancia personal. Luego, los apegos y la identificación con lo que es temporal se fortalecen, obstruyendo la perspectiva y la comprensión claras. Estas fuentes de tensión pueden manifestarse en diferentes grados. Una vez que

Desenreda el hilo

las acciones yóguicas disminuyen las aflicciones, las aflicciones son neutralizadas soltando toda identificación. Cuando están activas, las aflicciones se neutralizan a través de la meditación. Las aflicciones almacenan impresiones en la memoria. Estas impresiones se convierten en semillas de acciones futuras que generarán placer y dolor en un ciclo sin fin.

La persona sabia entiende que todas las experiencias eventualmente traerán sufrimiento. Así, el dolor futuro puede ser evitado. Confundir lo que se observa con quien observa es la fuente del sufrimiento. Lo que se observa es naturaleza, vida. En constante cambio y manifestándose en varias etapas, lo que se observa es todo aquello que puede sentirse. Quien observa, el "vidente" o "testigo", por otro lado, es la consciencia pura, la consciencia que utiliza el cuerpo, la mente y las emociones como instrumentos para sentir. Cuando lo que se observa y quien observa se reúnen, las experiencias tienen lugar con potencial para reconocer el papel de cada uno. El discernimiento, saber la diferencia entre lo que se observa y quien observa, es el camino de la liberación. El discernimiento se desarrolla gradualmente al practicar las ramas del yoga para eliminar las ineficiencias, aumentar el conocimiento y, finalmente, encarnar la verdadera sabiduría. Se introducen las cinco primeras ramas del yoga. Primero, vivir con inteligencia que elimina toda tensión (*yamas*). Segundo, actuar con contento que elimina todo forcejeo (*niyamas*). Tercero, cultivar la integración entre todos los sistemas del cuerpo eliminando las ineficiencias físicas y mejorando la circulación de energía e inteligencia a través del cuerpo (*asana*). Cuarto, profundizar la consciencia de la fuerza vital personificada (*pranayama*). El quinto paso lleva a dominar los sentidos y a dirigirlos hacia adentro (*pratyahara*).

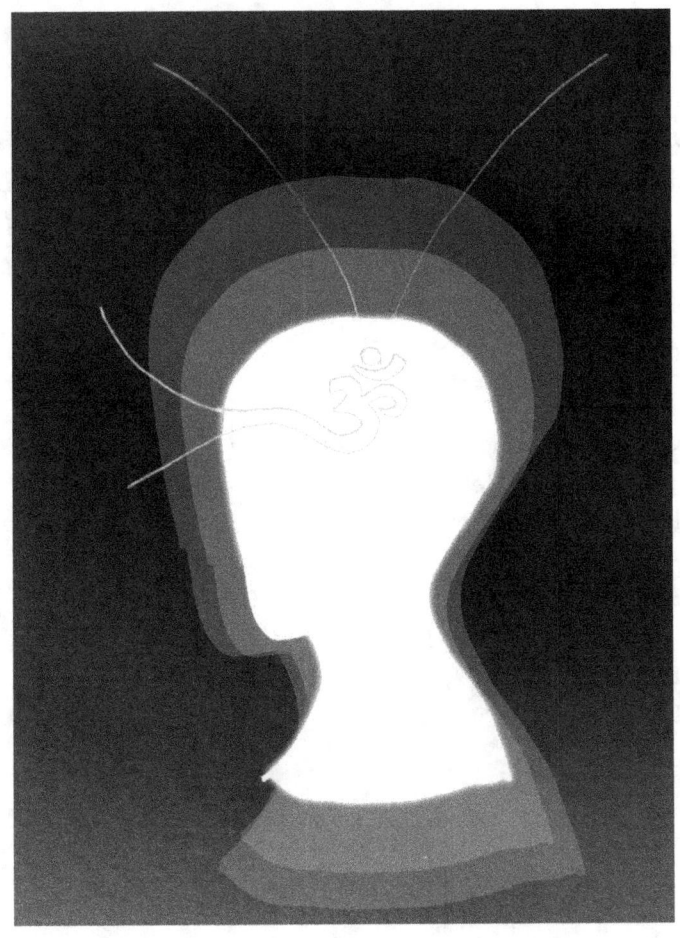

Perseguir el poder desperdicia energía y atención. El yoga te empodera cuando te lleva a tu estado natural. Entonces, es más probable que te vuelvas sobrenatural al verlo todo con una claridad impecable.

Desenreda el hilo

MAGNIFICENCIA (VIBHUTI)

El título del Capítulo Tres del Yoga Sutra, *vibhuti*, puede traducirse como *penetrante, abundancia, bienestar, riqueza, magnificencia, gran poder, prosperidad, esplendor, grandeza y fortuna*. El tema general de este capítulo son las prácticas de meditación avanzada y cómo revelan los aspectos sutiles de la realidad. Los sutras de este capítulo se pueden organizar en los siguientes grupos:

- Concentración, meditación e integración [3.1-3.8]
- Transformación [3.9-3.15]
- Integración meditativa y sus efectos [3.16-3.37]
- Advertencia [3.38]
- Energía sutil [3.39-3.44]
- Logros más altos [3.45-3.50]
- Liberación [3.51-3.52]
- Propósito [3.53-3.56]

Sobre los poderes extraordinarios

Algunas interpretaciones del Yoga Sutra cubren los capítulos uno y dos y la primera docena de aforismos del capítulo tres, y optan por dejar de lado los comentarios sobre el resto del tratado original de Patañjali. En este tercer capítulo, de un total de 56 aforismos, 24 sutras hablan sobre los efectos extraordinarios de aplicar una técnica de meditación llamada *samyama* definida al comienzo del capítulo. Esto significa que el 12% del Yoga Sutra trata sobre

Magnificencia (Vibhuti)

algún tipo de poderes extraordinarios o sobrenaturales. De hecho, hay más sutras dedicados a estos poderes que a *asana* y *pranayama* combinados.

A menudo se ha dicho que el legendario maestro del siglo XX, T. Krishnamacharya, durante las décadas de 1920 y 1930 utilizó exhibiciones públicas de poderes extraordinarios como *asanas* complejas y hazañas de la fuerza (como levantar objetos pesados con los dientes y detener su pulso) con el fin de revivir el interés en el *yoga*. El hijo de Krishnamacharya, T.K.V. Desikachar, contó la historia de haberle pedido a su padre que le enseñara cómo detener su propio corazón, solo para recibir una respuesta negativa que indicaba explícitamente que tales hazañas no eran útiles para la sociedad y que podrían convertirse en formas de vanagloriarse. Este es solo un ejemplo de este tema en tiempos más recientes. Hay innumerables relatos de poderes sobrenaturales (*siddhis*) en el subcontinente del sur de Asia. Muchos de estos relatos presentan estos poderes como resultado de la práctica de altos niveles de meditación. De hecho, en el diccionario sánscrito-inglés de Monier-Williams, las definiciones de *yoga* incluyen *medios sobrenaturales, encanto, encantamiento* y *arte mágico*; y la definición de un practicante de *yoga*, un *yogui* o una *yoguini*, incluye *mago, prestidigitador* y *alguien que posee poderes sobrehumanos* (1899). Algunos estudiosos sugieren que la larga historia del yoga está relacionada con las prácticas chamánicas tempranas, así como con las prácticas dirigidas a obtener poderes ocultos y sobrenaturales.

Quizás un enfoque útil es considerar el objetivo de tu práctica de yoga. Por ejemplo, practicar los *yamas* y *niyamas* son formas efectivas de crear armonía dentro de ti y a tu alrededor. Practicar *asanas* puede ser una forma de facilitar la función óptima del cuerpo al eliminar ineficiencias y obstrucciones para que la energía, los nutrientes, el oxígeno y la información fluyan de manera eficiente. Por supuesto, algunas personas pueden optar por considerar *asana* como un objetivo en sí mismo y, por lo tanto, pueden preferir practicar posturas y movimientos para encontrar los límites de lo que sus cuerpos pueden hacer. El *pranayama* se puede practicar con el objetivo de expandir la capacidad de inhalar, exhalar y retener la inhalación y la exhalación para encontrar el rango completo de función del sistema respiratorio. Además, también es posible practicar *pranayama* como una forma de purificar el cuerpo, aumentar la percepción del flujo de energía sutil en el cuerpo y/o aumentar la capacidad de concentración. De manera similar, *pratyahara* se puede practicar como una forma de orientar la atención hacia adentro. *Pratyahara* también se puede practicar con el objetivo de desarrollar la capacidad de sentir la vibración interna de órganos específicos hasta el nivel de poder notar diferencias entre órganos, como por ejemplo sentir la diferencia en las vibraciones entre los dos riñones. De manera similar, la concentración (*dharana*) se puede practicar como una forma de profundizar la capacidad de enfocar la mente de manera que todos los pensamientos innecesarios, incluidos los relacionados con tu propia identidad, no interfieran con tu presencia de ninguna manera.

Llevar cualquiera de las ramas del yoga al límite probablemente resultará en habilidades extraordinarias. Por ejemplo, los practicantes de *pranayama* pueden demostrar la capacidad de inhalar durante más de 40 segundos y de exhalar durante más de 40 segundos sin jadeos ni tensión. Se ha sugerido que la forma en la que Krishnamacharya podía reducir su pulso a voluntad estaba directamente relacionada con su capacidad de regular su respiración. Se puede argüir que la persona promedio puede no ser capaz de controlar su respiración hasta ese punto. Además, en un momento en el que muchas personas entrenan sus mentes inconscientemente para seguir saltando de un punto focal a otro todo el tiempo, puede ser extraordinario poder mantenerse enfocado en una sola idea u objeto durante un período prolongado.

En niveles más profundos de práctica, puede ser posible alcanzar habilidades aún más extraordinarias. *Patañjali advierte sobre estos poderes*

Magnificencia (Vibhuti)

sobrenaturales como posibles distracciones. Algunas personas pueden optar por ver las habilidades sobrenaturales como una forma de participar de manera más eficaz en la vida y el mundo, mientras que otras pueden ver las capacidades sobrenaturales como una forma de mejorar su posición en el mundo. En este punto, algunos maestros sugieren que quizás no todas las habilidades extraordinarias estén disponibles para todos los practicantes y que las habilidades a tu alcance se manifestarán solo en apoyo de tu propósito de vida específico.

Al pensar en poderes extraordinarios, puede ser útil considerar que vivimos en un mundo donde los humanos han creado tecnologías verdaderamente notables que hace solo uno o dos siglos habrían parecido similares a la magia. Por ejemplo, muchas personas participan a diario en el increíble evento de volar por el cielo en un avión. Las tecnologías actuales nos permiten comunicarnos de forma inalámbrica con personas en todo el mundo; podemos transferir el contenido de un libro completo de un archivo digital a una página impresa en cuestión de minutos o segundos; también podemos escuchar música o ver películas transmitidas a través de Internet. Estas y muchas otras tecnologías actuales que se considerarían materia de fantasía, ilusión o ficción son tan comunes para muchos de nosotros que incluso podemos darlas por sentado.

Sin embargo, incluso con todos estos logros tecnológicos, la ciencia no puede explicar completamente el misterio de la vida tal como se manifiesta en la complejidad de nuestros cuerpos humanos. Como de costumbre, con el interés de seguir el enfoque yóguico, el ejercicio a continuación puede ayudarte a reconocer algunas de las cosas que se pueden percibir cuando nos enfocamos con una intención clara. Aunque es posible que no podamos explicar exactamente lo que está sucediendo o cómo está sucediendo, podemos usar la experiencia para ayudarnos a mantener nuestras mentes abiertas mientras leemos sobre poderes extraordinarios.

El desarrollo de las primeras 5 ramas del yoga - los *yamas, niyamas, asana, pranayama* y *pratyahara* - requiere una práctica continua, incondicional e ininterrumpida (*abhyasa*) equilibrada por el desapego de los resultados y objetivos de la práctica (*vairagya*) como sugirió Patañjali en los sutras 1.12 a 1.16. La práctica del yoga, como se define en el aforismo 2.1, es la combinación triple de entusiasmo (*tapas*), sabiduría (*svadhyaya*) y humildad (*ishvara pranidhana*). La práctica de la eliminación de las ineficiencias en actitud, movimiento, postura, respiración, y atención durante años y décadas prepara al practicante disciplinando a desarrollar una gran capacidad de concentración. **Las prácticas de yoga no se pueden forzar ni apresurar.** En consecuencia, la capacidad de aplicar la meditación integradora se define en este capítulo, *samyama,* mencionando que requiere habilidad para concentrarse con una consciencia amable y una actitud gentil al tiempo que te permites desvincularte de tu identidad. Para la mayoría de las personas, la práctica se desarrolla gradualmente de acuerdo con la motivación y aplicación de cada practicante durante un largo período de tiempo (1.21-22). Es útil recordar que las experiencias resultantes procederán de acuerdo con su utilidad para cumplir el propósito de tu vida. Aún más importante es recordar que la práctica con desapego es la parte más importante y es el aspecto que está completamente bajo nuestro control.

Siéntate en una posición cómoda, cierra tus ojos e invita a una sensación de relajación y tranquilidad. Respira varias rondas de inhalaciones y exhalaciones fluidas y sin esfuerzo. Junta las palmas de las manos frente a tu pecho o área del plexo solar. Presiona las palmas de las manos firmemente una contra la otra y siente lo más claramente posible las sensaciones en las palmas de las manos y los dedos. Reduce gradualmente la presión hasta que tus manos no se presionen entre sí. Nuevamente, siente las sensaciones en manos y dedos. Asegúrate de que tus hombros estén relajados y vuelve a prestar atención a tus manos. Haz que el contacto entre tus manos sea lo más sutil posible, prestando atención a cómo van cambiando las sensaciones. Mientras sigues sintiendo las sensaciones en tus manos, comienza a separarlas lo más lentamente que puedas mientras continúas prestando mucha atención a los cambios en esas sensaciones. Con las manos muy próximas entre sí pero sin tocarse, nota las sensaciones e intenta sentir el aire en el espacio entre tus manos. Si mueves las manos muy suavemente una hacia la otra y luego alejándolas, ¿cómo cambian las sensaciones en los dedos y las palmas de las manos? ¿Es posible sentir un "cojín" de aire entre tus manos? ¿Sientes ese cojín de aire responder a los movimientos sutiles de tus manos sintiendo una resistencia suave o una atracción sutil? Es perfectamente normal no sentir nada en absoluto. Simplemente mantente receptivo a la posibilidad de sentir alguna conexión entre las manos incluso cuando no están en contacto. Si sientes alguna atracción magnética entre tus manos, considera alejarlas gradualmente entre sí para explorar las sutiles sensaciones de conexión entre tus manos, incluso cuando no están cerca una de la otra. Incluso puedes apuntar la punta de los dedos hacia la palma de la mano opuesta y notar si sientes alguna sensación en la palma de tu mano cuando mueves los dedos de la mano opuesta. Después de unos minutos de explorar esto, acerca las palmas de tus manos al ombligo sin tocar tu cuerpo, luego cerca de tu pecho, luego frente a tu cara. En cada punto, siente si alguna sensación cambia en tus manos y en el área de tu cuerpo cercana a donde tus manos están. Luego, descansa tus manos en los muslos y siente lo que esté sucediendo.

¿Puede esta exploración llevar tu atención al hecho de que puedes sentir cosas que pueden estar fuera de tu manera habitual de ser y sentir? Si sientes algo fuera de lo que experimentas normalmente, ¿puedes explicarlo con precisión? De manera similar, probablemente sientes sensaciones de aburrimiento, júbilo, amor o ira que son difíciles de medir objetivamente de alguna manera. Sin embargo, el hecho de que no puedas medir cuánto amor o enojo sientes no significa que esas emociones no existen.

Mientras recorres este capítulo, mantén la actitud yóguica recomendada, la mente abierta y el corazón abierto para descubrir con curiosidad lo que puede ser posible. *Como parte de mantener la mente abierta, es posible que no haya una única respuesta correcta.* Los comentarios a estos sutras utilizan en su mayoría testimonios previos de fuentes confiables (*agama* 1.7). Dado que la experiencia directa es el enfoque yóguico preferido (*pratyaksha* 1.7), las prácticas sugeridas siguen una perspectiva lógica y no dogmática. Como de costumbre, estás a cargo de investigar estas prácticas y cómo contribuyen a mejorar la calidad de tu participación en tu vida.

Concentración, Meditación, Integración y Meditación Integrativa

3.1 La concentración (*dharana*) es dirigir la mente a un punto específico.

El capítulo tres del Yoga Sutra continúa el viaje a lo largo de las ocho ramas del yoga. Se han completado los pasos preparatorios, se han plantado las semillas del amor incondicional (*yamas*), el contento está preparando el camino para el viaje (*niyamas*), se ha optimizado la función corporal (*asana*), el incremento en el flujo de energía vital contribuye a mejorar la sensibilidad hacia los aspectos más sutiles de tu ser (*pranayama*), y tus sentidos están dirigidos hacia adentro para la exploración interna (*pratyahara*).

Seguir estos pasos ha fortalecido tu capacidad para dirigir tu mente. Es evidente que todo lo que practicas establece un patrón que se fortalece con el tiempo. A lo largo de tu exploración, te has familiarizado más con tus maneras de ser y sus efectos, así como con formas efectivas de regularlas para mejorar la calidad de tu participación en tus actividades e interacciones diarias. En sánscrito, *dharana* significa sostener, soportar, recordar, asumir la forma de. Los ejercicios de la primera parte de este viaje te guiaron a explorar lo que consideras lo suficientemente importante como para dedicarle tu tiempo, energía y atención. Este sutra te invita a dirigir tu consciencia a esa misma pregunta. ¿Qué es lo suficientemente importante para dedicarle tu atención? ¿Has notado que concentrarte principalmente en experiencias y metas temporales a menudo resulta en una montaña rusa emocional del éxito a la derrota, de la insatisfacción a la sensación de logro? Recuerda que Patañjali sugirió el enfoque en un solo punto en el aforismo 1.32 como una forma efectiva de reducir las distracciones. Además, el sutra 1.16 indicó que la consciencia centrada en la verdad está más allá de la distracción. El Sutra 1.23 también se puede interpretar como una forma de dejar de lado las distracciones renunciando a la ilusión de control y aceptando la vida incondicionalmente, exactamente como es. Entonces, se eliminan todas las preocupaciones y tendencias a manipular el mundo.

Actualmente, la palabra meditación se utiliza para referirse a una amplia gama de prácticas. Por ejemplo, establecer intenciones y visualizaciones a menudo se considera meditación. Sin embargo, desde la perspectiva presentada en este sutra, es más preciso pensar en el establecimiento de intenciones y las visualizaciones como prácticas de concentración dirigidas a establecer un camino significativo que facilite actuar incondicionalmente. Esta interpretación se articula con la idea de *dharma*. *Dharma* es una palabra sánscrita que se puede interpretar como deber, propósito de vida y vivir de acuerdo con tu consciencia. Además, esta interpretación complementa el llamado al enfoque unidireccional sugerido en el sutra 1.32 como la forma de eliminar las distracciones en el camino hacia la autorrealización (1.30 y 1.31).

Cuando intentas concentrarte, observa qué desvía tu atención de tu objetivo. Recuerda de la sección sobre aflicciones en el Capítulo Dos del Yoga

Sutra que es muy probable que quien crees que eres o deberías ser interferirá con tu capacidad de concentrarte. En la tradición del yoga, hay puntos focales muy simples y específicos para la concentración que incluyen el centro de la pelvis, el plexo solar en la parte superior del abdomen justo debajo de la punta inferior del esternón, el centro del pecho, el centro de la garganta, la base de la lengua, la punta de la lengua y el punto medio entre las cejas. *Al enfocar tu atención en cualquiera de estos puntos, recuerda la pauta básica: Habrá distracciones.* Simplemente sigue prestando atención a tu punto focal sin forzar, sin forcejear, sin auto juzgarte, y con una sonrisa amable. Para prepararte para la concentración, puedes aplicar las cinco ramas anteriores de la práctica del yoga: Primero, invita a la gratitud y el amor por ti mismo y tu vida (*yamas*). En segundo lugar, haz las paces contigo misma y elige estar contenta contigo y con tu vida (*niyamas*). En tercer lugar, encuentra una postura estable y agradable, libre de forcejeos y propicia para estar infinitamente concentrado (*asana*). Cuarto, conéctate con tu respiración natural, sintiendo las sensaciones que surgen con cada inhalación y exhalación, hasta que tu respiración se sienta bastante sutil y sin esfuerzo (*pranayama*). Quinto, *siente* curiosidad por vivir la vitalidad en tu cuerpo directamente, sintiendo la experiencia interna de ser tu (*pratyahara*).

Para la concentración (*dharana*), *pon* tu atención en uno de los puntos focales enumerados anteriormente y presencia lo que esté sucediendo sin añadir opiniones, historias o expectativas a lo que estás sintiendo. *Sé con lo que es tal como es y contigo mismo tal como eres.* Puede ser útil reconocer que ninguna cantidad de palabras puede abarcar la riqueza de la experiencia directa de ser tú. Da la bienvenida a lo que surja y permanece atento a tu punto focal. Mantén la técnica simple recordando que las experiencias que van y vienen, sin importar cuán agradables o incómodas puedan ser, no son en lo que te estás concentrando. Las experiencias que surgen son los derivados de tu concentración, así que quédate con tu punto focal. Una vez que hayas terminado, reflexiona sobre cómo te sentiste antes, durante y después de tu práctica de concentración.

¿Hay algún patrón en las distracciones que notaste?

¿Hay algunas expectativas que interfieren con tu intención de concentrarte?

¿Están ligadas algunas de esas expectativas a tu sentido de identidad, como quién eres o quién crees que deberías ser?

3.2 La meditación (*dhyana*) es mantener el enfoque sin esfuerzo.

La meditación es la progresión natural resultante de la concentración. Una vez más, aparece en este aforismo la sugerencia de complementar el hacer con el desapego (ser). La concentración es un hacer, que invita tu atención a permanecer en un solo punto. A medida que permaneces concentrado, gradualmente disminuyes la cantidad de esfuerzo para mantenerte enfocado de modo que dejas ir progresivamente toda tensión y cualquier actividad innecesaria para permanecer presente sin desperdiciar ninguna energía física, mental o emocional (ser). Es como andar en bicicleta. Al principio, permanecer en la bicicleta requiere mucha energía y atención. Cuanto más experta eres al montar en bicicleta, más eficiente será el proceso. En algún momento puede ser posible utilizar la mínima cantidad de energía para sujetar el manillar para determinar tu rumbo con gran facilidad. Incluso puede suceder que eventualmente puedas soltar el manubrio y continuar montando tu bicicleta, cambiando de dirección simplemente cambiando la distribución de tu peso. La meditación es como cualquier otra habilidad; mejora mediante la práctica deliberada. Las expectativas pueden ser la fuente más frecuente de frustración en la meditación y en la vida. Algunas expectativas incluyen no distraerse en absoluto o poder vaciar la mente por completo. Además, los relatos habituales de experiencias o conocimientos extraordinarios suelen ser un obstáculo más que un catalizador para la meditación. Por ejemplo, si lees que los meditadores avanzados ven luces similares a los fuegos artificiales o sienten esto o aquello, puedes tener expectativas de tener esas experiencias, o puedes tratar de emularlas. Cuando tu práctica de meditación no produce los resultados esperados, es probable que te sientas decepcionada de ti misma, tal vez incluso llegues a pensar que debe haber algo mal en ti porque no puedes ver la luz iridiscente púrpura mencionada en algún libro, o cuando no puedes levitar como dice en algún otro texto. La meditación es la más alta de las prácticas yóguicas, especialmente cuando se ve **simplemente como estar con lo que es como es y contigo mismo tal como eres**. Desarrollar esta actitud es muy útil para todo el yoga y muy práctico en todos los aspectos de la vida.

Ten cuidado con cualquier inclinación a generar más opiniones, comentarios y preferencias sobre lo que estás sintiendo, ya que esta suele ser una manera fácil de enredarte en tus propias historias. Es más productivo practicar el desapego (*vairagya*) y soltar la tensión física, mental y emocional para reducir tu reactividad. En otras palabras, sigues perfeccionando la habilidad de dirigir tu atención internamente para sentir y presenciar la riqueza de tu universo interior. Recordar que tu vida interior es inefable puede ayudarte a liberar tus tendencias a agregar etiquetas, opiniones y explicaciones a lo que solo se puede experimentar directamente.

Una de las técnicas tradicionales de meditación se llama *japa*, que significa murmurar, susurrar o repetir una oración, pasajes de textos sagrados o el nombre de una deidad. En los aforismos 1.27 y 1.28, una forma de practicar *japa* se introdujo cuando se habló de la sílaba OM (ॐ) como la clave para alinearte con el Ser Supremo. Una forma de practicar *japa* con OM, o con cualquier otro mantra, como los sonidos semilla (*bija*) lam, vam, ram, yam, ham y ksham, es comenzar a cantar en voz alta y disminuir gradualmente el volumen del sonido hasta que el canto finalmente se convierta en un susurro que eventualmente se transforme en un canto silencioso interno. Incluso después de que estés cantando en silencio, es posible cambiar el nivel de intensidad del canto para hacerlo cada vez más sutil. La atención permanece enfocada en la versión más sutil del canto hasta que sea posible tener una conexión muy tenue con el susurro silencioso interno. Cuando el canto se convierte en un eco sin esfuerzo, se llama *ajapa japa*. En este nivel de práctica, el objetivo es mantener esa sutil repetición inconsciente. Sin embargo, cuando surgen distracciones, puede que sea necesario volver a un canto silencioso más intenso o a un canto audible para volver a enfocarte. Como de costumbre, notar tu distracción indica que está creciendo tu capacidad para reconocer cómo algunas de tus maneras de ser te alejan de la presencia. Simplemente regresa a la versión más sutil del canto que puedas mantener, dejando de lado todo esfuerzo innecesario. Recuerda que mantenerse en cualquier práctica puede facilitarse diciéndote a ti misma: *quiero hacer esto, necesito hacer esto, puedo hacer esto y lo haré*. A medida que surgen expectativas, reconoce que es importante no confundir la práctica con la experiencia resultante (sensaciones, pensamientos, emociones). Con paciente persistencia, sigue regresando a tu punto focal tantas veces como sea necesario realizando el menor esfuerzo posible.

¿Qué sucede cuando intentas practicar la meditación?

¿Qué notas?

¿Cuáles son las fuentes de distracción?

¿Cómo te sientes?

3.3 *Samadhi* es la integración dinámica resultante en la que no hay separación.

En el idioma sánscrito, algunos de los significados de la palabra *sama* incluyen par, nivelado, uniforme, completo y entero. *Dhi* significa sostener, poseer. *Samadhi* puede definirse como convertirse en un receptáculo para la plenitud o poseer ecuanimidad y plenitud. El viaje a través de los siete pasos anteriores conduce gradualmente a un estado caracterizado por la liberación de los apegos restantes a tus preferencias, gustos, aversiones y objeciones. Como resultado estas con lo que es tal y como es. *Samadhi* es el resultado del proceso dinámico de dejar ir todo lo que genera la idea de estar separado, solo y desconectado. La creciente evidencia de las investigaciones sobre la meditación parece confirmar lo que dice Patañjali sobre la eliminación de la separación. La actividad cerebral de meditadores experimentados muestra una reducción de la actividad en áreas del cerebro involucradas en el egocentrismo y la rumia (Wolkin, Cultivating multiple aspects of attention through mindfulness meditation accounts for psychological well-being through decreased rumination.), así como un aumento en las emociones positivas como la generosidad, la compasión y la amabilidad bondadosa (Lutz, Brefczynski-Lewis, Johnstone, & Davidson, 2008). En la tradición del yoga, este es el proceso que se inicia con la práctica de los *yamas* para crear armonía en la vida y se complementa con los *niyamas* para establecer la armonía interna.

Cuando aumenta tu capacidad de concentración, se hace evidente que la mayor parte de lo que consideras ser tú y tu vida consiste en fenómenos cambiantes, tu cuerpo, tus pensamientos, tus recuerdos y tus preferencias. En consecuencia, tu apego a tus ideas sobre quién eres o deberías ser se debilita porque ya no tiene sentido tratar de "mantenerte unido". Como resultado, la práctica de soltar la ilusión del control (*ishvara pranidhana* 1.23, 2.1, 2.45) crece orgánicamente. No es sorprendente que Patañjali diga en el aforismo 2.45

Magnificencia (Vibhuti)

que estar establecido en la humildad resulta en *samadhi*. La capacidad de soltar los filtros utilizados para procesar todas las percepciones crea la posibilidad de sentir la vida tal como es, sin tener que pasar todo por el filtro del "yo". Esto tiene tremendas implicaciones porque te obliga a experimentar directamente la profunda interconexión entre tú, tu vida y toda la vida, tal como se manifiesta en todas partes.

A medida que reconoces tu conexión con toda la vida, se vuelve más evidente que tu participación es necesaria y que tiene efectos en lo que sea que esté sucediendo. La efectividad y eficiencia de tu participación depende de la claridad de tus intenciones, que nacen de tu armonía interna. Por lo tanto, en lugar de ver *ishvara pranidhana*, dejar la ilusión de control, como una forma de abdicar tu voluntad, reconoce que es importante y necesario que participes en tu vida con entusiasmo, sabiduría y humildad (2.1). En otras palabras, en lugar de elegir rendirte y aislarte, escoges contribuir a mejorar la expresión de la vida de la mejor manera disponible para ti. *Recuerda, no permitas que otras personas tomen decisiones por ti.* En su lugar, elige actuar desde tu armonía interna y desde la experiencia directa de una profunda interconexión con todo lo que existe.

La integración profunda del *samadhi* no es un estadio estático, sino una participación dinámica y de todo corazón en la interminable interacción entre la vida y la consciencia. La integración (*samadhi*) es el resultado de articular todos tus aspectos internos en los niveles físico, fisiológico, mental y emocional eliminando obstáculos, restricciones, ineficiencias y todas las identificaciones erróneas. La integración complementaria que contribuye al *samadhi* es la articulación sin esfuerzo entre tú y el resto de ti, el mundo en el que estás incrustada. Liberarte de las ideas y preferencias que generan y perpetúan la noción de estar desconectado de ti mismo, de otras personas, del entorno y de toda la vida, crea el espacio mental y emocional necesario para reconocer que *nunca has estado aislado*. Del mismo modo, te das cuenta de que eres el lugar donde la vida se manifiesta de formas siempre cambiantes, únicas, irrepetibles e impredecibles. Por lo tanto, el Yoga Sutra te recuerda que el mayor obstáculo es olvidar tu verdadera naturaleza (*avidya* 2.4 y 2.17), porque terminas confundiendo quién crees que eres con quién eres en realidad, la inefable experiencia directa de la vida y la consciencia personificada en una manifestación única, tú. El deseo de convertirte en algo o alguien revela una identificación errónea fundamental.

Samadhi es la integración entendida como una articulación simbiótica, sinérgica y total entre adentro y afuera. El *samadhi* no puede forzarse. Florece al quitar los obstáculos del camino.

¿Es posible que te des cuenta de tus propios marcos interpretativos y como regularlos?

¿Es tu experiencia diferente cuando eliges presenciar la vida en lugar de tratar de controlarla?

¿Pueden tus distracciones revelar los obstáculos que debes eliminar?

¿Es el deseo de convertirte en algo o alguien uno de esos obstáculos?

¿Puedes pasar de la reactividad a la capacidad de responder integralmente dejando el apego a la   identidad y a los resultados?

¿Qué contribuye a profundizar tu silencio y quietud interior?

¿Es posible dejar de lado tu identidad individual durante tu meditación?

¿Se basan tus experiencias en la separación o la conexión?

¿Cuál es la diferencia entre las dos?

¿Cuál se siente mejor para ti?

¿Cuál se siente más como regresar a casa, la separación o la conexión?

3.4 *Samyama* (integración meditativa) combina concentración (*dharana*), meditación (*dhyana*) e integración (*samadhi*).

Algunos de los significados de *samyama* incluyen autocontrol total, ser ecuánime y neutralidad. *Samyama* es una progresión natural de la concentración a la meditación y luego a la integración profunda del *samadhi*. Esta integración meditativa, *samyama*, es un proceso de concentración en un punto focal significativo que puede ser una intención sincera, un mantra, una idea inspiradora, un punto físico en tu propio cuerpo, tu respiración o cualquier cosa edificante como se mencionó en los sutras 1.34 a 1.39. Gradualmente vas suavizando la intensidad del enfoque sobre el objeto de meditación hasta que tu conexión con dicho objeto sea lo más sutil posible (*dhyana* - meditación). Mientras permaneces en ese enfoque sin esfuerzo, eventualmente sueltas el punto focal en la plenitud, quietud y silencio de la consciencia pura (*samadhi* - integración). Este proceso paulatino obviamente requiere la capacidad de concentrarse primero sin distracciones, lo que conducirá a la capacidad de permanecer concentrado con un esfuerzo mínimo. Una vez más, observa que muchas de las distracciones que interrumpen el proceso de concentración pueden estar relacionadas con tus opiniones, tu deseo de convertirte en algo o alguien y tu sentido de identidad. Si estás sentada mirando cómo se pone el sol, no hay nada que necesites agregar para que ese momento sea más hermoso, inspirador o satisfactorio. *Esto se debe a que no hay conflicto en lo que es.* Lo que sea que esté sucediendo es una manifestación de la interacción perpetua entre la vida y la consciencia resultante de la confluencia de una multitud de factores y eventos previos, la mayoría de ellos más allá de tu control y consciencia. Del mismo modo, no hay ningún conflicto inherente en los colores que ves, los aromas que hueles o los sabores que pruebas. Por ejemplo, si estás acostumbrado a tomar café todas las mañanas y por alguna razón decides dejar de tomar café durante unos días, el mismo aroma familiar de la preparación del café que le da la bienvenida a cada mañana puede convertirse en una fuente de conflicto en tu mente. Ahora ese aroma a café se siente acogedor como siempre lo es para ti, pero desde que creaste una razón para no tomar café esta semana, surge el conflicto, generando opiniones internas y discusiones entre un aspecto tuyo que quiere tomar café y otro aspecto tuyo que quiere ceñirse a tu decisión de no tomar café en este momento. Estas perspectivas internas opuestas crean un conflicto que se manifiesta como comentarios internos, dudas, cuestionamientos y tal vez incluso auto culparte.

El mismo tema del aforismo 1.4 caracteriza este proceso, cuando tus maneras de ser no están moduladas tiendes a identificarte erróneamente con las actividades internas. Este es un recordatorio de que la integración (*samadhi*) ocurre cuando tu sentido de identidad se disuelve al soltar todas tus opiniones y preferencias. El aforismo 3.4 también te recuerda el sutra 2.2, las acciones yóguicas minimizan las aflicciones, que son el fruto de una identificación errónea. La atenuación de esas aflicciones trae consigo la integración (*samadhi*). El Sutra 3.4 hace eco también de otro tema del Yoga Sutra, la complementariedad entre el hacer y el ser. *Samyama* es la transición entre el hacer de la concentración (*dharana*), que se vuelve progresivamente más sutil tornándose en meditación (*dhyana*), que culmina en solamente ser, la integración (*samadhi*). La premisa básica es que el proceso yóguico te guía desde una identificación superficial hacia la comprensión clara de quién eres, consciencia personificada. Esto no significa que debas dejar de hacer. Por el contrario, es una invitación a alinearte con la paz y la claridad sin conflictos que permea tu ser y todo lo que existe. A medida que participas en tu vida, escoges mantener una conexión clara con esa consciencia libre de conflictos durante todas tus acciones. Esto es lo que sugiere el sutra 2.1 cuando indica actuar con entusiasmo, sabiduría y humildad.

La práctica de la integración meditativa (*samyama*) se desarrolla naturalmente como una progresión de la concentración a la meditación y hacia la integración (*samadhi*). Encuentra una posición cómoda y sostenible que te permita estar relajado, despierto y consciente. Conéctate con tu respiración natural. Elige un objeto focal que te inspire a contribuir lo mejor posible a tu vida y al mundo. Mantén esa intención en tu corazón y mente con interés y amor. Concéntrate en las sensaciones generadas por tu intención y deja ir gradualmente tus pensamientos e historias sobre ese objeto focal. Mantente enfocada en la experiencia directa sin palabras de sostener tu intención en tu mente y corazón, y continúa regresando a ella después de cada distracción. Mientras te concentras en las sensaciones, siente curiosidad por las sensaciones más sutiles. Relajado y consciente, suaviza gradualmente el control de tu intención mientras sigues sintiendo curiosidad por sentir directamente las sensaciones sutiles que surgen. Permítete estar sin cargas, libre de esfuerzo y simplemente *siendo*. Una vez que sientas que es hora de volver a los límites de tu cuerpo físico, acuéstate y relájate durante unos minutos.

¿Qué notas cuando intentas esta práctica?

¿Hay patrones en las distracciones que surgen?

¿Puedes practicar sin expectativas?

¿Si practicas con regularidad, se vuelve la claridad más familiar y accesible?

3.5 La integración meditativa (*samyama*) da como resultado una percepción directa de la sabiduría suprema.

Este sutra hace eco de los sutras 1.17, 1.18 y 1.49, donde Patañjali enumeró los pasos que conducen a la integración (*samadhi*) y la culminación en la conexión con la sabiduría que no resulta de la inferencia o del testimonio de otra persona. El paralelismo entre estos sutras también reitera que el yoga es un proceso dinámico que se desarrolla al ritmo natural que cada practicante puede manejar. Este proceso comienza modulando tus maneras de ser (1.3) para eliminar los obstáculos que obstruyen tu consciencia, amor y claridad naturales. En otras palabras, cuando la consciencia ilumina tu comprensión, recibes una claridad extraordinaria.

La integración meditativa (*samyama*) no es un proceso de análisis o deducción. De hecho, *samyama* es liberarte de todo lo que crees que sabes para que puedas obtener una visión clara de la constante interpenetración entre la vida y la consciencia. En lugar de competir contra tu mente racional, tu intuición la complementa. *Es importante reconocer que en el yoga no estás en conflicto con tu mente.* Tu mente es muy útil y esencial para tu vida. Luchar contra tu mente desperdicia tu valiosa energía vital. De hecho, la concentración comienza invitando a la mente a enfocarse y continúa suavizando el enfoque. Tu mente te ayuda a notar las distracciones y también te ayuda a regresar a tu punto focal. Una estrategia útil es aprovechar la curiosidad de tu mente para explorar el nivel más sutil de los fenómenos que presencias. Como dijo el sutra anterior, es un proceso gradual porque es bastante difícil percibir lo que es más sutil si no puedes percibir claramente lo que es más aparente. Puedes usar tu curiosidad para permanecer enfocada en algo con la posibilidad que revele sus aspectos más sutiles. Además de agudizar tu concentración, existe otro beneficio práctico al desarrollar una mayor sensibilidad: incrementas tu capacidad de percibir con tu intuición.

Practicar las ramas del yoga presentadas en el sutra 2.29 fomenta el desarrollo del silencio y la quietud internos al disminuir la reactividad y al eliminar las obstrucciones a nivel mental, emocional, físico y fisiológico. La combinación de silencio interior y mayor sensibilidad facilita percibir tu intuición. De hecho, estás recibiendo constantemente un flujo interminable de estímulos, tanto externos como internos. Por ejemplo, cuando caminas por la calle, aprendes a prestar atención a lo más importante mientras ignoras lo que parece innecesario. Esa es una razón por la que no recuerdas a todas las personas

Magnificencia (Vibhuti)

que caminaban en la dirección opuesta o los autos que estaban en la calle. De manera similar, en tu mente estás ignorando constantemente muchos pensamientos y otros estímulos mientras favoreces a otros. Las intuiciones se encuentran entre los muchos estímulos que percibes. Las intuiciones tienden a ser sutiles y pueden ser provocadas por algo que alguien dijo, un aviso en la calle, la forma de una nube, un sonido, la canción que suena en la radio, un aroma o alguna otra sensación. *Tu práctica de yoga te ayuda a reconocer la intuición y a distinguirla de pensamientos, opiniones e historias.* La mente es un vehículo para comprender a través de la intuición. La consciencia une la mente y la intuición. Cuando percibes con tu intuición, sientes que algo crea una reverberación positiva en ti, incluso cuando el conocimiento que recibes es bastante diferente de tus formas habituales de pensar. Aunque la intuición puede parecer inusual, nunca contradice el sentido común. **Recuerda que la sabiduría es puro sentido común.** Puedes usar tu mente para verificar cada intuición, porque es el sentido común puro lo que genera una conexión con una fuente más profunda de verdad. Sin embargo, a veces recibes una sugerencia sutil para avanzar en una dirección diferente a la que prefieres. En esos casos, es clave aclarar la distinción entre intuición y tus preferencias. Obtener acceso a una mayor comprensión abre una puerta para re-conocer el mundo y toda la existencia a través de una lente transparente (*samapatti* 1.41). Como resultado, es posible que puedas relacionarte con el mundo desde una perspectiva de conexión profunda. Obviamente, si todavía hay rastros de reactividad y tendencias a verte a ti misma como aislada del resto de la vida, puede aparecer una tendencia a usar la información que recibes para profundizar esos rasgos que te incitan a pensar y actuar motivada por el beneficio personal y con total menosprecio de los demás. Así que incluso en este nivel de práctica, es esencial tener una base firme en los *yamas* y *niyamas*.

A medida que te conectas más con tu plenitud, quietud y silencio interiores, ¿qué descubres?

¿Cómo está fomentado tu práctica de yoga tu receptividad?
Algunas personas dicen que un destello de intuición les llega como imágenes. Otras personas dicen que reciben una sugerencia sutil o una sensación de saber algo con una claridad muy específica.
¿Cómo se manifiesta la intuición en ti?
¿Es posible que tus interacciones y actividades diarias te ofrezcan conocimientos y sabiduría de manera regular?

3.6 La integración meditativa (*samyama*) se desarrolla gradualmente.

Cuando estás aprendiendo a andar en bicicleta, a menudo comienzas con alguien que te ayuda, con ruedas laterales conectadas a tu bicicleta, practicando en un espacio sin tráfico y con mínimas distracciones y obstáculos. Una vez que puedes mantener el equilibrio, puedes quitar las ruedas de apoyo y gradualmente comenzar a aventurarte a explorar diferentes áreas y terrenos. Es de sentido común comenzar en condiciones que te permitan tener éxito. Sin embargo, esto no es una invitación a la complacencia. Este sutra recuerda a los practicantes que todo el yoga es un proceso de práctica constante (*abhyasa* y *sthira*) equilibrada por el desapego y la moderación (*vairagya* y *sukha*). *No hay atajos en el yoga*. El apego a los resultados a menudo nos lleva a intentar saltar pasos. Esta es una de las principales causas de frustraciones, distracciones (1.30), lesiones y sufrimiento. Pensar que el yoga es una práctica para transformarte en algo diferente de lo que realmente eres es la causa del sufrimiento que se puede evitar (2.15 y 2.16). El yoga no está tratando de agregarte algo. De hecho, el Yoga Sutra ha estado diciendo desde el principio (1.3 y 1.4) que modular y eventualmente liberarte de tus maneras de ser te llevará a vivir tu verdadera naturaleza.

Magnificencia (Vibhuti)

En este camino hacia vivir conscientemente, das un paso a la vez con perseverancia paciente (1.12) y con la intensidad adecuada (1.22). Para tener éxito, es muy útil que conozcas tus tendencias y tus habilidades para que puedas escoger inteligentemente las tareas que te ayudarán a crecer y desarrollar tus capacidades sin causar tensión o lesiones. La concentración se puede perfeccionar mediante la práctica con constancia, de modo que la meditación comience a suceder de forma orgánica. Tu motivación es fundamental para que sigas regresando a tu objetivo, especialmente cuando te distraes. El enfoque general es hacer lo mejor que puedas con la mayor regularidad posible, dejando de lado tus expectativas (*vairagya*). A medida que sigues haciendo lo mejor que puedes, tu dedicación hace que tu mejor esfuerzo cambie gradualmente. Para ir soltando tus expectativas, puede ser útil considerar que los resultados de *samyama*, al igual que los resultados de cualquier otra acción significativa, no son inmediatos. Además, el proceso de *samyama* en sí mismo es una destilación gradual de la atención desde un objeto denso hacia niveles crecientes de sutileza (1.40 a 1.51). Al practicar, observa si tu sensibilidad está creciendo, de modo que tu atención pasa de las características superficiales del punto focal elegido hacia sus aspectos sutiles y eventualmente hacia su esencia. De manera similar, presta atención para darte cuenta si tu conocimiento e intuición están creciendo.

¿Hay una sensación de destellos de claridad que ofrecen sugerencias para la acción?

¿Sientes que recibes sugerencias sutiles durante el día?

¿Estás soltando tu deseo de convertirte en algo o alguien diferente?

¿Cómo estas manteniendo tus expectativas bajo control?

3.7 *Dharana*, *Dhyana* y *Samadhi* son más internos que las cinco ramas anteriores.

3.8 Sin embargo, *Dharana*, *Dhyana* y *Samadhi* son externos al estado más sutil de la consciencia pura (*nirbija samadhi*).

Así como un escriba avezado modula expertamente la presión y el movimiento de la pluma para crear líneas y formas con proporciones agradables y coherencia armoniosa, un practicante de yoga crece en su sensibilidad para atender al mundo interior con una habilidad y sutileza cada vez mayores. El proceso natural iniciado por las primeras cinco ramas del yoga se convierte en la capacidad de concentrarse sin esfuerzo (*dhyana*), convirtiéndose el practicante en un receptáculo para la ecuanimidad y la plenitud (*samadhi*) que da como resultado la capacidad de permanecer en la neutralidad y el autocontrol (*samyama*). Estas tres últimas ramas del camino de ocho ramas del yoga requieren una gran dedicación y una práctica constante e ininterrumpida durante un largo período de tiempo (*abhyasa*). Estas ramas meditativas continúan el proceso de remoción de obstrucciones, limitaciones e ineficiencias iniciado con las cinco primeras ramas. Aunque alcanzar los altos niveles de integración meditativa presentados en los sutras anteriores representa un logro significativo, estos dos aforismos indican que todavía existen rastros persistentes de separación que impiden al practicante peersonificar plenamente la consciencia pura. Estos rastros son impresiones pasadas o restos de una identificación sutil con las externalidades (1.18). Aunque más internas que las cinco ramas anteriores, estas tres últimas ramas no son el culmen de la integración completa que se ha mencionado antes, la integración sin semillas conocida como *nirbija samadhi*. En la integración sin semillas, todas las etiquetas de identidad restantes dejan de definirte a ti y a tu vida, facilitando así la experiencia directa de conexión total con la consciencia que impregna todos los aspectos de la vida en todas partes. Esta progresión a través de los niveles de *samadhi* se presentó hacia el final del Capítulo Uno desde el sutra 1.40 en adelante.

Muchos maestros han dicho antes que la integración (*samadhi*) solo se puede recibir por gracia y que no hay otra fórmula para ello que librarse completamente de la ilusión del control (2.45), porque solo olvidando tu identidad individual puedes abrazar la perfección de la vida en toda su miríada de manifestaciones únicas, diversas y siempre cambiantes.
A medida que cultivas la espaciosidad, la quietud y el silencio en tu interior, ¿puedes dejar la ilusión de controlarlo todo?
En otras palabras, ¿puedes hacer conscientemente lo que haces todas las noches de forma inconsciente cuando te vas a dormir?
¿Sería posible renunciar a tus creencias y opiniones?
¿Puedes optar por dejar de lado los filtros que colorean tus percepciones para que tu mente e intelecto puedan ser una ventana diáfana a la vida?

Transformación

3.9 Aumenta la tendencia a la quietud interior y a retirarse de la atención a lo exterior. El crecimiento de la consciencia transforma el cuerpo, la mente y los sentidos (*nirodha parinama*).

La práctica del yoga es una travesía hacia la regulación de nuestras tendencias. El proceso general puede entenderse como una aplicación de los sutras 1.39 y 2.33. El primer aforismo te invita a concentrarte en cualquier cosa que te inspire, mientras que el segundo hace eco de ese mensaje, animándote a redirigir tus tendencias de lo inútil a lo edificante (*pratipaksha bhavana*). Las primeras siete ramas del yoga promueven formas de eliminar las ineficiencias y establecer tendencias que conduzcan a vivir en armonía contigo mismo y con el mundo. Como resultado, todos tus diferentes aspectos se articulan impecablemente. En este sutra, la palabra *parinama* indica cambio o transformación. En esta etapa de la práctica, se han eliminado todos los obstáculos emocionales, físicos, respiratorios y mentales, y la práctica transforma el cuerpo, la mente y los sentidos para que en lugar de estar a merced de innumerables tendencias distractoras que te alejan de la presencia, ahora gravitas hacia la consciencia personificada. En lugar de entretenerte con charlas internas irrelevantes, te alineas sin esfuerzo con tu quietud y silencio internos. Esa quietud interior es el resultado de la supresión, restricción o control (*nirodha*) de tus caprichosas maneras de ser. Por lo tanto, esta etapa del proceso se llama *nirodha parinama*, la transformación de tu mundo interior debido a las prácticas que controlan, restringen y, eventualmente, eliminan tus maneras de ser contraproducentes.

La ciencia actual parece confirmar lo que los primeros yoguis aprendieron mediante el uso de sus cuerpos y mentes como laboratorio de exploración interior. Investigaciones recientes indican que la práctica regular de la meditación parece causar cambios físicos y fisiológicos en el cerebro. Estos cambios aparentemente contribuyen a mejorar el rendimiento en el procesamiento de información, la toma de decisiones, la formación de recuerdos y la mejora de la atención , además de permitir un mejor aprendizaje y regulación emocional, reducción del miedo, ansiedad y estrés, aumento de las emociones positivas, estabilidad emocional y comportamiento consciente. Algunos otros cambios incluyen una mayor capacidad para elegir entre hábitos y pensamientos automáticos y decisiones significativas, así como sentimientos profundos de bienestar y unidad.[iii] Al practicar con paciencia y persistencia, observa si hay un cambio en tu actitud, estado de ánimo, distracción y ambiente interior. *¿Te quejas más o menos que antes? ¿Estás más dispuesta a participar en todos los aspectos de tu vida con bondad y compasión?*

3.10 El silencio interior sin esfuerzo se establece a través de impresiones pacíficas.

El mensaje del sutra 1.50 se reitera en este aforismo. Para la mayoría de los practicantes, el proceso de establecer una mayor paz interior es el resultado de una práctica sostenida a lo largo del tiempo. Ten en cuenta que muchos de los obstáculos en tu camino son creación propia. **Por lo tanto, es fundamental pasar de ser tu peor enemigo para convertirte en tu mejor amigo y soporte.** Al principio, tus tendencias gobiernan tu cuerpo, mente, respiración y emociones, y es posible que ni siquiera te des cuenta de ellas. A menudo, incluso puedes pensar que tus tendencias son quienes tu eres y puedes llegar a identificarte con el flujo continuo de pensamientos que distraen tu atención (1.4). A medida que practicas las ramas del yoga, te vuelves más consciente de tus tendencias y eliges cultivar tendencias útiles en lugar de invertir energía y atención en tendencias que crean confusión y sufrimiento. El proceso gradual de dirigir tu atención hacia pensamientos, intenciones y acciones edificantes crea nuevas tendencias (2.33 y 2.34). La práctica sostenida a lo largo del tiempo genera impresiones (*samskaras*) que cambian las tendencias menos útiles. De manera similar, al meditar sobre cualquier cosa que te inspira, creas impresiones que reducen las impresiones existentes (1.39). Observa cómo ha cambiado el contenido de tu diálogo interior como resultado de tu práctica y cómo tu práctica influye en tu entorno interno, así como en tus acciones e interacciones. Obviamente, tus acciones e interacciones también influyen en tu estado interior. Por ejemplo, cuando hay un conflicto entre lo que sabes y lo que sientes, cualquier cosa en la que concentres tu atención puede parecer que está en conflicto. También, si te comportas de manera hostil, tu entorno interno estará lleno de conflictos. A medida que modulas gradualmente tus maneras de ser, la energía que estabas invirtiendo en ellas estará disponible y la tensión que generaban tus maneras de ser da paso a una paz y tranquilidad crecientes.

¿Cómo estás cultivando una mayor paz en tu vida externa e interna?
¿Cuáles son los efectos de tu práctica, una tendencia hacia una mayor armonía o falta de armonía?
¿Te estás convirtiendo orgánicamente en una morada de paz?
¿Está el jardín de tu corazón lleno de paz y amabilidad?

3.11 Dejar el comentario interno y la identificación con las externalidades produce una transformación hacia la integración (*samadhi parinama*).

La transición de los dos sutras anteriores a este avanza a lo largo de un proceso similar al cambio de la concentración (*dhyana*) a la meditación (*dharana*). Tu tendencia hacia la quietud interior cambia gradualmente de intermitente a constante. El silencio interior se establece una vez que todas las opiniones disminuyen y cesa la identificación con los fenómenos externos que cambian todo el tiempo. Este aforismo contiene el eco del sutra 1.4 que sugiere que la identificación con tus maneras de ser resulta de no ser consciente de tus maneras de ser y de no regularlas. A medida que neutralizas eficazmente tus cambiantes maneras de ser, remueves tensión y tu consciencia pasa de estar centrada en los aspectos más superficiales de la percepción hacia la sutileza del proceso perceptual en sí. Este es el cambio conocido como la transformación de la integración profunda (*samadhi parinama*). Por ejemplo, nota que sucede cuando pasas de estar enredada en tus percepciones y en tu reactividad a lo que percibes, a ser consciente de tus propios procesos perceptivos. ¿Genera este cambio una experiencia de ser diferente? Otra pregunta para aplicar este sutra: ¿Estás en mayor armonía con la vida sin importar lo que suceda? Porque siempre es más fácil estar en paz con la vida cuando todo va de acuerdo con tus planes, deseos y expectativas. ¿Qué pasa cuando la vida te trae algo diferente a lo que prefieres o te gusta? Es posible que desees prestar atención a cualquier

Magnificencia (Vibhuti)

inclinación a generar opiniones y juicios sobre cualquier cosa que cruce tu camino. Observa si las voces internas que ofrecen comentarios sobre todo lo que percibes se están acallando. *En otras palabras, ¿estás viviendo con lo que está pasando sin poner condiciones? ¿Cuál es la experiencia de la consciencia de tus propias percepciones? Cuando tienes menos juicios y opiniones, ¿cuál es la calidad de tu participación en tu propia vida? ¿Estás más presente?*

3.12 La unificación (*ekagrata parinama*) es la transformación cuando las percepciones que se desvanecen y las que emergen son idénticas de un momento al momento siguiente. Entonces, la ilusión de fragmentación y separación desaparece.

En el capítulo uno, sutra 1.32, se ofreció el enfoque en un solo punto (*ekagrata*) como la forma de eliminar las distracciones de todo tipo. La transformación de la unicidad (*ekagrata parinama*) es la capacidad de dirigir la atención a un solo punto sin que la atención se disperse. Tal unicidad facilita la transición de *nirodha parinama* (3.9) a *samadhi parinama* (3.11). Como resultado, dado que las percepciones cambian continuamente, la percepción que desaparece es seguida por una percepción idéntica que emerge. Esta unicidad es la base de todas las prácticas de yoga, y se cultiva a través de la práctica sincera con dedicación (*abhyasa*), combinada con el desapego a todo aquello que no conduce a la experiencia de la verdad (*vairagya*). La concentración en un solo punto cambia tu perspectiva de modo que, en lugar de verte o pensar en ti misma como compuesta de diferentes fragmentos, sientes tu propia integridad y plenitud directamente. Además, este nivel de integración interna hace más evidente que nunca has estado aislado y que hay una profunda unidad entre todo lo que existe. **Ya no puedes ser tu propio enemigo o estar en conflicto contigo misma.** Al mismo tiempo, puedes relacionarte mejor con el mundo exterior a través de la bondad y la compasión.

¿Es posible dejar de juzgarte por completo?

¿Puedes ser realmente tu mejor amigo?

¿También puedes dejar de juzgar todo lo que percibes?

¿Puedes empezar a ver a todo el mundo como tu hermana o hermano?

¿Puedes establecer una relación con la vida como algo en lo que estás profunda y completamente integrada?

¿Puedes reconocer que eres una expresión individual de la consciencia manifestada en la vida?

A medida que la ilusión de separación se disuelve y el sentimiento de unidad permea toda tu existencia, las distracciones se deshacen. Entonces tu consciencia permanece enfocada, porque la tendencia a generar una opinión sobre todo lo que percibes se vuelve innecesaria. Como resultado, puedes dirigir tu consciencia con mayor claridad a lo que realmente está sucediendo de un momento a otro en lugar de crear historias para entretenerte. Este enfoque puntual te permite permanecer absorto en el mismo punto focal de un instante a otro. Todo aquello en lo que estás meditando permanece, sin ser desplazado por nada más. Este es un recordatorio de que para llegar al nivel de práctica cuando no hay distracciones, la habilidad esencial es la capacidad de seguir regresando a tu punto focal sin forzar, sin forcejear, sin auto juzgarte y con una sonrisa amable en tu corazón. Con el tiempo, tu capacidad para permanecer concentrada aumenta. Aplicar los *yamas* y *niyamas* en tu vida contribuye a eliminar las fuentes de distracción. Observa si tu capacidad de concentración ha aumentado no solo en la meditación, sino también en tus actividades e interacciones personales. Hay muchas fuentes de distracciones en la vida cotidiana y muchos de los implementos tecnológicos en la vida contemporánea parecen ofrecer más fuentes de distracciones. Observa qué distracciones se apoderan de tu atención. Presta atención también a dónde te llevan tus distracciones.

¿Qué te ofrecen estas distracciones?

Magnificencia (Vibhuti)

¿Cómo están contribuyendo a tu sensación de plenitud e integración interna?

¿Es posible que tu integración interior sea el camino para crecer en tu integración con el mundo y la vida?

3.13 En consecuencia, la consciencia se sintoniza con los cambios en los sentidos y en el mundo natural. Estos cambios se manifiestan como variaciones en las propiedades (*dharma*), las características (*lakshana*) y los estadios (*avastha*) e incluyen cambios en el propio ser.

Tu capacidad para mantener tu atención enfocada puntualmente te habilita para dirigir tu consciencia para que puedas notar la naturaleza cambiante de todos los fenómenos, incluyendo el mundo exterior, así como los cambios en tu propio cuerpo, mente y emociones. Patañjali y los comentaristas tradicionales indican que algo que existe se manifiesta con propiedades específicas (*dharma*). Tales propiedades son diferentes para un caballo, una vaca, y un perro. Aunque todos son animales, sus propiedades los hacen diferentes entre sí en altura, peso, apariencia, fuerza y velocidad. Cada uno de esos animales tendrá su propio conjunto de características específicas (*lakshana*). Por ejemplo, las características de un ternero son diferentes de las de otro ternero de la misma edad nacido de una madre diferente y diferentes de las de un ternero perteneciente a una raza diferente. El estadio o condición (*avasthana*) cambiará con el paso del tiempo. En algún momento un perro puede ser joven y en otro momento será viejo; de manera similar, puede ser feliz, infeliz, limpio o sucio, saludable o enfermo. Todo lo que existe, incluyéndote a ti y a tu mundo interno, se manifiesta a lo largo de esas tres dimensiones: propiedades, características y estadio o condición.

El ejemplo canónico ofrecido por Vyasa es la arcilla. La arcilla tiene algunas propiedades. Al darle forma de cuenco, sus características cambiarán. Si hiciste varios cuencos con la misma arcilla, pero optas por mantener algunos sin cocer, otros cocidos y otros esmaltados, sus características cambiarán. Estas características variables influirán en el estadio de cada cuenco. Con el paso del tiempo, notarás que envejecerán de manera diferente, por lo que incluso cuando estén todos viejos, sus características serán diferentes. Prestar atención a esas tres dimensiones te permite notar cómo cambian los fenómenos y las cosas.

Eres una manifestación única de las propiedades de un ser humano, con características específicas que cambian con el tiempo. Tu estadio o condición también cambia. Al enfocar tu consciencia sobre estos cambios, es posible que notes que todo en ti está en constante cambio, así como también está cambiando el punto de vista desde donde estás observando. Ser consciente de los cambios revela si hay algo en ti que no esté sujeto a cambios.
¿Puedes notar los cambios en las características de tu cuerpo físico a lo largo del tiempo?
¿Puedes darte cuenta de que tus ideas y pensamientos han cambiado? (Por ejemplo, ¿lo que consideras importante ahora es lo mismo que lo que era importante para ti hace cinco o diez años?)
¿Estás consciente de cómo cambian tus emociones y de por qué?
¿Las historias que te cuentas a ti misma son las mismas que hace algunos años?

Entre todos estos cambios, ¿hay algo que se haya mantenido igual? Por ejemplo, si celebras tu cumpleaños todos los años, ¿hay algo que permanece igual a pesar de los cambios físicos que está experimentando tu cuerpo?

Magnificencia (Vibhuti)

3.14 Las características de un objeto pueden ser inactivas, activas o potenciales, pero hay una esencia subyacente al objeto.

La filosofía del yoga es una perspectiva entre muchas visiones desarrolladas durante siglos en la región actualmente conocida como India. Algunos puntos de vista sostienen que el mundo que vivimos es una ilusión muy convincente que cubre una realidad inmutable que es eterna, mientras que otros puntos de vista sostienen que no hay una esencia real duradera sino una confluencia de corrientes de estímulos en constante cambio que se reúnen en momentos efímeros. Este sutra puede interpretarse en el sentido de que el mundo es real en lugar de ser una ilusión, y que hay una esencia en cualquier objeto existente. Esa esencia es independiente de quien percibe ese objeto. Cada esencia tiene características inherentes que pueden estar en tres estadios. En el primer estadio, inerte o inactivo, algunas características del objeto están en reposo y por lo tanto no se manifiestan. En el segundo estadio, las características están activas, por lo que se manifiestan y, por lo tanto, pueden ser percibidas por un observador externo. El tercer estadio consiste en características latentes o potenciales que aún no se han manifestado.

Una forma de ilustrar esto es pensando en un mango. La fruta que cuelga del árbol ya no muestra las características de la flor polinizada de la que se desarrolló el mango. Esa misma fruta no muestra las características de los árboles de mango directamente vinculados a este mango específico a través de los siglos. La fruta de mango que cuelga del árbol presenta las características activas en ese momento en su color, fragancia y forma. Si la fruta aún no está madura, no tendrá su dulzor típico, por lo que el dulzor es potencial. Otro potencial en la semilla en el centro de la fruta es un árbol de mango completo que, si se plantara en las condiciones adecuadas, tardaría varios años en producir nuevos mangos. También son potenciales en esta fruta de mango todos los árboles de mango que podrían sembrarse a partir de las semillas de mango producidas por los árboles de mango resultantes del árbol sembrado con la semilla de este mango. Por lo tanto, cada mango tiene un conjunto de características latentes, un pasado. También tiene un conjunto de potencialidades que aún no se han manifestado, un futuro. Sus características actuales son su presente. La comparación de este mango con otros mangos en la misma rama del árbol puede mostrar que, a pesar de todas sus características compartidas, cada mango es ligeramente diferente.

Este sutra sugiere que subyacente a todas las características que cambian sutilmente hay una esencia, algo que hace que cada mango sea único. Esta esencia subyacente hace que todas las características del mango converjan de una manera particular, pero sus características se manifiestan en diferentes momentos de diversas maneras. Este es otro concepto donde puede haber varias perspectivas:

¿Existe la esencia del mango como una idea pura en algún lugar más allá de la realidad física?

¿O es esa esencia puramente física? En ese caso, ¿se relaciona la esencia de algo con su ADN?

¿O está conectada la esencia de cada mango a una red virtual de información que une a todos los mangos de esa especie yuxtaponiéndose a su vez con una red similar que abarca todas las variedades de mangos, que también está integrada a una red más grande de frutas y así sucesivamente?

¿O se manifiesta la esencia de un mango como resultado de la interacción entre la consciencia y el mundo natural?

¿Es posible que la esencia de cada objeto sea parte de lo que algunas personas llaman consciencia, una matriz distribuida, dinámica y multidimensional que conecta toda la existencia, con la miríada de manifestaciones de objetos en el espacio y el tiempo siendo solo la pequeña fracción disponible a través de nuestros sentidos?

¿Puede esa consciencia ser lo que se llama Dios, el Absoluto, el Ser Supremo, la Fuente, el manantial de la vida?

Estas grandes preguntas pueden ofrecerte un punto de partida para la contemplación. Recuerda que cualquier respuesta a la que llegues consiste solo en pensamientos, ideas o palabras, es solo una flecha que apunta a la inefable totalidad de la existencia. Si *samyama* es una forma de acceder a esa profunda interconexión, entonces tiene sentido que los siguientes sutras presenten formas específicas de acceder a esa matriz de la existencia.

A un nivel más personal y concreto, puedes explorar tus maneras de ser (físicas, mentales y emocionales) para averiguar si están inactivas, activas o latentes.

Si tus maneras de ser cambian continuamente, consciente e inconscientemente, ¿quién está notando estos cambios?

¿Es posible observar al testigo que presencia tus maneras de ser?

También puedes optar por contemplar estas preguntas sobre cualquier experiencia que tengas. Lo que percibes:

¿Tiene una esencia?

¿Es una ilusión?

¿Es una confluencia temporal de información sensorial con tu consciencia?

También puedes indagar sobre tus propias maneras de ser, por ejemplo, ¿cómo han cambiado las características de tu cuerpo con el tiempo?

¿Hay áreas de tu cuerpo que ahora (activas en el presente) parecen más fuertes/débiles o más rígidas/flexibles que antes (inactivas en el pasado)?

¿Son algunos de tus pensamientos y creencias diferentes (activos/inactivos) según el contexto o la compañía en la que estés?

¿Cambian tus sentimientos y emociones con respecto a ti misma durante el día con sentimientos de autoaceptación activos en algunos puntos mientras hay sentimientos de autocrítica latentes?

¿Cambian estos y otros sentimientos o son siempre los mismos?

¿Son también variados algunos de sus sentimientos hacia tus seres queridos?

¿Es posible que haya una esencia subyacente en todas estas cambiantes maneras de ser?

3.15 La consciencia de la secuencia de manifestación de estos estadios crea la percepción del cambio.

El proceso de sintonizarte con los aspectos más sutiles de ti a través de la práctica de las ocho ramas del yoga resulta en una mayor claridad. Entonces, te das cuenta de los filtros interpretativos que usas para darle sentido al mundo. También reconoces que adquiriste esas maneras de ser, pensar y sentir a través de tu crianza, educación, interacciones y participación general en la sociedad. Te vuelves más capaz de discernir (*viveka* en 2.26) entre tu esencia y los aspectos de ti que cambian. Una vez que eliges no entretenerte con las historias y opiniones que compiten por tu atención, creas la posibilidad de presenciar la realidad sin el estorbo de tus suposiciones y expectativas. Entonces, en lugar de tomar todo personalmente, puedes ver cómo las características de cualquier percepción cambian entre los tres estados mencionados en el aforismo anterior. Todo lo que estaba activo pero ahora está inactivo se convierte en algo que etiquetas como pasado. Todo lo que está actualmente activo se percibe como presente. Y todo lo que aún no se ha manifestado se considera futuro.

El notar variaciones en la secuencia de manifestación de estas características se registra en tu consciencia como un cambio. Por ejemplo, tu presencia está siempre en el centro de cada una de las experiencias que tienes. Como resultado, cuando actúas centrada en tu presencia, como cuando estás teniendo una interacción genuina con alguien más o cuando te ríes de todo corazón, el tiempo parece disolverse. De manera similar, cuando realmente te miras en el espejo concentrándote en tus ojos, es posible que puedas verte en la intemporalidad. Sin embargo, cuando te enfocas en las características de tu forma física, o en la evolución de tus creencias o en los cambios en tus emociones, esos cambios crean la noción de tiempo. Esa puede ser una forma de explicar lo que sucede cuando alguien te muestra una foto tuya de hace una década y pasas de la sensación de presencia, simplemente siendo tú, a centrarte en las diferencias notables en las características visibles de tu cuerpo. Como resultado, piensas en términos de tiempo con algunas características asociadas con tu pasado, otras con el presente y algunos otros cambios que aún no se manifiestan.

¿Qué sucede cuando eliges concentrarte en las características perceptivas de todo lo que está a tu alrededor y dentro de ti?
¿En qué niveles de tu ser (físico, fisiológico, conceptual y emocional) hay cambios perceptibles?
¿Hay secuencias en la manifestación de estos cambios?
¿Cómo influyen esos cambios en tu forma de pensar y en las historias que creas sobre ti, sobre la vida y sobre el mundo?

Resultados de la integración meditativa (*Samyama*)

Cuando es posible regular tus maneras de ser, dejas de intentar acomodar lo que percibes a lo que crees saber, a tus predicciones y a tus suposiciones. Entonces estás centrada en la presencia. La presencia se convierte en la ventana sin filtro a través de la cual experimentas el mundo. En consecuencia, obtienes comprensión visión de la existencia, percibes el mundo, tus maneras de ser, tu propia presencia, así como la intrincada red de interconexiones entre todo lo que es. Se trata de una transformación radical que orienta tu manera de ser hacia la vivencia de la vida como un ser humano integrado, respondiendo de forma inteligente y sincera a las interminables fluctuaciones de la vida. El objetivo de la práctica no es escapar del mundo, tu vida o tus circunstancias. Por el contrario, tu práctica es más efectiva cuando usas tu presencia y percepción como brújula para tu participación en tu vida. Este puede ser uno de los significados del sutra 1.26 cuando sugiere que el ser, en su pureza y en su compleja simplicidad, es el mejor maestro.

Como en otras secciones del Yoga Sutra, luego de explicar un concepto, Patañjali procede a especificar los efectos de la práctica como cuando introdujo las prácticas para superar las distracciones en 1.30 - 1.39 y sus efectos a partir del aforismo 1.40. En el capítulo dos, Patañjali también presentó un camino de práctica, las ocho ramas del yoga en el sutra 2.28, definiéndolas (2.29 - 2.34) y luego presentando los resultados en el aforismo 2.35. El sutra 3.16 comienza la lista de resultados que se pueden lograr aplicando el trío combinado de las tres últimas ramas del yoga, la integración meditativa (*samyama*). Esta es una lista extensa que ocupa la mayor parte de este capítulo. Existe un debate en curso sobre la idoneidad, la utilidad, la necesidad y el posible uso indebido de estos resultados. *¿Es posible que la integración meditativa (samyama) sea un proceso autorregulado que, al igual que cualquier otra herramienta, se puede utilizar para crecer en consciencia, conexión y compasión? ¿Es la progresión que comienza con los yamas una forma de fomentar un movimiento hacia la empatía, la compasión, el amor y la felicidad incondicionales?*

Magnificencia (Vibhuti)

3.16 La integración meditativa (*samyama*) en las tres dimensiones del cambio (propiedades, características y condición) revela el pasado y el futuro.

En el nivel más obvio, cuando observas de cerca una de las tazas que usa regularmente para tomar tu bebida favorita, probablemente puedas ver algunas señas de desgaste, incluidos pequeños rasguños, algunas manchas y quizás otras decoloraciones sutiles. Son marcas que cuentan la historia de esa taza, son signos de su pasado. Al mismo tiempo, hay cambios potenciales en el futuro de la taza que probablemente van más allá de lo que puedas determinar. Este aforismo continúa la discusión anterior sobre la integración meditativa, la técnica para dirigir tu consciencia con precisión de láser hacia cualquier punto focal. A través de la integración meditativa puedes descubrir las propiedades (*dharma*), características (*lakshana*), y la condición (*avastha*) (3.13) de cualquier cosa sobre la que medites. También puedes aprehender su esencia (3.14). Al tomar consciencia de la secuencia en las manifestaciones de esos estados, puedes conocer los diversos cambios por los que pasa tal objeto (3.15). Este sutra continúa esa línea de pensamiento diciendo que *samyama* sobre los cambios a lo largo de las tres dimensiones (propiedades, características, estado) puede mostrarte los cambios que ha sufrido un objeto, así como los cambios potenciales que ocurrirán en el futuro. Por lo tanto, es posible que puedas conocer la composición y el origen de la arcilla utilizada para hacer las tazas, así como dónde ha estado la taza y dónde estará en el futuro. Incluso es posible que puedas saber qué le pasará a la taza una vez que se rompa y se convierta en fragmentos. Por supuesto, es posible probar estas ideas meditando sobre cualquier objeto y tratando de notar qué información puede ser revelada.

Al reflexionar sobre este y los sutras anteriores, considera que se necesitaron más de mil años para que la idea de un átomo se probara empíricamente. Durante más de 200 años esta idea de un átomo ha evolucionado con base en los avances tecnológicos que han impulsado los descubrimientos que han continuado hasta los años más recientes. Cada descubrimiento puede corroborar algunas suposiciones sobre el universo y refutar formas anteriores de comprensión. Todos estos descubrimientos están relacionados con algo que está presente en nuestra vida cotidiana pero más allá de nuestra percepción sensorial.

Cuando pensamos en acceder a información sobre el pasado y el futuro de un determinado objeto, ¿es posible que exista una consciencia atemporal que lo abarque todo y que impregne toda la existencia, pero que no pueda captarse por completo a través de nuestros sentidos únicamente?

¿Será que todo lo que se manifiesta en el mundo de los sentidos entra en la dimensión del tiempo? ¿Puede ser que, en la consciencia, el tiempo se desvanece como lo hace en nuestra mente subconsciente, donde los recuerdos de eventos que sucedieron en diferentes momentos se unen independientemente del orden en que ocurrieron?

¿Es posible que puedas aprender a regular tus niveles internos de actividad y reactividad para que puedas orientar tus sentidos hacia adentro (*pratyahara* 2.54) para explorar la atemporalidad de tu propio ser? (¿Y, quizás, en esa intemporalidad hay indicios para ver más allá de los límites del tiempo?)

¿Qué sucede cuando intentas relajarte profundamente en la amplitud, el silencio y la intemporalidad que hay en tu interior?

Posiblemente, otra vía de aplicación de este sutra sería para obtener una intuición más profunda sobre algunos de los patrones en tu composición física, mental y emocional. *¿Será que hacer samyama sobre tus inclinaciones, preferencias y acciones ofrecerá lucidez sobre acciones anteriores que no te eran claras? ¿Puede revelar vías potencialmente fructíferas para tus acciones e interacciones? ¿Puede indicar un sufrimiento futuro que se puede evitar (2.16)?* Recuerda, este no es un proceso para convencerte de algo. Es una invitación a dejar que el misterio de tu propia vida te ofrezca pistas para guiarte en la toma de decisiones inteligentes y sensatas.

Magnificencia (Vibhuti)

3.17 La integración meditativa (*samyama*) sobre la diferencia entre palabra, objeto y concepto ofrece un entendimiento del lenguaje de todos los seres, lo que permite una comunicación profunda con todos los seres.

Este sutra presenta los efectos de practicar *samyama* en la comunicación y puede relacionarse con el hilo iniciado con el sutra 1.42 (*savitarka samadhi*). Como humanos, usamos palabras para referirnos a objetos en el mundo. La palabra no es el objeto real. La palabra manzana no es algo que tenga un color, textura, fragancia y sabor que se pueda comer. La palabra es un signo que apunta a una clase de objetos acordados. Cuando lees la palabra manzana, puedes pensar inmediatamente en un tipo específico de manzana, tal vez sea una gala, fuji, Pink Lady o Granny Smith. Cada uno de estos tipos de manzanas tiene algunas propiedades que se superponen con las demás, mientras que al mismo tiempo cada clase de manzanas tiene sus propias características únicas. La palabra manzana desencadena un recuerdo del concepto asociado en tu mente con la fruta. Ese concepto es diferente del objeto real y de la palabra. Es probable que el concepto esté influenciado por tu propia historia personal. Entonces, si creciste comiendo pastel de manzana horneado en casa, es probable que el concepto de manzana esté relacionado con el olor del pastel de manzana horneado y de la persona que solía prepararlo. Una persona que creció en una región subtropical donde las manzanas no crecían puede pensar en diferentes imágenes o recuerdos al ver o escuchar la palabra manzana. Los conceptos que lleva cada persona están influenciados por las experiencias de vida y la historia personal de esa persona. Esos conceptos pueden convertirse en un obstáculo para aprehender algo en su totalidad, especialmente cuando lo que se percibe va en contra de lo que suponemos o esperamos. En esos casos, la percepción tiende a estar sesgada por supuestos no controlados.

En el nivel más simple, este sutra se puede interpretar en el sentido de que *samyama*, porque ocurre una vez que se ha eliminado la charla interna, proporciona una mayor claridad mental, lo que te permite comunicarte profunda y genuinamente sin malentendidos que resultan de prejuicios y suposiciones. Entonces, cuando escuchas cualquier mensaje, realmente estás escuchando y no estás tratando de responder o defender una opinión o creencia. Este es el nivel más simple de significado en este sutra, sin embargo, podría decirse que es extraordinario encontrar una persona que sea capaz de escuchar sin confundir palabra, objeto y concepto y, por lo tanto, capaz de comprender con una mente y un corazón abiertos. ¿Es esta una opción que te gustaría explorar?

Este sutra también puede significar que *samyama* puede hacer posible que el practicante comprenda todos los idiomas y todas las formas de comunicación. Si tienes una mascota, ¿puedes notar las diferentes formas que usa para comunicarse contigo? ¿Será posible que se pueda profundizar la comunicación con todos los seres?
¿Es posible que todos los humanos conozcan un lenguaje profundo en el centro de nuestro ser, un lenguaje que se expresa a través de la risa, la gratitud, el amor y la compasión?

3.18 La integración meditativa (*samyama*) sobre las impresiones (*samskaras*) ofrece un entendimiento de los nacimientos anteriores.

Los *samskaras* son las impresiones que quedan registradas en ti debido a las experiencias que tienes. Algunas de esas impresiones son conscientes, mientras que otras son inconscientes. Parece como si la emoción fuera uno de los catalizadores más poderosos para incrustar las impresiones en tu espacio de consciencia. Mientras reflexionas sobre tus recuerdos, observa cómo las emociones contribuyeron a profundizar cuan arraigados están algunos de esos recuerdos. La emoción se expresa y se siente en estrecha conexión con la consciencia, porque la emoción es energía que está activa en el momento presente. La emoción capta tu atención. Si la experiencia que estás teniendo llega a una resolución equilibrada, su carga emocional viaja a través de ti dejando una huella como un recuerdo que puede traer esa misma sensación de ligereza, amplitud y claridad. Por otro lado, si la experiencia deja un residuo emocional sin resolver, la energía que alimenta esa emoción se adhiere a ti, desencadenando un sentimiento similar cada vez que recuerdas ese evento. Este residuo emocional se almacena independientemente de que sea positivo o negativo. Este fenómeno puede explicar por qué a veces hay algunos sentimientos que parecen difíciles de soltar, aunque conscientemente tratemos de convencernos de que no queremos seguir rumiando sobre un evento pasado que sucedió hace tiempo.

Una práctica muy útil para tratar de cambiar estos hábitos bien establecidos es investigar una incomodidad tolerable, como se mencionó brevemente en el comentario sobre el sutra 2.10. Puedes escoger un evento reciente que pareció desencadenar una incomodidad tolerable, como algo que te hizo sentir un poco avergonzado, ansioso o frustrada. En lugar de centrarte en los aspectos superficiales de la experiencia, elige centrar tu atención en las sensaciones que sentiste. Esto es más fácil recordando el evento y sus efectos en tu cuerpo, mente y emociones. En lugar de tratar de proponer opiniones, explicaciones o soluciones a la situación, utiliza las sensaciones provocadas por el evento como tu punto focal. Concéntrate en esas sensaciones y mantente enfocado en ellas escogiendo viajar a lo largo de la dimensión emocional. Recuerda un evento anterior que generó el mismo sentimiento y reactividad general, siente la incomodidad tolerable sin tratar de descifrarla, sin intentar adormecerla, medicarla o ignorarla. Esto es importante. Quédate con tu punto focal y continúa encontrando experiencias pasadas que te hagan sentir así. Puede que no sea difícil seguir viajando a etapas cada vez más tempranas de tu vida. ¿Es posible encontrar el recuerdo más temprano de haberte sentido así?

Ten en cuenta que este enfoque concentrado en la emoción puede revelar que situaciones diferentes tienden a resonar emocionalmente de maneras muy similares dentro de ti. ¿Podría ser que el recuerdo más antiguo todavía esté atrapado de alguna manera dentro de ti, creando un punto doloroso que es bastante sensible porque no se ha resuelto? ¿Qué pasa si te sientas con esta incomodidad tolerable y la dejas fluir a través tuyo sin intentar sofocarla o ignorarla? ¿Puedes permitir que esta energía emocional se agote en lugar de mantenerla atrapada dentro de ti? Puede ser necesario hacer las paces con los sentimientos internos que desencadenan esta respuesta. Esos sentimientos pueden incluir incompetencia, deficiencia, escasez, miedo, preocupación, ansiedad y muchos otros. Lo más probable es que la mayoría, si no todos estos sentimientos, están en conflicto con la verdad fundamental de que eres completa y plena. El sentimiento de conflicto puede negar u obstruir tu profunda conexión con el amor, la compasión y la consciencia omnipresentes que te rodean y que hacen parte de la esencia de todo lo que existe. ¿Puedes aceptar esta verdad fundamental en lugar de creer en la noción inexacta de que estás aislada y que necesitas una justificación para tu existencia?

Esta práctica puede tener efectos profundos en tu relación contigo mismo, y es solo una práctica simple que te pide que confrontes miedos profundamente arraigados sobre tu verdadera naturaleza. Esta práctica es una forma productiva de aprovechar los poderes de los *samskaras* para ofrecerte una comprensión de tu pasado y tu presente, de modo que ya no estés a merced de las impresiones pasadas que controlan tus pensamientos, reacciones e interacciones ahora y en el futuro. Si esto es posible, ¿podría también ser factible que la práctica de *samyama* en tus impresiones profundamente arraigadas pueda revelar conexiones aún más profundas con eventos más allá de tu personificación actual? En caso de que sea posible aprender sobre tus vidas anteriores, en lugar de ver lo que encuentras como una fuente de entretenimiento, la información que descubras puede brindarte información útil sobre tu vida actual y sobre el propósito de tu vida. *Por ejemplo, si te das cuenta de que has estado vivo antes en un cuerpo diferente y en diferentes circunstancias, ¿qué efecto tendría eso en la forma en que actualmente inviertes tu consciencia, energía y tiempo?*

3.19 La integración meditativa (*samyama*) sobre los gestos, acciones y comportamiento de alguien indica su estado de ánimo.

3.20. Sin embargo, la causa de ese estado de ánimo no es revelada.

La integración meditativa es un alto estado de receptividad que te permite captar información instantáneamente a través de la intuición. Esta percepción aumentada se dirige hacia un objeto focal específico. Esta es una de las razones por las que *samyama* se considera una integración con semilla (*sabija samadhi*), porque el objeto focal es la semilla alrededor de la cual gravita tu consciencia. Esta receptividad se cultiva a través del tiempo. Es como el desarrollo gradual de la Red de Espacio Profundo (DSN por su sigla en inglés) de la NASA durante décadas para convertirse en un conjunto internacional de poderosas antenas de radio capaces de enviar y recibir información hacia y desde naves espaciales distantes como Voyager I y Voyager II durante más de cuatro décadas. Al ajustar la Red del Espacio Profundo a lo largo del tiempo, la NASA aún hoy es capaz de comunicarse con estas naves espaciales que viajan más allá de nuestro sistema solar, aunque capturar sus señales es como ver la bombilla de un refrigerador que está a más de dieciséis mil millones de kilómetros de distancia. El punto focal de estos dos sutras es la conducta, los gestos y las acciones de una persona. Es lógico pensar que prestar mucha atención a una persona puede darte una indicación justa de su estado de ánimo. Cuanto más aguda sea tu concentración y percepción, más probable es que puedas aprender algo sobre dicha persona.

El aforismo 3.20 aclara que, dado que el objeto focal de *samyama* son las características externas de la persona observada, se podría saber su estado mental, pero la causa de dicho estado mental no puede conocerse pues no es el punto focal de *sayama*. Incluso sin aplicar *samyama*, puedes hacer algunas inferencias sobre una persona observando con atención sus gestos, acciones y conducta. Observar a una persona con un enfoque sostenido es un punto de partida viable para la práctica de la técnica presentada en este sutra. ¿Qué encuentras cuando lo intentas?

¿Hasta qué punto son exactas o inexactas tus inferencias? ¿Hasta qué punto te distraes con tus propios pensamientos e ideas? ¿Son útiles o inútiles tus opiniones sobre esta persona para determinar su estado de ánimo? Dado que *samyama* es una técnica que va más allá de los procesos mentales de inferencia y testimonio, ¿qué sucede si te enfocas en la persona mientras permaneces centrada y completamente calmada? Independientemente de lo que percibas, puede ser interesante investigar si la información que recibes proporciona una pista o una invitación para actuar con consciencia y compasión para afirmar la vida.

3.21 La integración meditativa (*samyama*) sobre la relación entre la forma, la luz y los ojos permite al yogui volverse invisible.

3.22 * Lo mismo ocurre con el sonido y otros estímulos.

* Algunas versiones del Yoga Sutra incluyen el aforismo 3.22, mientras que otras versiones no; esto explica por qué algunas fuentes dicen que hay 195 sutras y otras dicen 196.

Magnificencia (Vibhuti)

El yoga es un experimento práctico para participar en la vida totalmente siguiendo la guía de tu consciencia, con mente abierta y corazón abierto. El experimento consiste en eliminar todas las obstrucciones e ineficiencias que te impiden ser la personificación del flujo de la consciencia en todos los aspectos de tu vida. Como ocurre con cualquier otro proceso, paciencia y persistencia revelan gradualmente aspectos más sutiles de todo lo que recibe tu atención. Por ejemplo, cuando comienzas a practicar las posturas y los movimientos del yoga, puede resultarte difícil regular de forma eficaz hasta qué punto puedes mover un brazo o una pierna o ponerte en cuclillas mientras mantiene el nivel deseado de contracción muscular. Con el tiempo, puede que se convierta en algo natural entrar y salir de cada postura conscientemente y con gracia. Del mismo modo, la idea de alargar las inhalaciones y exhalaciones para que cada una dure más de 30 segundos puede parecer imposible. Sin embargo, a medida que practicas con paciente persistencia, puedes notar cómo alargar tus inhalaciones y exhalaciones requiere una combinación de acciones en tu abdomen y tórax, combinada con la capacidad de respirar con gran sutileza.

En el ámbito de la meditación continúa el viaje de exploración de las profundidades más íntimas de tu ser. Estos aforismos pueden verse como una continuación de la práctica del sutra 1.35 relacionada con el enfoque sobre las percepciones sensoriales sutiles. El aforismo 3.21 sugiere una práctica de *samyama* centrada en la interacción entre una forma, la luz y los ojos. Un objeto con luz brillando sobre él absorberá, reflejará o refractará esa luz. Esta interacción entre la luz y los objetos es lo que hace que los objetos sean visibles. Tus ojos capturan los cambios en la luz de acuerdo con cómo cada objeto absorbe, refracta y refleja la luz. Igual que los practicantes de yoga avanzados pueden hacer que su respiración sea tan sutil que puede ser imperceptible para un observador externo, este sutra indica que puede ser posible arreglar la estructura atómica del cuerpo para que no absorba, refleje o refracte ningún rayo de luz. En otras palabras, el cuerpo del yogui se vuelve completamente neutral y la luz viaja a través de él sin distorsionarse de ninguna manera. El Sutra 3.22 sugiere que lo mismo sucedería con otros estímulos sensoriales, como el sonido, el tacto y el gusto.

Una forma de entender este fenómeno es que el yoga es literalmente una práctica de estar incondicionalmente con lo que es. *El yogui no crea interferencia en el mundo y está en completa armonía con la perfección de la vida.* Una forma de intentar poner en práctica este aforismo es notar la huella que dejas, en ti mismo, en los demás y en el mundo, a través de tus acciones e interacciones.
¿En qué medida sus acciones generan más turbulencia en el mundo?
¿Tus acciones están motivadas por ser visto y por buscar un reconocimiento?

¿En qué medida mejoran tus acciones la vida en el mundo?
¿Es posible actuar sin llamar la atención?

Por supuesto, si lo encuentras significativo y afirmativo de la vida, también puedes explorar la práctica de *samyama* sobre la relación entre la forma, la luz y la vista para hacerte invisible, sobre la relación entre el sonido, el aire y el oído para hacer tu interior y exterior silencioso.

3.23 La integración meditativa (*samyama*) sobre el *karma* activo (*prarabdha*) y latente (*sanchita*), o en los presagios de la muerte, revela el momento de la muerte.

De acuerdo con la noción de que un sutra enhebra un grupo de conceptos relacionados, este sutra es otro sitio donde Patañjali conecta con ideas presentadas anteriormente, como la idea general de *karma* en los aforismos 2.12, 2.13 y 2.14. *Karma* significa acción, y cada acción tiene consecuencias, aunque solo sea porque todo lo que existe está profundamente interconectado. Las cinco aflicciones que llevas contigo (2.2 a 2.9) hacen que actúes de ciertas formas que dejan una marca (*samskara*). Esas impresiones se acumulan en el depósito de *karma* (*karmashaya*) (2.12), determinando las características de tu vida, así como las experiencias agradables o desagradables, dependiendo de tu intención y acción originales (2.13-2.14).

Esas impresiones se manifiestan en uno de los tres estados enumerados en el aforismo 3.14. Pueden estar inactivas, activas o latentes. El *karma* inactivo se llama *sanchita karma* y consiste en impresiones que esperan las condiciones apropiadas para manifestarse. El segundo tipo de *karma* se conoce como *prarabdha karma*, el karma que está actualmente activo. El tercer tipo de *karma* es *agami karma*, el karma que se acumula actualmente debido a tus intenciones, acciones e interacciones actuales. Este *karma* futuro se manifestará en un momento posterior en esta o en una vida futura. De acuerdo con esta perspectiva, tus acciones seguirán generando tus experiencias futuras a menos que actúes sin expectativa alguna; o te entregas completamente a la perfección de la vida; o has alcanzado la integración (*samadhi*) y tus acciones están llenas de sabiduría y en armonía con el flujo continuo de la vida.

En resumen, si practicas *samyama* sobre tu *karma* inactivo o activo, eventualmente aprenderás cuando tu vida actual llegará a su fin. Por lo tanto, este aforismo también se conecta al concepto presentado como la quinta de las aflicciones en 2.3 y más explícitamente en 2.9, el miedo a morir, *abhinivesha*. En lugar de ver la muerte como algo a lo que hay que temer, puedes escoger ver tu propia muerte como la culminación del proceso de vida iniciado en tu nacimiento. Así como también, puedes pensar acerca de tu muerte como una fuerte motivación para participar consciente y deliberadamente en todos los aspectos de tu vida. *¿En qué medida eres consciente de las conexiones entre los* *eventos que surgen en tu vida diaria y tus acciones anteriores? ¿Es posible que comprender las repercusiones de tus acciones e interacciones actuales?*

Este sutra también menciona los presagios o augurios. En el comentario más antiguo del Yoga Sutra, Vyasa indica que hay tres tipos de presagios que anuncian una muerte inminente: personal (*adhyatmika*), elemental (*adhibhautika*) y divino (*adhidaivika*). Según Vyasa, los presagios personales incluyen no percibir ninguna luz con los ojos cerrados y no escuchar ningún sonido corporal cuando uno cierra los oídos. Los presagios elementales o impersonales consisten en ver repentinamente a los antepasados muertos o a los mensajeros de la muerte. El tercer tipo de presagio es ver deidades o seres celestiales. Una vía fructífera de exploración es contemplar tu relación con la noción de muerte. Además, ¿qué puedes aprender meditando sobre tu propia eventual desaparición? Como de costumbre, si eliges explorar este sutra, asegúrate de hacerlo de una manera que afirme la vida sin generar agitación y reactividad.

3.24 La integración meditativa (*samyama*) en la amistad (*maitri*) y las otras cualidades (compasión-*karuna*, inspiración-*mudita* y ecuanimidad-*upeksha*) produce sus poderes y efectos.

Si bien algunas personas tienden a pensar en los capítulos del Yoga Sutra como caminos independientes para los practicantes en diferentes niveles, también es posible notar que de hecho hay un hilo que conecta los sutras de modo que cada sutra brinde apoyo, explicación o refuerzo para su aplicación efectiva a la vida. De manera similar, se puede argüir que Patañjali creó un compendio de prácticas de yoga provenientes de una variedad de enfoques y tradiciones. Si esa es tu posición sobre los Yoga Sutras, es posible que te sientas inclinada a concentrarte principalmente en las partes del Sutra que resuenan

Magnificencia (Vibhuti)

contigo, tus opiniones y creencias. Por otro lado, podrías considerar la posibilidad de que el yoga ofrece un enfoque integrado para vivir la vida que abarca las necesidades de tu cuerpo, mente y emociones, así como tu propia naturaleza social y el rol que desempeñas en el mundo. Este aforismo amplía el sutra 1.33, la invitación a cultivar la amistad, la compasión, la inspiración y la ecuanimidad hacia uno mismo y hacia los demás. *Samyama* actúa como un catalizador que potencia el poder de estas cualidades.

¿Qué sucede cuando te concentras completamente en ser un vehículo de amistad (*maitri*)?
¿Qué notas cuando meditas en la compasión (*karuna*) y empatía para enviar sinceros deseos dpara que todos los seres vivos, sin excepción, estén libres de sufrimiento y llenos de bienestar?
¿Qué pasa cuando meditas en sentirte inspirado por los logros de aquellos que están haciendo del mundo un lugar más justo y equitativo?
¿Qué observas cuando meditas sobre la ecuanimidad, abriendo tu corazón para ofrecer a los demás el beneficio de la duda?
Un enfoque simple para aplicar estas preguntas es traer a tu mente una imagen o memoria que desencadene el sentimiento deseado. Observa las sensaciones y emociones resultantes. Gradualmente deja de lado los detalles que generaron dichas sensaciones y emociones. Permanecer solo con sensaciones y emociones. Enfoca tu atención sobre las sensaciones más sutiles sin controlarlas. Presencia que sucede.

3.25 La integración meditativa (*samyama*) sobre la fuerza de un elefante y cualidades similares, las proporciona.

Siempre que desees lograr algo, el primer paso es imaginar ese objetivo claramente en tu mente. Esto es cierto, por ejemplo, con la práctica de *asanas*, las posturas de yoga. Para poder practicar una postura, es muy útil imaginar claramente cómo es la postura y desde allí emprender tu intento. En la mayoría de las tradiciones espirituales, existen arquetipos que representan una variedad de virtudes. Siempre que las personas quieran cultivar una determinada virtud, se les aconseja que inviten al arquetipo de esa virtud para que las ayude y apoye a avanzar hacia el objetivo deseado al participar en la oración o el ritual con ese arquetipo en mente. Este sutra presenta una idea similar utilizando la integración meditativa sobre cualquier arquetipo que represente las cualidades que uno desea para personificar esas cualidades. Aunque esta noción puede no parecer realista, ten en cuenta que una investigación reciente ha encontrado que es posible ganar fuerza muscular imaginando que uno está haciendo ejercicio incluso cuando los músculos no se mueven[iv]. Entonces, ¿es posible que Patañjali y los antiguos yoguis ya hayan establecido esas conexiones a través de su propia investigación utilizando sus propios cuerpos y mentes como laboratorios? Puedes investigar empíricamente la pregunta *¿Puedo personificar fuerza, bondad, inteligencia, prosperidad, compasión?* Es lógico pensar que es más probable que dediques el tiempo y la energía necesarios a este esfuerzo si la pregunta es significativa y relevante para ti y para tu vida. De lo contrario, puede convertirse en un proyecto a corto plazo con menos probabilidad de éxito. Cualquier cualidad que desees será más valiosa si contribuye a mejorar tu armonía interna. Por lo general, cuando algo mejora tu armonía interna, probablemente será edificante para otros seres y para la vida en general. Por lo tanto, si decides embarcarte en el proyecto de traer este sutra a tu vida, será prudente comenzar aclarando tus razones para cultivar esas cualidades, así como también estableciendo la utilidad de los efectos deseados.

3.26 La integración meditativa (*samyama*) en la luz interior revela lo sutil, lo oculto y lo distante.

Este aforismo hace eco de la idea de centrar tu atención en la luz de la consciencia en el centro de tu ser, presentada en el sutra 1.36. También está relacionado con los efectos de practicar *pranayama*, que revela la luz refulgente de la consciencia en el centro de tu pecho (2.52). *Samyama* sobre tu propia luz interior proporciona una manera de encontrar respuestas a preguntas que parecen estar fuera del alcance de tu raciocinio, inferencia y testimonio existente de fuentes genuinas. Al sintonizarte con tu luz interior, obtienes una mayor claridad que te permite ver personas, situaciones e interacciones sin la interferencia proveniente de tus opiniones y creencias. Como se mencionó en el comentario al sutra 1.40, muchos descubrimientos en la historia humana surgieron cuando aclaramos nuestra forma de ver, a menudo cuando dejamos de lado nuestras ideas preconcebidas sobre lo que deberíamos encontrar o cómo las cosas "deberían" funcionar. Para aplicar este sutra, puedes comenzar notando, cuando te sientas preocupado, molesto o frustrado, ¿cómo se siente tu entorno interno?

¿Sientes la claridad y la uniformidad conocidas como *sattva*?

¿O sientes la agitación y la reactividad internas llamadas *rajas*?

¿O tal vez sientes el letargo y la pesadez llamada *tamas*?

¿Qué estado emocional es más propicio para revelar las respuestas que afirman y apoyan tu experimento de vida?

¿Alguna vez te ha pasado que estás tratando de resolver un problema y sigues buscando una solución o haciendo listas de pros y contras y parece que te confundes más?

¿Alguna vez ha sucedido que justo después de haber estado haciendo una lluvia de ideas y cambiar de actividad, una intuición parece iluminar repentinamente tu consciencia y brindar una solución inesperada, simple y efectiva que antes estaba fuera de tu alcance?

Este sutra es una invitación a cultivar la claridad de *sattva* para guiar tu participación en la vida. El primer paso es relajarte profundamente dejando preocupaciones y tensiones. El segundo paso es enfocarte en tu luz interior, ya sea en el espacio detrás de la frente o en el centro de tu pecho. El tercer paso es formular una pregunta significativa para revelar algo importante para ti y para tu vida. Concéntrate en la pregunta con firmeza suave y gradualmente deja ir la pregunta hasta que se desvanezca. Al ir soltando la pregunta, suelta también tus expectativas. Aquí es donde la práctica de *vairagya* resulta útil. Luego quédate con la claridad, la amplitud y el silencio del interior. ¿Qué sucede cuando lo intentas?

3.27 La integración meditativa (*samyama*) en el sol da como resultado el conocimiento del universo (los 7 reinos).

Un tema subyacente en estos sutras es que existe una interconexión profunda entre toda la existencia. La tela de la vida está tejida con hilos de consciencia. La vida se manifiesta en una variedad infinita y cambiante de formas. Centrar la consciencia sobre cualquier fenómeno con suave firmeza atraviesa los niveles superficiales de la apariencia y revela los aspectos sutiles del fenómeno contemplado. Como se explicó en la última sección del Capítulo Uno del Yoga Sutra comenzando con el aforismo 1.40, a **través de la meditación profunda se obtiene acceso a la verdadera sabiduría presente en todas partes**, en la forma de cada hoja, las magníficas gradaciones de color en cualquier flor, los ritmos de las migraciones de animales, y todas las asombrosas complejidades y simplicidades que confluyen en cada ecosistema. Este aforismo puede interpretarse como una forma de entender el universo físico mediante la práctica de *samyama* en el sol en el centro de nuestro sistema solar. Por otro lado, siguiendo la antigua noción de que existe una correspondencia entre el

Magnificencia (Vibhuti)

macrocosmos y el microcosmos, "Como es arriba, es abajo", este sutra ofrece la vía de investigación adoptada por los yoguis durante milenios, mirar hacia adentro para aprender sobre el Universo. En su extenso comentario sobre este breve sutra, Vyasa ofrece una descripción completa de las siete regiones - la tierra, el cielo, los planetas, *Mahaloka, Janaloka, Tapoloka y Satyaloka* - sus divisiones y subdivisiones, dimensiones, disposición y características. Para este segundo enfoque, Vyasa sugiere que para acceder a las regiones ocultas del Universo, el yogui necesita practicar *samyama* en la entrada solar, el *sushumna*.

El *sushumna*, literalmente el canal lleno de gracia o canal amble, se describe como un canal sutil en el eje central del cuerpo humano a través del cual fluye la fuerza vital del *prana*, conectando el centro del piso pélvico con la coronilla de la cabeza. Según Swami Hariharananda Aranya en su comentario al Yoga Sutra, en lugar de un canal que corre a lo largo de la médula espinal, el *sushumna* es un nervio que sube desde el corazón. *¿Es posible que aplicar samyama al eje central de tu cuerpo pueda revelar lo que los antiguos yoguis llaman sushumna? ¿Puede este enfoque en los aspectos sutiles de su cuerpo revelar universos ocultos en todo su esplendor?* Un enfoque para explorar esta pregunta es enfocarte en las sensaciones a lo largo de un hilo delgado que comienza en el centro de tu piso pélvico y se mueve a lo largo de tu médula espinal hasta la coronilla de tu cabeza. Puede svisualizar el hilo como un hilo delgado de luz que fluye hacia arriba mientras inhalas y fluye hacia abajo cuando exhalas. Alternativamente, puedes concentrarte en la conexión sutil entre tu corazón y la coronilla de su cabeza. *¿Qué pasa cuando empiezas con esto?*

3.28 La integración meditativa (samyama) sobre la luna da como resultado el conocimiento de las constelaciones.

Para este sutra, la mayoría de los comentaristas indican que el punto focal es la luna que orbita nuestro planeta, y que al practicar la integración meditativa en la luna puedes aprender sobre los cuerpos celestes. De hecho, los científicos han utilizado la luna como tema de estudio para comprender los eventos astronómicos. Por ejemplo, al observar la luna, la noción de que los cráteres en su superficie eran restos de volcanes finalmente dio paso a una teoría más precisa, que los cráteres estaban formados por miles de impactos de meteoritos u otros cuerpos celestes. Entonces, se hizo más evidente que la Tierra ha sido y es golpeada regularmente por decenas de miles de meteoritos que varían en peso desde partículas de polvo hasta más de diez gramos. ¿Qué sucede cuando eliges la luna como tu objeto focal para la integración meditativa?
¿Qué aprendes?
¿Cómo influye el aprendizaje sobre las constelaciones en tu perspectiva sobre ti y sobre tu vida?

3.29 La integración meditativa (*samyama*) en la estrella polar revela los movimientos de las estrellas.

Al estar virtualmente fija, la estrella polar ha sido un brillante y confiable indicador de la ubicación del polo norte para la navegación durante siglos. Tiene sentido usarla también como referencia para ver más claramente cómo otras estrellas parecen gravitar alrededor de ella.
Si eliges enfocar tu atención completamente en la estrella polar, ¿puedes aprender sobre el movimiento de otras estrellas?
¿Si vas a un área donde no hay contaminación lumínica, donde las estrellas son más visibles, podrás sentirte más integrada con la naturaleza y con el universo

en general?

Cuando miras las estrellas en el cielo, la historia del Universo te envía señales de luz desde la profundidad del tiempo. ¿Cuál es la experiencia directa de observar el cielo nocturno?

Cuando contemplas el cielo nocturno, algunas de esas luces pueden ser los únicos restos de estrellas que desaparecieron hace mucho tiempo.

¿Qué se siente al investigar el pasado del cosmos?

¿Es posible que los movimientos de las estrellas influyan en ti, tus pensamientos y tu estado de ánimo?

Para intentar otro enfoque, puedes contemplar esta pregunta: ¿Cuál es el punto de referencia que usas para guiar tus pensamientos, intenciones, acciones e interacciones?

3.30 La integración meditativa (*samyama*) en el ombligo da como resultado el conocimiento del cuerpo.

Este sutra comienza una secuencia de sutras que enumeran algunas áreas del cuerpo humano como puntos focales para *samyama*. Dada la importancia del cordón umbilical durante el embarazo como un conducto principal para la sangre, el oxígeno y los nutrientes de la madre al embrión, parece tener sentido que el ombligo pueda utilizarse como punto focal para aprender sobre el cuerpo. Aunque el ombligo no parece tener mucha función fisiológica para los humanos después del nacimiento, a menudo se encuentra en o muy cerca de tu centro de gravedad. ¿Es posible que meditar en tu ombligo pueda ofrecerte un entendimiento de tu propio cuerpo? También puedes utilizar el centro de tu cuerpo como punto focal para tratar de comprender cuál es tu verdadero centro a nivel físico, mental y emocional.

En años recientes, los investigadores han encontrado un complejo sistema de neuronas en el tracto gastrointestinal llamado el Sistema Nervioso Entérico. El sistema nervioso entérico parece jugar un papel esencial en la salud y también puede ser un factor importante en varias enfermedades y afecciones neurológicas.

¿Es posible que los antiguos yoguis ya hubieran encontrado estas conexiones críticas entre los sistemas del área abdominal y el resto del cuerpo?

¿Podría ser que la idea común de los presentimientos que se manifiestan como una sensación visceral esté relacionada con todo esto?

¿Qué puedes descubrir si meditas con el ombligo como punto focal?

3.31 La integración meditativa (*samyama*) en la fosa de la garganta ofrece acceso para controlar el hambre y la sed.

Como puedes ver, este grupo de aforismos parece muy aplicado y práctico. La mayoría de los comentaristas no profundizan mucho en este sutra. G. Maehle, en su comentario contemporáneo, sugiere que el punto focal en la fosa de la garganta puede apuntar a la glándula tiroides y su función en la regulación del metabolismo. Desde la perspectiva más simple, puedes intentar explorar si enfocar tu atención en la fosa de tu garganta tiene algún efecto sobre tus niveles de hambre y sed.

3.32 La integración meditativa (*samyama*) en el canal de la tortuga (*kurma nadi*) confiere estabilidad.

En sánscrito, un *nadi* es una vena, arteria, nervio o cualquier otro órgano tubular del cuerpo. Algunas personas sugieren que los *nadis* son de hecho los canales de todo el cuerpo, incluidos el sistema circulatorio, el sistema linfático y el sistema nervioso, así como el sistema primovascular descubierto más recientemente; otras personas afirman que el sistema de los *nadis* no es un sistema físico, sino un sistema virtual de patrones de energía vital (*prana*) que fluye a través de tu cuerpo. De acuerdo con Vyasa, el canal de tortuga (*kurma nadi*) está debajo de la fosa de la garganta. Otros autores indican que el canal de la tortuga se extiende desde la parte inferior del abdomen hasta la garganta por debajo del *sushumna nadi* (mencionado en el aforismo 3.27), mientras que otros dicen que es un plexo nervioso en forma de tortuga en la zona del pecho, el loto del corazón. El resultado de *samyama* se traduce aquí como estabilidad. Sin embargo, como suele suceder con muchas palabras sánscritas, el significado de la palabra usada aquí, *stharyam*, incluye solidez, dureza, constante, fijeza, estabilidad, permanencia y firmeza. Algunos otros significados útiles para comprender este aforismo incluyen deleite, calma, tranquilidad, perseverancia y paciencia. Para aplicar este sutra, puedes indagar sobre el *kurma nadi*:
¿Existe?
¿Puedes sentirlo un poco debajo de la parte superior del esternón y media pulgada hacia adentro?
¿O es el *kurma nadi* un canal que conecta la parte inferior del abdomen con la garganta?
¿Podría estar en el centro de tu tráquea?
¿O quizás está en el centro de tu pecho?
¿Es más efectivo concentrarte en una de estas áreas para crear una experiencia de tranquilidad sólida y permanencia tranquila sin rigidez?
¿Mejora esta práctica tu capacidad para perseverar y ser gratamente constante?

¿Resulta una meditación profunda en alguna de estas áreas en una tranquila quietud física?

3.33 O en la luz en la corona de la cabeza (*mūrdha*), permite ver a los seres realizados (*siddhas*).

Los significados de la palabra sánscrita *murdha* incluyen corona, cima y cumbre, así como frente, cabeza y cráneo. La otra palabra a la que hay que prestar atención en este sutra es *siddhas*. Un *siddha* es una persona consumada o realizada, alguien que ha alcanzado la liberación del sufrimiento. También puede significar alguien que ha obtenido *siddhis*, poderes sobrenaturales. Este aforismo indica que practicar *samyama* con la luz divina que es la fuente de inteligencia en la parte superior de la cabeza (o el punto medio donde se encuentran la parte superior de la frente y la línea del cabello) te permite ver seres perfeccionados. Algunas personas llaman a estos seres perfeccionados ángeles, guardianes, guías, profetas, sabios o videntes (*rishis*). Mientras te preparas para poner en práctica este aforismo, es útil notar cómo se siente el espacio dentro de tu cabeza. Una forma sencilla de explorar esto es ponerte en una posición relajada y luego dirigir tu atención al espacio detrás de la frente. Luego, piensa en algo que te haga sentir levemente preocupado, ansiosa o molesto y observa cómo esos pensamientos influyen en cómo se siente el espacio dentro de tu cabeza. Luego, piensa en algo que encuentres edificante e inspirador (1.39), y observa si tu experiencia interna cambia y cómo.
¿Sería correcto decir que una de estas dos opciones se siente más como resplandor o luz?
¿Es posible que la práctica de cada una de las ramas del yoga contribuya a potenciar esa sensación de claridad y ligereza (*sattva*) en todos los aspectos de tu ser?

Magnificencia (Vibhuti)

¿Puede ser una forma sencilla de evaluar si tu práctica es eficaz?

Si sientes luz detrás de tu frente, ¿puede quedarse con esas sensaciones mientras dejas de lado los pensamientos que invitaron esa claridad?

¿Qué pasa cuando te quedas con ese resplandor en tu cabeza?

¿Eso disminuye tus comentarios y opiniones internos?

¿Sería ese estado propicio para recibir orientación? Por ejemplo, mientras reflexionas sobre una decisión que debes tomar, ¿puedes permanecer con esa luminosidad en tu cabeza?

¿Te hace esto más sensible a las señales sutiles que recibes de tu alrededor y dentro de ti, como esas señales que sugieren caminos de acción viables y que afirman la vida?

En algunos casos, las sutiles sugerencias que recibes vienen en forma de palabras que alguien dice o como una valla publicitaria al lado de la carretera. A veces, esa guía aparece como un mensaje o una llamada telefónica que llega en un momento muy preciso. Los maestros y guías están en todas partes, especialmente si estás dispuesta a considerar que la vida es un océano de interconexiones donde todo se articula con gran precisión y exquisita sincronización.

Si es el caso que notas algunas sugerencias sutiles que te brindan opciones para tomar decisiones inteligentes y conscientes, ¿puedes cultivar la curiosidad por saber dónde se origina esa guía? También puedes contemplar la pregunta: ¿Es posible que haya seres perfeccionados (*siddhas*) que vivan en armonía con los ritmos de la vida tocando todo con bondad y compasión? ¿Es este sutra un eco del sutra 1.47 que dice que la luz de la consciencia pura brilla sin ser oscurecida por nuestras maneras de ser?

3.34 O, por perspicacia intuitiva todo es conocido.

Reiterando el mensaje del aforismo 1.48, este sutra señala que con una mayor claridad interna puedes tener acceso a la sabiduría a través de la intuición sin ningún esfuerzo. Continuando con el hilo de la aplicación del sutra anterior, puedes explorar si, después de desarrollar un cierto nivel de quietud y silencio interior, te vuelves más sensible y receptiva a la intuición (*pratibha*). Se entiende que tus opiniones y creencias probablemente interferirán con tu discernimiento de lo que percibes, lo que a menudo abre la puerta a las dudas y la incertidumbre. Esto es parte del proceso de aprender a confiar en tu intuición. Un enfoque es practicar haciendo preguntas internamente para recibir una orientación sobre cosas pequeñas durante el día para notar cómo se manifiesta la intuición. Por ejemplo, mientras vas al trabajo, ¿puedes pedir orientación sobre la mejor ruta a seguir?
¿Qué sucede al intentar esto con regularidad?
¿Estar dispuesto a recibir una guía te invita a ser más consciente?
Las sugerencias que recibes, ¿te llevan a participar en acciones más útiles?

¿Es posible que la habilidad de estar disponible a las indicaciones de tu intuición pueda cultivarse a través de una práctica constante (*abhyasa*) y sin expectativas (*vairagya*)?

Uno de los potenciales desafíos es no poder distinguir la percepción que estás recibiendo de lo que desea algún aspecto de ti. Perfeccionar tu capacidad para distinguir entre lo que es y lo que quieres es el camino para desarrollar el discernimiento consciente (*viveka* en los sutras 2.26 y 2.28). En el camino hacia el discernimiento pleno, tu entorno interno puede sentirse más liviano y quizás más luminoso. Este resplandor es otra forma de interpretar la palabra sánscrita *pratibha*, y es la misma luz interior sugerida como un objeto de enfoque puntual mencionado en el aforismo 1.36. Esa es también la misma luz interior revelada por la práctica de *pranayama* (2.52), así como la luz mencionada en el sutra 3.36.

Nota también que este sutra está relacionado con la práctica de la humildad suprema (*ishvara pranidhana* en los sutras 1.23 y 2.45). Renunciar a la ilusión de control requiere confiar en que todo lo que necesitas saber y a lo que necesitas acceder estará disponible en el momento preciso, ni antes ni después. Además, ten en cuenta que cuanto más ocupado estés con tus maneras de ser (tus creencias, opiniones y drama), es menos probable que reconozca las sugerencias sutiles de tu intuición. Una vez que calmas tu mente, las percepciones se vuelven más evidentes en muchas de las experiencias que tienes durante el día. Cuando notes una sugerencia silenciosa, ten cuidado con la posible interferencia de sus tendencias e inclinaciones. Recuerda que estás a cargo de tomar tus propias decisiones, y las percepciones que te guían a trascender tu nivel actual de entendimiento posiblemente te pidan que traspases los límites de tu comodidad. *Eso es lo que significa aprender.*

3.35 Mediante la integración meditativa (*samyama*) en el corazón, se comprende la mente.

Al practicar la integración meditativa en el centro del pecho, el corazón emocional, se entiende *citta*. Recuerda que *citta* es una de las cuatro palabras en la definición de yoga en el Capítulo Uno del Yoga Sutra. *Citta* es también una de esas palabras sánscritas que tiene varios significados que incluyen intención, objetivo, atención, pensamiento, reflexión, deseo, mente, memoria, inteligencia y razón. En algunos de los textos antiguos llamados *Upanishads*, se dice que el espacio alrededor del corazón es la morada de la luz de la consciencia. ¿Te ha ocurrido alguna vez que estás tratando de tomar una decisión y que las razones lógicas que sugieren una opción están en conflicto con tus emociones y sentimientos? Por otro lado, ¿te ha pasado alguna vez que tomaste una decisión siguiendo a tu corazón y luego te encontraste en una situación difícil? Este sutra puede considerarse un sutra fundamental para la práctica porque destaca la conexión profunda entre tu mente y tus emociones. Cuando la mente y las emociones se alinean, los bloqueos creados por la duda y el miedo desaparecen. El conflicto entre la mente y las emociones es una fuente importante de dolor y sufrimiento para muchas personas. Aprender a integrar tu mente con tus emociones te hace más efectiva, decisiva y compasiva.

Desde la perspectiva más simple, puedes comenzar explorando cómo tu postura física afecta tu estado de ánimo y actitud. Sentado en una posición encorvada con los hombros levantados, el pecho colapsado y la cabeza gacha, intenta tener pensamientos edificantes e inspiradores. Luego, explora qué posición cambiaría tu ambiente interior para sentirte arrogante y lleno de orgullo. Continúa con esta investigación encontrando una postura que te lleve a sentirte optimista, esperanzada, animada y llena de bondad y compasión.

¿Te parece que tu postura, especialmente el espacio alrededor de tu corazón puede influir en tu mente y emociones?
¿Generan algunas de estas posiciones una sensación de ligereza y claridad en el corazón y la mente?
¿Puede esa ligereza y plenitud ser el brillo mencionado en el sutra 3.33?
¿Es posible que, además de la relación entre tu postura física, tu mente y tu estado de ánimo, exista una conexión cercana entre tu mente y tu corazón?

¿Puedes tener curiosidad por investigar esta conexión?
Por ejemplo, si tu mente está abierta, ¿hace que tu corazón se sienta más generoso, cariñoso y capaz de perdonar?
¿Funciona la conexión también en la dirección opuesta?

Magnificencia (Vibhuti)

Si tu corazón se siente más abierto, generoso, cariñoso, bondadoso y dispuesto a perdonar, ¿está más dispuesta tu mente a ser inclusiva, cooperativa y comprensiva?

(Mientras indagas en las relaciones entre su corazón y su mente, recuerde que estamos usando la palabra mente como un sustituto de los conceptos asociados con la palabra *citta,* incluyendo intención, pensamiento, reflexión, deseo, mente, memoria, inteligencia, etc. y razón.)

Una opción para profundizar esta exploración es vincular esta indagación con el sutra inmediatamente anterior a éste, 3.34, donde dice que la percepción intuitiva proporciona acceso a todo el conocimiento.

¿Puede volverte experta en meditar en tu corazón cuando hay confusión o agitación en tu mente?

A medida que vayas adquiriendo más práctica en identificar tu intuición, ¿será posible que las intuiciones lleguen a tu corazón y desde allí sean comunicadas a tu mente?

¿Puede ser que la armonía entre tu mente y corazón confirmen tus percepciones con tu conocimiento como se menciona en el aforismo 1.6 (experiencia directa - *pratyaksha,* inferencia - *anumana* y sabiduría tradicional proveniente del pasado - *agama*)?

¿Resuena el sentido común tanto en tu mente como en tus emociones?

Al intentar seguir tu intuición, comprueba si proporciona una guía útil para vivir tu vida con entusiasmo, inteligencia y humildad (*kriya yoga* 2.1).

3.36 Incluso una mente equilibrada y clara es diferente de la consciencia pura. Cuando no hay distinción de esta diferencia, la consciencia individual se identifica erróneamente con experiencias, sentimientos y percepciones. La integración meditativa (*samyama*) en esta distinción da como resultado el conocimiento de la consciencia pura (*purusha*).

Este sutra presenta el núcleo de las enseñanzas del Yoga Sutra. Una vez más, el tema principal del Yoga Sutra emerge reafirmando las ideas presentadas en los sutras 1.3 y 1.4, así como en los sutras 2.6 y 2.17. Puedes optar por ver la vida y todo lo que te ofrece como un campo de juego para tus sentidos, llevándote a todo tipo de experiencias. Si este es tu punto de vista, es probable que busques experiencias placenteras (*raga*) y rechaces todo lo que no te guste (*dvesha*). Sin embargo, incluso si tienes la suerte de tener solo experiencias placenteras, tarde o temprano, todas las experiencias placenteras llegarán a su fin y te causarán dolor y sufrimiento (2.15). Este aforismo es una invitación a investigar tu esencia y su relación con tus experiencias. Por lo tanto, te invita a participar profundamente en el proceso de desarrollar tu consciencia discriminativa (*viveka*), tal como lo hizo antes el aforismo 2.26.

¿Qué notas cuando te observas a ti mismo durante tus experiencias diarias?

¿Cuáles son tus motivaciones?

¿Cuáles son tus expectativas?

¿Cómo respondes a las circunstancias cambiantes del mundo que te rodea?

¿Respondes con bondad y gracia?

¿O reaccionas con actitud defensiva y agresiva?

¿Puede tu entorno interno volverse claro y libre de ansias, opiniones y reactividad?

¿Puedes aceptar tus experiencias y navegarlas con gracia y ecuanimidad?

Recuerda el proceso invocado en el comentario del aforismo 2.10 y considera explorar las diferencias entre quién crees que eres y quién eres en realidad. Tus pensamientos y opiniones sobre ti y sobre la vida, son solo comentarios que no aportan nada a la calidad de tu experiencia. La experiencia directa de existir es quién eres.

Cuando dejas de lado todas tus creencias, ¿qué queda?

¿Hay algo más allá de los aspectos cambiantes de tu cuerpo, mente y emociones?

¿Es posible que una vez que estés libre de creencias y aferramiento, puedas notar la distinción entre quién cree que eres y quién eres en realidad?

Entonces, ¿puedes enfocar tu atención profunda y sin esfuerzo (*samyama*) en la diferencia entre la consciencia pura que impregna toda la existencia y tu consciencia individual?

¿Qué descubres?

3.37 Como resultado, se desarrollan una intuición y sensibilidad extraordinarias.

Conocer la diferencia entre tu consciencia individual y la consciencia universal elimina la confusión que te impide verte a ti misma como eres en realidad. Y, de acuerdo con el sutra anterior, tener clara esa distinción te permite conocer la consciencia pura. Este aforismo agrega que la percepción intuitiva (*pratibha*) mencionada en el sutra 3.34 resulta de estar establecida en esa claridad. Al considerar la idea de la intuición profunda, considera si es posible que los animales salvajes usen su intuición para obtener acceso a la sabiduría que los guía a migrar, hibernar y estivar. Algunas perspectivas buscan una explicación de estos y otros fenómenos naturales en la composición material de la vida. Otros puntos de vista sugieren que existe información con múltiples niveles de integración que organiza dichos procesos. Por ejemplo, cuando te vas a dormir, si no estas privado de sueño y sabes que necesitas despertarte a una hora determinada, ¿alguna vez te ha ocurrido que te despiertas a la hora que necesitas, a menudo antes de que suene la alarma? ¿Es posible que cuando estableces tu intención de despertar en un momento determinado, estás estableciendo esa intención en algún lugar entre tus procesos internos y la consciencia pura?

¿Es posible que sea tu conocimiento intuitivo lo que te despierta en el momento adecuado?   ¿Podría ser que limpiar tu mundo interior de deseos, anhelos, opiniones y creencias pueda reforzar tu capacidad para aprovechar la sabiduría que hace que todos los procesos de la naturaleza funcionen? **¿Está tu consciencia individual incrustada en la consciencia universal?**

Además de adquirir una intuición profunda, conocer la consciencia pura da como resultado una percepción sensorial potenciada. El aforismo 1.36 ya ofrece sensaciones sutiles como un objeto productivo para el enfoque en un solo punto. Agregar consciencia a cualquiera de tus sentidos es una forma de mejorar tu percepción, de modo que en lugar de permanecer en el nivel general de percepción sensorial, accedes a una comprensión más rica, profunda y matizada de lo que estés percibiendo. Cuando realmente quieres determinar qué especias se usaron en la preparación de un plato delicioso, enfocas tu consciencia dejando de hablar, cerrando los ojos y prestando atención a las sensaciones específicas en tu boca. Como resultado, puedes notar mejor las texturas, la humedad, la suavidad, la granularidad y una amplia gama de sensaciones que componen el sabor que estás probando. Un experto en té puede distinguir sabores muy sutiles que diferencian una variedad de té de otra, o incluso las sutiles distinciones entre la misma variedad de té cultivada en diferentes regiones. Este sutra sugiere que incluso a este nivel superior de consciencia sensorial, estas experiencias no llegan a los niveles más profundos de sutileza. Recuerda que al final del Capítulo Dos del Yoga Sutra, en los aforismos 2.54 y 2.55, la quinta rama del yoga, *pratyahara* , consiste en atraer tus sentidos hacia adentro para que puedas sentirte a ti mismo desde adentro. En *pratyahara*, invitas a tu consciencia a un viaje interno de exploración

Magnificencia (Vibhuti)

profunda que te lleva a las ramas superiores del yoga, la concentración (*dharana*), la meditación (*dhyana*) y la integración (*samadhi*). Este sutra dice que aclarar la distinción entre tu consciencia individual y tu consciencia pura te otorga acceso a percibir la máxima esencia de todas las experiencias sensoriales. *Al igual que con todos los sutras, en lugar de asumir que esta afirmación es cierta, permanece receptivo a la posibilidad de que una vez que te libres de tus creencias, tu percepción puede llegar más allá de su nivel actual.* Posiblemente esto te lleve a una mayor consciencia del proceso perceptivo en sí, de modo que en lugar de ser consciente del objeto o experiencia que estás percibiendo, te sintonices con el proceso de percibir que, a su vez, te conducirá a la experiencia clara del perceptor. Este aforismo te recuerda, una vez más, que para la mayoría de nosotros el yoga es un viaje paulatino hacia la consciencia. Tú eliges profundizar tu conocimiento de ti misma. Nadie más puede hacer esto por ti.

¿Estás a merced de tus sentidos, persiguiendo experiencias sensoriales para tu satisfacción?

¿O son tus experiencias sensoriales instrumentos que revelan el misterio de tu existencia?

¿Será posible acceder a sus sentidos primordiales en el centro de cada experiencia sensorial?

¿Puede esto llevarte a sentir con gran claridad el proceso perceptivo en sí mismo y las sutiles formas en que trabaja?

Si es así, ¿puede esta mayor sensibilidad profundizar tu asombro y aprecio por el indescriptible milagro de la vida en sus maravillosas manifestaciones?

¿Qué opción es más propicia para vivir en feliz armonía con la vida?

Advertencia

3.38 Estos poderes extraordinarios pueden verse como logros o como obstáculos.

A lo largo de este capítulo, Patañjali sigue la misma estructura que en los capítulos anteriores: primero, introduciendo definiciones y una contextualización de las prácticas dentro del proyecto más amplio del yoga; luego, hay una lista de aplicaciones de las técnicas con sus resultados. Este sutra ofrece una aclaración, como la que se ofrece en el aforismo 2.18, donde dice que todo lo que se puede percibir se manifiesta a los sentidos como experiencias para el disfrute o como experiencias que conducen a la liberación. Cuando lees acerca de los muchos resultados posibles de la integración meditativa (*samyama*), no es sorprendente que algunos de los significados de la palabra yoga en sánscrito incluyan arte mágico, trucos y medios sobrenaturales. De hecho, se mencionó anteriormente que, según algunas fuentes, alcanzar poderes extraordinarios o mágicos es el signo de un yogui o yogini.

Este aforismo sirve como recordatorio de que tu estás a cargo de tu proceso porque eres la única persona que puede establecer una meta significativa para que tu práctica ayude a mejorar la calidad de tu participación en tu vida. Para algunos de nosotros puede significar que todas las herramientas yóguicas son medios para aumentar nuestro sentido de nosotros mismos y nuestra importancia personal. Si ese es tu caso, verás cualquier poder que adquieras como una señal de tu valor y de tu éxito. Incluso puedes llegar a creer que eres quien ha logrado que todas esas cosas sucedan sin ninguna ayuda. Esto probablemente generará una sensación de separación, aislándote de los demás y de la profunda interconexión entre la vida y la consciencia. Ver estos logros extraordinarios como formas de engrandecerte es un obstáculo no solo para tu progreso, sino también para tu capacidad de servir y ser útil. Una opción diferente es ver el yoga como una forma de crecer en tu capacidad de abrir tu mente y tu corazón para aportar tu singularidad al mundo. Por lo tanto, a medida que eliminas las ineficiencias de tu cuerpo, mente, emociones y actitud, puedes recibir y transmitir la sabiduría de la vida a través de tus acciones e interacciones de manera más efectiva. Entonces, todas las prácticas te llevan a verte como un humilde vehículo de amor y consciencia. Este es el mismo mensaje presentado en el sutra 2.45, que dice que practicar la humildad (*ishvara pranidhana*) confiere sabiduría y poderes extraordinarios (*siddhis*).

¿Cuáles son tus objetivos para tu práctica?
¿En qué estás enfocando tu consciencia y energía?
¿Qué parámetros está utilizando para medir la efectividad de tu práctica?

¿Es tu práctica una forma de desarrollar tu importancia personal o una forma de profundizar tu humanidad?

Estas preguntas también te preparan para desarrollar una mentalidad apropiada para los aforismos siguientes.

Flujo de energía sutil

3.39 Soltando las causas del apego al cuerpo físico y conociendo los conductos a través de los cuales viajan las fuerzas vitales, yoguis pueden entrar en el cuerpo de otra persona.

Este es el primero de una serie de sutras que tratan los aspectos más sutiles del flujo de energía vital (*prana*) en el cuerpo humano. La precaución del sutra anterior actúa como un buen consejo para quienes practican con interés en explorar estos logros verdaderamente extraordinarios. La identificación errónea con tus maneras de ser (1.4) te lleva a confundir tus sensaciones y experiencias con tu verdadera naturaleza (*avidya* 2.4). El Sutra 2.17 subraya que la causa de todo sufrimiento es confundir la consciencia con lo que se puede sentir. Esta confusión genera las aflicciones (*kleshas*) enumeradas en el aforismo 2.3, todas ellas como resultado de no ver claramente (*avidya*). *Avidya se* manifiesta pensando que eres tu cuerpo, a pesar de saber que tu cuerpo ha ido cambiando constantemente desde su concepción. La identificación con tu cuerpo lleva al miedo a morir, una aflicción que soportan incluso los sabios (2.9). La acción yóguica (*kriya yoga* 2.1) y las ocho ramas del yoga (*ashtanga yoga* 2.28) eliminan esta confusión fundamental. El apego a tu cuerpo es uno de los instintos más poderosos que tienes. La primera parte de este aforismo dice que una vez que te liberas de ese apego a tu cuerpo físico, si sabes cómo fluye la energía vital a través del cuerpo, entonces puedes encontrar la puerta a través de la cual la energía vital entra y existe en tu cuerpo. Si se cumplen estas condiciones, puedes separarte de tu cuerpo y entrar en el cuerpo de otra persona. Estos dos requisitos ofrecen ya un programa completo de investigación interna.

¿Puedes modular tu apego a tu cuerpo físico?
¿Puedes librarte de ese apego sin dejar de apreciar el milagro que es tu cuerpo humano?
¿Eres solo tu cuerpo?
¿Puede el *samyama* presentado en el aforismo 3.32, para lograr la quietud, contribuir a una quietud tan profunda que pueda ser más fácil liberar tu apego a las sensaciones corporales?

Para explorar la segunda parte de este sutra, puedes investigar empíricamente cómo fluye tu energía vital a través de tu propio cuerpo.
Por ejemplo, justo al despertarte, ¿hay algún lugar donde tu energía vital parece

Magnificencia (Vibhuti)

ser más notoria? En el proceso de quedarte dormida, ¿cómo disminuyen tus patrones de energía vital?

A medida que tu energía vital pasa del estado de vigilia hacia el descanso del sueño, ¿se mueve a un lugar específico?

Cuando te sientes agotado emocionalmente, ¿notas algún cambio en tu energía vital?

¿Es diferente cuando te sientes inspirada?

3.40 El control sobre *udana vayu* posibilita la ligereza, la levitación y salir del cuerpo a voluntad.

El yoga estudia la vida en todos sus aspectos. La tercera rama del yoga, *pranayama*, presentada en el sutra 2.49, consiste en desarrollar un conocimiento íntimo del flujo de *prana*, la fuerza primordial que anima las sensaciones y acciones en todos los seres vivientes. El estudio de la fuerza vital llevó a los antiguos yoguis a clasificar el flujo de *prana* en cinco aires principales o aires vitales (*vayu*). Estos cinco tipos de energía de la vida son *prana, apana, samana, vyana* y *udana*. Se piensa que el primero de estos aires, de manera bastante confusa, también llamado *prana*, es responsable de los procesos de traer vitalidad al cuerpo. Algunas fuentes sugieren que el *prana* está relacionado con la inhalación, mientras que otras fuentes sostienen que el *prana* es responsable tanto de la inhalación como de la exhalación. Se cree que esta primera forma de *prana* sostiene los órganos de percepción y reside en la parte superior del cuerpo, incluyendo la región del corazón.

Apana anima los procesos de eliminación. Algunos autores asocian *apana* con la exhalación y con la parte inferior del torso. *Samana* está conectado con la digestión y la asimilación. Se cree que *Samana* opera en la región abdominal.

Desenreda el hilo

Vyana es la fuerza vital que impregna todo el cuerpo, incluidas las extremidades. Por tanto, *vyana* sostiene los órganos de movimiento.

Udana es la fuerza vital ascendente, responsable de los eructos, el habla y los estados elevados de consciencia. *Udana* se encarga de mantener los tejidos del cuerpo. También se cree que este aspecto *udana* de la fuerza vital abandona el cuerpo a voluntad en el momento de la muerte. Recuerda que en el capítulo uno del Yoga Sutra, aforismo 1.39, se sugiere dirigir tu enfoque puntual hacia cualquier cosa edificante. En el Capítulo Dos, los sutras 2.33 y 2.34 promueven el cultivo de pensamientos y emociones edificantes (*pratipaksha bhavana*). Este aforismo 3.40 dice que la integración meditativa en la fuerza vital ascendente, *udana*, permitirá al practicante evitar hundirse en el agua, el barro o pisar espinas. Además, aprender a regular *udana* asegura ascender a través de la corona al tope de la cabeza en el momento de la muerte, que se cree que es el paso seguro para escapar del ciclo interminable de nacimiento, muerte y renacimiento.

¿Es posible notar cómo opera la sensación de ligereza en tu ser?

¿Qué pensamientos y acciones contribuyen a sentirte liviano y optimista?

¿Dónde surgen las sensaciones de ligereza?

¿Cómo viajan esas sensaciones?

¿Cuáles de tus decisiones apoyan la sensación de ligereza?

Cuando te vas a dormir, ¿influye concentrarte en la sensación de ligereza en la calidad de tu descanso? ¿Qué sucede si eliges concentrarte en la ligereza cuando te das cuenta de que estás despierta?

¿Influye esa decisión en tus pensamientos, actitud, acciones e interacciones durante el día?

Magnificencia (Vibhuti)

3.41 El dominio del *samana vayu* confiere resplandor.

Como se mencionó en el comentario del sutra anterior, *samana* es la energía vital del cuerpo relacionada con la digestión. Cuando tu digestión no es óptima, te sientes pesado, cansada o con malestar interno y agitación. Cuando tu apetito es adecuado y tu alimentación es adecuada, notas que tu cuerpo es capaz de digerir sus alimentos de manera efectiva, contribuyendo a una eliminación eficiente y brindándote energía para emprender todo lo que necesitas. Esto se aplica no solo a tu relación con la comida, sino también a tu ingestión de estimulación mental y emocional. Observar las ideas, las emociones y los alimentos que consumes, cómo regulas cada uno de ellos y qué efecto tienen en tu estado general y estado de ánimo te proporciona una idea de tus procesos digestivos mentales, emocionales y físicos. Una vez que esto te resulta más claro, podrás regular estas maneras de ser con mayor eficiencia para sentirte radiante.

La práctica tibetana conocida como *Tummo*[v], fuego interior, se ha mencionado a menudo como el poder extraordinario (*siddhi*) introducido en este sutra. La práctica de *Tummo* se utiliza en la ceremonia de clausura de un período prolongado de retiro meditativo, generalmente de 3 años. Durante la ceremonia, los participantes del retiro practican la meditación *Tummo* mientras caminan o se sientan en la fría nieve del Himalaya a temperaturas bajo cero con sábanas mojadas sobre ellos. Este tipo de meditación incluye una técnica respiratoria específica, así como también una visualización. Como resultado del aumento de su temperatura corporal, los practicantes secan las sábanas mojadas con su propio calor corporal. Algunos autores sostienen que regular la temperatura puede contribuir a mejorar la inmunidad y la función neurocognitiva. Puedes comenzar una investigación sobre tu fuego interno mejorando tu sensibilidad en el área abdominal a través de la técnica conocida como *Agni Sara*, que se aprende correctamente con un maestro calificado.

Puedes ampliar tu exploración utilizando la siguiente técnica de visualización: En una posición cómoda, con la columna alargada, estable y relajada, centra tu atención en el área debajo del ombligo. Gradualmente, visualiza una llama debajo de tu ombligo. Invita a la llama a aumentar de tamaño a lo largo de tu columna vertebral. A medida que practicas con regularidad, observa los efectos de la práctica en la temperatura de tu cuerpo y, quizás más importante, en tu capacidad para infundir energía vital en todos sus esfuerzos.
¿Qué encuentras?

3.42 La integración meditativa (*samyama*) sobre la relación entre la audición y el espacio (*akasha*) resultado es en la audición divina.

La palabra sánscrita *akasha* incluye entre sus muchas definiciones los conceptos de espacio, cielo, atmósfera y la noción del fluido etéreo que impregna todo el Universo. *Akasha* es también el vehículo de la vida y el sonido. Una forma de abordar esta integración meditativa sobre la relación entre el sonido y el espacio es notar el silencio. Reconoce que el silencio es el medio que hace posible el sonido. Por ejemplo, al aprender un idioma, notas que hay diferentes palabras cuando puedes notar los silencios que las separan.
¿Puedes sentir el silencio?
Siéntate en silencio, ¿hay algún comentario interno continuo que te impide tener la experiencia directa del silencio?
¿Qué sucede cuando invocas el profundo silencio que alcanzas durante el sueño profundo en el que no hay sueños?
Entonces, ¿puedes investigar si desarrollar una relación íntima con el silencio influye en la forma en que percibes los sonidos?
Cuando estás arraigada en el silencio, ¿puedes escuchar mejor a los demás?

¿Cómo afecta la consciencia de la relación entre el silencio y el espacio tu capacidad para escuchar las calladas intuiciones que comunican la sabiduría?

3.43 La integración meditativa (*samyama*) sobre la relación entre el cuerpo y el espacio o la meditación sobre la ligereza permite viajar a través del espacio (*akashagamana*).

Akashagamana es una palabra sánscrita que se traduce como viajar por el espacio o viajar por el éter. Patañjali ofrece dos formas de lograr esta prodigiosa hazaña: practicando *samyama* sobre la relación entre el cuerpo y el espacio; o practicando *samyama* con algo muy ligero, como el algodón. Cuando observas a bailarines altamente competentes, probablemente puedas notar que han desarrollado una profunda relación con el espacio que les permite moverse con gracia y con extraordinaria fluidez. Puede parecer que, de alguna manera, es posible que no estén sujetos a la misma fuerza de gravedad que otras personas. La próxima vez que te quites los zapatos y camines, enfoca tu atención sobre la relación entre tu cuerpo y el espacio.

¿Cuál es el sonido de tus pies cuando tocan el suelo?

¿Puede tu práctica de asanas ser un laboratorio para explorar cómo infundir ligereza a tus movimientos y acciones?

¿Puedes hacerte tan ligera como el algodón?

¿Podría ser útil considerar el hecho de que hay mucho espacio entre los electrones y los núcleos de cada uno de los billones de átomos que te componen?

¿Podría ser que la fuerza que une los electrones y los núcleos sea un componente de esa elusiva fuerza vital llamada *prana*?

¿Es posible que *samyama* sobre la relación entre el cuerpo y el espacio (*akasha*) pueda revelar dimensiones distintas de las dimensiones más aparentes de las que somos conscientes a través de nuestros sentidos, incluidas las dimensiones mentales, emocionales y espirituales?

3.44 Más allá del cuerpo físico y de las maneras de ser (*vrtti*), la gran incorporeidad quita el velo sobre la luz interior de la consciencia.

De manera similar a la sección del Capítulo Uno de los Yoga Sutra que habla sobre los niveles más altos de meditación y sus características, los sutras anteriores presentan una creciente profundidad en la exploración de los aspectos más sutiles de la existencia. Tal vez recuerdes que el sutra 1.19 mencionaba dos categorías de existencia más allá del plano físico: los desencarnados (*videha*) y los fusionados en la naturaleza (*prakritilaya*). Este sutra habla sobre la gran desencarnación o incorporeidad, que es la capacidad de dejar tu cuerpo físico. El aforismo 3.39 ya indicó que, para entrar en el cuerpo de otra persona, el practicante de yoga necesita poder liberarse del apego al cuerpo físico. Además de liberar el apego a tu cuerpo físico, también necesitas estar libre de tus maneras de ser (*vrtti*) para descubrir la luz interior de tu consciencia.

Como se sugirió en el capítulo "¿Qué es el yoga?", todo el yoga es un proceso de por vida de notar y regular nuestras maneras de ser (*vrtti*). Apego a tus maneras de ser y a tu cuerpo resulta en confundir tu cuerpo y tus maneras de ser con tu verdadera naturaleza (1.2 a 1.4). Las primeras cinco ramas del proceso yóguico te llevan a disminuir tus maneras de ser y tu apego a tu cuerpo físico. A medida que profundizas en tu práctica de meditación, se vuelve más fácil mantener un enfoque natural sobre un objeto específico. Este enfoque sostenido resulta de estar libre de tus creencias, preocupaciones y miedos, así como de estar tan a gusto en tu cuerpo que no sientes tu cuerpo. Esto ocurre

Magnificencia (Vibhuti)

naturalmente cada vez que estás absorto en algo que capta tu atención e imaginación, como cuando estás escuchando tu música favorita.

¿Sería posible explorar este sutra encontrando una posición muy relajada que puedas mantener por un buen tiempo y luego observando tu cuerpo desde tu interior, comenzando en la médula ósea donde tu cuerpo produce glóbulos rojos y glóbulos blancos? Luego siente tus huesos y el proceso continuo de almacenamiento y liberación de minerales que tiene lugar en tus huesos. En tu propio tiempo, siente las múltiples capas de tejido conectivo y músculos entrelazados con vasos sanguíneos y nervios en una red viva que es adaptativa y altamente receptiva. Siente también tus órganos y las exquisitas conexiones e interrelaciones entre ellos. Mueva gradualmente tu atención hacia tu piel, la membrana inteligente que regula tu interacción molecular con el mundo que te rodea. Siente tu piel de la manera más clara y precisa posible. Presta mucha atención a la parte más externa de tu piel en su interacción con el mundo que te rodea.

¿Puedes concentrarte más en el exterior?

¿Qué tan lejos de la piel puedes sentir?

El objeto de tu enfoque externo es *akasha*, la noción de espacio mencionada en los sutras anteriores a este.

¿Cuánto tiempo puedes permanecer con este enfoque externo más allá de tu sentido del cuerpo y más allá de sus pensamientos y emociones?

¿Puedes permanecer anclada en la consciencia mientras dejas ir cualquier noción de mí, mío, y yo? ¿Qué pasa entonces?

¿Será posible que esta práctica se lleve aún más lejos?

Logros mayores

3.45 La integración meditativa (*samyama*) en la relación entre lo físico, la naturaleza genérica, lo sutil, las cualidades inherentes y el propósito de cualquier elemento da como resultado el dominio de los elementos constitutivos de todos los fenómenos naturales.

De acuerdo con el resto de los Yoga Sutra, Patañjali continúa describiendo los efectos de estas prácticas avanzadas, ahora en sus niveles más altos. El aforismo 1.17 ya señaló que la meditación revela niveles crecientes de sutileza en el objeto sobre el que se medita. Recuerde también que el aforismo 3.13 de este capítulo ya explicaba una perspectiva sobre cómo está organizado el mundo como un sustrato que se manifiesta a lo largo de las dimensiones de características, propiedades y condición. Estas tres dimensiones son el campo de interacción entre los elementos y tus sentidos. En este sutra, la práctica de *samyama* se dirige a los elementos que componen todo en el universo. Los elementos mencionados aquí son los cinco elementos enumerados por la escuela filosófica *Samkhya*. *Samkhya* se ocupa en clasificar la existencia de acuerdo con sus diferentes categorías de manifestación. Según *Samkhya*, los cinco elementos fundamentales son tierra, agua, fuego, aire y espacio o éter (*akasha*, mencionado en los aforismos anteriores). Este sutra afirma que la práctica de *samyama* con estos elementos y sus diferentes aspectos de manifestación conduce al dominio de las propiedades fundamentales de todos los fenómenos sensoriales.

Cada elemento tiene cinco aspectos interrelacionados: físico, genérico, sutil, cualidades inherentes y propósito. El primer nivel es lo que pueden percibir los sentidos. Si estás probando agua, pruebas su temperatura, textura y sabor. Cada elemento tiene sus propias características físicas que cambian, no son fijas. Incrementar el nivel de sutileza requiere practicar *samyama* en el aspecto genérico del elemento. En el caso del agua, sería su cualidad de ser líquido. Más profundo que la cualidad genérica es el aspecto sutil del elemento, que es su aspecto más fundamental e indescriptible, su esencia. Ésta es la esencia indivisible más allá del nivel de los sentidos que solo puede percibirse en el estado de integración (*samadhi*). Las cualidades inherentes de ese elemento son una combinación de sus tendencias interactivas hacia la plenitud o claridad (*sattva*), inercia u oscuridad (*tamas*) y agitación o actividad (*rajas*). Estas tendencias se mencionaron anteriormente en los sutras 2.18 y 2.19. El aspecto final del elemento es su propósito como objeto de experiencia: *¿está provocando que te apegues a tus experiencias o es un vehículo para liberarte de tu sentido del yo?* Una comprensión experiencial completa de estos cinco aspectos de los cinco elementos fundamentales permite al practicante dominar cualquier cosa que esté hecha de estos elementos fundamentales.

Cabe mencionar que según la perspectiva filosófica *Samkhya*, la consciencia (*purusha*) y el mundo (*prakriti*) son dos aspectos fundamentales y complementarios de la existencia. Según *Samkhya*, la consciencia es la causa de toda la existencia comenzando en el nivel más sutil y emergiendo a un sentido de ser que genera un sentido de individualidad que, a su vez, genera las unidades de sensación y a partir de ahí se desarrollan los sentidos, los elementos y la percepción[vi]. Profundizar en este sistema filosófico está relacionado con un debate en curso en la filosofía india durante muchos siglos: ¿Existe un principio dominante en el Universo que lo anima todo? ¿O hay más de uno? Quizás, ¿existen solamente el vacío y la transitoriedad generalizados? Existe un debate similar en la filosofía occidental y en algunos campos de la ciencia: ¿el universo físico da lugar a la consciencia? ¿O existe la consciencia antes del mundo material y lo genera? Por supuesto, existen otras posibilidades entre las que se incluye que la consciencia y la materialidad emergen de su interacción sinérgica que genera un sistema más complejo que la suma de sus partes. Puede encontrar estas preguntas lo suficientemente interesantes como para explorarlas y utilizarlas como un filtro para interpretar sus experiencias.

Desenreda el hilo

Este puede ser un sutra muy denso. ¿Cómo se puede poner en práctica? ¿Sería posible comenzar moviendo todas sus prácticas (*yama, niyama, pratipaksha bhavana, asana, pranayama, pratyahara, dharana* y *dhyana*) de un nivel de experiencia burdo a un nivel más sutil? Por ejemplo, en la actualidad el aspecto más popular del yoga es la práctica física, *asana*. Una práctica de yoga que consiste solo en practicar *asana* tendrá resultados principalmente en el ámbito físico, ayudando con el estado físico y la salud, cuando se practica conscientemente. Cuando *expandes* tu práctica para tener una base sólida en los *yamas* y *niyamas*, tu práctica de yoga se extenderá a tu mente y emociones, ayudándote a refinar tu actitud y perspectiva a través del amor y el contento. A continuación, si enriqueces tu práctica con *pranayama*, además de mejorar tu función respiratoria, sentirás directamente sus efectos purificadores y te preparará para el *pratyahara* y las ramas meditativas. Cada una de las ramas te lleva a experimentar niveles más profundos de sutileza. En lugar de aislar las diferentes ramas del yoga, puedes unirlas para que actúen sinérgicamente en todos los aspectos de tu ser. También puedes optar por probar las siguientes preguntas para avanzar hacia la aplicación de este sutra:

¿Qué sucede cuando intentas meditar sobre cada uno de los cinco elementos?

¿Sería posible descubrir si los intrincados niveles de manifestación de cada elemento se pueden experimentar directamente a través de la meditación?

¿Será posible que niveles de experiencia tan sutiles ofrezcan un enfoque diferente a tus experiencias sensoriales?

¿Cuál es tu propósito al tratar de sentir los elementos primordiales que componen la vida?

¿Es realmente posible acceder a los aspectos más fundamentales de la existencia a través de la integración meditativa?

Magnificencia (Vibhuti)

3.46 Como resultado, poderes extraordinarios, perfección del cuerpo e inmunidad a los elementos.

Según los comentarios tradicionales, la técnica de *samyama* presentada en el sutra anterior da como resultado ocho poderes extraordinarios (*siddhis*) que incluyen las habilidades para volverse diminuto (*anima*), volverse liviano (*laghima*), volverse enorme (*mahima*), alcanzar cualquier cosa sin importar qué tan lejos pueda estar (*prapti*), voluntad irrestricta, como poder fundirse en la tierra o el agua (*prakamya*), control sobre los elementos (*vashitva*), dominio de los elementos para hacerlos aparecer o desaparecer (*ishitrittva*) y omnipotencia - el poder de hacer que cualquier cosa suceda de acuerdo con lo que se desee (*yatrakamavasaitva*). Además, el cuerpo del practicante se vuelve inmune a los efectos de los elementos. Este es un aforismo de humildad para la mayoría de los practicantes, ya que pone en perspectiva lo que podría ser posible a través de la práctica avanzada de yoga. Además, todos los comentarios indican cómo, a pesar de adquirir todos estos poderes, el yogui se abstiene de alterar el orden cósmico. Esto puede ser un excelente recordatorio de que, independientemente de los poderes que se obtengan, todos están relacionados con las acciones previas (*karma*) y el propósito de la vida (*dharma*) de cada individuo. *Al reflexionar sobre tu propia práctica y tu vida, ¿puedes ver algún cambio que indique que estás creciendo en tu humanidad?*

3.47 Las perfecciones corporales incluyen la belleza, la gracia y la fuerza para resistir un rayo.

Continuando con los efectos de practicar *samyama* sobre los elementos, este sutra enumera los efectos de dominar los elementos. El hecho de que los comentaristas tradicionales básicamente no tengan comentarios sobre este sutra le recuerda al estudiante *que centrarse solamente sobre lo físico indica que ha perdido el sentido de la práctica.* Este sutra señala que el cuerpo del practicante crece en belleza, gracia y se vuelve indestructible. Estos atributos no son un objetivo, sino un efecto secundario de la práctica. En un nivel básico, puedes notar cómo cuando una persona es cariñosa, amable y emocionalmente equilibrada, parece irradiar alegría. Además, un practicante cuyo poder proviene de tener una mente abierta, un corazón abierto y una integridad profunda puede navegar todos los aspectos de la vida con facilidad y gracia. No importa lo que pase, bueno o malo, tal practicante puede soportarlo todo con ecuanimidad. Incluso si no has dominado los elementos primordiales de la existencia, ¿te mantiene tu práctica vibrante, entusiasta y sincera?

¿Estás viviendo tu vida con belleza, gracia y fortaleza?

3.48 La integración meditativa (*samyama*) sobre la percepción, el carácter esencial, el sentido del yo, las cualidades inherentes y el propósito da como resultado el dominio de los sentidos.

Este sutra presenta la culminación de la práctica de *pratyahara* introducida al final del capítulo dos del Yoga Sutra (2.54 y 2.55). En este caso, el enfoque de un solo punto de *samyama* se dirige a los sentidos mismos. Sigue un enfoque similar para enfocarte en los elementos presentados en el aforismo 3.45. Como el resto del yoga, se trata de una progresión gradual de un nivel de experiencia a uno más sutil. Comienza con la atención al proceso perceptivo. Cada estímulo activa un órgano sensorial haciendo que reciba las cualidades genéricas y específicas de todo lo que percibes. Profundizando, la atención se centra en el carácter esencial exclusivo del órgano sensorial que está activo. Esto conduce al sentido del "yo" que se manifiesta a través de ese sentido. Las tendencias de manifestación (actividad- *rajas*, inercia-*tamas*, claridad-*sattva*, mencionadas en los sutras 2.18-2.19) inherentes a ese órgano sensorial se vuelven más evidentes. Entonces, el proceso revela el propósito del sentido como un instrumento de experiencia para la liberación de la identificación errónea. El verdadero dominio de los sentidos libera al practicante de perseguir sensaciones. Este sutra es una invitación a obtener una relación experiencial profunda con tus sentidos como vehículos para liberarte del condicionamiento sensorial.

¿Es vivir en el mundo un viaje sin fin de sobrecargar tus sentidos?

¿Cuáles son las experiencias sensoriales a las que te expones?

¿Qué tan a tono estás con tus propios sistemas y procesos de percepción?

¿Cuál es el propósito de tus experiencias sensoriales?

3.49 En consecuencia, un cuerpo tan rápido como la mente, independencia de los órganos de los sentidos y dominio del principio creativo de la naturaleza (*pradhana*).

Estos logros más elevados desafían las nociones cotidianas. Como resultado dominar los órganos de los sentidos, el cuerpo puede moverse tan rápido como la mente, sin importar la distancia o las circunstancias. La independencia de los órganos de los sentidos se ha interpretado como la capacidad de percibir sin utilizar los órganos de los sentidos. Algunos comentaristas indican que el practicante tiene la capacidad de generar un órgano cuando sea necesario. Uno de los sutras del Capítulo Cuatro del Yoga Sutra se referirá a esta capacidad de crear un cuerpo a voluntad. El logro final es el dominio de la esencia de la vida (*pradhana*). Aquí nuevamente hay diferentes opiniones. Algunos comentarios dicen que este dominio sobre la esencia de la vida significa que el yogui tiene el poder de controlar la naturaleza. Una objeción típica es que querer controlar la naturaleza demuestra que todavía hay apego al mundo. Un punto de vista diferente sugiere que el yogui puede usar este poder para cumplir con su propósito de servir. Esta indagación puede ser un útil punto de indagación:

¿Cuál es tu relación con el principio creativo de la vida?
¿Intentas controlar la vida?
¿O le das la bienvenida incondicional a la vida en todas sus manifestaciones?

3.50 Al discernir la distinción entre la Consciencia Pura y el cuerpo-mente-corazón transparentemente claro, surge la supremacía sobre la existencia y la omnisciencia.

El tema recurrente en el Yoga Sutra aparece nuevamente: el problema que enfrentan los seres humanos es el sufrimiento. El sufrimiento resulta de olvidar la naturaleza propia o, más específicamente, de creer que nuestras experiencias y actividades son nuestra verdadera naturaleza (1.3, 1.4 y 2.5). La mayor libertad es estar libre de distracciones causadas incluso por las experiencias más sutiles (1.16). La libertad surge al liberarnos de esta confusión entre la capacidad de presenciar, la consciencia y lo que se puede sentir y vivir (2.17, 2.20, 2.24 y 2.25). Este sutra reitera que todo el proceso yóguico consiste en liberarte de tus maneras de ser a todos los niveles para tener la experiencia directa de la consciencia diáfana. Entonces, la distinción entre la consciencia inmanente individual y la consciencia trascendental primordial que subyace a toda la existencia es inequívoca. Dado que toda identificación ha cesado y todas las opiniones y creencias se han dejado atrás, todas las experiencias se perciben claramente en su naturaleza efímera. Al encontrar la consciencia eterna, el practicante está más allá de todos los aspectos de la existencia. Tener acceso a la consciencia primordial da como resultado la omnisciencia, el conocimiento simultáneo de todas las posibles permutaciones de la esencia de la vida en todo momento y en todo lugar. Observa que estas ideas hacen eco de los atributos de *ishvara* presentados en los 1.24 a 1.29, así como también de la afirmación en el sutra 2.45 de que establecerse en la entrega total a la perfección de la vida da como resultado *siddhis*.

Como estudiante de yoga en la vida contemporánea, ¿estás ganando algo de supremacía sobre tus maneras de ser?

¿Se está volviendo más claro para ti que hay un vasto cuerpo de conocimiento aún por descubrir?

¿Está disminuyendo la tendencia interna a generar una opinión sobre todo?

¿Te parece que tu intuición se está agudizando?

¿Está cambiando tu sentido del "yo"?

Libertad

3.51 El desapego de incluso esos logros y la eliminación de las semillas de las aflicciones restantes produce la libertad.

El camino del yoga es un sendero de liberarnos de las restricciones que limitan la manifestación sin fin de la vida en su infinita diversidad. Al eliminar el enfoque en el limitado ámbito de ser un "yo", el practicante comprende empíricamente la extraordinaria riqueza de la vida y la naturaleza. Los *siddhis* surgen cuando la persona se libera de sus apegos a sus opiniones, creencias y otras maneras de ser. Luego, se desarrolla una comprensión profunda de la interacción atemporal entre la consciencia y la materia, lo que da como resultado los poderes extraordinarios descritos en este capítulo, los *siddhis*. Este proceso gradual consiste en regresar persistentemente a la presencia (*abhyasa*) mientras se ponen de lado los juicios y las expectativas (*vairagya*). De manera similar, todas las ramas del yoga requieren una combinación de esta perseverancia paciente. Por ejemplo, en la práctica de la meditación aprendes a concentrarte primero, luego suavizas la cantidad de esfuerzo para poder mantener tu concentración con un gasto mínimo de energía. La progresión hacia la liberación es un proceso en el que expandes tu capacidad de percibir con mayor sutileza. Después de centrarte en la distinción entre la consciencia pura y la consciencia individual presentada en el sutra anterior, toda la naturaleza en su grandeza se reconoce claramente como un vehículo para la consciencia y no la consciencia en sí misma. Todos los logros presentados en el Capítulo Tres del Yoga Sutra son solo vehículos para la liberación. Esta diferenciación es el antídoto que previene ignorar tu propia naturaleza (*avidya* 2.3 a 2.5). De hecho, es la consciencia discriminativa (*viveka*) presentada como el camino hacia la liberación en el sutra 2.26. Cuando la persona ha alcanzado este nivel, incluso la capacidad de discernir entre la consciencia pura y la consciencia individual (*viveka*) se ve como una manera más de ser (*vrtti*). Una vez más, todo aquello que ya no es necesario se deja de lado, independientemente de su utilidad anterior. Al soltar todas las maneras de ser, las últimas impresiones almacenadas en la consciencia individual (*samskaras*) se desactivan. No hay nada más en lo que concentrarse. Esta es la transición de la integración con una semilla (*sabija samadhi*) y la integración sin una semilla (*nirbija samadhi*) de la que se habla en los sutras 1.17, 1.18, 1.47-1.51; y también al principio de este capítulo en los sutras 3.7 y 3.8. Solo cuando todo se ha dejado de lado (*vairagya*) emerge la liberación. Esta liberación surge cuando ya no existe la ilusión de separación.

¿Dónde estás en tu camino hacia la liberación?
¿A qué maneras de ser te aferras?
¿Cuáles maneras de ser has dejado de lado después de notar que ya no te son útiles?
¿Qué maneras de ser siguen cumpliendo un propósito?
¿Hay momentos en los que la noción de "yo" está menos arraigada?

Magnificencia (Vibhuti)

3.52 La vanidad y el engreimiento que resultan del contacto con los demás, incluso con seres celestiales, pueden generar un resurgimiento de consecuencias indeseables.

Hoy en día, el culto a la personalidad está tan extendido que hace que sea fácil entender cómo el ser abordado por los poderosos y los famosos puede ser una fuente de orgullo y vanidad. Además, también puede explicar cómo el orgullo y la presunción contribuyen a descarrilar a algunas de esas personas que han alcanzado posiciones destacadas. En este sutra, Patañjali afirma que incluso después del largo proceso de liberación de tu identidad, tu estado exaltado puede atraer invitaciones de seres celestiales que resulten en volver a encender las semillas de tus maneras de ser en forma de arrogancia y engreimiento. Hay innumerables ejemplos de historias sobre la tentación en todas las tradiciones de sabiduría de todo el mundo. La tentación expone la falta de compromiso con el camino hacia la libertad. Como recordarás, uno de los obstáculos enumerados en el sutra 1.30 fue *anavasthitatvani*, inestabilidad o incapacidad para mantener el nivel de progreso alcanzado. Recuerda también que al comienzo del Capítulo Dos del Yoga Sutra, dice que no conocer tu naturaleza esencial (*avidya*) se convierte en el campo donde brotan otras aflicciones, incluidas la identificación errónea con el sentido de "yo" (*asmita*), gustos (*raga*), disgustos (*dvesha*), y un sentido de importancia personal (*abhinivesha*) (2.3-2.9). Esto parece una invitación a estar muy bien arraigados en la práctica de la humildad (*ishvara pranidhana*).

¿Qué te tienta?
Cuando surge la tentación, ¿qué tipo de desequilibrio revela en ti?
¿Cómo puede resolver ese desequilibrio?
¿Estás siguiendo las enseñanzas inteligentemente o estas siguiendo a un maestro carismático?
¿Hay rastros de importancia personal en ti?
¿Qué activa tu importancia personal?

¿Tus pensamientos, intenciones y acciones revelan arrogancia?

¿Cómo te está orientando tu propósito de vida hacia la liberación?

Propósito

3.53 La integración meditativa (*samyama*) en momentos únicos y su secuencia, resulta en sabiduría nacida del discernimiento.

Un momento es el instante más pequeño en el que puede ocurrir un cambio. El cambio está sucediendo en todas partes. La vida es una secuencia continua de cambios que ocurren simultáneamente. A medida que se produce el cambio, un momento se convierte, casi imperceptiblemente, en otro momento. Sin embargo, los cambios solo ocurren en el momento presente. En el antiguo comentario de Vyasa, el autor explica que el tiempo es una construcción mental. El ayer y el mañana parecen reales en nuestras mentes, sin embargo, nunca hemos estado en el ayer o el mañana. No podemos ir a ninguno de los dos. Solo podemos ir a los recuerdos de nuestra mente para intentar retroceder en el tiempo. O, para pensar en el futuro, tenemos que especular sobre lo que podría pasar. El tiempo es una herramienta útil para fines prácticos, como elegir cuándo reunirse con un amigo para almorzar. Sin embargo, cuando ves el tiempo como algo real, el tiempo puede convertirse en una mercancía, algo que se puede ahorrar o perder. Al igual que con cualquier otro concepto o herramienta, podemos ver el tiempo como útil o inútil. *¿Es la expectativa de que hay un mañana esperándote una excusa para posponer tu participación incondicional en tu vida? ¿O es la incertidumbre sobre el mañana una motivación poderosa para participar de manera significativa en rus actividades?* Este sutra es un recordatorio de la llamada a la acción del sutra 1.1, la tarea del yogui es estar presente. Si el cambio ocurre solo en el momento

Magnificencia (Vibhuti)

presente, tus acciones solo pueden tener lugar en el momento presente. *Cuando vas más allá de ver el tiempo como algo real, ¿qué sucede?* Este aforismo dice que la integración meditativa sobre los momentos y su sucesión establece la sabiduría a partir del discernimiento.

¿Puede tu meditación sobre la secuencia de momentos únicos aclarar la diferencia entre el aspecto tuyo que cambia constantemente y la parte que parece atemporal?

Por ejemplo, en una posición cómoda, cierra los ojos e invítate a relajarte. Tómate un tiempo para dejar que todo, tu cuerpo, tu respiración, tu mente y tus emociones se calmen. Concéntrate en sentir la experiencia completa de ser sin agregar ningún comentario.

¿Puedes sentir un aspecto atemporal de ti?

Cualquiera que sea la experiencia, no se puede expresar con palabras con precisión, pero es posible que pueda sentirla.

¿Puedes quedarte con eso y sentir curiosidad por lo que sucede cuando te concentras completamente en cada momento y los cambios que están sucediendo?

¿Puede esta práctica ofrecerle un punto de vista útil para vivir tu vida?

3.54 En consecuencia, la diferencia esencial entre dos objetos aparentemente idénticos (por especie, características, y ubicación) se puede discernir.

Continuando con la idea del sutra anterior de que un avezado practicante de yoga puede notar los cambios mínimos de un instante en el tiempo al siguiente, este sutra establece que el practicante puede notar los cambios mínimos que hacen que un objeto sea único, incluso cuando hay dos objetos aparentemente idénticos. El ejemplo típico es que, si hay dos anillos de oro que son idénticos en todas sus características, incluida su forma, color, peso y apariencia, un yogui puede saber si alguien cambia la posición de los anillos. Este conocimiento resulta de ser capaz de discernir los cambios más imperceptibles que tienen lugar en cada instante. Cada anillo idéntico tiene diferentes interacciones atómicas con su entorno, y el yogui puede notar estas diferencias infinitesimales. Esto es parte de la omnisciencia, el conocimiento, la consciencia y la comprensión completos del mundo mencionado en el sutra 3.50. Otra forma de entender este aforismo es que la persona está completamente sintonizada con todo lo que puede percibirse.

¿Hasta qué punto eres capaz de notar los aspectos muy sutiles de los fenómenos que te rodean?

¿Cómo te capacita esto para participar en tu vida en maneras que edifican y afirman la vida?

3.55 Como resultado del discernimiento (*viveka*), conocimiento trascendental completo y omnicomprensivo que disuelve la ilusión del tiempo. Entonces, la yoguini es independiente de la existencia condicionada.

El discernimiento (*viveka*) de la distinción entre la consciencia pura y experiencias temporales da al practicante la sabiduría intuitiva que abarca todo lo que existe, independientemente de las características, propiedades, condiciones, ámbito, o la secuencia (tiempo). Este conocimiento trascendente es *rtambhara* - mencionado en los aforismos 1.48 y 1.49 - una comprensión profunda, más allá de la inferencia, de la intrincada sinergia de todo en el cosmos. Libre de todo condicionamiento, la persona acepta incondicionalmente todo lo que existe.

¿Hasta qué punto sigue poniendo condiciones a su participación en el fluir interminable de la vida? ¿Qué maneras de ser residuales te alejan de tu estado natural de ser?

¿Qué condiciones te impiden decirle sí a la vida?

3.56 Así, cuando la pureza del individuo refleja impecablemente la pureza de la Consciencia Pura (*purusha*), surge la liberación (como independencia completa - *kaivalya*).

Independientemente de utilizar la integración meditativa (*samyama*) y sus resultados, o el puro discernimiento (*viveka*) sin ningún efecto extraordinario (*siddhis*), alcanzar la máxima claridad conduce a la libertad completa (*kaivalya*). Esta máxima claridad es el paso final en la regulación de tus maneras de ser (*vrtti*). Primero, notas las maneras de ser, luego evalúas su utilidad. El siguiente paso consiste en regular las maneras de ser favoreciendo aquellas que son benéficas. Eventualmente, todas las maneras de ser se dejan atrás descubriendo el estado natural de consciencia completa que refleja la consciencia absoluta. En el ejemplo de un proyector de películas, la lente, la película, la pantalla y todo lo que hay en la sala de proyección está libre de cualquier bloqueo que pueda impedir el flujo ininterrumpido de luz para animar la película. De manera similar, en esta etapa del viaje, te has liberado de toda identificación errónea (*avidya*). Todas las impresiones pasadas (*samskaras*) han sido resueltas, sin desarrollar nuevas tendencias (*vasanas*). En consecuencia, tus acciones no están vinculadas a ninguna expectativa o consecuencia (*karma*). Toda tu participación en el flujo de la vida ocurre de acuerdo con el fluir sin obstáculos de la consciencia pura a través de tu cuerpo, mente y emociones. Esto es permanecer en tu estado natural de uno, tu verdadera naturaleza (1.3).

¿Cuál es tu estado natural?

¿Qué es lo que te lleva a estar en ese estado natural?

Resumen del Capítulo Tres del Yoga Sutra

Con las primeras cinco ramas del yoga, el practicante incrementa la armonía entre la vida y la consciencia y así reduce sus niveles de reactividad. Las tres últimas ramas del yoga, concentración (*dharana*), meditación (*dhyana*) e integración (*samadhi*), completan el sistema de las ocho ramas del yoga. Cuando se aplican juntas, estas tres ramas se denominan *Samyama* y, a través de su desarrollo gradual, dan como resultado la percepción de la sabiduría más elevada. *Samyama* es más interno que las primeras cinco ramas, pero no es tan profundo como el nivel más alto de integración. *Samyama* es un proceso que continúa el camino desde *pratyahara*, la orientación de los sentidos hacia adentro, a la concentración que puede mantenerse sin esfuerzo e invita a un creciente silencio interior. Dado que la mayoría de los obstáculos para conectarnos con nuestra verdadera naturaleza resultan de nuestra identificación errónea, dejar de lado creencias equívocas sobre nosotros mismos produce un nivel profundo de integración (*samadhi*). Esta integración ocurre como una transformación gradual en los niveles físico, fisiológico, mental y emocional que se manifiesta como un creciente enfoque interior y una mayor paz interna. Como resultado, se afianza una nueva tendencia hacia el silencio interno, que se arraiga profundamente de modo que todas las distracciones se disuelven y se establece la consciencia unidireccional. En consecuencia, la ilusión de separación se disuelve y es posible notar las similitudes entre un instante y el siguiente. Después de desmantelar los limitantes filtros usados para interpretar todas las experiencias, la atención se sintoniza a través de los sentidos hacia la experiencia directa y sin obstáculos de la vida en sus elementos constitutivos, incluyendo sus propiedades, características y estados. En consecuencia, se pueden percibir los cambios con una claridad incomparable, ofreciendo una profunda apreciación de todos los fenómenos que existen.

Magnificencia (Vibhuti)

Al dirigir la integración meditativa (*samyama*) a las dimensiones de cambio, el pasado y el futuro se hacen evidentes. La integración meditativa puede revelar lenguas y la comunicación con todos los seres, el conocimiento de las vidas anteriores, el estado mental de una persona, y el tiempo de nuestra propia muerte. *Samyama* también puede conferir imperceptibilidad. Puede realzar las cualidades y la fortaleza; facilitando la percepción de lo que está oculto, así como el conocimiento de los aspectos sutiles del universo, las estrellas y constelaciones; la comprensión del cuerpo; el control de la sed y el hambre; comunicación con los seres incorpóreos; el acceso a la luz interior de la consciencia; conocimiento de nuestra propia mente; imparcialidad; intuición extraordinaria; capacidad para entrar en el cuerpo de otra persona; levitación; resplandor; viajar por el espacio; consciencia más allá del cuerpo; percepción sensorial extraordinaria; poderes físicos extraordinarios; perfección corporal; independencia de los órganos de los sentidos; omnisciencia y omnipotencia. Sin embargo, solo mediante el desapego de estos logros puede evitarse la tentación. Al dejar de lado toda identificación errónea (*avidya*), finalmente se elimina el condicionamiento impuesto por todas las maneras de ser. Solo al discernir la distinción entre nuestra verdadera naturaleza y nuestras maneras de ser, puede manifestarse la liberación absoluta. *El practicante se convierte en una personificación de la verdadera comprensión de todos los aspectos de la realidad, absolutamente libre de la existencia condicionada.*

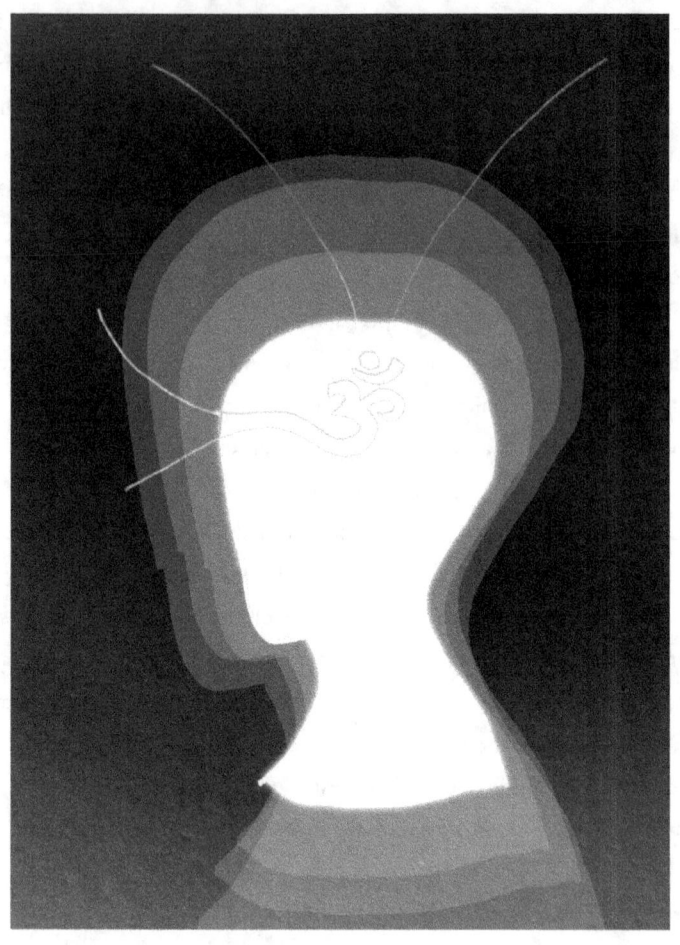

Al permanecer en tu verdadera naturaleza, las luchas constantes por tener sentido se disuelven, liberándote de tus opiniones, creencias e identificaciones erróneas limitadas y limitantes. Entonces tu corazón y tu mente se abren.

EMANCIPACIÓN (*KAIVALYA*)

Kaivalya, el título del Capítulo Cuatro del Yoga Sutra, tiene los siguientes significados en sánscrito: *aislamiento, unidad absoluta, aislamiento perfecto, abstracción, desapego de todas las demás conexiones, desapego del alma de la materia o transmigraciones posteriores, beatitud, que conduce a la eternidad. felicidad* o *emancipación*. Los aforismos de este, el capítulo más corto, se pueden agrupar de la siguiente manera:

- Consciencia y naturaleza [4.1-4.5]
- Impresiones, tendencias y consecuencias [4.6-4.11]
- Ámbito de la experiencia [4.12-4.17]
- Consciencia y atención [4.18-4.24]
- Emancipación [4.25-4.34].

> **Consciencia & Atención**
> La consciencia es la vitalidad, la presencia o el ser en todo lo que existe, en todas partes.
> La atención es la sensación individual de estar vivo; una manifestación de la consciencia; la luz que nos permite darnos cuenta de que estamos conscientes; el proceso de entrar en presencia; la expresión activa de la consciencia; el elemento clave en el yoga.

CONSCIENCIA Y NATURALEZA

4.1 La función óptima y la eficiencia potenciada (*siddhis*) pueden resultar del nacimiento, las hierbas, *mantra*, las prácticas de purificación (*tapas*) y la integración profunda (*samadhi*).

Después de dedicar una parte importante del Capítulo Tres a las prácticas yóguicas que resultan en logros extraordinarios (*siddhis*), Patañjali comienza el Capítulo Cuatro enumerando cinco formas posibles de cultivar estas facultades. La primera es por nacimiento, lo que significa que estos poderes son innatos, con ejemplos típicos proporcionados por niños prodigiosos. Los comentaristas explican que, en esos casos, los méritos de la persona en vidas anteriores se materializan cuando la persona nace. La segunda forma es usando hierbas. Todas las tradiciones del mundo que viven en armonía con la naturaleza desarrollan un profundo conocimiento de su entorno. En consecuencia, cada tradición aprende a usar lo que la naturaleza proporciona para el sustento, la salud y para satisfacer todas sus necesidades, incluyendo explorar estados que les dan acceso a una comprensión más profunda del universo.

Mantra, la práctica de recitar una serie de palabras, también es una práctica generalizada en muchas sociedades tradicionales. Pueden ser usadas para producir efectos específicos, como crear calma, alcanzar estados elevados de consciencia y para conjuros. También se pueden obtener poderes extraordinarios mediante prácticas de purificación intensas, *tapas*. Este tipo de prácticas son comunes en muchos rituales tradicionales en todo el mundo. La quinta forma de mejorar la función y la eficiencia es la integración, *samadhi*. Recuerda que Patañjali ya dedicó el Capítulo Uno del Yoga Sutra al *samadhi*. Este sutra refleja la perspectiva integral de Patañjali, al no afirmar que solo el yoga puede crear estos poderes sobrenaturales. Por supuesto, ya se ha dicho en el aforismo 3.38 que estos poderes pueden verse como logros o como obstáculos. Es el practicante quien decide cómo aplicar estos poderes, ya sea para generar más maneras de ser (*citta vrtti*) y enredos o para avanzar hacia la liberación.

¿Estás notando cambios en tus maneras de ser y funcionamiento? ¿De dónde provienen?
¿Está creando tu práctica un funcionamiento óptimo y una mayor eficiencia?
¿Cómo ayuda tu práctica a mantener tu energía vital?
¿Cómo contribuye a mejorar la calidad de tu participación en tu vida? ¿Te estás enmarañando en el mundo o estás viviendo en armonía por dentro y por fuera?

4.2 Llegar a existir es una transformación que sigue el fluir de la naturaleza (*prakriti*).

El flujo de la vida evoluciona de acuerdo con las tendencias intrínsecas de la naturaleza: movimiento (*rajas*), equilibrio (*sattva*) e inercia (*tamas*) (2.18). Estas tres tendencias se manifiestan en la naturaleza (*prakriti*) de innumerables formas. En el sutra 3.13, Patañjali habló de que todo en la naturaleza cambia en tres dimensiones: propiedades (*dharma*), características (*lakshana*) y estados (*avasthana*). En diferentes momentos, algunas de esas características pueden estar activas, inactivas o latentes (3.14). Los cambios en esas características (propiedades, características o estados) no son un cambio fundamental. Por ejemplo, el agua que cambia de líquido a vapor o hielo no pasa por una transformación fundamental porque su esencia no cambia. Los cambios provocados por las cinco prácticas enumeradas en 4.1 no representan una transformación fundamental porque no cambian la esencia fundamental del objeto. En el caso del nacimiento, se sugirió que la causa de las facultades sobrenaturales se manifiesta en el nacimiento como resultado de la acumulación de experiencias previas de ese ser.

Recuerda que en la primera mitad del Capítulo Tres del Yoga Sutra, Patañjali mencionó tres cambios significativos logrados a través de la integración meditativa (*samyama*): un cambio hacia una mayor quietud interior (*nirodha parinama* - 3.9), liberación de todas las externalidades (*samadhi parinama* - 3.11) y un enfoque puntual que elimina toda ilusión de separación (*ekagrata parinama* - 3.9). Aunque estos no son cambios fundamentales en tu esencia, tienen un efecto poderoso en la transformación de tu cuerpo y mente. *Samadhi* parece ser preferible a las otras opciones enumeradas en el sutra 4.1 porque es más sostenible y está bajo el control del practicante. En cualquier caso, nacer es el fluir incontenible de la vida que se manifiesta en la naturaleza.
¿Hasta qué punto eres consciente del fluir de la vida en ti?
¿Eres consciente de los cambios constantes a medida que la vida sucede a tu alrededor?
¿Cómo influyen tus movimientos en como fluye la vida a través de tu ser?

¿Cuáles son los efectos de varias formas de respirar en la vitalidad en ti?
¿Afectan tus pensamientos cuán viva te sientes?
¿Existe una relación entre tus emociones y la sensación de vitalidad en ti?

¿Cuáles son los efectos de tus decisiones y acciones sobre el fluir de la vida en la naturaleza, incluso en tu propio ser?

Emancipación (Kaivalya)

4.3 El fluir de la vida en la naturaleza (*prakriti*) no es el resultado de causas incidentales. Cuando se eliminan los obstáculos, la vida fluye orgánicamente de acuerdo con su propia potencialidad.

Continuando con la línea de pensamiento del sutra anterior, nos recuerda que la naturaleza tiene sus propias tendencias primordiales. Tus acciones anteriores no causan tu vida; tus acciones anteriores, sin embargo, influirán en tu nacimiento, duración de vida y calidad de experiencias (2.13). Cuando se eliminan los obstáculos, la vida fluye según su propia potencialidad, como cuando un agricultor desvía el flujo de agua de un campo a otro para regar el campo que lo necesita. El agricultor en realidad no hace que el agua sea absorbida por las plantas que la necesitan. En cambio, el agricultor crea las condiciones propicias para que el agua sea absorbida, lo que sucede de acuerdo con la naturaleza del agua, el suelo, el ecosistema de bacterias en el suelo y el sistema de raíces de las plantas. Si alguna vez has intentado plantar un jardín, es posible que hayas notado que comienzas quitando las malezas, preparando el suelo y plantando las semillas adecuadas a tu ubicación geográfica, estación y exposición al sol. Incluso cuando preparas toda una sección de manera uniforme y usas semillas del mismo banco de semillas, notarás que algunas semillas germinan y otras no. En otras palabras, organizas las causas incidentales, creando condiciones propicias para que tus plantas crezcan, pero no tienes control sobre cómo se manifestará la naturaleza. Estas causas incidentales que manipulas no son la causa de que la vida fluya hacia las semillas para germinarlas.

La segunda mitad de este sutra presenta la parte que está bajo tu control, eliminar los obstáculos al fluir de la vida. Esto se hace modificando el suelo, quitando las malezas, asegurándote de que sea la estación adecuada y la exposición al sol correcta. Aunque algunas semillas pueden tener la oportunidad de crecer incluso cuando no preparas el terreno, las probabilidades aumentan dramáticamente cuando facilitas el proceso al eliminar las obstrucciones al flujo de la vida en la naturaleza.

Recuerda la definición y los resultados del yoga en el Capítulo Uno del Yoga Sutra, que el yoga es regular tus maneras de ser (1.3). Esta regulación es precisamente la eliminación de obstáculos explicados en este sutra. Al regular tus maneras de ser, personificas tu verdadera naturaleza (1.4). Personificar tu verdadera naturaleza es vivir en lo que a menudo se llama el estado natural. Este punto se reitera aquí porque es crucial para la práctica del yoga. El estado natural es tu derecho de nacimiento, es la felicidad y la salud sencillas que presencia en un bebé. Miras al bebé y te devuelve la mirada con una sonrisa genuina y una actitud despreocupada. No hay ningún esfuerzo por parte del bebé para permanecer en el estado natural; por eso se llama estado natural. *Sucede a menudo que llegamos a ver al yoga como un sistema para adquirir estado físico, salud, belleza, fuerza o flexibilidad extraordinarias. Cuando eso sucede, establecemos metas inexactas para la práctica.* Al mismo tiempo, estas metas generan expectativas que se convertirán en semillas de frustraciones futuras, porque incluso cuando las alcances, serán efímeras.

El yoga es un sistema completo para eliminar los obstáculos que te impiden estar en tu estado natural de felicidad sin esfuerzo. Por eso, el primer paso es tomar consciencia de lo que estás haciendo. A continuación, decides cómo lo que estás haciendo contribuye a mantenerte en tu estado natural. Eliminas las maneras de ser que son inútiles, los obstáculos que te impiden vivir incondicionalmente.

¿Existe alguna diferencia entre tu estado normal y tu estado natural?
¿Cómo te estás alineando con tu estado natural?
¿Hay alguna obstrucción que limite tu acceso a la felicidad y el amor que permean tu ser?

Emancipación (Kaivalya)

¿Cuántos de esos obstáculos puedes aprender a regular y, finalmente, a eliminar?

4.4 Las mentes creadas son el resultado del sentido del yo (*asmita*).

Un aspecto fascinante del Yoga Sutra es que su concisión invita a muchas interpretaciones diferentes. Un enfoque consiste en elegir una perspectiva de acuerdo con una tradición o creencia e interpretar el sutra de acuerdo con esa tradición. Otro enfoque es considerar que varias interpretaciones pueden ser correctas en diferentes momentos y para diferentes niveles de práctica. Este segundo enfoque se ofreció en el capítulo anterior, y en todo este libro, para proporcionar una forma viable para practicar. Para algunos comentaristas, este aforismo establece que el practicante crea otros cuerpos-mentes como vehículos de su consciencia que pueden estar todos activos simultáneamente sin generar nuevas impresiones. El practicante crea otros cuerpos-mentes para acelerar la resolución de sus impresiones pasadas (*samskaras*) y de su *karma*. Una perspectiva ligeramente diferente sugiere que el practicante crea muchos cuerpos-mentes, por compasión, para mejorar la calidad de vida de todos los seres. Dado que el ser del practicante está libre de pensamientos, las acciones realizadas a través de estos cuerpos no generan impresiones que causen *karma* futuro. Estas dos interpretaciones complementarias continúan el hilo de los poderes sobrenaturales en el Capítulo Tres, enmarcados dentro de las ideas de los últimos tres aforismos, que surgen como resultado de eliminar los obstáculos al flujo de las fuerzas naturales.

Otra forma posible de entender este sutra es que el flujo natural de la vida se manifiesta como el sentido del yo (*asmita*). Este sentido del yo es un sentido muy sutil del ser. Es este sentido del yo el que está en el centro de todas tus experiencias. De hecho, es este *asmita* lo que te da la sensación de que eres un ser, de que existes. Recuerda que al comienzo del Capítulo Dos del Yoga Sutra, la lista de las cinco aflicciones incluía el desconocimiento de tu verdadera naturaleza (*avidya*) como el obstáculo principal que permite que los otros obstáculos emerjan secuencialmente (2.3 a 2.9). El segundo obstáculo que aparece es el sentido de sí mismo (*asmita* 2.6). Cuando este obstáculo muy sutil está activo, puede ser neutral. Sin embargo, también puede desencadenar la aparición de las otras tres aflicciones, gustos (*raga* 2.7), aversiones (*dvesha* 2.8) y sentido de importancia personal, también conocido como miedo a morir (*abhinivesha* 2.9). Según el sutra 4.4, este afloramiento natural de la naturaleza, tu sentido de ti misma es la raíz de todas tus identificaciones. En otras palabras, es tu sentido básico de ti mismo el que crea todos los puntos de vista conflictivos típicos de quién crees que eres, quién crees que deberías ser y quién crees que los demás esperan que tu seas. En el contexto de los logros, los yoguis en este nivel de dominio de la práctica pueden conectarse con su sentido de sí mismos y desactivar sus tendencias hacia la identificación para evitar generar nuevas maneras de ser (*citta*).

Una posible forma de contemplar el mensaje de este sutra es sentir cómo tu sentido de ti misma es el punto donde la naturaleza y la consciencia se encuentran. Como cualquier otro punto de interacción entre dos principios diferentes, *asmita* es el campo donde se manifestará la fricción entre estos dos principios diferentes. También puede ser útil recordar que este sentido de ser (*asmita*) fue uno de los grados de meditación mencionados en el aforismo 1.17. Si recuerdas la idea de que el yoga es un proceso de refinamiento de tu presencia, puedes abordar esta contemplación de tu sentido de ser considerando las dos preguntas siguientes:
¿Cuáles son las diferentes etiquetas que influyen en quién crees que eres y en tus acciones?

Emancipación (Kaivalya)

Cuando calmas el nivel de actividad e identificación internas a través de la meditación, ¿qué sucede?

4.5 Una consciencia singular subyace a todas las muchas experiencias en su amplia variedad.

Al interpretar el aforismo anterior como la capacidad de generar una variedad de cuerpos-mentes, se piensa que este sutra es una aclaración del hecho de que el yogui dirige todos los cuerpos-mentes individuales que ha creado. Si se entiende que los sutras anteriores tratan de la capacidad de regular el sentido del yo (*asmita*), este sutra puede considerarse como una confirmación de que existe un sentido del yo subyacente debajo de todas las experiencias individuales, independientemente de cuán diferentes sean. Al observarte durante el día, probablemente notarás que ajustas la forma en que interactúas con el mundo de acuerdo con el contexto en el que te encuentras. Si estás en una biblioteca y está hablando con un amigo, el tono de voz que usas puede ser diferente de tu tono de voz cuando te encuentra con ese mismo amigo en un restaurante concurrido. De manera similar, los temas que tratas y el nivel de emoción que muestras puede ser diferente en diferentes momentos y con diferentes personas. *¿Existe una consciencia singular subyacente a todas las variadas experiencias que tienes? ¿Cuál es el núcleo de cada una de tus experiencias?* Esta indagación se puede ampliar para considerar que el sentido del ser es común a todos los humanos y, muy probablemente, a todos los seres vivos.

¿Podría ser esta una forma de facilitar el desarrollo de un sentido de compasión e interconexión?

¿Se podría poner en práctica esto en el saludo común al principio y/o al final de muchas sesiones grupales de yoga cuando todos los participantes dicen

namaste?
¿Qué hay en el centro de tu ser?

IMPRESIONES (*SAMSKARAS*), TENDENCIAS (*VASANAS*) Y CONSECUENCIAS (*KARMA*)

4.6 La mente de la yoguini, apacible en la meditación, no genera ni acumula nuevas impresiones subconscientes (*samskaras*), porque su percepción no está empañada por sus maneras de ser.

De las cinco alternativas para obtener poderes sobrenaturales enumeradas en el sutra 4.1, solo una proviene de la meditación, ese es el camino del *samadhi*. Las demás opciones –nacimiento, hierbas, prácticas de purificación (*tapas*) y mantra – utilizan formas externas de obtener estos logros. Debido a que estas acciones son externas, generarán ecos en el mundo, impresiones subconscientes (*samskaras*) que resultarán en actividades futuras. Según este sutra, solo el camino que se basa en la meditación (*samadhi*) no producirá nuevas impresiones. En otras palabras, los caminos externos son de corta duración y, por lo tanto, no son sostenibles, mientras que el camino de la meditación (*samadhi*) no requiere que la yoguini dependa de elementos externos y, por lo tanto, es confiable y sostenible. Además, dado que *samadhi* regresa al yogui al estado natural, el sentido de sí mismo del yogui (*asmita*) está libre de toda identificación y, por lo tanto, libre de expectativas y apegos a los resultados.

Todas las acciones tienen ramificaciones. La raíz de cada acción incluye tu intención y tu actitud. Cuando tus acciones se basan en el estado natural, libres del conflicto entre gustos y disgustos, las ramificaciones de tus acciones no se

Emancipación (Kaivalya)

convierten en una carga ni en una fuente de sufrimiento futuro, como se señaló en los aforismos 2.15 y 2.16. Además, en el Capítulo Dos del Yoga Sutra, Patañjali indicó que las aflicciones (*klesha*) se disuelven cuando el sentido del yo se disuelve en la consciencia (2.10) y que la meditación es una forma de contrarrestar las actividades resultantes de las aflicciones (2.11).

Habiendo alcanzado este nivel de práctica, aunque todavía vives en el mundo y participas en la vida a través de sus acciones e interacciones, tus acciones surgen de tu equilibrio emocional y consciencia despejada. Como resultado, tus acciones no dejan impresiones emocionales duraderas (*samskaras*) que de otra manera generarán experiencias futuras gravitando alrededor de tu sentido de ti misma, tus gustos, tus disgustos o tu sentido de importancia personal.
¿Son algunas de tus acciones causadas por tu sentido de importancia personal?

¿En qué medida estás libre de las manipulaciones de tus gustos y disgustos?

¿Qué motiva tus acciones?
¿Cómo sabes si tus acciones son el resultado de tu profundo equilibrio emocional?
¿Tienes claras tus intenciones?

4.7 El yogui consumado, establecido en la integración, está más allá de las dualidades. Por tanto, el yogui no acumula impresiones que provoquen reactividad (*karma*). Para todos los demás, la reactividad (*karma*) es de tres tipos: positiva, negativa y mixta.

El camino del yoga es un recorrido que dura toda la vida. Comienza con el deseo de estar presente en nuestras vidas. Esa resolución simple (pero profunda) nos motiva a tomar consciencia de nuestros pensamientos, intenciones, acciones e interacciones. Cuando intentamos estar presentes, empezamos a notar que nos distraemos la mayor parte del tiempo. Cuando nos observamos a nosotros mismos sistemáticamente, encontramos algunas tendencias en todos los aspectos de nuestro ser, nuestro cuerpo, mente, emociones e interacciones (*citta vrtti* - maneras de ser). *Conocer esos patrones es el requisito previo para poder modularlos,* aumentando las tendencias de afirmación de la vida y disminuyendo las inútiles. Las tendencias inútiles generan impresiones emocionales que perpetuarán un ciclo de más acciones dolorosas o irritantes. Estas son las semillas de la reactividad negativa, llamadas *karma* negro en este aforismo. Los hábitos útiles que afirman la vida plantan semillas de cambio positivo, *karma* blanco. Es válido decir que de la mayoría de las personas, hay muy pocas personas que sean completamente virtuosas todo el tiempo o completamente deshonestas todo el tiempo. La mayoría de nosotros mostramos una combinación de intenciones, pensamientos, acciones e interacciones virtuosas y no tan virtuosas. Este es el tercer tipo de *karma*, una mezcla de los resultados de acciones virtuosas y no virtuosas.

Este sutra explica que los yoguis pertenecen a una categoría completamente diferente. Una yoguini, alguien que está establecida en la integración (*samadhi*), es una persona que ha ido más allá de regular sus tendencias. Ha extinguido todas las tendencias que surgen de su sentido de sí misma. Como resultado, todas las acciones están completamente desapegadas de las expectativas (*vairagya*) porque la yoguini está completamente alineada

Emancipación (Kaivalya)

con la consciencia pura. Al estar en el estado natural, las acciones del yogui no son impulsadas por las aflicciones enumeradas en el sutra 2.3 y, por lo tanto, no acumulan impresiones emocionales no resueltas (*samskaras*), como se señala en los aforismos 2.13 y 2.14. En otras palabras, el yogui no está tratando de ser virtuoso o no virtuoso, porque él o ella está participando en el fluir siempre cambiante de la vida sin deseos ni apegos. Son esos apegos los que crean la ilusión de separación.

¿Hasta qué punto eres consciente de tus tendencias?
¿Cómo estás regulando tus tendencias?
¿Es posible que incluso las tendencias que solían ser beneficiosas ya no sirvan a un propósito y puedan eliminarse?
¿Cuántas de sus actitudes, intenciones, acciones y reacciones están conectadas a impresiones emocionales de tu pasado que no han sido resueltas?
¿Puedes notar cómo tu situación actual puede haber sido influenciada por tus intenciones y acciones anteriores?
¿Eres consciente de las impresiones pasadas que aún están activas en ti?
¿Reflejan tus acciones un creciente equilibrio dentro de ti?

4.8 Las impresiones subconscientes (*samskaras*) permanecen inactivas hasta que las condiciones son apropiadas para su manifestación. Estas impresiones influyen en los rasgos y tendencias de la personalidad (*vasanas*).

Recuerda que las acciones motivadas por las cinco aflicciones (*kleshas* 2.3) influirán en tu nacimiento, duración de vida y calidad de vida (2.12), y resultarán en experiencias agradables y desagradables (2.13). Reconoce también que tu capacidad para hacer algo aumenta mientras más a menudo lo haces, incluso lo que haces con motivos virtuosos o egoístas; e independientemente de que tus acciones sean conscientes o inconscientes. Hagas lo que hagas, especialmente cualquier cosa que esté cargada de emoción, deja una impresión que se almacena en tu subconsciente. Si piensas en algo que te causó gran alegría o dolor, te traerá recuerdos y sensaciones que están almacenadas en ti pero que son atemporales. La intensidad de las sensaciones puede conmoverte, sin importar qué tan atrás en el tiempo haya ocurrido el evento. Algo que te causó dolor emocional en tu niñez aún puede estar almacenado en ti después de muchos años, desencadenando respuestas e influyendo en cómo percibes, interpretas y te comportas en tu vida. De hecho, todas las acciones relacionadas con tu sentido de identidad perpetúan acciones y reacciones posteriores que, a su vez, influirán en tus d preferencias y decisiones.

¿Es posible que algunos eventos en tu vida se manifiesten como resultado de las impresiones dejadas por tu historia personal?
Si notas que algunos patrones se repiten en tu vida, incluso cuando has intentado cambiar tu comportamiento, ¿es posible que alguna impresión previa no resuelta pueda estar influyendo en tus decisiones?
¿Cómo influyen tus motivaciones en tu perspectiva y decisiones?
¿Cómo están formando tus acciones pasadas quién eres o quién crees que deberías ser?
¿Es tu personalidad una forma de condicionamiento?

Emancipación (Kaivalya)

4.9 Todas las acciones dan como resultado impresiones acumuladas (*samskaras*) vinculadas a la memoria en una configuración única, independientemente del tiempo, lugar o circunstancias en las que surgieron tales impresiones.

Cualquier actividad que hagas tiene un principio y un final. Todas las actividades dejan impresiones en tu memoria. Cuanto más significativa sea la motivación para la actividad y más fuerte sea tu inversión emocional en ella, más fuerte será su impresión. Estas impresiones incluyen todo tipo de emociones. La emoción es el pegamento que mantiene unidas todas estas impresiones a tu ser. Como se mencionó en el aforismo anterior, estas impresiones son semillas que influyen en tus acciones e inclinaciones. Cuando probaste algo dulce como helado o chocolate por primera vez, la experiencia te dejó una impresión. Esa impresión se refuerza cada vez que tienes una experiencia similar. La próxima vez que comas ese tipo de comida, recordarás momentos, lugares y circunstancias anteriores en los que tuviste una experiencia similar, fortaleciendo la influencia de esas impresiones. Algunas de esas impresiones pueden estar en tu consciencia, mientras que otras pueden estar almacenadas en tu mente subconsciente.

Este sutra lleva esta idea más allá al decir que las impresiones de todas tus acciones, pensamientos e intenciones están vinculadas a tu memoria de una manera única. Este conjunto de impresiones se convierte en parte de tu manera de ser. Mientras la impresión genere algún nivel de reactividad emocional, permanecerá y, como se señaló en el aforismo 4.8, las impresiones permanecen dormidas hasta un momento propicio para que emerjan. Con el tiempo, estas impresiones se acumulan subconscientemente y crean un circuito de retroalimentación de asociaciones que genera tendencias y experiencias recurrentes. Las experiencias resultantes ofrecen lecciones potenciales que no se han asimilado por completo y, por lo tanto, deberán emerger nuevamente hasta que no generen ninguna reactividad emocional. Cuando estas impresiones permanecen activas, perpetúan tu proceso de vivir a través de tu *karma*, como se menciona en los sutras 4.7, 2.12, 2.13 y 2.14.

A medida que te familiarizas con tus maneras de ser, ¿puedes notar si estas maneras de ser tienden a aparecer una y otra vez?
¿Te parece que tus maneras de ser se están superponiendo?
¿Están tus maneras de ser relacionadas con tus creencias y opiniones?
Si parece que tus formas de ser se repiten, ¿es posible que las circunstancias externas de su manifestación difieran, pero que su contenido emocional y agitación acompañante puedan ser los mismos?
Por ejemplo, si sientes frustración por un conjunto diverso de circunstancias y personas, ¿podría ser que haya una experiencia emocional previa que no ha sido resuelta que está causando tales irritaciones, como un sentimiento de escasez profundamente arraigado o una necesidad de aprobación profundamente enraizada?
¿Será posible que esta colección de impresiones, cuando no han sido resueltas, permanezca en tu espacio individual de consciencia ofreciéndote formas de superar tu identificación con estas experiencias?
Si rastreas los irritantes que te molestan, ¿pueden estar tratando de mostrarle lo que debe superar o dejar de lado para que estas experiencias no se conviertan en otra fuente de identificación errónea?
Por ejemplo, la persona a la que le resulta difícil expresar sus necesidades se encontrará en una situación tras otra que le exhortan a comunicarse, lo que le impulsará a reafirmar su voz hasta que finalmente pueda hacerlo. Considera si la configuración única de impresiones y circunstancias emergentes para su resolución están perfectamente calibradas para que reduzcas o elimines algunas de tus maneras de ser.

Una interpretación tradicional de este sutra indica que el conglomerado de impresiones y memoria continúa de una vida a la siguiente en un ciclo

Emancipación (Kaivalya)

potencialmente interminable de vida, muerte y renacimiento (*samsara*). Esta colección única de recuerdos e impresiones es lo que algunas personas llaman el alma individual. Existe una idea controvertida sobre los receptores de la donación de órganos que experimentan nuevos antojos y predilecciones que coinciden con los del donante de órganos. Otros receptores de la donación de órganos han informado de sueños inusuales que parecen coincidir con experiencias traumáticas vividas por los donantes de órganos cerca del momento de su fallecimiento. Estas historias son controvertidas porque no hay formas de probarlas o refutarlas. Sin embargo, si estos informes son ciertos, ¿será posible que las impresiones de acciones anteriores se almacenan en nuestros órganos a través de algún mecanismo que aún no entendemos? Además, décadas de investigación rigurosa sobre niños que recuerdan sus vidas anteriores sugieren que la consciencia sobrevive a la muerte, permaneciendo incluso cuando se ha roto el vínculo con el cuerpo físico.[vii]

¿Pueden estas historias sobre la transferencia de algunos rasgos personales de una persona a otra señalar cómo la consciencia impregna nuestra existencia encarnada?
Además, si algunas tendencias personales (*vasanas*) pueden sobrevivir después de la muerte, ¿podría esto sugerir que el viaje del aprendizaje se extiende más allá de esta vida?
¿Es posible entonces que tu configuración única de recuerdos, impresiones y tendencias continúe de una vida a la siguiente?

4.10 Se desconoce cuándo estas impresiones subconscientes (*samskaras*) se originaron, y puesto que son impulsadas por el deseo, se mantendrán durante el tiempo que permanezca el deseo.

Este sutra dice que no hay una explicación clara de cuándo o por qué comenzó el deseo. El deseo es una fuerza poderosa que nos obliga a actuar. La voluntad de vivir es la expresión de un deseo primordial en todos los seres vivos. El deseo es una carga emocional que hace que las impresiones se adhieran a tu consciencia. Estas impresiones latentes emergen cuando las condiciones son propicias para que generen más impresiones en un ciclo sin fin (4.8). Entonces, ¿es posible o necesario eliminar todo deseo? Al comienzo de este libro sugerimos aprovechar el poder del deseo para avanzar hacia la presencia.
¿Puede el deseo ser como todas las experiencias, ya sea un vehículo para el disfrute o para la liberación?
¿Qué deseos prevalecen en ti?
¿Hasta qué punto esos deseos están perpetuando algunas de tus tendencias e inclinaciones existentes?
¿Puedes modular tus deseos?
¿Es tu deseo una forma de profundizar tu identificación con los fenómenos temporales?
¿Es posible orientar tu deseo hacia la liberación del condicionamiento?
A medida que cultivas la presencia, ¿estás más consciente de como emergen tus impresiones?
Por ejemplo, cuando te enfocas en una idea u objeto durante la meditación, ¿puedes notar que los pensamientos aparentemente aleatorios que te distraen emergen de tu mente subconsciente?
¿Pueden esos pensamientos que te distraen sugerir caminos viables para liberarte de ellos?

Emancipación (Kaivalya)

4.11 Estas impresiones son causadas por las aflicciones (*klesha*) y dan como resultado el nacimiento, longevidad, así como experiencias agradables y desagradables. Las impresiones están sustentadas por maneras de ser (*citta vrtti*), tendencias (*vasanas*) y por los objetos que se pueden experimentar. Cuando se eliminan las causas, efectos, apoyos y objetos, las impresiones desaparecen.

Este aforismo teje los principales temas del Yoga Sutra. Relacionado con los sutras 2.12 al 2.14, este sutra explica cómo las cinco aflicciones: desconocer tu verdadera naturaleza (*avidya*), tu sentido de ti misma (*asmita*), tus gustos (*raga*), tus aversiones (*dvesha*) y tu sentido de la importancia personal (*abhinivesha*) –siguen generando impresiones que se manifiestan como maneras de ser a través de tus acciones e interacciones. Los objetos y las circunstancias en las que aparecen facilitarán el surgimiento de algunas de tus maneras de ser, que dejarán nuevas huellas en tu memoria. Estas impresiones crearán un nuevo condicionamiento potencial que influirá en tus percepciones, intenciones, acciones, circunstancias y experiencias futuras. *¿Cómo puedes hacer desaparecer estas impresiones y sus efectos?* Como en otras secciones del Yoga Sutra, Patañjali en este aforismo expone el problema y su solución. Si las impresiones son causadas por las aflicciones (2.3 a 2.9) y todas las aflicciones brotan en el campo de desconocer tu verdadera naturaleza (*avidya*), entonces estar fundamentado en el discernimiento (*viveka*) ayudará a eliminar la identificación errónea y sus consecuencias. Nota que el aforismo 1.16 ya explicó que estar alineado con la Verdad es el signo del éxito en la liberación de los apegos (*vairagya*). La persistencia paciente de la práctica (*abhyasa*) y el desapego (*vairagya*) es el método para regular tus maneras de ser (1.12), que son el soporte de las impresiones. Eventualmente, las maneras de ser se disuelven.

Los objetos que se pueden experimentar incluyen tanto objetos sensoriales que atraen nuestros sentidos como situaciones y circunstancias que conducen al almacenamiento de nuevas impresiones. Observa cómo las ocho ramas del yoga proporcionan un programa completo para la eliminación de causas, efectos, soporte y objetos que generan más reactividad interna. Los *Yamas* proporcionan formas de crear armonía mental, física y emocional a tu alrededor. Los *Niyamas* te llevan a *sentir* contento mediante la creación de una armonía interior mental y emocional. La práctica de *asanas* optimiza la función corporal. *Pranayama* mejora el flujo de energía vital por medio de la purificación y modulación de tus procesos respiratorios. *Pratyahara* atrae tus sentidos hacia adentro para profundizar en los aspectos más sutiles de tu ser. *Dharana* y *Dhyana* establecen el enfoque de tu mente para percibir con precisión y sin las interferencias de tus creencias y preferencias. Entonces permaneces en tu estado natural, en profunda armonía con el fluir de la vida y establecido en la verdadera sabiduría (*samadhi*).

¿Hasta qué punto eres consciente de las causas de tus interferencias emocionales profundamente arraigadas?
¿Qué maneras de ser soportan tus desequilibrios emocionales?
¿Qué circunstancias ayudan a que sobrevivan tus maneras de ser?
¿Cómo eliminas tus impresiones subconscientes profundamente arraigadas?

Cuando eliges estar en calma e inmóvil, ¿hay silencio interior o comentarios internos interminables?
¿Cómo estás creando impresiones pacíficas (3.10) a través de tu práctica y tu vida?

Emancipación (Kaivalya)

El reino de la experiencia

4.12 El pasado y el futuro, en forma sutil, latente o potencial, existen en el presente.

El sutra anterior ya indicaba que, dado que las impresiones activas desencadenan constantemente acciones y reactividad, eliminar sus causas, efectos, soportes y objetos elimina las impresiones. Con impresiones menos activas, la reactividad del practicante disminuye. Aunque cada acción deja impresiones en la memoria, algunas de las impresiones están más allá del acceso consciente; en otras palabras, no se manifiestan en el presente, solo están latentes. Debido a que esas impresiones no están activas sino latentes, esas impresiones se manifestarán en el futuro, cuando las circunstancias sean propicias (4.8). Recuerda que el sutra 3.14 afirma que hay una esencia subyacente en todo lo que se puede percibir. Lo que varía es el grado de manifestación. Las impresiones existen en todo momento: en estado latente cuando sólo quedan en la memoria, en estado potencial esperando las condiciones adecuadas para su manifestación futura, o en estado manifiesto cuando están activas. Así como una bellota lleva consigo la esencia de todo el linaje de los robles de donde vino también lleva el potencial de un nuevo roble y todos sus posibles descendientes. Sin embargo, actualmente, la bellota es la manifestación actual.

El Sutra 4.10 ya indicó que se desconoce el origen de las impresiones, lo que puede llevar a inferir que las impresiones no desaparecen realmente. Si conoces tus impresiones, el discernimiento puede aclarar cómo prevenir la manifestación futura de las impresiones que tienes (2.15 y 2.16). Por ejemplo, si llenas una cantimplora con agua y simplemente colocas la tapa encima de la cantimplora sin cerrarla completamente porque estás pensando en otra cosa, puedes olvidar que la cantimplora no está cerrada completamente y puede derramarse el agua por todas partes cuando la pongas en tu bolsa. Si no conoces tus tendencias, cuando todo en tu bolsa está empapado en agua, puedes pensar: *"¿Por qué me pasa siempre esto a mí?"* Cuando esto sucede suficientes veces, puede hacer que te detengas y examines tus acciones. Entonces, puedes notar tu tendencia a distraerte o preocuparte por muchas cosas a la vez, lo que hace que no prestes atención completa a algunas de tus acciones. Tal vez puedas optar por evitar derrames en el futuro al escoger estar presente cuando expacas tu almuerzo. En este caso, la impresión puede permanecer en un estado potencial, pero una nueva impresión de prestar atención a todos los pasos para preparar el almuerzo puede bloquear la impresión de distracción, como se sugiere en el sutra 1.50.

¿Puedes notar circunstancias recurrentes que te llevan al sufrimiento y la agitación?
¿Hay una impresión que se manifiesta en esos casos?
¿Qué impresiones te llevan a la armonía con tu estado natural?
¿Qué impresiones fomentan la identificación errónea con los fenómenos temporales?
¿En qué medida eres consciente de las impresiones que dejaron tus experiencias pasadas?
¿Son algunas de tus acciones el efecto de una impresión en tu pasado distante?

4.13 Aparentes o sutiles, las características cambian debido a las tendencias primordiales (*gunas*) de la naturaleza.

Este sutra se relaciona con las ideas presentadas en los aforismos 2.18 y 3.14. Todo lo que pueda percibirse estará influenciado por una combinación de las tres tendencias fundamentales de la naturaleza. Estas tendencias, las *gunas* son inercia (*tamas*), actividad (*rajas*) y armonía (*sattva*). Cuando la actividad interna y la reactividad se aquietan a través de la meditación, es posible notar la esencia subyacente de lo que se percibe junto con sus características. Meditar sobre los cambios de sus características revela el pasado y el futuro del objeto meditado (3.14-3.16 y 4.12). El proceso está relacionado con las impresiones subconscientes. Como parte de la naturaleza, las impresiones subconscientes están influenciadas por estas tendencias primordiales. La naturaleza sigue su curso. En otras palabras, *tus impresiones resultan en inclinaciones y tendencias de acuerdo con las intenciones que motivan tus pensamientos, acciones e interacciones.* Tienes una opción, especialmente cuando te das cuenta de tus tendencias y sus efectos en tus maneras de ser. En algunos casos, sientes la influencia de tu propia inercia (*tamas*), como cuando has decidido andar en bicicleta con más frecuencia porque es agradable y una buena forma de hacer ejercicio, pero cuando llega el momento de ir a un lugar cercano, anulas esa decisión anterior porque es más conveniente conducir tu automóvil. Otras veces, tu propia emoción puede llevarte a sobrepasar sus capacidades, llevándote a agotar tu energía (*rajas*). Otras veces, tomas decisiones que se sienten equilibradas, requieren una cantidad adecuada de energía y tienen efectos equilibrantes (*sattva*). Entonces, incluso cuando no estés consciente de tus propias inclinaciones, simplemente viviendo tu vida, puedes notar que cada vez que se manifiesta una situación, tiene opciones para tus acciones. Tus decisiones y acciones estarán influenciadas por tus impresiones pasadas, así como por las tres tendencias fundamentales de la naturaleza. Las sensaciones, emociones y pensamientos que percibes en cualquier momento pueden indicar la presencia de algunas de tus impresiones conscientes e inconscientes, junto con las tendencias primordiales de la naturaleza.

Cuando tus decisiones se enredan en tu sentido de identidad, tenderán a generar más agitación. Por ejemplo, cuando tiene una interacción con un colega y estás tratando de imponer tu idea o perspectiva porque quieres impresionar o quieres sentirte superior, será un desafío para ti permanecer fuera de tu propia identidad. Por lo tanto, te resultará más difícil presenciar la situación desde tu propia presencia para tomar una decisión equilibrada. De manera similar, la forma en que interactúas con los demás está influenciada por las tendencias primordiales de la naturaleza. Cuando sientes agitación o ansiedad, tus formas de moverte y hablar son diferentes de cuando sientes cansancio o letargo. Estas formas de expresarse también cambian cuando te sientes paz y contento.

¿Cómo puedes darte cuenta de los efectos de las tendencias básicas de la naturaleza en tu mundo interior?
¿En qué medida algunos de sus pensamientos, emociones y acciones están influenciados por la inercia, la agitación y la armonía?
¿Influyen tus actividades en tus niveles de energía?
¿Eres capaz de regular tus niveles de energía?
¿Pueden las ocho ramas del yoga (del Capítulo Dos del Yoga Sutra) ofrecerte formas de afinar tu participación?
Cuando haces algo, ¿puedes notar tus patrones habituales?
¿Te involucras superficialmente o con demasiada intensidad?
¿Qué retroalimentación te ofrece pistas para modular tus acciones?
¿Es posible que tus tendencias te estén ofreciendo constantemente lecciones para aprender?
De hecho, ¿es posible que todo en la naturaleza pueda verse como puro disfrute sensual o como una forma de conectarte con tu verdadera naturaleza como se insinúa en el sutra 2.19?
¿Qué pasaría si contemplas esta idea: es la vida una enemiga que trata de hacerte sufrir o una maestra compasiva que te ayuda a avanzar hacia una mayor integración?
¿Puede cada acción y cada interacción ser una oportunidad para la presencia?

Emancipación (Kaivalya)

4.14 Aunque está en constante cambio, cada objeto único es real.

Este y los siguientes sutras establecen una perspectiva sobre el mundo, la existencia y la percepción según el Yoga desde la perspectiva de Patañjali. Siempre ha habido ideas contrapuestas sobre el mundo y cómo funciona.
¿Es el mundo real o es producto de tu imaginación?
Así como las escenas aparentemente reales de un sueño desaparecen cuando te despiertas, ¿es posible que las experiencias que tienes durante tu estado de vigilia sean imaginarias porque parecen desaparecer mientras sueñas?
¿Es estar despierto más real que soñar?
Algunas personas han argumentado que solo lo que se puede sentir a través de los sentidos es real, mientras que otras sostienen que todo lo que existe es una ilusión. Estas ideas sobre el mundo y su percepción influirán en lo que te centres. *No importa cuán exhaustiva sea tu forma de pensar sobre el mundo, es necesariamente incompleta, porque la vida en su diversa complejidad no se puede abarcar completamente en la mente.* Sin embargo, el marco que elijas para interpretar el mundo es una herramienta útil para tratar de dar sentido a tus experiencias, a ti misma y a tu vida. Incluso con una teoría bien establecida sobre el mundo y cómo funciona, hay muchos aspectos que no podrán explicarse satisfactoriamente para todas las personas.

En este grupo de sutras Patañjali ofrece una explicación yóguica de la realidad, según la cual todo en la naturaleza está sujeto a la interacción constante entre las tres diferentes tendencias mencionadas en los aforismos 2.15, 2.19 y 4.13. Estas cualidades se interpretan a veces como estabilidad (*tamas*), actividad (*rajas*) e iluminación (*sattva*), y otras veces como inercia (*tamas*), energía (*rajas*) y armonía (*sattva*). También se pueden considerar como ignorancia (*tamas*), pasión (*rajas*) e inteligencia (*sattva*). Estas tres tendencias son responsables de los cambios que caracterizan toda la vida. La vida es el campo donde estas cualidades se interrelacionan. Aunque estas tendencias interactúan provocando un cambio constante, hay algo en cada objeto que permanece, como se sugirió en el sutra 3.14. Por ejemplo, algunos días te sientes con energía y otros te sientes cansado. Incluso cuando sus actividades son bastante similares, es muy probable que haya variaciones en tu actitud, estado de ánimo y nivel de energía. Sin embargo, ¿hay algo en ti que permanece igual? En el ciclo entre el nacimiento y la muerte, tu cuerpo está en constante cambio, pero hay un hilo de continuidad en ti. No importa cuánto envejezca tu cuerpo, cuando te miras en un espejo aún puedes reconocer que eres tú.

Independientemente de cuán reales o irreales parezcan ser tus sueños, o cuán real o irreal parezca tu vida cuando estás despierta, ¿puedes sentir que existes?
A pesar de todos los cambios constantes en tus sensaciones, emociones y pensamientos, ¿hay alguna continuidad en ti?
¿Qué te hace consciente de esa continuidad?
¿Es posible que la continuidad en ti también esté cambiando?
Se puede acceder a otra posible vía de exploración a través de estas preguntas:
¿Puedes reconocer que eres un ser único en el mundo?
¿Es esa singularidad lo que permanece constante en tu experiencia?
¿Hay singularidad en todo lo que puedes percibir?

4.15 El objeto permanece coherente independientemente de que lo observen diferentes mentes o una mente en diferentes estados. En otras palabras, el objeto existe independientemente de la percepción individual.

Este grupo de sutras ofrece argumentos para contrarrestar otras posiciones filosóficas activas en la época en que se compiló el Yoga Sutra. Esto es parte de una tradición de debate como un intercambio saludable de ideas para aclarar la propia perspectiva y comprensión del mundo. Este sutra afirma que, en lugar de que el mundo sea creado por la percepción, el mundo es real, existe incluso cuando no se percibe. Dado que diferentes personas pueden percibir el mismo objeto y comparar sus percepciones, el objeto debe existir. Por supuesto, la percepción de cada persona estará influenciada por las maneras de ser de esa persona.

¿Cómo influyen tus maneras de ser en tu percepción?
¿Hay algunos aspectos de tu vida que permanecen constantes?
¿Hay algunos aspectos de ti que permanecen constantes?
Más importante aún, a medida que profundizas en la exploración de este sutra, considera lo que es real en tu vida.
¿Cuántas historias estás dispuesto a creer?
¿Hasta qué punto son reales tus historias?
¿Te permiten tus historias sentir tu presencia?
¿O son tus historias formas de alejarte del momento presente?
¿Están tus pensamientos, intenciones, acciones e interacciones impulsados por tu presencia consciente y deliberada?
¿Es tu compromiso para participar en tu vida real?
¿Cómo estás viviendo tu compromiso en acciones concretas?

4.16 El objeto no depende de ser percibido. De lo contrario, ¿qué pasaría cuando una mente no percibe el objeto?

Continuando con el mismo hilo de pensamiento, este sutra dice que los objetos del mundo no son creados por tu imaginación. Dado que los objetos siguen existiendo incluso cuando no los estás percibiendo, los objetos existen independientemente de la percepción. Recuerda que Patañjali hace una clara distinción entre conocimiento e imaginación en los aforismos 1.7 y 1.9. Esta distinción es particularmente relevante para aplicar este sutra.

Si crees que todo lo que existe es solo una ilusión, ¿estarías menos inclinada a participar en tu vida?

¿Es posible que todo en el universo exista en lugar de ser solo un producto de tu imaginación?

¿Cuál es tu actitud hacia el mundo?

¿Qué es lo que te permite percibir algo?

¿Cuál es la relación entre tu consciencia y el mundo que se puede percibir?

Si existe una relación entre tu consciencia individual y lo que se puede vivir, ¿es esa una relación integradora, de confrontación o neutral?

Si lo deseas, puede contemplar más preguntas: ¿Cuál es el propósito de todo lo que existe?

¿Cuál es tu propósito como persona en el mundo?

¿En qué medida están alineadas tus intenciones, acciones e interacciones con tu propósito?

¿Están tu propósito y el propósito del mundo alineados o en conflicto?

4.17 Un objeto se vuelve conocido o desconocido según el color de la percepción.

La naturaleza es real. Existe incluso cuando no se percibe. Además, la naturaleza cambia continuamente. Aunque la naturaleza y todo lo que se puede experimentar existe independientemente del perceptor, el sutra 2.21 sugiere que todo lo que existe tiene el propósito de ser experimentado por el perceptor. La presencia, la expresión activa de la consciencia facilita percepciones, acciones

Emancipación (Kaivalya)

e interacciones. Sin embargo, las experiencias están influenciadas por tu nivel de consciencia y por el color de tu consciencia. Por ejemplo, si estás conversando con una de tus amigas, pero estás pensando en otro lugar o momento, no llegarás a saber ni entender lo que dice tu amiga, porque no estás orientando tu presencia a la interacción con esa persona. Además, incluso cuando prestes atención a las palabras y los gestos de tu amiga, el contenido de la charla con tu amiga estará influenciado por tus prejuicios personales, sociales y culturales. Cuanto más fuertes sean tus creencias y opiniones sobre el tema del que habla tu amiga, más influirán en tu percepción. Tanto la falta de presencia como la interferencia de tus maneras de ser afectarán la calidad de tu participación e interacciones. Además, todo el mundo percibe de forma única según su historia personal.

Este sutra sirve como recordatorio de que tomar consciencia de las tendencias, opiniones y hábitos propios influirá en la percepción. Cuando hagas cualquier tipo de práctica de yoga, la práctica en sí te ayudará a notar algunos de los matices de tu propia percepción. Por ejemplo, es bastante común que la persona que se extralimita en su vida se extralimite también en el yoga.

¿En qué medida estás presente en tus actividades diarias?
¿Puedes investigar las fuentes de distracciones que te impiden hacer plenamente lo que estás haciendo?
¿Cómo influyen esas distracciones en tu percepción?
¿Hay otras maneras de ser interfiriendo en tu percepción y participación en tu vida?
Recuerda los sutras 1.6 y 1.7 sobre el conocimiento, ¿cómo sabes lo que sabes?
¿Es lo que sabes simplemente información que repites?
¿Es lo que sabes, verdadero conocimiento, el resultado de tu experiencia directa?

¿Hay alguna diferencia entre lo que sabes y tus opiniones?
¿Cuál es la relación entre lo que sabes y el puro sentido común atemporal?

Consciencia & presencia

4.18 Inmutable, la Consciencia es el sustrato que impregna toda la existencia. Las maneras de ser siempre son conocidas por la Consciencia.

Luego de explicar en los aforismos anteriores que el mundo es real y que las maneras de ser influyen en la percepción del mundo, en este y los dos sutras siguientes, Patañjali se enfoca en la relación entre la consciencia y el mundo que se puede experimentar. Recuerda que este tema ya fue explorado en los sutras 2.17 al 2.23 donde dice que el sufrimiento resulta de confundir consciencia y experiencias. Cuando te identificas con tus experiencias pasajeras, es probable que te subas a una montaña rusa emocional. Las experiencias te ofrecen la oportunidad de reconocer la diferencia fundamental entre la consciencia inmutable y el mundo del cambio.

La consciencia es lo que a menudo se llama el vidente, el testigo, la fuente o lo absoluto (todas las palabras que se usan para tratar de ayudar a nuestras mentes a comprender algo que está más allá de nuestras mentes). La filosofía occidental ha tratado de comprender y explicar la consciencia durante siglos sin llegar a una resolución concluyente. En los últimos años, la consciencia ha surgido como un nuevo campo de estudio científico que incluye áreas como psicología, ciencia cognitiva, neurociencia, física, matemáticas y filosofía. La ciencia contemporánea ha tratado de explicar la consciencia formulando teorías en competencia que aún no pueden explicar adecuadamente qué es lo que nos da la sensación de estar vivos. *Quizás ninguna palabra o teoría pueda abarcar el*

Emancipación (Kaivalya)

sentido completo de lo que significa estar vivo. E incluso si pudiera, la vitalidad omnipresente a lo largo de toda la existencia está ciertamente más allá de la mente, por lo que la mente no puede captarla completamente. Ciertamente experimentas la sensación de estar viva mientras lees esto, mientras que al mismo tiempo estás notando las sensaciones en tu cuerpo ofreciendo información sobre el espacio en el que te encuentras, incluyendo temperatura, humedad, ruidos y sonidos, texturas, aromas e información visual. La vitalidad en toda la vida no cambia, pero nuestra relación con esa vitalidad sí. Esto explica cómo algunos días te despiertas sintiéndote mal y otros días te despiertas sintiéndote con energía.

Estamos usando la palabra Consciencia como la vitalidad o la vida en todo lo que existe en todas partes. Por el contrario, estamos usando la palabra presencia para referirnos a tu sensación individual de estar vivo. A veces te sientes más viva, es decir, más vibrante y con más vitalidad que en otras ocasiones. **El tema principal del Yoga Sutra es que puedes conectarte con tu estado natural, un estado en el que tu vitalidad fluye armoniosamente con el fluir de la vida.** Cuando enfocas tu atención a las experiencias que está teniendo y te enredas emocionalmente en el juego de los opuestos inherentes a todas las experiencias, es probable que te identifique erróneamente y termines creyendo que eres las experiencias que tienes. En otras palabras, confundirás tu vitalidad con los vehículos que permiten que esa vitalidad experimente el mundo. Este es el tema principal del Yoga Sutra, mencionado hasta ahora en los sutras 1.3 y 1.4, 2.20 a 2.25 y 3.36.

Las experiencias no son intrínsecamente buenas o malas. De hecho, estar viva te ofrece la opción de experimentar un abanico completo de sensaciones y emociones. Si crees que eres esas experiencias o emociones, te estás preparando para sufrir, porque anhelarás algo que parezca mejor de lo que estás sintiendo actualmente, o temerás el final de la experiencia que estás disfrutando. En cualquier caso, no estás presente porque estás distraída por los "yo debería", "yo podría" y "qué pasaría si..." relacionados con tu perspectiva de la experiencia que estás teniendo. Este proceso de identificación errónea consiste en todas las maneras de ser que heredaste, aprendes y cultivas en tu vida. Estas maneras de ser existen en tu espacio interno y, de acuerdo con este sutra, existen en el espacio de la vitalidad universal con la Consciencia (la Consciencia Universal) atestiguando todas las maneras de ser.

¿Cuáles son tus pensamientos sobre la consciencia, la presencia, las experiencias y las relaciones entre ellas?
¿Cómo se relacionan esas ideas con tu experiencia directa de tu propia vitalidad?
¿Hay fluctuaciones en tu sensación de vitalidad?
¿Qué fluctúa, tu consciencia o tu capacidad para conectarte con tu consciencia?

¿Hay formas de regular tu conexión con tu propia vitalidad?

4.19 La consciencia individual no es independiente ni autónoma. Sin embargo, la consciencia individual puede servir como una ventana transparente entre la consciencia y el mundo de la experiencia.

Este sutra continúa explorando las ideas de vitalidad universal (consciencia), vitalidad individual (presencia) y la manifestación de la vida como el mundo de la experiencia. La consciencia individual no es independiente. En otras palabras, no te creaste a ti misma ni a tu sensación de vitalidad. Sin embargo, una vez que estás vivo, cuando te manifiestas en el mundo de la experiencia, estás dotado del don de la consciencia. La consciencia de estar viva es un hilo de conexión entre tu yo individual y la vitalidad

Emancipación (Kaivalya)

universal (Consciencia). Una vez más, es imposible expresar con palabras la naturaleza inefable de la Consciencia. Sin embargo, como parte de la tradición del yoga, existe la idea de que la naturaleza de la Consciencia consta de tres componentes que a menudo se presentan en la palabra compuesta *saccidananda (sat-chit-ananda)*: *sat que* significa existencia, presencia o ser; *cit que* significa consciencia o espíritu; y *ananda que* significa júbilo, felicidad o dicha. A lo largo del Yoga Sutra, todas las prácticas están destinadas a eliminar los obstáculos que impiden que la consciencia individual experimente el mundo con claridad para que sirva como un conducto libre de interferencias entre el mundo de la experiencia y la vitalidad universal. El sentido de vitalidad se basa en la presencia, que es otra palabra para consciencia. Esta vitalidad o consciencia solo es accesible en el momento presente. Cada vez que tu consciencia se distrae con tus actividades internas, la calidad de tu conexión con la presencia disminuye.

¿Cuál es la relación entre la consciencia individual, tu propia sensación estar con vida y la vitalidad universal?
¿Hasta qué punto están tus maneras de ser (incluidas tus actividades, tendencias, creencias e historia personal) iluminando u oscureciendo la conexión entre la vitalidad y el mundo de la experiencia?
¿Es posible que las fluctuaciones en tu vitalidad estén relacionadas con tus maneras de ser?
¿Cambia la relación entre la vitalidad universal y tu vitalidad individual cuando modulas tus maneras de ser?

4.20 Tanto la consciencia pura como el mundo de la experiencia no se pueden aprehender simultáneamente.

Este sutra ofrece una perspectiva sobre el proceso de atención. Puedes enfocar tu consciencia en el mundo de la experiencia o en la consciencia universal, pero no puedes hacer ambas cosas simultáneamente. Este aforismo hace eco de la dicotomía presentada por los sutras 1.3 y 1.4: O diriges tu atención a tu estado natural de consciencia y plenitud o te enfocas en tus acciones y devenires. Los sutras 1.20 y 1.23 ofrecen un enfoque similar dual para alcanzar la integración, ya sea dirigiendo tu atención con confianza, vitalidad y memoria hacia la quietud y la sabiduría, o dirigiendo tu atención hacia la consciencia pura con una entrega total. El primer enfoque se centra en el mundo de la experiencia, mientras que el segundo enfatiza la consciencia pura como punto focal. Esto se reitera en el sutra 2.18, al decir que el mundo de las experiencias se puede utilizar como un sistema de disfrute sensorial cuando el punto focal son las experiencias mismas. El segundo enfoque es entender el mundo de las experiencias como un camino hacia la liberación al notar cómo la naturaleza temporal de todas las experiencias resalta la perennidad inabarcable de la consciencia pura. El Capítulo Tres del Yoga Sutra también ofrece una idea similar en los aforismos 3.50 y 3.51, al decir que el discernimiento de la diferencia entre la consciencia pura y la consciencia individual produce la liberación. *Tu tomas la decisión de concentrarte en la consciencia pura.* Puedes recalcar este mensaje invitándote a liberarte del enfoque en el mundo de la experiencia dejando de lado los logros enumerados en el tercer capítulo del Yoga Sutra.

¿Cuál es tu intención cuando diriges tu consciencia al mundo de la experiencia?
¿Qué sucede cuando diriges tu consciencia al mundo de la experiencia?
¿Notas alguna diferencia cuando te concentras en la consciencia misma? Si el

Emancipación (Kaivalya)

proceso de enfocarte en la vitalidad y la consciencia en sí mismo devela distracciones, aún puede ser necesario que elimines cualquier huella que pueda estar provocando distracciones. ¿Qué sucede cuando intentas concentrarte tanto en la experiencia como en la vitalidad pura?

4.21 Una parte de la consciencia individual no puede observar otra parte de sí misma, o una sucesión interminable confundiría la memoria.

A medida que exploras la relación entre tu consciencia, la consciencia universal y el mundo de la experiencia, surgen preguntas:
¿Puede haber más de una instancia de tu consciencia individual?
¿Puede un aspecto de tu consciencia observar a otro aspecto de sí mismo?

Si ese fuera el caso, argumenta este sutra, varias instancias de tu consciencia podrían verse entre sí creando un ciclo sin fin que resultaría en confusión. Una forma de explorar esta idea es asumir que puedes observar diferentes aspectos de tu consciencia al mismo tiempo. Si ese fuera el caso, podrías dirigir tu atención a notar los sonidos y ruidos en tu entorno. Al mismo tiempo, sería posible iniciar otro proceso en el que diriges tu atención a tu lista de cosas por hacer. Si ambos procesos pueden tener lugar al mismo tiempo, ¿puede una parte diferente de tu consciencia enfocarse en notar los sonidos y la otra en el proceso de pensar en tu lista de cosas por hacer? Si eso es posible, ¿puede otra parte de tu consciencia prestar atención al proceso simultáneo de observar cada hebra de tu consciencia?

Otra forma muy sencilla de explorar esta noción es juntando lo más suavemente posible la punta del pulgar y la punta del dedo índice en una mano (*jñana mudra*). Siente las sensaciones en el punto de contacto tan claramente comi te sea posible. Luego, intenta el mismo gesto con la otra mano también. Nota las sensaciones en los puntos de contacto en cada mano y date cuenta si percibes las corrientes sensoriales de las dos manos simultáneamente o si tu atención está cambiando de un lado a otro casi imperceptiblemente. ¿Qué encuentras? Si parece que puedes sentir ambas corrientes de sensación táctil entrando simultáneamente, ¿puedes también observarte a ti misma mientras notas las sensaciones táctiles de ambas manos? Puedes realizar un experimento similar durante tus actividades diarias. Observe los procesos mentales en los que estás involucrado en cualquier momento. Fíjate si están ocurriendo al mismo tiempo. ¿Qué aspecto de ti está haciendo un seguimiento de cada uno de estos procesos?

4.22 Cuando las maneras de ser se aquietan, la consciencia individual experimenta su naturaleza fundamental como consciencia encarnada.

Profundizando en la exploración de la naturaleza de la existencia, la consciencia y la relación entre ellas, este sutra indica la idea central del Yoga Sutra presentada en los aforismos 1.3 y 1.4. Tu sentido individual de ser puede identificarse con tus maneras de ser o con tu estado natural (el estado de yoga), la consciencia. Hay muchos modelos de relación entre la naturaleza y la consciencia. Una perspectiva predominante afirma que existe una división fundamental entre la Consciencia y la naturaleza o entre el espíritu y el cuerpo. Otros puntos de vista sostienen que el mundo es solo materialidad y, por lo tanto, solo lo que puede explicarse en términos de fenómenos observables es real. Examinar tu propia perspectiva sobre la naturaleza de la relación entre tu sentido de vitalidad y tus experiencias proporciona una forma concreta de profundizar en el significado de este sutra. Tomar consciencia de tus suposiciones puede ayudarte a identificar cómo tus suposiciones pueden influir en tu perspectiva y comprensión.

Si crees que todo lo que existe es solo lo que se puede experimentar a través de tus sentidos, ¿cómo influirá esa suposición en tu comprensión y tus acciones?
¿Cómo influyen sus pensamientos, que no tienen materialidad, en tu cuerpo físico y tus procesos fisiológicos?
¿Hasta qué punto tus experiencias se refieren únicamente a tus sentidos?
¿En términos de tus suposiciones actuales, cómo pueden explicarse tus experiencias de amistad, bondad, compasión y amor?
¿Es posible que seas consciencia encarnada?
En otras palabras, ¿es posible que tu manifestación física sea un vehículo para que la consciencia experimente el mundo sensorial?
Si eres una consciencia encarnada, ¿están contribuyendo tus maneras de ser a mejorar tu experiencia de la Consciencia Universal?
¿Tus maneras de ser están disminuyendo tu experiencia de la Consciencia Universal?
Otra idea que puedes considerar es que todo lo que existe es un organismo que se manifiesta en una miríada de formas que conducen a reconocer la interconexión entre todo lo que existe.
¿Podría esa perspectiva iluminar cómo lo que parecen ser casualidades pueden ser causalidades en las que innumerables elementos que se unen para un propósito común?

4.23 Cuando estás libre de identificación y reactividad, la consciencia individual puede reflejarlo todo, la Consciencia (el vidente) y los objetos/experiencias (lo visto), con total neutralidad y sin excluir nada.

Este sutra describe el estado natural de la consciencia individual. Este es el estado presentado como el estado de yoga en el aforismo1.3. También es el estado descrito en el sutra 1.41 como *samapatti*, cuando la mente y el corazón están completamente abiertos y claros, como un cristal puro que refleja todo lo que está cerca sin ninguna distorsión. Este es el estado de integración armoniosa entre la consciencia individual y el mundo de la experiencia. Más que un estado de volverse inerte, este es un estado de participar con alegría en el mundo para mejorar el flujo de la vitalidad en todas partes. Ten en cuenta que cualquier cosa con la que te identifique se convertirá potencialmente en algo que hay que explicar, justificar, perpetuar o defender.

Por ejemplo, si eliges modificar su dieta, probablemente tenga buenas razones para tomar esa decisión. Esta nueva opción puede generar una etiqueta para identificarse como comedora de alimentos crudos, vegano, frugívora, vegetariano, lacto-ovo vegetariana, paleo, omnívoro. Como resultado, puedes llegar a ver las diferentes opciones como algo que compite, socava o desafía tu perspectiva. Estas ideas pueden llevarte a invertir tiempo y energía para asegurarte de que tu decisión sea la mejor para tu experimento de vida. El hecho de notar este proceso y tus puntos de vista anteriores sobre la dieta puede indicar cómo tus creencias y formas de pensar e identificarse han cambiado con el tiempo. También te mostrará cómo esas creencias pueden haber influido en tus pensamientos, intenciones, decisiones, acciones e interacciones. Incluso pueden haber hecho que juzgues más tus propias acciones y las decisiones y estilos de vida de otras personas. Ten en cuenta también que a medida que cambian tus preferencias y decisiones, internamente encuentras formas de crear una narrativa coherente sobre ti y su experimento de vida. Aferrarse a tus propias identificaciones requiere mucha energía y esfuerzo. En adición a la

Emancipación (Kaivalya)

reactividad, tu inversión en tus opiniones crea un obstáculo para abrir tu corazón y tu mente.

¿Existe una relación entre tu reactividad y tu identificación con un conjunto de ideas y creencias?
¿Es posible que tu reactividad se origine en tus opiniones profundamente arraigadas?
¿Contribuyen tus opiniones a abrir o cerrar tu mente y tu corazón?
¿Hasta qué punto está abierto tu corazón?
¿Está tu mente clara y tranquila como la superficie de un lago sin turbulencia?
¿Eres neutral e inclusivo o parcial y limitante?
¿Cuál de estas dos actitudes es más propicia para mejorar tu vitalidad?

4.24 A pesar de sus muchas impresiones latentes, la consciencia individual puede cumplir su propósito superior como vehículo de liberación al ofrecer una superficie reflectante libre de distorsiones para la Consciencia universal.

Recuerda que el aforismo 1.50 dice que la meditación crea impresiones pacíficas que mantienen a raya las impresiones que distraen. De hecho, las siete ramas preparatorias del yoga (*yama, niyama, asana, pranayama, pratyahara, dharana* y *dhyana*) ofrecen una progresión efectiva para eliminar distracciones, obstáculos e ineficiencias para que tu sabiduría crezca y tu capacidad para discernir tu verdadera naturaleza (2.28) aumente. El yoga es un proceso de transformación que aumenta la consciencia interior (3.9) y establece impresiones pacíficas (3.10). Solo quedan impresiones latentes (1.18). Entonces, la consciencia del yogui, cuando está libre de distracciones, se convierte en un cristal transparente (1.41) para que pueda cumplir su propósito: convertirse en un conducto abierto entre la consciencia universal y el mundo de la experiencia para facilitar la liberación de los grilletes de las maneras de ser. (2.18). La progresión hacia la liberación es un viaje de por vida para descubrir los obstáculos, primero haciéndolos evidentes y luego notándolos en todos los aspectos de su manifestación, desde lo burdo hasta lo sutil. Finalmente, la consciencia individual se libera de sus maneras de ser. En otras palabras, *el yoga se deshace el tejido de la identidad que está tejido con los hilos de las creencias, opiniones, historias, así como también con las narrativas externas en películas, libros, canciones, y medios de comunicación.* La práctica de yoga resulta en la disminución de las tendencias a identificarte erróneamente con todos los fenómenos temporales externos e internos.

¿Has notado algún cambio en tus maneras de ser debido a tu práctica?

¿Puedes notar que, aunque todavía hay algunas distracciones, se están volviendo más esporádicas?
¿Hasta qué punto estás participando en tu vida con neutralidad y una mente abierta que no permite que tus suposiciones enturbien tu percepción, intenciones, acciones e interacciones?
En tus actividades diarias, ¿te estás volviendo más eficaz en dejar de lado tus opiniones y en permitir que la consciencia se convierta en tu guía?
¿Es posible que estés actuando en el mundo con claridad, bondad y compasión?

EMANCIPACIÓN

4.25 Reconocer a través de la experiencia directa la distinción entre consciencia pura y experiencias disuelve la noción del yo individual.

Estos últimos sutras del Capítulo Cuatro del Yoga Sutra están tejiendo los hilos que aparecen a lo largo de todo el tratado. Algunos estudiosos sostienen que el Capítulo Cuatro del Yoga Sutra es una adición posterior, mientras que otros sostienen que es parte de la compilación original hecha por Patañjali. Independientemente, la continuidad con los temas y tópicos de los capítulos anteriores es evidente. Desde el comienzo del Capítulo Uno, el problema que enfrentan los seres humanos se ha planteado en términos de la dicotomía entre el estado natural de ser, alineado con la plena paz de la consciencia, y la identificación errónea con el mundo de las experiencias temporales. Recuerda que los primeros aforismos del Capítulo Dos introdujeron la idea de no conocer tu propia naturaleza verdadera (*avidya*) como el campo principal donde brotan todas las aflicciones, incluida la noción del yo individual (*asmita*). El Sutra 2.10 afirmó que las aflicciones sutiles se disuelven cuando se disuelve el sentido de identidad. El discernimiento (*viveka*) de la diferencia fundamental entre consciencia y experiencias es el medio para la liberación (2.26).

Todos los procesos mentales son, por su propia naturaleza, temporales. Esto es evidente en la transitoriedad de los pensamientos y de todas las construcciones mentales. Las emociones son igualmente momentáneas. Sin embargo, a pesar de ser efímeras, las sensaciones, pensamientos y emociones efectivamente atraen tu atención para llevarte a experimentar la vida en su riqueza. Como indica el sutra 2.18, tus experiencias son un vehículo para la liberación de la identificación errónea con lo que es temporal. Cuando la identificación errónea se disuelve, el yogui regresa al estado natural. Sin deseos, sin necesidades y sin opiniones, la yoguini experimenta directamente la diferencia entre el mundo de la experiencia y la consciencia pura. Como se explica en el sutra 1.7, el conocimiento experiencial es la forma más elevada de conocimiento. En lugar de simplemente pensar en esta distinción, el yogui se establece en la consciencia discriminativa formulada como la solución al sufrimiento (en 2.25 y 2.26). Esa distinción, que es el fundamento de la liberación de los apegos (1.16), el vehículo de la liberación (2.26) y el umbral de la omnisciencia (3.50) finalmente se materializa. **La noción de un yo individual que está aislado del flujo continuo de la vida se disuelve.**

¿Cuáles son los obstáculos que quedan en tu camino?
¿Te alejan tus pensamientos, sensaciones y emociones de tu presencia?
¿Qué creencias y opiniones te llevan a olvidar que cada día que estás con vida es un regalo inigualable?
¿Cómo puedes aclarar tu verdadera naturaleza?

4.26 Como resultado, libre del sentido de identidad, la consciencia individual discernidora gravita hacia la liberación.

Habiendo dejado atrás todos los apegos a las nociones limitadas y limitantes que solían desencadenar todo tipo de reactividad, predomina la llamada del estado natural. La yoguini está firmemente establecida en el conocimiento de la distinción fundamental entre Consciencia y experiencias temporales.
¿Qué es la liberación para ti?
¿Te estás aislando del fluir siempre cambiante de la vida en su constante novedad?
¿O es la emancipación liberarte de tus conceptos y percepciones limitantes?

Emancipación (Kaivalya)

¿Es la liberación dejar los límites que te impiden sentirte en comunidad con toda la existencia?

4.27 Algunas impresiones latentes aún pueden generar actividad interna.

Las últimas impresiones restantes son el obstáculo final para la liberación total. En otras palabras, si notas que regresa a "mí", "mío" y "yo", es posible que te vuelvas a enredar en tu sentido de identidad con sus creencias y preferencias. *¿Cuáles son las impresiones que aún persisten? ¿Sigue habiendo algunas fuentes sutiles de agitación, reactividad y drama?*

4.28 Esas impresiones pueden eliminarse de la misma forma que los otros obstáculos (*kleshas*).

Estas impresiones latentes pueden eliminarse utilizando el mismo enfoque presentado anteriormente, a través de la meditación y el discernimiento de la distinción fundamental entre quién eres y quién crees que eres (2.10 y 2.11). El camino sigue siendo el mismo, dejar de lado suposiciones y personificando la presencia al reconocer la singularidad de cada momento. *¿Cómo sigues regresando a la presencia?*

Desenreda el hilo

4.29 Habiendo dejado atrás todas las metas, apegos y expectativas, el grado más profundo de armonía integrada surge como una absorción completa en el servicio al flujo continuo de la vida (*dharma megha samadhi*).

Esta es la culminación del proceso de transformación mencionado en los sutras 3.9-3.12. Eliminar las últimas impresiones restantes da como resultado el grado más profundo de armonía integrada (*asamprajñata samadhi*) cuando hay una aceptación completa e incondicional de la existencia tal como es. Este tipo más elevado de integración se conoce como la nube integrada de virtud o la nube integrada de características (*dharma megha samadhi*). Estar establecida en la consciencia discriminativa produce la liberación completa de cualquier rastro de individualidad, de modo que la atención se dirige al servicio del flujo de la vitalidad. La mente está completamente abierta y el corazón también lo está. En este nivel no hay prácticas por realizar ni logros por realizar. **Todo hacer está al servicio de la existencia, del ser.**

4.30 De este modo, se limpian las impurezas anteriores y no se acumulan nuevas impresiones.

Vivir en armonía con el flujo continuo de la consciencia en cada momento cambiante limpia los obstáculos restantes y evita la acumulación de nuevas impresiones relacionadas con un sentido de identidad individual. Entonces, el yogui es totalmente incondicionado e incondicional en intención, pensamiento, acción e interacción.

Emancipación (Kaivalya)

4.31 Como resultado, libre de ignorancia (*avidya*) y con todas las impurezas (*klesha*) eliminadas, surge la sabiduría sin fin con poco que queda por conocer.

Ya no hay metas. Todo el deseo de lograr y conocer ahora se extingue porque el yogui vive en un estado de armonía a través de la sabiduría. La sabiduría del yogui se manifiesta como sentido común puro personificado. Esto es lo que Patañjali describe en el aforismo 1.3 como el estado de yoga, cuando ya no hay maneras de ser para regular, por lo que el yogui permanece en su estado natural, simplemente viviendo en la paz profunda de un corazón sin cargas. Entonces, todo lo que queda por saber es participar en cada momento con la mayor claridad, libre de todo forcejeo y agitación. Ya no es necesario decidir si algo es una experiencia o una oportunidad de liberación. La yoguini afronta cada situación y todas las circunstancias con sabiduría, aceptando la perfección de la vida en sus continuos cambios.

4.32 Después de haber cumplido su propósito, brindar experiencias para la liberación, las cambiantes tendencias de la naturaleza (*gunas*) entran en equilibrio e inactividad.

Estos últimos aforismos del Yoga Sutra presentan el escenario al final del viaje yóguico. Este sutra se relaciona con los aforismos 2.18 y 2.22: el mundo es real, y aunque para el yogui plenamente establecido en el discernimiento el mundo ya no es una fuente de distracción, para otros, el mundo de la experiencia permanece para cumplir su propósito como un vehículo que conduce a la liberación. Una interpretación literal de este sutra podría sugerir que una vez que una yoguini alcanza el punto más alto de integración, *dharma megha samadhi*, el mundo dejaría de existir. Esto significaría que todo lo que existe se disolvería también. Una perspectiva diferente es que, dado que todo cambio resulta de la interacción constante entre las tendencias de la naturaleza (*gunas*: *rajas*, *sattva* y *tamas*), para el yogui, las *gunas* se equilibran y retroceden hacia la inactividad. La yoguini sale del ciclo de causa y efecto (como se dijo en el sutra 4.6), permaneciendo en la consciencia y sin generar *karma*.

4.33 Cesa la sucesión imperceptible de instantes en los que se producen cambios.

Permaneciendo en la consciencia, el yogui ya no persigue el mundo de la experiencia. Por lo tanto, el yogui es testigo claro de la sucesión de instantes, de otro modo imperceptible, a lo largo de las tres dimensiones mencionadas en el sutra 3.13, propiedades (*dharma*), características (*lakshana*) y estado (*avastha*). Cuando la mayoría de nosotros vemos una mandarina, generalmente no reconocemos la flor de donde se originó o el proceso continuo de transformación que convirtió la flor polinizada en una fruta madura con características específicas. Los cambios a lo largo de esas tres dimensiones crean la idea de tiempo: qué fue, qué es y qué podría ser. El tiempo es solo una construcción mental, una convención utilizada por los humanos para realizar un seguimiento de los cambios constantes de un instante a otro. Para la yoguini, dado que los agentes de cambio (*gunas*) retroceden hacia la inactividad, el tiempo también cesa. Según el sutra anterior, el yogui sale del ciclo de la causalidad. Este sutra afirma que la yoguini también sale del ciclo del tiempo. *Los yoguis habitan en el estado natural en el interminable y siempre cambiante momento presente.*

Emancipación (Kaivalya)

4.34 Habiendo cumplido su propósito, las tendencias de la naturaleza (*gunas*) vuelven a su estado original, y la consciencia, que ya no está velada por las actividades de las *gunas*, permanece en su propia naturaleza esencial, el poder de la presencia.

La yoguini se libera del flujo de la causalidad, el tiempo y las experiencias. El sentido del yo, con su perspectiva limitante, ya no colorea la existencia, por lo que ya no hay creencias, opiniones o dramas personales. El yogui continúa existiendo con el corazón y la mente completamente abiertos, morando en la sabiduría sin fin de la consciencia siempre presente hasta que su cuerpo llega a la muerte.

Resumen del Capítulo Cuatro del Yoga Sutra

El proceso yóguico es un viaje continuo que consiste en eliminar las ineficiencias, restricciones y limitaciones que impiden el flujo óptimo de la consciencia a través de todos los procesos de la vida. En los capítulos anteriores, Patañjali presentó caminos yóguicos hacia la integración (*samadhi*), la práctica del yoga transformativo (*sadhana*) y los resultados de las prácticas yóguicas más elevadas (*vibhuti*). Este capítulo explora los aspectos fundamentales de la naturaleza, la consciencia y la manifestación y efectos de diferentes tipos de impresiones. El capítulo cuatro también explica la percepción, los objetos, las nociones de tiempo, la consciencia individual y su propósito. Erradicar las percepciones erróneas ofrece una libertad duradera de las afliccciones y una armonía integrada con el flujo continuo de la vida a medida que cumplimos nuestro propósito: ser útiles para crear conexiones con los demás.

El Capítulo Cuatro del Yoga Sutra comienza enumerando diferentes enfoques para cultivar poderes extraordinarios, una continuación del tema principal del Capítulo Tres. Posteriormente, Patañjali explica la naturaleza de la existencia y la mutabilidad de la naturaleza donde la energía primordial se manifiesta de acuerdo con su potencial, especialmente cuando se eliminan los obstáculos a su desarrollo orgánico. El sentido individual del yo resulta de su identificación con los fenómenos cambiantes. A través de la meditación, las impresiones de esas actividades se neutralizan para que dejen de generar tendencias (*vasanas*) y potencialidades (*karma*). Esas tendencias y potencialidades, aunque pueden haber sido recogidas en diferentes momentos y lugares, surgirán cuando las condiciones estén maduras para su realización. Patañjali continúa formulando un modelo de percepción mental, donde los objetos percibidos son reales, no imaginarios. Todo el proceso de percepción está animado por la consciencia pura. Con el tiempo, la consciencia individual se libera de sus maneras de ser y pasa de centrarse en el mundo de las experiencias a reflejar la consciencia pura sin distorsión. Con esta extraordinaria claridad, y sin más distracciones, cesan todas las aflicciones e impresiones. Habiendo soltado todos los lazos de las experiencias temporales, el grado más profundo de armonía integrada emerge como una completa absorción en el servicio al flujo continuo de la vida. Entonces, las cualidades de la naturaleza, habiendo cumplido su propósito, pueden fundirse en la consciencia.

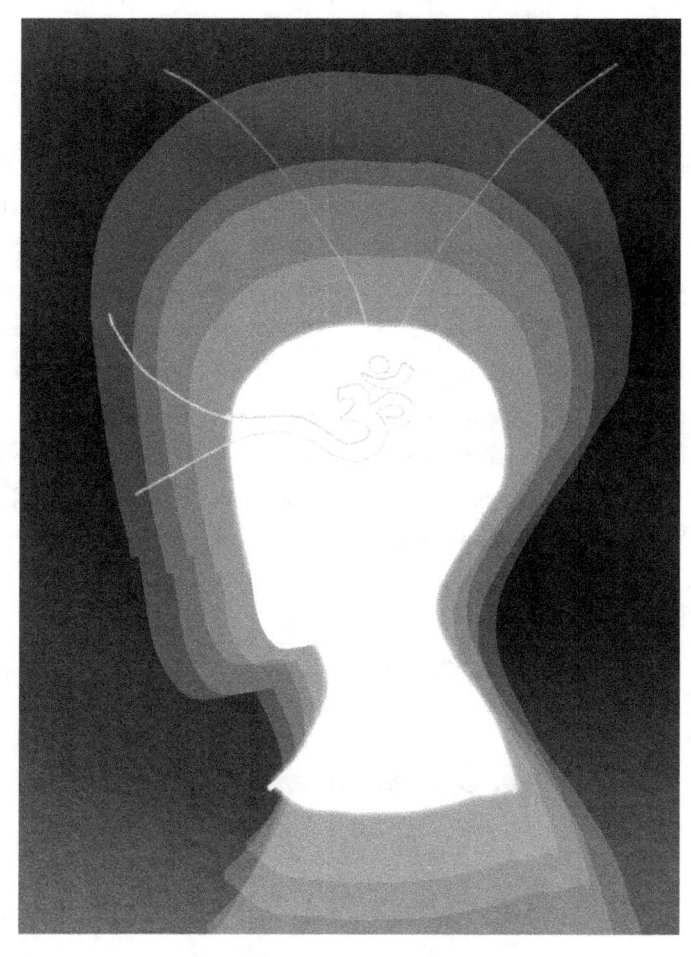

Participa en tu vida con el corazón y la mente abiertos.

TEJIENDO EL HILO DEL YOGA EN LA VIDA

Este libro nació de una simple pregunta: *¿Es posible aplicar la sabiduría del Yoga Sutra en la vida cotidiana?* De hecho, la aplicación práctica del Yoga Sutra es la directriz principal en cada sección de este libro. En el capítulo Presencia, recuerda, hablamos de la vida como un experimento. Consciente o inconscientemente, cada uno de nosotros está realizando ese experimento con nuestras vidas. El yoga te ofrece un enfoque sistemático para hacer que tu experimento de vida sea consciente y deliberado. Como es el caso con cada parte del viaje de tu vida, tu estás a cargo. Tú controlas la exploración de tus opciones; tomas las decisiones que te conducen a vivir una vida vibrante, significativa y feliz. Aunque puede ser tentador apegarnos y aferrarnos a lo que preferimos o nos gusta, la vida es un cambio constante. Tus circunstancias, opciones y decisiones serán diferentes en diferentes momentos... lo que permanece igual es que estás completamente presente, para todo.

Y.O.G.A.: Yo, Orgánicamente Ganando Atención

El yoga es presencia. La presencia es atender a cada momento único en tu vida, justo aquí y ahora. Estar presente es una decisión que solo tú puedes tomar. Cuando decides prestar atención a tu vida, ya has comenzado el viaje (1.1). El yoga te ofrece un camino para ganar atención, o estar más consciente, de forma orgánica. La consciencia es lo que hace posible la presencia. Orgánicamente significa que haces lo mejor que puedes hacer cómodamente. Cuando exploras tus opciones de pensamientos, sentimientos, movimientos, respiración e interacciones con consistencia deliberada y sincera (1.12-1.14), notarás limitaciones, obstáculos y restricciones, así como fortalezas, habilidades y virtudes. Saber qué mejora tu presencia y qué le resta valor (1.5-1.11) te permite hacer ajustes que te ayudarán a aumentar tu consciencia. Esto requiere librarte de tus apegos a las maneras de ser actuales que obstruyen el flujo de tu consciencia (1.4 y 1.15-1.16). En lugar de intentar convertirte en alguien diferente, estás intentando dejar de lado las percepciones erróneas que distorsionan quién eres en realidad.

Uno de los mayores obstáculos del Yoga es la impaciencia, combinada con la percepción errónea de que intentar hacer más de lo que puedes te llevará a tu destino más rápido (1.30). De hecho, hacer más de lo que puedes es la forma más rápida de retroceder. **Si intentas constantemente hacer lo que puedes hacer cómodamente, notarás que lo que puedes hacer cómodamente se expande al nivel natural que está dentro de tu alcance.** Es como querer comenzar un programa de ejercicio caminando. Simplemente camina la distancia que puedas caminar cómodamente. Si caminas con regularidad, notarás que la distancia que puedes caminar aumenta gradualmente sin agotarte y sin causarte tensiones o dolores innecesarios. Además, creces en tu consciencia al expandir tu comprensión, tu bondad, tu compasión y tu humildad. Cuando utilizas este enfoque, que combina persistencia (*abhyasa*) con paciencia (*vairagya*) (1.12), puedes disfrutar del viaje y de sus frutos. Como resultado, tu práctica de yoga se convierte en una combinación de autoconsciencia, autocuidado y autorregulación. Esta perspectiva mejora la calidad de tu participación en tu vida para que vivas con entusiasmo, sabiduría y humildad (2.1).

S.I.M.P.L.E.: Saber Investigarme para Modular Predilecciones y Lograr Evolucionar

En todos los proyectos, es tentador hacer que las cosas sean más complejas. Haz tu práctica de yoga SIMPLE.

Saber Investigarme. Conoce tus tendencias. Presta atención a tus maneras de ser (*vrttis*) que se manifiestan en tus actitudes, pensamientos, emociones, creencias, postura, movimientos, respiración, intenciones e interacciones. Aclara lo que sabes y lo que no sabes.

Modular Predilecciones. Observa las restricciones e ineficiencias que obstaculizan tu capacidad para participar de manera consciente, deliberada y sincera en tu vida. Nota también las tendencias e inclinaciones que afirman la vida. *Conocer tus tendencias es el primer paso para regularlas.* Aclara lo que está dentro y fuera de tu control. Deja a un lado todo lo que esté fuera de tu control y concéntrate en lo que puedas regular. Desarrolla tu habilidad para modular tus maneras de ser en lugar de permitir que tus maneras de ser determinen tu actitud, decisiones, acciones y metas.

Lograr Evolucionar. Dirige toda tu atención y energía a mejorar la calidad de tu participación en tu vida a través de tus intenciones, acciones e interacciones. Sigue prestando atención a la calidad de tu participación en todo lo que hagas.

Rango de acción

Creer que más es automáticamente mejor es una tendencia actual en muchas sociedades. Un error común relacionado es confundir rango de movimiento y rango de acción. El rango de movimiento a menudo se percibe erróneamente como el mayor movimiento posible en lugar del rango potencial de movimiento saludable. En lugar de pensar en términos de hacer más, cultivar tu rango completo de acción natural es más beneficioso en el yoga. El rango de acción abarca la gama completa de posibilidades naturales disponibles para ti. Cuando estás aprendiendo a tocar el piano, es posible que no comiences a usar el juego completo de 88 teclas. Es más apropiado aprender a tocar usando una sección más pequeña del teclado que sería más manejable y al mismo tiempo te permitiría tocar una variedad de piezas. A medida que desarrollas tus habilidades para tocar, tus manos se adaptarán y podrán alcanzar más teclas sin esfuerzo. Eventualmente expandirás tu repertorio para incluir el teclado completo. Como no estás extendiendo demasiado tus manos, podrás desarrollar matices en tu toque para que puedas ajustar la suavidad o la fuerza con que presionas las teclas para que tu interpretación sea más expresiva y con un amplio rango dinámico.

Como ser humano, tu cuerpo, mente y emociones son tu instrumento. El yoga te permite acceder a tu repertorio completo de actitudes, sentimientos, pensamientos, intenciones, respiración y movimientos. Siempre que sea posible, presta atención a tu rango de acción en cada nivel, emocional, psicológico, mental, respiratorio y físico, y desarrolla la habilidad de articular todos tus sistemas a la perfección según tu contexto, necesidades e intenciones. *Como resultado, el yoga se convierte en un sistema equilibrado y equilibrante que te empodera a participar plenamente en tu vida todos los días, en todo momento.* Desde esta perspectiva, tu práctica de yoga está al servicio de tu participación consciente en tu vida. Conocer tu rango completo de acción saludable te permite decidir la práctica, la duración y el nivel de intensidad más apropiado para ti en cada momento. Si estás practicando al final del día, es probable que la práctica sea diferente de una práctica que haces al comienzo de tu día o durante la hora del almuerzo en el trabajo. Como resultado, puedes participar en tu vida con un corazón y una mente abiertos y listo para actuar con elegante armonía (2.1).

Pautas para la práctica del yoga

Recuerda que el Yoga Sutra ha sido un manual práctico que ofrece recordatorios a los maestros y estudiantes dedicados a sus esfuerzos yóguicos. Las siguientes pautas tienen la intención de ayudarte en tu camino hacia una presencia incondicional, con mente y corazón abiertos.

- Encuéntrate donde estás y tal como eres.
- Deja de forzar, forcejear y auto juzgarte.
- Trae una sonrisa a todo lo que hagas.
- Explora todo con curiosidad lúdica para aprender sobre todos los aspectos de tu ser.
- Aclara tus intenciones.
- Toma tus propias decisiones.
- Actúa de forma consciente y deliberada.
- Pausar, sentir, validar, aclarar, escoger y responder.
- Haz lo mejor que puedas.

Tu Base

Toda persona que tenga la intención de estar presente tarde o temprano se encontrará con innumerables distracciones. Es probable que las distracciones ocurran con mucha frecuencia. Recuerda, darte cuenta de las distracciones no indica fracaso. Por el contrario, cuando notas tus distracciones puedes presenciar cómo alguna tendencia o preferencia está secuestrando tu intención. Esto te permite dejar la distracción y regresar pacientemente a tu intención significativa.

Comienza desde tu base.

- ¿Cuál es tu naturaleza? (1.3, 1.17, 1.41 a 1.51)
- ¿Existe alguna diferencia entre tu naturaleza y tus actividades (internas y externas)? (1.4)
- ¿Es posible que seas suficiente y que estés completa, íntegro y plena? (1.3)
- ¿Te conoces a fondo? (1.5 a 1.11)
- ¿Que sabes?
- ¿Cómo sabes lo que sabes? (1.7)
- ¿Es conocimiento o es información? (1.7)
- ¿Cuáles son tus puntos ciegos? (1.8)
- ¿Estás haciendo lo que crees que estás haciendo? (1.8)
- ¿Conoces tus suposiciones e ideas preconcebidas? (1.9)
- ¿Cómo se relaciona lo que piensas con la realidad? (1.9)
- ¿Cuáles son las historias que usas para entretenerte? (1.9)
- ¿Qué estás aprendiendo de dormir, de tus sueños, y de tus hábitos al dormir? (1.10)
- ¿Cómo influyen tus pensamientos diarios, tus emociones, y tus actividades diarias en la calidad de tu dormir y de tus sueños? (1.10)
- ¿Qué guardas en tu memoria? (1.11)

- ¿Hasta qué punto es acertado lo que recuerdas? (1.11)
- ¿Cómo estás organizando, editando, y modificando tus recuerdos? (1.11)
- ¿Está tu memoria llena de santuarios a momentos pasados? (1.11)
- ¿Conoces tus hábitos y sus efectos? (1.5 a 1.11)
    - Mentales
    - Emocionales
    - Posturales
    - Kinésicos - movimiento
    - Respiratorios
- ¿Eres tú mejor amiga o tú peor enemiga? (1.5)
- ¿Cómo estás tratando tus hábitos? (1.12 a 1.16)
- ¿Eres constante al modular tus hábitos? (1.13 y 1.14)
- ¿Eres paciente al regular tus maneras de ser? (1.15 y 1.16)
- ¿Qué tan dedicado estás a alinearte con la presencia? (1.20 a 1.22)
- ¿Tienes control o es el control una ilusión? (1.23 a 1.29)
- ¿Qué obstáculos te distraen de tu estado natural? (1.30)
- ¿Cómo está resolviendo esos obstáculos? (1.31 a 1.39)
- ¿Cómo sabes que tu práctica está funcionando? (1.41 hasta 1.51)
- ¿Reflejan tus acciones un equilibrio entre entusiasmo, sabiduría, y humildad? (2.1)

Las ramas del Yoga

Los *Yamas, Niyamas, y Pratipaksha Bhavana* son formas prácticas de optimizar tu energía y crear armonía interna y a todo tu alrededor. Estas herramientas yóguicas te ayudan a afinar tu actitud para mejorar la calidad de tu experiencia interna. Verifica que estas pautas no vayan en contra de tu propio sentido común. Pueden crear fricciones con algunas de sus creencias. Nota la fricción y trata de explorarla con atención. La fricción puede generar una agitación interna (*tapas*) que actúa como retroalimentación que te permite modular tus acciones. La prueba de estas pautas está en cómo te sientes al ponerlas en práctica. Cuando pones en práctica estas ideas, ¿sientes que crece tu vitalidad y bienestar?

YAMAS

Cultiva la bondad y compasión hasta que, eventualmente, aprendas a amar la vida incondicionalmente. Esto no significa que seas pasivo o indiferente.

- ¿Cuál es tu suposición fundamental? ¿Es el mundo un lugar para la cooperación o la competencia?
- Cultiva la gratitud, la compasión y tu capacidad de amar (*ahimsa* 2.31 y 2.35).
- Piensa, habla y actúa con integridad (*satya* 2.31 y 2.36).
- Vive en la abundancia. Se justa y generosa (*asteya* 2.31 y 2.37).
- Enciende la chispa de la curiosidad y la reverencia por la vida (*brahmacharya* 2.31 y 2.38).
- Prospera en la simplicidad (*aparigraha* 2.31 y 2.39).

NIYAMAS

Cultiva tu gratitud e inspiración hasta que vivas en con contento. Esto no significa que te vuelvas complaciente.

- ¿Está inspirada tu actitud por la gratitud o por sentirte con derechos que no has cultivado?
- Crece en claridad (*shaucha* 2.32, 2.40 y 2.41).

- Vive en el contento (*santosha* 2.32 y 2.42).
- Participa con pasión y entusiasmo (*tapas* 2.32 y 2.43).
- Conócete a fondo (*svadhyaya* 2.32 y 2.44).
- Toca al mundo con humildad (*ishvara pranidhana* 2.32 y 2.45).

Pratipaksha Bhavana

Escoge conscientemente ser una presencia edificante en el mundo (2.33 y 2.34) con tus

- Emociones
- Pensamientos
- Intenciones
- Palabras
- Comportamiento
- Interacciones
- Relaciones
- Ocupaciones
- Aficiones
- Entretenimiento

Asana

Personifica plenamente tu inteligencia kinésica para mejorar tu armonía innata, gracia y bienestar general. En tu práctica de *asanas* (2.46-2.48):

- Actúa con intención clara.
- Haz lo que puedas de forma consciente y deliberada.

- Crea una base firme para facilitar acciones ascendentes.
- Activa tu cuerpo con suave firmeza para mejorar la circulación de sangre, oxígeno, nutrientes, impulsos eléctricos e información.
- Respira con inhalaciones y exhalaciones naturales, suaves y continuas.
- Crea una cómoda estabilidad en tus articulaciones.
- Evita pellizcar, forzar, o aplastar tu cuerpo, especialmente tus articulaciones.
- Distingue claramente entre incomodidad tolerable y dolor.
- Distribuye tu movimiento de manera uniforme a todas tus articulaciones.
- Estabiliza y fortalece las áreas que son inestables y débiles.
- Mejora la flexibilidad y la movilidad en áreas tensas, tirantes y rígidas.
- Ten cuidado con las tendencias a estirar demasiado, escoge un alargamiento cómodo en su lugar.
- Ten cuidado con las tendencias a contraer en exceso, escoge el 50% de la contracción muscular en su lugar.
- ¿Pueden tu postura y movimientos ser un evento que incluye a todo el cuerpo?
- Sonríe y disfruta.
- Tu práctica te relaja y te da energía.

PRANAYAMA

Enamórate de tu respiración y familiarízate exquisitamente con tus procesos respiratorios (1.34 y 2.49 a 2.53). En tu práctica de *pranayama*:

- Para inhalación y exhalación, explora:
- Cualidades (textura, sabor, humedad, temperatura, ritmo)
- Ubicación (abdomen, caja torácica, parte superior del torso, combinaciones)

- Duración (rango completo desde la respiración más corta hasta la más largo sin ningún tipo de agitación)
- Opciones respiratorias que mejoran
    - Energía
    - Relajación
    - Presencia en calma
- ¿Qué conexiones entre el cuerpo físico, el intelecto y las emociones puedes explorar a través de variaciones en la respiración?
- Familiarízate con la variedad de opciones disponibles para pausar la respiración.

Pratyahara

Dirige tus sentidos con maestría (1.35, 2.54, 2.55 y 3.48).

- ¿Con qué alimentas tus sentidos?
- ¿Persigue tu mente las experiencias sensoriales?
- ¿Qué sucede cuando sigues una sensación de afuera hacia adentro?
- ¿Qué se siente ser tú desde dentro?

Dharana

Dirige tu atención a un objeto focal de manera constante (3.1, 1.32 a 1.39).

- Relájate.
- ¿Qué es lo suficientemente interesante e importante como para merecer tu tiempo, energía, y atención?

- Contempla ideas que despierten tu curiosidad.
- Concéntrate en las sensaciones.
- Recuerda que sentir es diferente de pensar.
- Habrá distracciones.
- Cultiva tu capacidad de regresar a tu punto focal, una y otra vez sin forzar, sin forcejear, sin auto juzgarte y con una leve sonrisa.

DHYANA

Aprende a mantener tu concentración sin esfuerzo (3.2).

- Elimina las distracciones que ofrecen:
    - Tu sentido de importancia personal (2.9).
    - Gustos (2.7) y aversiones (2.8).
    - Tu sentido de identidad, incluidas tus opiniones y creencias (2.6).
    - Desarrolla tu meditación gradualmente (3.6 y 1.17).
- Cultiva
    - Enfoque en un solo punto (1.32 y 3.12).
    - Armonía interna (1.33, 3.9, 3.10 y 3.11).
    - Intuición y sabiduría (1.20, 3.35).
- Aclara la diferencia entre
    - Quién eres y quién crees que eres (1.3 y 1.4).
    - Ser y experiencias (2.20 a 2.22 y 4.18 a 4.24).

SAMADHI

Integra todos tus sistemas soltando apego a lo que crees que eres o deberías ser (1.17, 1.18).

- Cultiva tu capacidad de relajarte.
- Atenúa tu control, sobre todo.
- ¿Qué necesitas para dejar de lado tus historias?
- Vive la bondad y la compasión.
- Acepta cada momento incondicionalmente.

Comprueba que tu práctica está funcionando

Eres el participante más interesado en el experimento de tu vida porque no puedes escapar de tu vida o de los efectos de tus acciones. Todo lo que está sucediendo en tu vida te ofrece lecciones para crecer más allá de tu nivel actual de comprensión. Cuando tu intención es clara, es más fácil evaluar si tus acciones tienen los efectos deseados. Algunos de los efectos potenciales de su práctica se enumeran a continuación.

- Florecen la armonía interna y externa
- *Yamas*
    - Paz (2.35).
    - Efectividad (2.36).
    - Prosperidad (2.37).
    - Vitalidad (2.38).
    - Simplicidad (2.39).
- *Niyamas*
    - Ecuanimidad en mente y corazón (2.40).
    - Enfoque (2.41).
    - Felicidad (2.42).
    - Sentidos y habilidades aumentados (2.43).
    - Comunión con el Ser Supremo (2.44).
    - Intuición (2.45).
- *Asana*

- - Función corporal óptima.
    - Ecuanimidad más allá de los opuestos (2.48).
- *Pranayama*
    - Respiración larga y sutil (2.50).
    - Luminosidad interior (2.52).
- *Pratyahara*
    - Sentidos bajo control (2.55).
- Gravitas hacia tu estado natural (1.3).
- Tus maneras de ser disminuyen (1.5 a 1.11).
- El silencio y la paz interiores aumentan (1.18, 2.2, 3.9 a 3.11).
- Disminuyen las distracciones, molestias y obstáculos (1,29 a 1,31).
- Percibes con mayor claridad y menos suposiciones (1,41 a 1,51, 3,12 y 3,12).
- El sufrimiento se vuelve opcional (2.15 y 2.16).
- Se elimina la confusión (2.25 a 2.27).
- Eliminación de impurezas, mayor sabiduría y discernimiento (2.28).
- Erradicación de limitaciones y creencias (3.56).
- Intuición realzada (3.34).
- Las impresiones no se acumulan (4.6 y 4.30).
- Consciencia personificada al servicio del fluir de la vida (4.22, 4.23 y 4.29).

ॐ शान्तिः शान्तिः शान्तिः

O M Shantih Shantih Shantih

Que haya paz adentro, afuera y en todas partes

APÉNDICES

INTERPRETACIÓN CONTINUA DEL YOGA SUTRA

Capítulo Uno - Integración (Samadhi)

1.1 Ahora, la práctica de yoga.

1.2 Yoga: regular las maneras de ser.

1.3 Como resultado, presencia personificada.

1.4 En lugar de identificarse con maneras de ser.

1.5 Las maneras de ser se manifiestan en cinco modos diferentes, algunas veces útiles, otras inútiles.

1.6 Son el conocimiento, el error, la imaginación, el sueño profundo y la memoria.

1.7 El conocimiento (*pramana*) proviene de la experiencia directa (*pratyaksha*), la inferencia (*anumana*) y la sabiduría transmitida (*agama*).

1.8 Error (*viparyaya*) resulta de una percepción incorrecta.

1.9 La imaginación (*vikalpa*) es la actividad de la mente que no se basa en la experiencia directa.

1.10 Sueño profundo (*nidra*) es cuando la mente está vacía de contenido.

1.11 La memoria (*smriti*) es retener experiencias.

1.12 La integración (*samadhi*) resulta de la práctica (*abhyasa*) Y el desapego (*vairagya*).

1.13 La práctica (abhyasa) se establece a través de la intención deliberada.

1.14 Y se arraiga firmemente durante un largo tiempo de acción continua, sincera e incondicional.

1.15 Dejar los apegos (*vairagya*) se cultiva con una actitud de imparcialidad que elimina las ansias de estímulos externos y de diálogo interior.

1.16 La consciencia establecida en la Verdad no se distrae, ni siquiera por las fluctuaciones más sutiles de la naturaleza.

1.17 Una progresión gradual hacia la integración profunda (*samprajñata samadhi*) se desarrolla a través del refinamiento sutil de la atención desde el razonamiento (*vitarka*), a la contemplación (*vichara*), a la dicha (*ananda*) y luego al sentido de ser (*asmita*).

1.18 Como resultado de la práctica, un mayor estado de integración (*asamprajñata samadhi*), sin pensamientos, solo impresiones subconscientes residuales (*samskaras*).

1.19 Una mayor integración resulta de la existencia objetiva para los seres incorpóreos (*videhas*) y para aquellos fusionados en la naturaleza (*prakritilayas*).

1.20 Otros, arraigados en la confianza (*shraddha*), que enciende la vitalidad (*virya*); y en el recuerdo (*smrti*), que estabiliza su enfoque; crecen en la serenidad mental (*samadhi*) que lleva al conocimiento y la sabiduría (*prajña*).

1.21 Está cerca para quienes se aplican con intensidad.

1.22 Hay tres grados de intensidad dentro de cada nivel: leve, moderado y excesivo.

1.23 O, renunciando de todo corazón a la ilusión de control (*ishvara pranidhana*).

1.24 El Ser Supremo (*ishvara*) es un tipo especial de ser no afectado por aflicciones (*kleshas*), acciones (*karma*), consecuencias (*vipaka*) o sus impresiones.

1.25 En el Ser Supremo, la semilla de la omnisciencia es insuperable.

1.26 Sin estar condicionado por el tiempo, el Ser Supremo es el maestro sin igual de todas las eras.

1.27 OM es el sonido que designa al Ser Supremo.

1.28 Cantando OM y contemplando su significado.

1.29 La consciencia gira hacia adentro y se eliminan las perturbaciones.

1.30 Las distracciones (*vikshepa*) y los obstáculos (*antaraya*) en el camino hacia el silencio interno más profundo son enfermedad (*vyadhi*), embotamiento (*styana*), duda (*samshaya*), descuido (*pramada*), pereza (*alasya*), indulgencia (*avirati*), percepción confusa (*bhranti darshana*), falta de cimientos (*alabdha bhumikatva*), inconsistencia (anavasthitatvani).

1.31 Los síntomas de las distracciones incluyen: angustia (*duhkha*), desesperación, sufrimiento, temblores e inestabilidad en la respiración.

1.32 Practicar el enfoque en un solo punto elimina las distracciones y los obstáculos.

1.33 Cultivar los hábitos de amabilidad (*maitri*), compasión (*karuna*), inspiración (*mudita*) y ecuanimidad (*upeksha*) purifica la mente, el cuerpo y el corazón.

1.34 Con exhalaciones y retenciones de la respiración.

1.35 Enfoque persistente en las sensaciones sutiles.

1.36 Cultivando la luz interior.

1.37 Concentrarse en la serenidad más allá de los deseos o en la mente de alguien que está más allá de gustos y disgustos.

1.38 Obtener comprensión de los sueños y cultivar el sueño profundo.

1.39 O, enfocándose en cualquier cosa edificante.

1.40 La presencia enfocada y estable revela una visión de todos los aspectos del universo, desde lo más pequeño hasta lo más grande.

1.41 Libre de distracciones, la mente y el corazón del yogui se vuelven puros, como un cristal que refleja completamente y sin distorsión lo que sea que esté frente a él (*samapatti*).

1.42 Cuando la consciencia es coloreada por el objeto focal, su nombre y su significado, integración con razonamiento (*savitarka samadhi*).

1.43 Cuando el objeto de meditación se destaca sin ningún pensamiento o recuerdo asociado a él, integración más allá de la conceptualización (*nirvitarka samadhi*).

1.44 Cuando el objeto de la meditación se siente en su esencia sutil constitutiva, la integración contemplativa (*savichara samadhi*). Aún más sutil, la integración más allá de la contemplación (*nirvichara samadhi*) lleva al yogui a experimentar directamente el objeto focal.

1.45 Los niveles más profundos de sutileza revelan el sustrato indiferenciado de la existencia.

1.46 Estos estados previos de meditación profunda (*samadhi* – integración) se llaman con semilla (*sabija*), porque usan un punto focal concreto o sutil.

1.47 La integración más allá de la contemplación (*nirvichara*) purifica el ser interno.

1.48 Entonces la consciencia reside en la verdadera sabiduría absoluta (*rtambhara*)

1.49 La verdadera sabiduría absoluta, que surge de la intuición y el discernimiento puros, difiere del conocimiento obtenido a través de la inferencia y el testimonio.

1.50 Las impresiones creadas por la verdadera sabiduría absoluta evitan que otras impresiones (*samskaras*) broten, desactivando impresiones latentes, así como también impresiones no manifestadas o *karma*.

1.51 Cuando se disuelven todas las impresiones, emerge el nivel más alto de integración (*nirbija samadhi*) cuando cesa toda identificación y solo queda la consciencia, autónoma, pura y libre.

Capítulo Dos - Práctica (Sadhana)

2.1 La acción yóguica (*kriya yoga*) combina entusiasmo (*tapas*), inteligencia (*svadhyaya*) y humildad (*Ishvara Pranidhana*).

2.2 Las acciones yóguicas minimizan las aflicciones (*klesha*) y facilitan la integración (*samadhi*).

2.3 Las aflicciones incluyen no saber quién soy (*avidya*), identificación errónea (*asmita*), gustos (*raga*), aversiones (*dvesha*) y miedo a la muerte (*abhinivesa*).

Interpretación continua del Yoga Sutra

2.4 La ignorancia de mi naturaleza (*avidya*) es el campo donde brotan las otras aflicciones. Las aflicciones pueden ser latentes, débiles, intermitentes o totalmente activas.

2.5 Confundir lo que es efímero como permanente, impuro como puro, doloroso como jubiloso, y el no ser como el Ser es ignorancia (*avidya*).

2.6 Confundir la consciencia con mi cuerpo, mente y emociones resulta en egocentrismo (*asmita*).

2.7 El anhelo de disfrutar es deseo (*raga*)

2.8 Rechazar el dolor es aversión (*dvesha*)

2.9 Incluso las personas sabias desarrollan un sentido de importancia personal que causa apego a la vida y miedo a morir.

2.10 Las aflicciones sutiles se disuelven cuando la sensación de ser se funde en la consciencia pura.

2.11 Cuando las aflicciones se manifiestan como maneras de ser (*vrtti*), se contrarrestan mediante la meditación.

2.12 Estas aflicciones (*kleshas*) son la fuente de una acumulación de impresiones (*samskaras*) que influyen en las experiencias presentes y futuras (*karma*).

2.13 Determinando las experiencias de nacimiento, longevidad y calidad de vida.

2.14 Produciendo experiencias agradables y desagradables según virtudes y defectos.

2.15 La persona sabia entiende que todas las actividades y experiencias internas resultantes de la mutabilidad de la naturaleza (*gunas*) eventualmente causarán dolor y sufrimiento.

2.16 El sufrimiento futuro puede ser evitado.

2.17 La causa del sufrimiento evitable es la tendencia a confundir la consciencia con lo que se experimenta.

2.18 Lo que se puede percibir tiene tres atributos: actividad (*kriya*), estabilidad (*sthiti*) e iluminación (*prakasha*). Se manifiesta en los elementos y órganos sensoriales para proporcionar experiencias que conduzcan a la liberación.

2.19 Los estados de los tres atributos (*gunas*) cambian de no manifestado a manifiesto a sutil a aparente.

2.20 El Testigo es puro. Es el poder de presenciar las actividades del cuerpo-mente-emociones sin verse afectado por ellas.

2.21 Todo lo que se puede sentir existe para el beneficio del Testigo.

2.22 Aunque las experiencias mundanas ya no existen para el yogui que ha alcanzado la liberación, el mundo permanece. El mundo es real.

2.23 La consciencia y las experiencias interactúan para reconocer lo que es permanente y lo que es transitorio.

2.24 Identificarse con experiencias es confusión (*avidya*).

2.25 La libertad surge al eliminar la confusión.

2.26 El camino a la liberación es el discernimiento consciente ininterrumpido (*viveka khyati*)

2.27 La liberación se desarrolla en siete etapas.

2.28 La práctica de las ocho ramas del yoga elimina las impurezas, aumenta la sabiduría (*jñana*) y establece el discernimiento consciente (*viveka*).

2.29 Las ocho ramas del yoga son: abrir tu mente (*yama*), abrir tu corazón (*niyama*), optimizar el funcionamiento del cuerpo (*asana*), mejorar el flujo de energía vital (*pranayama*), aclarar los sentidos (*pratyahara*), enfocar la mente (*dharana*), enfocar tu atención sin esfuerzo (*dhyana*) e integración (*samadhi*)

2.30 Los *yamas*, maneras sabias de eliminar la tensión, son: Amor (*ahimsa*), Integridad (*satya*), Equidad y Generosidad (*asteya*), Curiosidad y Reverencia por la Vida (*brahmacharya*) y Abundancia y Simplicidad (*aparigraha*).

2.31 Los *yamas* son un gran voto universal para apreciar y honrar la naturaleza interdependiente de la vida en todas sus formas y manifestaciones.

2.32 Los *niyamas*, formas sabias de reducir los forcejeos, son: claridad (*shaucha*), contento (*santosha*), entusiasmo (*tapas*), sabiduría (*svadhyaya*) y humildad (*ishvara pranidhana*).

2.33 Cuando surjan pensamientos y emociones problemáticos, cultiva pensamientos y emociones edificantes (*pratipaksha bhavana*).

2.34 Elegir no involucrarse en pensamientos, emociones o acciones negativas y violentas a ningún nivel evita dolor, desequilibrio y sufrimiento sin fin. (*pratipaksha bhavana*).

2.35 La persona establecida en el amor y la compasión (*ahimsa*), se convierte en una influencia pacífica y positiva dondequiera que vaya.

2.36 La persona establecida en la integridad (*satya*), actúa con eficacia y eficiencia.

2.37 Para la persona establecida en la equidad y la generosidad (*asteya*), la prosperidad sucede sin esfuerzo.

2.38 La persona establecida en cultivar la curiosidad y la reverencia por la vida (*brahmacharya*), desarrolla una gran vitalidad y entusiasmo.

2.39 La persona arraigada en la apreciación de la abundancia y en ser libre de antojos (*aparigraha*) reconoce la transitoriedad, aclara el propósito de la vida y obtiene una visión del pasado y el futuro.

2.40 Desarrollar y afinar la claridad mental, física y emocional (*shaucha*) libera los bloqueos que inhiben la función óptima, incluidos los hábitos y actitudes hacia uno mismo y las interacciones con los demás.

2.41 [Como resultado de *shaucha*] aumento de la serenidad en mente y corazón, actitud alegre, concentración puntual, dominio de los sentidos y comprensión de tu verdadera naturaleza.

2.42 Al cultivar el contento y la paz interior (*santosha*), florece el gozo supremo.

2.43 Cultivar el entusiasmo mediante la eliminación de ineficiencias en el cuerpo, la mente y las emociones (*tapas*) intensifica todos los sentidos y habilidades.

2.44 Profundizar tu auto comprensión y personificar la sabiduría (*svadhyaya*) resulta en la comunión con el Ser Supremo.

2.45 La humildad, renunciar a la ilusión del control (*ishvara pranidhana*), facilita la integración en la profundidad del silencio y la quietud interiores (*samadhi*), lo que confiere una percepción y eficacia extraordinarias.

2.46 Postura estable y feliz

2.47 Dejando los forcejeos y en integración constante.

2.48 Como resultado, serenidad más allá de las dualidades.

2.49 Una vez unificado y libre de forcejeos, *pranayama*, regulación de inhalación, exhalación, flujo de aire y retención.

2.50 La respiración se vuelve larga y sutil cuando la inspiración (*puraka*), la espiración (*rechaka*) y las retenciones (*kumbhaka*) se observan precisamente de acuerdo con la ubicación, número y duración.

2.51 El cuarto tipo de respiración está más allá de la regulación interna y externa.

2.52 Como resultado, la luz interior de la consciencia brilla más.

2.53 Luego, la mente está preparada para la concentración.

2.54 *Pratyahara*, cultivar la sensibilidad interior para traer a la consciencia hacia su propia forma.

2.55 Entonces, los sentidos se dominan y se ponen al servicio de la meta más alta.

Capítulo Tres - Magnificencia (Vibhuti)

3.1 La concentración (*dharana*) es dirigir la mente a un punto específico.

3.2 La meditación (*dhyana*) es mantener el enfoque sin esfuerzo.

3.3 *Samadhi* es la integración dinámica resultante en la que no hay separación.

3.4 *Samyama* (integración meditativa) combina concentración (*dharana*), meditación (*dhyana*) e integración (*samadhi*).

3.5 La integración meditativa (*samyama*) da como resultado una percepción directa de la sabiduría suprema.

3.6 La integración meditativa (*samyama*) se desarrolla gradualmente.

3.7 *Dharana, Dhyana* y *Samadhi* son más internos que las cinco ramas anteriores.

3.8 Sin embargo, *Dharana, Dhyana* y *Samadhi* son externos al estado más sutil de la consciencia pura (*nirbija samadhi*).

3.9 Aumenta la tendencia a la quietud interior y a retirarse de la atención a lo exterior. El crecimiento de la consciencia transforma el cuerpo, la mente y los sentidos (*nirodha parinama*).

3.10 El silencio interior sin esfuerzo se establece a través de impresiones pacíficas

3.11 Dejar el comentario interno y la identificación con las externalidades produce una transformación hacia la integración (*samadhi parinama*).

3.12 La unificación (*ekagrata parinama*) es la transformación que permite darse cuenta de las similitudes entre las percepciones que emergen y se desvanecen de un momento al momento siguiente. Entonces, la ilusión de fragmentación y separación desaparece.

3.13 En consecuencia, la consciencia se sintoniza con los cambios en los sentidos y en el mundo natural. Estos cambios se manifiestan como variaciones en las propiedades (*dharma*), las características (*lakshana*) y los estadios (*avastha*) e incluyen cambios en el propio ser.

3.14 Las características de un objeto pueden ser inactivas, activas o potenciales, pero hay una esencia subyacente al objeto.

3.15 La consciencia de la secuencia de manifestación de estos estadios crea la percepción del cambio.

3.16 La integración meditativa (*samyama*) en las tres dimensiones del cambio (propiedades, características y condición) revela el pasado y el futuro.

Desenreda el hilo

3.17 La integración meditativa (*samyama*) sobre la diferencia entre palabra, objeto y concepto ofrece un entendimiento del lenguaje de todos los seres, lo que permite una comunicación profunda con todos los seres.

3.18 La integración meditativa (*samyama*) sobre las impresiones (*samskaras*) ofrece un entendimiento de los nacimientos anteriores.

3.19 La integración meditativa (*samyama*) sobre los gestos, acciones y comportamiento de alguien indica su estado de ánimo.

3.20. Sin embargo, la causa de ese estado de ánimo no es revelada.

3.21 La integración meditativa (*samyama*) sobre la relación entre la forma, la luz y los ojos permite al yogui volverse invisible.

3.22 * Lo mismo ocurre con el sonido y otros estímulos.

3.23 La integración meditativa (*samyama*) sobre el *karma* activo (*prarabdha*) y latente (*sanchita*), o en los presagios de la muerte, revela el momento de la muerte.

3.24 La integración meditativa (*samyama*) en la amistad (*maitri*) y las otras cualidades (compasión-*karuna*, inspiración-*mudita* y ecuanimidad-*upeksha*) produce sus poderes y efectos.

3.25 La integración meditativa (*samyama*) sobre la fuerza de un elefante y cualidades similares, las proporciona.

3.26 La integración meditativa (*samyama*) en la luz interior revela lo sutil, lo oculto y lo distante.

3.28 La integración meditativa (*samyama*) sobre la luna da como resultado el conocimiento de las constelaciones.

3.29 La integración meditativa (*samyama*) en la estrella polar revela los movimientos de las estrellas.

3.30 La integración meditativa (*samyama*) en el ombligo da como resultado el conocimiento del cuerpo.

3.31 La integración meditativa (*samyama*) en la fosa de la garganta ofrece acceso para controlar el hambre y la sed.

3.32 La integración meditativa (*samyama*) en el canal de la tortuga (*kurma nadi*) confiere estabilidad.

3.33 O en la luz en la corona de la cabeza (*mūrdha*), permite ver a los seres realizados (*siddhas*).

3.34 O, por perspicacia intuitiva todo es conocido.

3.35 Mediante la integración meditativa (*samyama*) en el corazón, se comprende la mente.

3.36 Incluso una mente equilibrada y clara es diferente de la consciencia pura. Cuando no hay distinción de esta diferencia, la consciencia individual se identifica erróneamente con experiencias, sentimientos y percepciones. La integración meditativa (*samyama*) en esta distinción da como resultado el conocimiento de la consciencia pura (*purusha*).

3.37 Como resultado, se desarrollan una intuición y sensibilidad extraordinarias.

3.38 Estos poderes extraordinarios pueden verse como logros o como obstáculos.

3.39 Soltando las causas del apego al cuerpo físico y conociendo los conductos a través de los cuales viajan las fuerzas vitales, yoguis pueden entrar en el cuerpo de otra persona.

3.40 El control sobre *udana vayu* posibilita la ligereza, la levitación y salir del cuerpo a voluntad.

3.41 El dominio del *samana vayu* confiere resplandor.

3.42 La integración meditativa (*samyama*) sobre la relación entre la audición y el espacio (*akasha*) resultado es en la audición divina.

3.43 La integración meditativa (*samyama*) sobre la relación entre el cuerpo y el espacio o la meditación sobre la ligereza permite viajar a través del espacio (*akashagamana*).

3.44 Más allá del cuerpo físico y de las maneras de ser (*vrtti*), la gran incorporeidad quita el velo sobre la luz interior de la consciencia.

3.45 La integración meditativa (*samyama*) en la relación entre lo físico, la naturaleza genérica, lo sutil, las cualidades inherentes y el propósito de cualquier elemento da como resultado el dominio de los elementos constitutivos de todos los fenómenos naturales.

3.46 Como resultado, poderes extraordinarios, perfección del cuerpo e inmunidad a los elementos.

3.47 Las perfecciones corporales incluyen la belleza, la gracia y la fuerza para resistir un rayo.

3.48 La integración meditativa (*samyama*) sobre la percepción, el carácter esencial, el sentido del yo, las cualidades inherentes y el propósito da como resultado el dominio de los sentidos.

3.49 En consecuencia, un cuerpo tan rápido como la mente, independencia de los órganos de los sentidos y dominio del principio creativo de la naturaleza (*pradhana*).

3.50 Al discernir la distinción entre la Consciencia Pura y el cuerpo-mente-corazón transparentemente claro, surge la supremacía sobre la existencia y la omnisciencia.

3.51 El desapego de incluso esos logros y la eliminación de las semillas de las aflicciones restantes produce la libertad.

3.52 La vanidad y el engreimiento que resultan del contacto con los demás, incluso con seres celestiales, pueden generar un resurgimiento de consecuencias indeseables.

3.53 La integración meditativa (*samyama*) en momentos únicos y su secuencia, resulta en sabiduría nacida del discernimiento.

3.54 En consecuencia, la diferencia esencial entre dos objetos aparentemente idénticos (por especie, características, y ubicación) se puede discernir.

3.55 Como resultado del discernimiento (*viveka*), conocimiento trascendental completo y omnicomprensivo que disuelve la ilusión del tiempo. Entonces, la yoguini es independiente de la existencia condicionada.

3.56 Así, cuando la pureza del individuo refleja impecablemente la pureza de la Consciencia Pura (*purusha*), surge la liberación (como independencia completa - *kaivalya*).

Capítulo Cuatro - Emancipación (Kaivalya)

4.1 La función óptima y la eficiencia potenciada (*siddhis*) pueden resultar del nacimiento, las hierbas, *mantra*, las prácticas de purificación (*tapas*) y la integración profunda (*samadhi*).

4.2 Llegar a existir es una transformación que sigue el fluir de la naturaleza (*prakriti*).

4.3 El fluir de la vida en la naturaleza (*prakriti*) no es el resultado de causas incidentales. Cuando se eliminan los obstáculos, la vida fluye orgánicamente de acuerdo con su propia potencialidad.

4.4 Las mentes creadas son el resultado del sentido del yo (*asmita*).

4.5 Una consciencia singular subyace a todas las muchas experiencias en su amplia variedad.

4.6 La mente de la yoguini, apacible en la meditación, no genera ni acumula nuevas impresiones subconscientes (*samskaras*), porque su percepción no está empañada por sus maneras de ser.

4.7 El yogui consumado, establecido en la integración, está más allá de las dualidades. Por tanto, el yogui no acumula impresiones que provoquen reactividad (*karma*). Para todos los demás, la reactividad (*karma*) es de tres tipos: positiva, negativa y mixta.

4.8 Las impresiones subconscientes (*samskaras*) permanecen inactivas hasta que las condiciones son apropiadas para su manifestación. Estas impresiones influyen en los rasgos y tendencias de la personalidad (*vasanas*).

4.9 Todas las acciones dan como resultado impresiones acumuladas (*samskaras*) vinculadas a la memoria en una configuración única, independientemente del tiempo, lugar o circunstancias en las que surgieron tales impresiones.

4.10 Se desconoce cuándo estas impresiones subconscientes (*samskaras*) se originaron, y puesto que son impulsadas por el deseo, se mantendrán durante el tiempo que permanezca el deseo.

4.11 Estas impresiones son causadas por las aflicciones (*klesha*) y dan como resultado el nacimiento, longevidad, así como experiencias agradables y desagradables. Las impresiones están sustentadas por maneras de ser (*citta vrtti*), tendencias (*vasanas*) y por los objetos que se pueden experimentar. Cuando se eliminan las causas, efectos, apoyos y objetos, las impresiones desaparecen.

4.12 El pasado y el futuro, en forma sutil, latente o potencial, existen en el presente.

4.13 Aparentes o sutiles, las características cambian debido a las tendencias primordiales (*gunas*) de la naturaleza.

4.14 Aunque está en constante cambio, cada objeto único es real.

4.15 El objeto permanece coherente independientemente de que lo observen diferentes mentes o una mente en diferentes estados. En otras palabras, el objeto existe independientemente de la percepción individual.

4.16 El objeto no depende de ser percibido. De lo contrario, ¿qué pasaría cuando una mente no percibe el objeto?

4.17 Un objeto se vuelve conocido o desconocido según el color de la percepción.

4.18 Inmutable, la Consciencia es el sustrato que impregna toda la existencia. Las maneras de ser siempre son conocidas por la Consciencia.

4.19 La consciencia individual no es independiente ni autónoma. Sin embargo, la consciencia individual puede servir como una ventana transparente entre la consciencia y el mundo de la experiencia.

4.20 Tanto la consciencia pura como el mundo de la experiencia no se pueden aprehender simultáneamente.

4.21 Una parte de la consciencia individual no puede observar otra parte de sí misma, o una sucesión interminable confundiría la memoria.

4.22 Cuando las maneras de ser se aquietan, la consciencia individual experimenta su naturaleza fundamental como consciencia encarnada.

4.23 Cuando estás libre de identificación y reactividad, la consciencia individual puede reflejarlo todo, la Consciencia (el vidente) y los objetos/experiencias (lo visto), con total neutralidad y sin excluir nada.

4.24 A pesar de sus muchas impresiones latentes, la consciencia individual puede cumplir su propósito superior como vehículo de liberación al ofrecer una superficie reflectante libre de distorsiones para la Consciencia universal.

4.25 Reconocer a través de la experiencia directa la distinción entre consciencia pura y experiencias disuelve la noción del yo individual.

4.26 Como resultado, libre del sentido de identidad, la consciencia individual discernidora gravita hacia la liberación.

4.27 Algunas impresiones latentes aún pueden generar actividad interna.

4.28 Esas impresiones pueden eliminarse de la misma forma que los otros obstáculos (*kleshas*).

4.29 Habiendo dejado atrás todas las metas, apegos y expectativas, el grado más profundo de armonía integrada surge como una absorción completa en el servicio al flujo continuo de la vida (*dharma megha samadhi*).

4.30 De este modo, se limpian las impurezas anteriores y no se acumulan nuevas impresiones.

4.31 Como resultado, libre de ignorancia (*avidya*) y con todas las impurezas (*klesha*) eliminadas, surge la sabiduría sin fin con poco que queda por conocer.

4.32 Después de haber cumplido su propósito, brindar experiencias para la liberación, las cambiantes tendencias de la naturaleza (*gunas*) entran en equilibrio e inactividad.

4.33 Cesa la sucesión imperceptible de instantes en los que se producen cambios.

4.34 Habiendo cumplido su propósito, las tendencias de la naturaleza (*gunas*) vuelven a su estado original, y la consciencia, que ya no está velada por las actividades de las *gunas*, permanece en su propia naturaleza esencial, el poder de la presencia.

YOGA SUTRA COMO INDAGACIÓN

Al principio del libro se sugirió que la filosofía del yoga siempre ha sido un quehacer aplicado. Esta lista puede servir como una referencia rápida de preguntas relacionadas con cada sutra específico para utilizar las preguntas para guiar tu investigación. Contemplar las preguntas, es decir, aprender a vivir con las preguntas y amar las preguntas en sí mismas, es más propicio para tu crecimiento que apresurarte a buscar una respuesta. Si permaneces con las preguntas, te invitarán a agudizar tu atención y entendimiento. Y es tu aguda consciencia la que encontrará maestros y lecciones que te llevarán más allá de los límites de tu comprensión actual. La pregunta principal que puedes hacer en cualquier momento de tu día es: **¿Cuál es la calidad de mi participación?**

Capítulo Uno - Integración (Samadhi)

1.1 ¿Estoy presente?
1.2 ¿Puedo regular mis actividades internas?
1.3 ¿Cuál es mi verdadera naturaleza? ¿Quién soy?
1.4 ¿Quién creo que soy?
1.5 ¿Qué tendencias son útiles? ¿Qué tendencias son inútiles?
1.6 ¿Puedo notar las diferencias entre lo que sé, lo que no sé, mi imaginación, mis sueños y mis recuerdos y sus influencias en mi actitud, elecciones y acciones?
1.7 ¿Qué sé yo? ¿Cómo lo sé?
1.8 ¿Soy consciente de lo que creo que sé pero realmente no sé?
1.9 ¿Qué historias imagino?

1.10 ¿Qué hay en mis sueños?

1.11 ¿Cuál es mi relación con mis recuerdos?

1.12 ¿A qué dedico tiempo y energía y con qué actitud?

1.13 ¿Qué intenciones me motivan a practicar la presencia?

1.14 ¿Qué hago con dedicación continua, incondicional y sincera?

1.15 ¿Cómo estoy liberando mis apegos a los estímulos externos y al diálogo interno?

1.16 ¿A qué atiendo sin distracciones de ningún tipo?

1.17 ¿Estoy notando una progresión gradual en mi capacidad para mantener la concentración? ¿Puedo estar absorto en un razonamiento que lleve a la contemplación y se transforme en alegría y finalmente en puro sentido del ser?

1.18 ¿Puedo estar en quietud, presenciando silenciosamente las sutiles impresiones subconscientes en el borde de mi consciencia?

1.19 ¿Me he liberado de todas mis creencias?

1.20 ¿Cómo estoy cultivando mi confianza y seguridad, vitalidad, recuerdo, ecuanimidad mental, perspicacia y sabiduría?

1.21 ¿Estoy comprometido con mi propio proceso de crecimiento?

1.22 ¿Cómo es mi compromiso: leve, moderado o excesivo?

1.23 ¿Puedo renunciar a la ilusión del control?

1.24 ¿Hay algo que no se vea afectado por los obstáculos, las acciones, sus resultados o sus impresiones?

1.25 ¿Es la omnisciencia posible?

1.26 ¿Me doy cuenta de las lecciones personalizadas a mi medida dondequiera que vaya?

1.27 ¿Hay algo que pueda simbolizar el ser puro?

1.28 ¿Puedo cantar OM mientras contemplo su significado?

1.29 ¿Qué descubro cuando canto OM?

1.30 ¿Estoy notando distracciones y obstáculos tales como enfermedad, embotamiento, duda, descuido, pereza, indulgencia, percepción confusa, incapacidad para estar arraigado e inconsistencia?

1.31 ¿Siento angustia, desesperación, sufrimiento, temblores y dificultad para respirar?

1.32 ¿Estoy practicando un enfoque de un solo punto para eliminar distracciones y perturbaciones?

1.33 ¿Qué sucede cuando cultivo los hábitos de amabilidad, compasión, inspiración y ecuanimidad?

1.34 ¿Qué sucede cuando me concentro en mis exhalaciones y retenciones de la respiración?

1.35 ¿Qué sucede cuando me concentro en mis percepciones sensoriales sutiles?

1.36 ¿Qué sucede cuando me concentro en cultivar la luz interior?

1.37 ¿Qué sucede cuando me concentro en la serenidad más allá del deseo o en la mente de alguien que está más allá de los gustos y disgustos?

1.38 ¿Qué sucede cuando me concentro en obtener información de mis sueños y en cultivar el sueño profundo?

1.39 ¿Qué sucede cuando me concentro en algo significativo y edificante para mí?

1.40 Cuando mi consciencia está estable y enfocada, ¿soy más sensible a las intuiciones?

1.41 Es mi mente cada vez pura, como un cristal que refleja completamente y sin distorsión lo que está en frente a ella?

1.42 ¿Puedo enfocarme en algo y estar absorto en el objeto focal, su nombre y su significado?

1.43 ¿Puedo concentrarme en algo sin ningún pensamiento o recuerdo asociado a ello?

1.44 ¿Puedo concentrarme en algo y experimentar su esencia constitutiva sutil? ¿Puedo enfocarme más profundamente para experimentar el objeto focal directamente?

1.45 ¿Estoy adquiriendo una consciencia cada vez mayor de la naturaleza subyacente de la existencia?

1.46 ¿Soy consciente de que incluso esos niveles profundos de meditación gravitan hacia un punto focal burdo o sutil?

1.47 ¿Puedo estar profundamente absorta en solo ser?

1.48 ¿Puedo experimentar la verdadera sabiduría absoluta?

1.49 ¿Puedo discernir la diferencia entre el conocimiento adquirido a través de la inferencia y el testimonio y una sabiduría absoluta y verdadera?

1.50 ¿Estoy notando una nueva tendencia a vivir sin esfuerzo en la verdadera sabiduría absoluta?

1.51 ¿He dejado de lado toda identificación?

Capítulo Dos - Práctica (Sadhana)

2.1 ¿Combinan mis acciones entusiasmo, inteligencia y humildad?

2.2 ¿Están mis acciones minimizando aflicciones y creando integración?

2.3 ¿Qué obstáculos me impiden sentirme íntegra y completa?

2.4 ¿Me estoy alineando con mi esencia?

2.5 ¿Estoy confundiendo lo que es efímero como permanente, impuro como puro, doloroso como jubiloso, y el no ser como el Ser?

2.6 ¿Estoy confundiendo la consciencia con mi cuerpo, mente y emociones?

2.7 ¿Me impulsan mis ansias de disfrutar?

2.8 ¿Me impulsa evitar el dolor?

2.9 ¿Me rige mi sentido de importancia personal? ¿Es mi miedo a morir un obstáculo para vivir mi vida conscientemente?

2.10 ¿Se disuelven estos obstáculos cuando mi sentido de ser se funde en la consciencia pura?

2.11 ¿Me está ayudando la meditación a apaciguar mis actividades internas?

2.12 Soy consciente de cómo las aflicciones están influyendo en mi situación y experiencias actuales?

Yoga Sutra como indagación

2.13 ¿Cómo determina mi falta de consciencia mis opciones futuras y mis experiencias de vida?

2.14 ¿Hasta qué punto puedo notar la conexión entre las experiencias agradables y desagradables y mis acciones?

2.15 ¿Existen actividades y experiencias internas que nunca causen dolor y sufrimiento?

2.16 ¿Estoy sembrando semillas de sufrimiento futuro?

2.17 ¿Surge el sufrimiento de combinar la consciencia con lo experimentado?

2.18 ¿Cómo pueden mis experiencias llevarme a la liberación?

2.19 ¿Puedo notar la secuencia de estados sutiles de cualquier cosa que puede experimentarse desde lo no manifiesto hasta lo manifiesto y lo sutil hasta lo aparente?

2.20 ¿Hay algo que sea testigo de las actividades del cuerpo-mente-emociones sin verse afectado por ellas?

2.21 ¿Cuál es el propósito de todo lo que se puede experimentar?

2.22 ¿Es real el mundo de las experiencias?

2.23 ¿Puedo reconocer las diferencias entre lo que es permanente y lo que no lo es?

2.24 ¿Me estoy identificando con mis experiencias?

2.25 ¿Qué sucede cuando dejo de identificarme con mis experiencias?

2.26 ¿Estoy establecida en una consciencia discriminativa?

2.27 ¿Estoy notando un proceso gradual de crecimiento personal? ¿Cuáles son las etapas por las que estoy pasando?

2.28 ¿Estoy notando que mi práctica de yoga elimina las impurezas, aumenta la sabiduría y establece una consciencia discriminativa?

2.29 ¿Incluye mi práctica de yoga las ocho ramas del yoga?

2.30 ¿Cómo defino los *yamas*?

2.31 ¿Estoy practicando de forma constante y sincera?

2.32 ¿Cómo defino los *niyamas*?

2.33 ¿Cómo estoy cultivando pensamientos y emociones edificantes?

2.34 ¿Cómo elimino eficazmente pensamientos, emociones y acciones negativas y violentas a todo nivel?

2.35 ¿Cómo me establezco en el amor y la compasión? ¿Qué estoy notando como resultado?

2.36 ¿Cómo me establezco en integridad? ¿Qué estoy notando como resultado?

2.37 ¿Cómo me establezco en la equidad y la generosidad? ¿Qué estoy notando como resultado?

2.38 ¿Cómo alimento la curiosidad y la reverencia por la vida? ¿Qué estoy notando como resultado?

2.39 ¿Cómo estoy anclándome en la libertad de los antojos y el aprecio por la abundancia? ¿Qué estoy notando como resultado?

2.40 ¿Cómo estoy desarrollando y refinando mi claridad mental, física y emocional? ¿Qué estoy notando como resultado?

2.41 ¿Estoy experimentando una mayor uniformidad en la mente y el corazón, una actitud gozosa, la concentración en un solo punto, un dominio de los sentidos y una percepción de mi verdadera naturaleza?

2.42 ¿Cómo estoy cultivando el contento y la paz interior? ¿Qué estoy notando como resultado?

2.43 ¿Cómo estoy cultivando el entusiasmo mediante la eliminación de ineficacias en el cuerpo, la mente y las emociones? ¿Qué estoy notando como resultado?

2.44 ¿Cómo estoy profundizando mi comprensión de mí misma y encarnando la sabiduría? ¿Qué estoy notando como resultado?

2.45 ¿Cómo estoy practicando la humildad y abandonando la ilusión de control? ¿Qué estoy notando como resultado?

2.46 ¿Es mi postura estable y feliz?

2.47 ¿Estoy dejando los forcejeos y estoy constantemente integrado?

2.48 ¿Estoy más allá de las dualidades?

2.49 ¿Cómo estoy creciendo en mi capacidad para regular mis inhalaciones, exhalaciones, flujo de aire y retención?

2.50 ¿Estoy observando mis inhalaciones, exhalaciones y retenciones según la ubicación, el número y la duración? ¿Está volviéndose mi respiración más larga y sutil?

2.51 ¿Estoy notando una forma de respirar espontánea aún más sutil?

2.52 ¿Se está volviendo más brillante mi luz interior de consciencia?

2.53 ¿Está preparada mi mente para la concentración?

2.54 ¿Cómo estoy cultivando la sensibilidad interior? ¿Qué estoy notando como resultado?

2.55 ¿Estoy aumentando mi capacidad para dirigir mis sentidos con un propósito?

Capítulo Tres - Magnificencia (Vibhuti)

3.1 ¿Cómo estoy practicando la concentración?

3.2 ¿Estoy creciendo en mi capacidad para mantener mi enfoque sin esfuerzo?

3.3 ¿Está creciendo mi capacidad para permanecer integrada y sin comentarios internos?

3.4 ¿Puedo pasar de la concentración a la meditación y luego a la integración?

3.5 ¿Están creciendo las intuiciones como resultado de mi práctica de integración meditativa?

3.6 ¿Cómo se está desarrollando el proceso de mi integración meditativa?

3.7 ¿Puedo sentir cómo las prácticas meditativas son más internas que las cinco ramas anteriores del yoga?

3.8 ¿Existe un estado de consciencia incluso más interno y sutil?

3.9 ¿Está creciendo en mí una tendencia a estar en una mayor quietud interior y a alejarme de la exteriorización de mi atención?

Desenreda el hilo

3.10 ¿Cuáles son las impresiones dominantes en mi mundo interior?

3.11 ¿Estoy dejando atrás comentarios internos e identificación con externalidades?

3.12 ¿Puedo permanecer enfocado en un solo punto? ¿Me está capacitando mi enfoque puntual a notar las similitudes entre las percepciones que surgen y se desvanecen de un momento al siguiente? ¿Me siento menos fragmentada?

3.13 ¿Está aumentando mi capacidad para notar cambios sutiles en el mundo natural y en mi propio ser?

3.14 ¿Puedo aprehender las características de un objeto, así como su esencia?

3.15 ¿Soy capaz de darme cuenta de los cambios en la secuencia de manifestación de las características de un objeto?

3.16 ¿Qué sucede cuando enfoco mi integración meditativa en las tres dimensiones del cambio (propiedades, características y condición)?

3.17 ¿Qué sucede cuando enfoco mi integración meditativa en la diferencia entre palabra, objeto y concepto?

3.18 ¿Qué sucede cuando enfoco mi integración meditativa en impresiones subconscientes?

3.19 ¿Qué sucede cuando enfoco mi integración meditativa en los gestos, acciones y comportamiento de alguien?

3.20. Si enfoco mi integración meditativa en los gestos, acciones y comportamiento de alguien, ¿puedo descubrir la causa de su estado mental?

3.21 ¿Qué sucede cuando enfoco mi integración meditativa en la relación entre la forma, la luz y los ojos?

3.22 * ¿Qué sucede cuando enfoco mi integración meditativa en la relación entre el sonido y los oídos y otros estímulos?

3.23 ¿Qué sucede cuando enfoco mi integración meditativa en el *karma* activo e inactivo?

3.24 ¿Qué sucede cuando enfoco mi integración meditativa en la amabilidad, la compasión, la inspiración y la ecuanimidad?

3.25 ¿Qué sucede cuando enfoco mi integración meditativa en la fuerza de un elefante y cualidades similares?

3.26 ¿Qué sucede cuando enfoco mi integración meditativa en la luz interior?

3.27 ¿Qué sucede cuando enfoco mi integración meditativa en el sol?

3.28 ¿Qué sucede cuando enfoco mi integración meditativa en la luna?

3.29 ¿Qué sucede cuando enfoco mi integración meditativa en la estrella polar?

3.30 ¿Qué sucede cuando enfoco mi integración meditativa en el ombligo?

3.31 ¿Qué sucede cuando enfoco mi integración meditativa en la fosa de la garganta?

3.32 ¿Qué sucede cuando enfoco mi integración meditativa en el canal de la tortuga?

3.33 ¿Qué sucede cuando enfoco mi integración meditativa en la luz en la coronilla de la cabeza?

3.34 ¿Qué me revela la percepción intuitiva?

3.35 ¿Qué sucede cuando enfoco mi integración meditativa en mi corazón?

3.36 ¿Puedo notar las diferencias entre mi consciencia y la Consciencia Pura?

3.37 ¿Qué sucede cuando enfoco mi integración meditativa en esta distinción entre mi consciencia y la Consciencia Pura?

3.38 ¿Cómo veo los cambios producidos por mi práctica?

3.39 ¿Es posible liberarme de las causas del apego al cuerpo físico? ¿Puedo conocer los conductos por los que viajan mis fuerzas vitales?

3.40 ¿Qué pasa cuando concentro mi integración meditativa en la fuerza vital ascendente?

3.41 ¿Qué pasa cuando concentro mi integración meditativa en la fuerza vital abdominal?

3.42 ¿Qué sucede cuando enfoco mi integración meditativa en la relación entre la audición y el espacio?

3.43 ¿Qué sucede cuando enfoco mi integración meditativa en la relación entre el cuerpo y el espacio?

3.44 ¿Qué sucede cuando enfoco mi integración meditativa más allá de mi cuerpo físico?

3.45 ¿Qué sucede cuando enfoco mi integración meditativa en la relación entre lo físico, la naturaleza genérica, lo sutil, las cualidades inherentes y el propósito de cualquier elemento?

3.46 ¿Hasta qué punto mi cuerpo se está volviendo más fuerte e inmune a los elementos?

3.47 ¿Hasta qué punto estoy familiarizada con todos los niveles de sutileza en mi propio organismo?

3.48 ¿Tengo una profunda comprensión experimental de mis propios sentidos?

3.49 ¿Cuál es mi relación con el principio creativo de la vida?

3.50 ¿Hasta qué punto puedo discernir la distinción entre la Consciencia Pura y mi propia consciencia inmaculada?

3.51 ¿Puedo dejar de lado todos los logros y eliminar las semillas restantes de mis aflicciones?

3.52 ¿Estoy libre de la importancia personal y del orgullo del contacto con los demás?

3.53 ¿Qué sucede cuando enfoco mi integración meditativa en momentos únicos y su secuencia?

3.54 ¿Puedo discernir la diferencia esencial entre dos objetos aparentemente idénticos?

3.55 ¿Cómo sé si estoy libre de la existencia condicionada?

3.56 ¿Estoy participando en la constante novedad de la vida sin bloquear el flujo permanente de la Consciencia Pura?

Capítulo Cuatro - Emancipación (Kaivalya)

4.1 ¿Estoy notando un funcionamiento óptimo y una eficiencia mejorada en mi vida?

4.2 ¿Cómo se manifiesta la vida?

Yoga Sutra como indagación

4.3 ¿Cuáles son los obstáculos que impiden que la vida fluya orgánicamente de acuerdo con su propia potencialidad?

4.4 ¿Cuáles son los subproductos de mi sentido del yo?

4.5 ¿Es posible que exista una consciencia singular que subyace la miríada de experiencias en su amplia variedad?

4.6 Cuando mi mente se aquieta, ¿genera o acumula nuevas impresiones subconscientes?

4.7 ¿Estoy más allá de las dualidades? ¿Qué causa reactividad en mí?

4.8 ¿Qué hace que se manifiesten mis impresiones subconscientes? ¿Cómo influyen en mi perspectiva y decisiones?

4.9 ¿Es posible que mi configuración única de recuerdos, impresiones y tendencias continúe de una vida a la siguiente?

4.10 ¿Cuándo se originaron estas impresiones subconscientes?

4.11 ¿Cuáles son las causas de mis impresiones? ¿Cuáles son sus resultados? ¿Qué perpetúa la existencia de estas impresiones en mi propia consciencia? ¿Es posible eliminar las causas, los efectos y el soporte de estas impresiones?

4.12 ¿Cuál es la relación entre pasado, presente y futuro?

4.13 ¿Qué causa los cambios en las características de todos los fenómenos?

4.14 ¿Son reales los objetos que experimento?

4.15 ¿El objeto experimentado permanece consistente o es afectado por las diferentes mentes que lo perciben?

4.16 ¿Un objeto que percibo depende de ser percibido? ¿Cuál es el propósito de todo lo que existe?

4.17 ¿Cómo se conoce un objeto?

4.18 ¿Cuál es mi experiencia directa de la consciencia, la presencia, las experiencias y las relaciones entre ellas?

4.19 ¿Cuál es la relación entre mi consciencia individual, mi propia sensación de estar con vida y la Consciencia Pura?

4.20 ¿Qué sucede cuando trato de concentrarme tanto en la experiencia como en la Consciencia Pura?

4.21 ¿Puede una parte de mi consciencia individual observar otra parte de sí misma?

4.22 ¿Qué pasa cuando se aquietan mis maneras de ser?

4.23 ¿Qué sucede cuando estoy completamente libre de identificación y reactividad? ¿Puedo presenciar la vida en su totalidad con neutralidad?

4.24 ¿Está sirviendo mi consciencia individual su propósito superior como vehículo de liberación?

4.25 ¿Qué sucede cuando me doy cuenta a través de mi experiencia directa de la distinción entre Consciencia Pura y experiencias?

4.26 ¿Cuál es mi experiencia cuando estoy libre del sentido de identidad?

4.27 ¿Hay algunas impresiones latentes que aún generan actividad interna?

4.28 ¿Puedo modular las impresiones latentes sutiles que quedan en mí de la misma manera que he desactivado las impresiones activas?

4.29 ¿He liberado todos los objetivos, anexos y expectativas?

4.30 ¿Me estoy volviendo menos condicionada y más incondicional?

4.31 ¿Estoy libre de toda identificación errónea y de todas las impurezas?

4.32 ¿Qué sucede una vez que las tendencias de la naturaleza cumplen su propósito?

4.33 ¿Es posible salirse del flujo del tiempo?

4.34 ¿Puede mi consciencia individual estar libre de las actividades de la naturaleza?

GLOSARIO

abhyasa: Estudio, práctica, repetición, uso, hábito.

agama: Lo que se conoce de la tradición, testimonio de fuentes confiables.

agami karma: Consecuencias de acciones previas aún por manifestar, karma futuro.

ahimsa: No hacer daño. La práctica yama de ver a través de los ojos del amor y la compasión.

akasha: Espacio abierto, éter, cielo, el fluido etéreo que impregna el universo, el vehículo de la vida y el sonido.

akashagamana: Atravesar la atmósfera, atravesar el espacio.

alasya: Ociosidad, pereza. Una de las distracciones enumeradas en el sutra 1.30.

ananda: Alegría, Deleite, Placer.

anima: Habilidad de volverse diminuto, uno de los *siddhis* enumerados en el sutra 3.46.

anumana: Inferencia, deducción lógica.

aparigraha: Renunciar o no aceptar. La práctica *yama* de vivir en abundancia y sencillez.

Desenreda el hilo

asana: Permanecer, taburete, morar, lugar, asiento, detenerse, sentarse y postura. Vivir en el conocimiento y la meditación, vacía de distracciones, gustos y disgustos.

asmita: Sentido del yo, sentido del ser.

asteya: No robar. La práctica *yama* de vivir con equidad y generosidad.

atha: Una partícula auspiciosa, entonces, además, más bien, ciertamente, pero.

avidya: Necio, insensato, no educado, ignorancia, ignorancia espiritual, el obstáculo fundamental que causa confusión e identificación incorrecta.

avirati: Falta de autocontrol, indulgencia excesiva, incontinencia, intemperancia. Una de las distracciones enumeradas en el sutra 1.30.

bhasya: Observación, nota, comentario, comentario, explicación.

bhavana: Causar ser, producir, manifestar, producir bienestar.

bhrantidarshana: Confusión, perspectiva vacilante y vacilante. Una de las distracciones enumeradas en el sutra 1.30.

bija: Semilla, fuente, origen, verdad.

brahmacharya: Estudiante o seguidor de Brahma, el absoluto. Celibato. La práctica *yama* de honrar lo absoluto y seguir la sabiduría suprema.

citta: Intención, objetivo, atención, observación, pensamiento, reflexión, deseo, corazón, mente, memoria, inteligencia, razón.

devanagari: Literalmente escritura de la ciudad divina. El alfabeto en el que suele escribirse el sánscrito.

Glosario

dharma: Deber, propósito de vida y vivir de acuerdo con la propia consciencia.

duhkha: Desagradable, molestia, sufrimiento, dolor, angustia, tristeza.

gunas: Las cualidades y atributos de la naturaleza y todo lo que existe, actividad-*rajas*, inercia-*tamas*, equilibrio-*sattva*.

ishitrittva: Dominio de los elementos para hacerlos aparecer o desaparecer, uno de los *siddhis* enumerados en el sutra 3.46.

ishvara: Reina, príncipe, dios, rey, señor, gobernante, dios del amor, Ser Supremo, alma suprema, amo.

ishvara pranidhana: Honrar al Ser Supremo, contemplar al Ser Supremo con devoción incondicional. La práctica *niyama* de vivir con humildad y renunciar a la ilusión de control.

japa: Murmurar, susurrar, la práctica de susurrar o repetir en silencio un mantra.

kaivalya: Libertad, liberación.

karma: Acción.

karmashaya: El depósito de todas las impresiones acumuladas a lo largo de la vida.

laghima: Habilidad de volverse ligero, uno de los *siddhis* enumerados en el sutra 3.46.

mahima: Capacidad de crecer en tamaño, uno de los *siddhis* enumerados en el sutra 3.46.

mantra: Instrumento de pensamiento, discurso, texto o discurso sagrado, una oración o canto de alabanza, una fórmula sagrada dirigida a una deidad individual, un verso místico o fórmula mágica, encantamiento, hechizo.

nadi: vena, arteria, nervio o cualquier otro órgano tubular del cuerpo.

nidra: Sueño, sueño profundo.

nirodha: Confinamiento, restricción, control, represión.

pada: Pie, cuarto, capítulo de un libro que consta de cuatro partes, un rayo o haz de luz.

pradhana: El principio creativo de la naturaleza.

prakamya: Voluntad sin freno, como la capacidad de fusionarse con la tierra o una roca, uno de los *siddhis* enumerados en el sutra 3.46.

pramada: Negligencia, descuido. Una de las distracciones enumeradas en el sutra 1.30.

pramana: Percepción correcta.

prana: Energía vital, aliento de vida.

pranava: La sílaba mística ॐ, transcrito como OM y AUM.

pranidhana: Atención, deseo vehemente, meditación religiosa profunda, gran esfuerzo, oración, esfuerzo, contemplación abstracta de, asiduidad, voto, acceso, entrada.

Glosario

prapti: Obtener, adquirir, ganar. Capacidad para alcanzar cualquier cosa independientemente de la distancia, uno de los *siddhis* enumerados en el sutra 3.46.

prarabdha karma: Consecuencias de acciones previas que se están manifestando en este momento, karma actualmente activo.

pratibha: Luz, inteligencia, presencia de ánimo, comprensión, ingenio, genio, pensamiento, idea.

pratiprasava: Involución, regreso al estado original. *Prati* significa contra y *prasava* significa producto, fruto, generación. *Pratiprasava* a menudo se traduce como retorno al estado original o contraorden.

pratyaksha: Experiencia directa.

rishi: Sabio, profeta, vidente.

sadhana: Avanzar, guiar bien, conducir directamente a una meta, efectivo, eficiente, propiciación, logro, realización.

sama: Uniforme, nivelado, equitativo, completo y completo.

samadhi: Unión, totalidad, logro, trance, concentración, unión.

samapatti: Dar paso, completar, unirse, ceder, coalescencia.

samshaya: Duda, vacilación, incertidumbre. Una de las distracciones enumeradas en el sutra 1.30.

samskara: Impresión o recuerdo mental.

samyama: Neutralidad, ser ecuánime, autocontrol total. Integración meditativa, la articulación de las tres ramas internas del yoga, *Dharana, Dhyana* y *Samadhi*.

sanchita karma: karma inactivo, consecuencias de acciones anteriores en espera de las circunstancias apropiadas para manifestarse en la vida de una persona.

santosha: Deleite, contento, placer, alegría, satisfacción. La práctica *niyama* de vivir contento.

satya: Verdadero, sincero, válido, auténtico, puro. La práctica *yama* de vivir con integridad.

shaucha: Limpieza, claridad, purificación, pureza de mente. La práctica *niyama* de cultivar la claridad en la mente, el cuerpo, las emociones y las intenciones.

shraddha: Fe, creencia, confianza.

siddha: una persona consumada o perfeccionada, alguien que ha alcanzado la liberación del sufrimiento; alguien que ha obtenido *siddhis*, poderes sobrenaturales.

siddhi: Realización, ejecución, realización, realización completa (de cualquier objeto), éxito, solución de un problema, disposición, prosperidad, éxito personal, fortuna, buena suerte, ventaja, dicha, perfección, adquisición de poderes sobrenaturales por medios mágicos.

smriti: Memoria, reminiscencia, recordar.

stharyam : Solidez, dureza, constante, fijeza, estabilidad, permanencia y firmeza.

Glosario

styana: Volverse denso, coagular, rigidez, tirantez, apatía. Una de las distracciones enumeradas en el sutra 1.30.

sushumna : El canal amable. El conducto de energía vital (*nadi*) en el eje central del cuerpo.

sutra: Fórmula, cuerda, hilo, hebra, oración corta.

svadhyaya: Leer, estudiar, recitar, estudiar la verdadera sabiduría, el autoestudio. La práctica *niyama* de conocerte a fondo.

tapas: Fuego, calor, austeridades, tortura autoinfligida, dolor, meditación profunda.

vairagya: Aversión, desapego, libertad de los deseos mundanos, ascetismo, apatía.

vasana: Inclinación, tendencias, propensiones.

vashitva: Control sobre los elementos, uno de los *siddhis* enumerados en el sutra 3.46.

vayu: Viento del cuerpo, aire vital. Hay cinco aires vitales principales en el cuerpo: *prana, apana, samana, udana* y *vyana*.

vibhuti: Penetrante, abundancia, bienestar, riqueza, magnificencia, gran poder, prosperidad, esplendor, grandeza y fortuna.

vichara: Contemplación, pensamiento, consideración, reflexión.

vidya: Conocimiento, aprendizaje, ciencia, filosofía.

vikalpa: Imaginación.

viparyaya: percepción errónea, conocimiento incorrecto.

virya: Vitalidad, energía, vigor, esplendor, brillo.

vitarka: Argumento, imaginación, opinión.

vrtti: Forma de comportarse, curso de acción, tendencia, naturaleza, comentario, explicación, mantenimiento, actividad, modo de ser, carácter, disposición.

vyadi: Dolencia, desorden, enfermedad. Una de las distracciones enumeradas en el sutrtra 1.30.

yatrakamavasaitva: Poder para hacer que cualquier cosa suceda según el deseo de uno, omnipotencia, uno de los *siddhis* enumerados en el sutra 3.46.

OTRAS LECTURAS

Libros (en inglés)

Aranya, Hariharananda Swami. *Yoga Philosophy of Patañjali*. Albany: State University of New York Press 1983.

Bryant, Edwin F. *The Yoga Sutras of Patanjali*. New York: North Point 2009.

Carrera, Jaganath. *Inside the Yoga Sutras*. Yogaville, Va.: Integral Yoga Publications, 2006.

Deshpande, Purushottam Yashwant. *The Authentic Yoga: Patanjali's Yoga Sutras*. London: Rider and Company, 1978.

Desikachar, T.K.V. *The Heart of Yoga: Developing a Personal Practice*. Rochester, Vermont: Inner Traditions International 1995.

Devi, Nischala Joy. *The Secret Power of Yoga: a Woman's Guide to the Heart and Spirit of the Yoga Sutras*. New York: Three Rivers Press, 2007.

Feuerstein, Georg. *The Yoga-Sutra of Patañjali: a New Translation and Commentary*. Folkestone, Eng.: Dawson, 1979.

Hartranft, Chip. *The Yoga-Sutra of Patanjali*. Shambhala Publications, 2003.

Iyengar, B.K.S. *Light on the Yoga Sutras of Patañjali*. London: Thorsons 2002.

Maehle, Gregor. *Ashtanga Yoga: Practice and Philosophy*. Novato, Ca.: New World Library, 2007.

Prabhavananda, Swami and Christopher Isherwood. *How to Know God: The Yoga Aphorisms of Patanjali*. Hollywood, Ca.: Vedanta Press, 1983.

Prasada, Rama. *Patañjali's Yoga Sutras*. New Delhi, India: Munshiram Manoharlal Publishers, 2002.

Satchidananda, Swami. *The Yoga Sutras of Patanjali*. Yogaville, Va.: Integral Yoga Publications, 1990.

Satyananada Saraswati, Swami. *Four Chapters on Freedom: Commentary on the Yoga Sutras of Patañjali*. Munger, Bihar, India: Yoga Publications Trust, 2013.

Stoler Miller, Barbara. *Yoga: Discipline of Freedom: the Yoga Sutra Attributed to Patanjali*. Berkeley, Calif.: University of California Press, c1996.

Taimni, I.K. The Science of Yoga. Adyar, Chennai, India: The Theosophical Publishing House, 2007.

White, David Gordon. *The Yoga Sutra of Patanjali: A Biography*. Princeton, NJ: Princeton University Press, 2014.

Woods, James Haughton. *The Yoga System of Patañjali*. Cambridge, Mass.: The Harvard University Press, 1914.

En línea

Yoga Sutra

Desenreda el hilo podcast y canto del Yoga Sutra https://simple-yoga.org/es/filosofia-del-yoga/

Pātañjalayogasūtra-s (Patañjali Yoga Sutras) pura https://www.sanskrit-trikashaivism.com/es/patanjali-yoga-sutras-pura/630

Patanjali's Yoga-Sutra – the Guide of Yoga, with translation and commentary by Dr. Ronald Steiner https://www.ashtangayoga.info/source-texts/yoga-sutra-patanjali/

Yoga Sutras of Patanjali - Raja Yoga - Ashtanga Yoga by Swami Jnaneshvara Bharati (SwamiJ) http://www.swamij.com/yoga-sutras.htm

Sánscrito

Aprendiendo sánscrito https://www.sanskrit-trikashaivism.com/es/aprendiendo-sanscrito-primeros-pasos-introduccion/406

Spoken Sanskrit dictionary http://spokensanskrit.org/

Monier-Williams dictionary https://www.sanskrit-lexicon.uni-koeln.de/scans/MWScan/2014/web/webtc/indexcaller.php

Sanskrit dictionary http://sanskritdictionary.com/

SOBRE EL AUTOR

Rubén comenzó a practicar la meditación en 1993 y estableció una práctica diaria de yoga en 1996. Se comprometió a estudiar, practicar y enseñar yoga a tiempo completo en 2005. Rubén aborda el yoga como un estilo de vida completo basado en la filosofía del yoga tradicional, que se aplica con sentido común y sin dogmatismo. Enfocado en practicar todos los aspectos del yoga con curiosidad lúdica, Rubén continúa explorando, refinando y adaptando las técnicas del yoga para integrar una mente abierta con un corazón lleno de gratitud y amor en un cuerpo que funciona de manera eficiente. Con miles de horas de experiencia enseñando todos los aspectos del yoga en clases grupales, sesiones individuales, talleres, grupos de estudio, retiros internacionales y formación de profesores, Rubén disfruta enseñando yoga a una amplia variedad de estudiantes, incluidos principiantes, practicantes experimentados y profesores de yoga. Rubén vive en la soleada San Petersburgo, Florida.

Más información disponible en https://simple-yoga.org/

BIBLIOGRAFÍA

Feuerstein, G. (2001). The Yoga Tradition. In G. Feuerstein, *The Yoga Tradition* (p. 123). Prescott, AZ: Hohm Press.

Krauss, L. M. (n.d.). Atom: An Odyssey from the Big Bang to Life on Earth...and Beyond.

Lutz, A., Brefczynski-Lewis, J., Johnstone, T., & Davidson, R. J. (2008). Regulation of the Neural Circuitry of Emotion by Compassion Meditation: Effects of Meditative Expertise. *PLOS One*.

Maehle, G. (2012). *Pranayama, the breath of yoga*. Innaloo, WA, Australia: Kaivalya Publications.

Monier-Williams, M. S. (1899). A Sanskrit-English dictionary, etymologically and philologically arranged, with special reference to cognate Indo-European languages. London.

Narayanan, C. R. (n.d.). Yoga Sutras Lessons 1.

Satchidananda, S. (1990). The yoga sutras of Patanjali. In S. Satchidananda, *The yoga sutras of Patanjali*. (p. 93). Yogaville, Va.: Integral Yoga Publications.

Sharma, C. (2000). The Vedas and The Upanishads. In C. Sharma, *A Critical Survey of Indian Philosophy* (p. 13). Delhi: Motilal Banarsidass Publ.

White, D. G. (2014). The Yoga Sutra of Patanjali. A Biography. In D. G. White, *The Yoga Sutra of Patanjali. A Biography* (p. xvi). Princeton, NJ: Princeton University Press.

Wolkin, J. (2015, September 15). Cultivating multiple aspects of attention through mindfulness meditation accounts for psychological well-being through decreased rumination. *Psychology Research and Behavior Management*, 8:171-180 https://doi.org/10.2147/PRBM.S31458. Retrieved 06 06, 2018

NOTAS FINALES

i Estas variaciones en actividad interna parecen ser corroboradas por investigaciones científicas actuales
https://www.nationalgeographic.com/magazine/2018/08/science-of-sleep/

ii Investigaciones recientes también indican que la lengua, por estar conectada directamente con el tallo cerebral, puede ser un punto de acceso apropiado para la rehabilitación de una variedad de funciones corporals incluyendo el equilibrio así como también otros síntomas de trastornos neurológicos como lo indica el autor Norman Doidge en su libro La forma de sanar del cerebro: Descubrimientos y recuperaciones sorprendentes en las fronteras de la neuroplasticidad (The Brain's way of healing) y en el artículo de Esther Hsieh, Los choques eléctricos en la lengua aceleran la sanación (Tongue Shocks Hasten Healing) https://www.scientificamerican.com/article/tongue-shocks-hasten-healing/

iii El creciente número de investigaciones sobre la meditación y sus efectos incluyen un estudio que sugiere que la meditación puede producir más pliegues en la corteza cerebral http://newsroom.ucla.edu/releases/evidence-builds-that-meditation-230237, otro estudio que también indica que la meditación cambia la estructura física del cerebro con efectos en el procesamiento sensorial, cognitivo y emocional https://www.ncbi.nlm.nih.gov/pmc/articles/PMC1361002/, mientras que otro estudio sugiere que a largo plazo la práctica de la meditación cambia la sensibilidad al dolor https://www.ncbi.nlm.nih.gov/pubmed/20141301; otro estudio analizó los cambios en la actividad y la estructura del cerebro que conducen a la capacidad de escoger entre pensamientos automáticos y comportamiento consciente, así como más sentimientos de bienestar, alegría profunda y plenitud
https://www.ncbi.nlm.nih.gov/pmc/articles/PMC3184843/

Notas finales

ⁱᵛ Algunos investigadores han descubierto que es posible ganar fuerza haciendo ejercicio mentalmente incluso sin realizar físicamente el ejercicio https://www.sciencedirect.com/science/article/pii/S0028393203003257, mientras que otros estudios también han encontrado que el sistema nervioso puede influir en la fuerza o debilidad muscular https://www.physiology.org/doi/abs/10.1152/jn.00386.2014

ᵛ Un artículo que examina la técnica de meditación Tummo incluyendo sus componentes físicos y meditativos, sus variaciones y sus resultados https://doi.org/10.1371/journal.pone.0058244. Puede que conozcas también a Wim Hof, quien ha ofrecido numerosas demostraciones y que ha participado en muchos estudios de investigación relacionados con la regulación del sistema nervioso autónomo con efectos benéficos específicos sobre el sistema inmunitario mediante técnicas de respiración y meditación.

ᵛⁱ *Samkhya* es una escuela filosófica completa. Uno de los comentarios que proporciona una explicación detallada del Yoga Sutra desde la perspectiva del *Samkhya* es el comentario del siglo IX o X, *Tattva-Vaisharadi* de Vachaspati Mishra, un comentarista reconocido por escribir comentarios completos sobre los seis sistemas ortodoxos de la antigua filosofía india.

ᵛⁱⁱ Durante más de 50 años la Division de Estudios Perceptuales de la Universidad de Virginia ha documentado sistemáticamente las experiencias de niños que recuerdan sus vidas pasadas, con cuestionarios extensos, cotejando y triangulando diferentes fuentes y creando un registro completo de miles de casos que están documentados en numerosos artículos académicos y libros. https://med.virginia.edu/perceptual-studies/publications/academic-publications/children-who-remember-previous-lives-academic-publications/

www.ingramcontent.com/pod-product-compliance
Lightning Source LLC
Chambersburg PA
CBHW072140100526
44589CB00015B/2012